[2판]

인지행동치료

Learning
Cognitive-Behavior
Therapy 2nd edition

Jesse H. Wright · Gregory K. Brown · Michael E. Thase
Monica Ramirez Basco 공저 | 김정민 역

학지사

역자 서문

아동에서 성인에 이르기까지 정신장애를 포함한 다양한 심리적 어려움에 대한 인지행동치료(CBT)의 효과는 여러 치료 접근 중 가장 많은 경험적 연구에 의해 입증되어 왔다. CBT는 치료자와 내담자의 협업, 구체적인 치료 목표 및 문제 설정, 구조화의 다양한 수준, 여러 가지 매체의 활용, 치료에서 예방에 이르는 광범위한 적용 등 그 유용성으로 인해 더욱 큰 주목을 받고 있다. 국내의 경우도 예외는 아니어서 이러한 CBT에 대한 관심과 수요는 현저하게 증가하는 추세다.

세 명의 탁월한 CBT 치료자가 집필한 이 책은 CBT의 가장 권위 있는 학회인 Academy of Cognitive Therapy(ACT)를 위시하여 American Association of Directors of Psychiatric Residency Training(AADPRT), American Psychiatry Residency Review Committee of the Accreditation Council for Graduate Medical Education(ACGME) 및 American Board of Medical Specialties(ABMS)가 적극 추천하는 CBT의 핵심 전문 도서다.

이 책은 CBT를 연구·활용하는 정신과 전공의와 전문의, 심리치료 및 상담 전문가를 아우르는 여러 분야의 정신건강 전문가를 위한 기본 교재로 적합하다. 저자는 CBT의 이론적 개념과 실습을 통한 학습 훈련을 통합하여 구성하였으며, 주요 장애에 대한 인지적 접근과 행동적 접근을 모두 다루고 있다. 이번 원서 개정판에서는 최신 CBT 관련 연구를 대거 포함시키고, 특히 자살 위험이 높은 경우를 위한 CBT에 관한 내용이 추가되었다. 역자는 이 책이 국내의 체계적인 CBT 교육과 훈련에 도움이 되고, 나아가 CBT의 발전과 활성화에 기여할 수 있기를 기대해 본다.

2019년 8월
김정민

저자 서문

　『인지행동치료(Learning Cognitive-Behavior Therapy)』의 두 번째 개정판을 작성하면서, 저자는 중요한 멘토이자 선생님인 Aaron T. Beck 박사의 혁신적인 연구를 특별히 염두에 두었다. 50년 전 인지 과정에 관한 연구를 시작했을 때, 정신 지체에 대한 증거 기반의 심리 사회적 치료법은 없었다. 이제는 인지행동치료(CBT)가 다양한 정신적 문제에 효과적이라는 풍부한 증거가 있다. 또한 CBT는 전 세계 수천 명 환자의 증상을 완화해 주는 선두적인 치료법이 되었다. 이 책은 CBT의 핵심 원리를 제안하고, 수십 년간의 연구 노력을 이끌고 고무하며, 노년을 거쳐 지속된 연구에서 얻은 지혜를 전달하는 데 기여한 그의 공헌의 산물이다.

　저자는 『인지행동치료』의 두 번째 개정판에 아이디어를 제공한 다른 선생님과 동료들에게도 빚을 지었다. 이 책에서 다루는 개념은 CBT의 지식 기반을 구축하는 데 기여한 많은 연구원 및 임상의의 헌신적인 작업의 산물이다. 학생들 또한 CBT 분야의 교육자로서의 작업에 커다란 역할을 수행했다. 이 책의 내용은 루이빌 대학교와 펜실베이니아 대학교에서 우리가 가르치고 있는 교과목과 전문기관의 모임에서 발표한 프레젠테이션에 부분적으로 기초하고 있다. 우리는 학생과 동료들로부터 받은 피드백과 제안을 통해 얻은 지식으로 다른 사람들이 성공적인 CBT 실무자가 되도록 돕는 길을 열게 되었다.

　이 책의 목적은 CBT의 필수적인 기술을 배우는 데 있어 사용하기 쉬운 지침을 제공하고 독자들이 이 치료법에 능숙해지도록 돕는 것이다. 초반부에서는 CBT 모델의 기원, CBT의 핵심 이론과 기술에 대한 개요를 제공하는 것으로 시작한다. 다음으로 CBT의 치료적 관계, 사례 개념화 및 회기를 구조화하는 효과적인 방법들을 다루었다. 이러한 CBT의 기본적 특징을 이해한다면, 책의 중간 장들에 기술된 인지와 행동을 변화시키는 구체적인 절차들(예: 자동적 사고 다루기, 낮은 에너지 수준, 흥미 결핍, 회피 등을 다루기 위한 행동 기법, 부적응적 핵심 신념 수정하기)에 대한 견고한 발판을 세운 것이다. 이 책의 마지막 장은 복잡하고 심각한 질환을 치료하기 위한 기본적인 CBT 기술을 넘어서, 자살 위험을 감소시키려는 방법을 제공한다. 이 책의 초판이 출간된 이후, 자살시도 및 위험성 환자들에 대한 CBT 적용 효과의 증거가 증가하고 있다. 저자는 독자들이 생명을 구할 수 있는 잠재력을 가진 CBT 방법을 시행할 수 있기를 바란다(제9장 '자살 위험을 감소시키기 위한 인지행동치료' 참조).

초판 발행 이후의 또 다른 발전은 CBT와 관련 치료에 대한 높아진 관심과 동시에 대체적이고 보완적인 치료법을 활용하게 된 것이다. 이러한 접근법으로는 변증법적 행동치료, 마음챙김에 근거한 인지치료, 웰빙치료 등이 있다. 비록 이 책은 이러한 접근방식의 완전한 토대를 구축할 수 없지만, 제10장 '만성, 중증, 혹은 복합 장애 치료하기'를 통해, 독자들이 성격 장애나 만성 또는 재발성 우울증과 같은 상태에 적용될 때 대체적인 방법을 이용하고, 추가적인 읽기와 연구를 제안한다. 이 책의 마지막 장은 CBT에서 역량을 쌓고, 피로감을 예방하거나 대처하며, 인지행동 치료사로서의 지식과 경험을 쌓기 위한 권고와 조언에 중점을 두었다.

CBT 수행을 위한 구체적인 역량은 미국 정신과 대학 주임 연수회(AADPRT)에 의해 기술되었다. 이러한 역량은 제11장 '인지행동치료 역량 기르기'에서 논의된다. 그러나 저자는 임상의와 연수생을 포함한 여러 분야의 독자에게 유용할 가이드를 만들기 원했기 때문에 이러한 역량을 중심적으로 다루지 않기로 했다. 그런데도 이 책 배경 정보 및 학습 연습은 정신의학 레지던트 및 다른 사람들이

AADPRT 역량에 기술된 기술을 습득하는 데 도움이 된다.

 저자는 CBT의 본질을 파악하는 가장 좋은 방법은 읽기와 치료 과정을 볼 기회가 주어지는 교육적 과정(예: 비디오, 역할극, 및 실제 회기를 관찰하는 것)을 결합하는 것임을 발견했다. 다음 단계는, 가능하다면 전문 인지행동 치료자의 신중한 감독하에 환자와 함께 제시된 방법을 연습하는 것이다. 이 책은 CBT에서 기술을 습득할 수 있도록 다양한 훈련 과제 및 장애물 해결 가이드를 포함하고 있다. 학습 활동은 핵심 인지적 및 행동 방법을 구현하는 능력을 향상하도록 고안되었다. 장애물 해결 가이드는 어려운 치료 상황에 대한 해결책을 찾는 데 도움을 줄 것이다.

 저자는 역사를 설명할 때 실제 사례인 것처럼 제시한다. 실제로 그것들은 유사한 문제를 가진 사람들을 치료하는 데 있어, 임상의의 경험을 종합한 시뮬레이션이다. 저자는 쉬운 방식으로 글을 쓰고, 독자들에게 다가갈 수 있는 의사소통 방식을 선택하여, 책에 등장하는 환자를 실재인 것처럼 묘사하는 관례를 사용한다. 사례 자료가 사용될 경우, 성별, 배경 정보 및 기타 데이터를 변경하여 저자나 동료가 치료한 환자의 신원을 보호했다. 또한 "그 또는 그녀"와 같은 번거로운 대명사를 피하고자 특정 사례가 아닌 경우 개인 대명사의 성별을 번갈아 가며 사용한다.

 CBT의 구현은 워크시트, 체크리스트, 사고 기록지 및 기타 서면 연습을 사용하여 향상할 수 있다. 따라서 CBT를 계획하거나 수행하는 데 사용할 수 있는 유용한 양식을 다수 포함하였다.

 CBT 숙련을 위한 학습 경험은 매우 흥미롭고 생산적일 수 있다. CBT의 다채로운 역사를 접하며 독자들은 치료 개입을 광범위한 철학적·과학적·문화적 틀에 고정하는 데 도움을 얻을 수 있다. 인지행동적 접근의 기초가 되는 이론을 습득하며 정신 질환의 심리학에 대한 이해를 넓힐 수 있고 심리치료의 실천에 귀중한 지침을 제공할 수 있다. 또한 CBT의 방법을 학습하며 독자들은 다양한 임상 문제를 다루는 실용적이고 실증적으로 검증된 도구를 얻을 수 있다.

이 책이 CBT 학습에 도움이 되는 귀중한 동반자가 되길 바란다.

Jesse H. Wright, M. D., Ph. D.
Gregory K. Brown, Ph. D.
Michael E. Thase, M. D.
Monica R. Basco, Ph. D.

차례

제1장 인지행동치료의 기본 원리

인지행동치료(Cognitive-Behavior Therapy: CBT)는 잘 정립된 기본 원리들에 토대를 두고 있으며, 이들 기본 원리들은 치료 계획을 세우고 치료자를 가이드하는 데 사용된다. 이 장에서는 인지행동치료의 핵심 개념들을 설명하고, 기본적인 인지행동의 모델이 특정 기법들의 발달에 어떻게 영향을 미쳤는지를 보여 주는 데 초점을 맞추고 있다. 먼저 CBT의 역사적 배경에 관해 간략하게 살펴볼 것이다. CBT의 기본 원리들은 수천 년 전 처음 기술된 아이디어들과 관련이 있다 (Beck et al., 1979; Clark et al., 1999).

CBT의 기원

CBT는 다음 두 가지 핵심 개념에 기초한 접근이다. ① 우리의 사고는 우리의 감정과 행동을 통제하는 영향을 미친다. ② 우리가 어떻게 행동하느냐는 우리의 사고 패턴과 감정에 영향을 미칠 수 있다. 이러한 관점은 CBT가 소개되기 2000년 전, 이미 스토아학파의 Epictetus, Cicero, Seneca 등에 의해 제기되었다(Beck et al., 1979). 예를 들어, 그리스 스토아학파의 Epictetus는『편람(Enchiridion)』에서 "사람은 일어나는 일들에 의해 불안을 느끼는 것이 아니라 그 일들에 대한 생각에 의해 불안을 느낀다."라고 말했다(Epictetus, 1991, p. 14). 또한 도교(Taoism)

나 불교(Buddhism)와 같은 동양 철학에서도 인식이 인간의 행동을 결정하는 주요한 힘이라고 여겼다(Beck et al., 1979; Campos, 2002). Dalai Lama(1999)는 그의 책 『Ethics for the New Millennium』에서 "만약 우리의 사고와 감정의 방향을 바꿔 행동을 변화시킬 수 있다면, 고통을 좀 더 쉽게 극복하는 것을 배울 수 있을 뿐 아니라 상당 부분 고통이 시작되는 것을 막을 수 있을 것이다."(p. xii)라고 말하였다.

건강한 방식으로 사고함으로써 고통을 줄이고 행복을 증진시킬 수 있다는 관점은 여러 세대와 문화에 걸쳐 발견되는 공통된 주제다. 고대 페르시아 철학자 Zoroaster의 가르침은 바르게 생각하고, 바르게 행동하고, 바르게 말하는 이 세 가지 축에 기초하고 있다. 미국의 Benjamin Franklin은 건설적인 태도가 행동에 유익한 영향을 미친다고 믿었다(Isaacson, 2003). 또한 Kant, Heidegger, Jaspers, Frankl을 포함한 19세기와 20세기의 유럽 철학자들은 의식적인 인지 과정이 인간 실존에 기본적인 역할을 한다는 아이디어를 지속적으로 발달시켰다(Clark et al., 1999; Wright et al., 2003). 예를 들어, Frankl(1992)은 인생의 의미를 발견하는 것이 절망과 환멸에 대한 해독제임을 주장하였다.

Aaron T. Beck은 처음으로 정서장애에 대해 인지행동치료적 개입을 사용하기 위한 이론과 기법들을 발전시켰다(Beck, 1963, 1964). 비록 Beck은 정신분석적 개념에서 벗어나기는 했으나 자신의 인지이론이 이후 Adler, Horney, Sullivan과 같은 신프로이트학파 분석가들의 영향을 받았다고 기술하였다. 신프로이트학파의 왜곡된 자아상에 대한 관심은 정신 병리와 성격 구조에 대한 보다 체계적인 인지행동이론이 발달하는 계기가 되었다(Clark et al., 1999). 한편, Kelly(1955)의 개인적 구성주의 핵심 신념 또는 자기 스키마와 Ellis의 합리적 정서치료(rational-emotive therapy) 또한 인지행동이론과 기법들이 발달하는 데 기여하였다(Clark et al., 1999; Raimy, 1975).

Beck의 초기 이론들은 우울장애와 불안장애에서의 부적응적인 정보 처리역할에 중점을 두고 있다. Beck은 1960년대 초기 논문들에서 우울을 인지적으로 개

넘화하였다. 그는 우울 증상이 세 영역(자기, 세계, 미래)에서의 부정적인 사고방식과 관련이 있다고 주장하였다['부정적인 인지의 3요소(negative cognitive triad)'; Beck, 1963, 1964]. 이후 Beck은 역기능적인 인지와 그에 따른 행동을 변화시키기 위해 인지적 접근의 치료를 제안하였으며, 치료성과에 관한 많은 연구들이 수행되었다(Cuijpers et al., 2013; Wright et al., 2014). 그 결과 Beck과 CBT에 기여한 다른 많은 연구자에 의해 정립된 인지행동적 이론들과 기법들은 우울장애, 불안장애, 섭식장애, 조현병, 양극성 장애, 만성적 통증, 성격장애, 물질남용 등을 포함한 광범위한 영역으로 확장되었다. 실제 이러한 다양한 정신 병리에 대해 수백 개의 CBT 통제 연구들이 수행되었다(Bandelow et al., 2015; Butler & Beck, 2000; Cuijpers et al., 2013).

CBT 모델의 행동적 요소들은 임상 연구자들이 Pavlov, Skinner 등 1950년대와 1960년대 실험주의 행동주의자들의 아이디어를 적용하기 시작한 것에서 비롯되었다(Rachman, 1997). Wolpe(1958)와 Eysenck(1966)는 단계에 따라 두려운 대상 혹은 상황과의 점진적인 접촉을 기초로 한 둔감법(desensitization)이나 이완 훈련과 같은 행동적 개입의 가능성을 탐구한 개척자들이다. 행동적 원리들을 사용한 초기의 대부분의 심리치료는 정신 병리와 관련이 있는 인지적 과정에는 별다른 주의를 기울이지 않았다. 대신 이들은 주로 강화물을 사용하여 추정가능한 행동을 조성하거나, 빈도를 늘리거나 노출 훈련을 통해 두려운 반응을 제거하는 데 중점을 두었다.

행동치료에 관한 연구들이 늘어남에 따라 Meichenbaum(1977), Lewinsohn 등(1985)과 같은 뛰어난 연구자들이 인지이론과 전략들을 치료 프로그램에 통합하기 시작하였다. 그들은 인지적 관점을 추가함으로써 행동적 개입의 깊이를 더할 수 있음을 깨달았다. Addis와 Martell(2004)은 Lewinschn의 행동 이론을 적용했을 때 종종 우울장애 환자들이 그들의 환경으로부터 충분한 정적 강화(positive reinforcement)를 얻지 못해 적응적인 행동을 유지하는 데 어려움을 겪는 것을 발견하였다. 환자들은 활동적이지 않게 되면서 우울이 더욱 심해졌다.

즐거운 활동 혹은 잘할 수 있는 활동에 대한 관심이 줄어들게 되면 슬픔, 피로감, 쾌감 상실과 같은 추가적인 우울 증상들이 생길 수 있으며, 이는 활동성을 더욱 감소시키는 결과를 초래한다. 시간이 지남에 따라 이러한 패턴은 심한 우울의 하향 곡선을 그리는 악순환으로 이어질 수 있다. 한편, Beck은 그의 초기 연구에서부터 행동주의적 기법들을 포함시킬 것을 주장하였다. 그는 이러한 기법들이 증상을 감소시키는 데 효과적이라는 것을 인식했을 뿐 아니라, 인지와 행동 간의 밀접한 관계를 간파했기 때문이었다. 몇몇 연구자들의 경우 인지적 접근이나 행동적 접근을 단독으로 사용하는 것이 더 나음을 주장하기도 하나, 다수의 치료자는 인지적 방법들과 행동적 방법들이 이론적 측면과 실제적 측면에서 모두 서로 효과적인 파트너라고 여긴다.

인지적 이론과 행동적 이론이 함께 가는 좋은 사례로는 Clark(1986; Clark et al., 1994)와 Barlow(Barlow & Cerney, 1988; Baslow et al., 1989)의 공황장애 치료 프로그램을 들 수 있다. 그들은 공황장애 환자들에게서 전형적으로 인지적 증상들(예: 신체적 상해 혹은 통제를 상실하는 것에 대한 파국적 두려움)과 행동적 증상들(예: 도피 혹은 회피)이 함께 나타나는 것을 발견하였다. 광범위한 연구들은 노출 치료, 호흡 훈련, 이완을 포함한 행동적 기법과 함께 인지적 기법을 사용하는 통합적 접근이 효과적임을 보고하였다(Barlow et al., 1989; Clark et al., 1994; Wright et al., 2004).

인지행동모델

인지행동모델의 주요 요인들은 [그림 1-1]에 나타나 있다. 개인은 끊임없이 주변 환경과 자신에게서 일어나는 사건들(예: 스트레스 사건, 다른 사람들의 피드백 혹은 피드백의 결여, 과거 사건에 대한 기억, 해야 할 과제, 신체적 감각)의 의미를 평가하기 때문에 인지적 과정은 이 모델의 핵심 역할을 담당한다. 또한 인지는 감정적 반응과도 관련이 있다. 예를 들어, 사회불안장애를 가진 Richard가 이웃의 파티에 가려고 할 때 다음과 같은 생각들이 떠오른다. '나는 무슨 말을 해야 할지 모를 거야……. 모두가 내가 긴장하고 있는 것을 알 거야……. 나는 거기에 어울리지 않을 거야……. 나는 당황해서 빨리 떠나고 싶을 거야.' 이러한 부적응적인 인지들에 의해 심한 불안, 신체적 긴장, 자율신경계의 각성과 같은 감정 및 생리적 반응들이 일어날 것이다. 그는 땀이 나기 시작하고, 마음이 조마조마하며, 입이 마를 것이다. 또한 그의 행동적 반응도 문제가 있는데, 상황을 직면하고 사회적 상황에 대처하는 적절한 기술들을 습득하려고 하기보다 초대한 사람에게 전화를 해서 자신이 독감에 걸렸다고 말할 것이다.

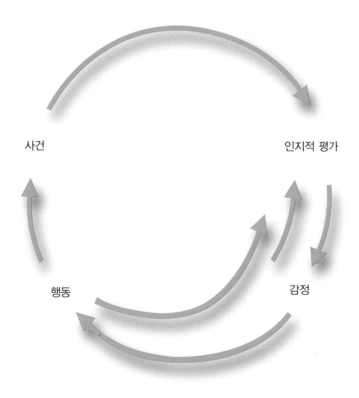

[그림 1-1] 기본적인 인지행동모델

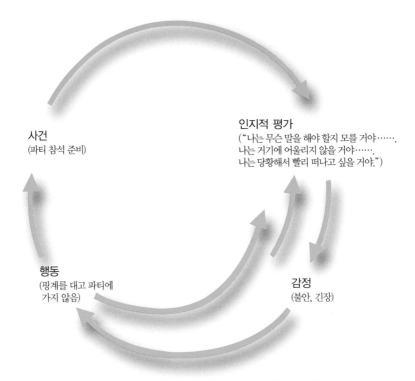

사건
(파티 참석 준비)

인지적 평가
("나는 무슨 말을 해야 할지 모를 거야…….
나는 거기에 어울리지 않을 거야…….
나는 당황해서 빨리 떠나고 싶을 거야.")

행동
(핑계를 대고 파티에
가지 않음)

감정
(불안, 긴장)

[그림 1-2] 기본적인 인지행동모델: 사회불안 내담자의 예

　두려운 상황을 회피함으로써 Richard의 부정적인 생각은 강화되며, 이는 생각, 감정, 행동의 악순환으로 이어져 사회불안은 더욱 커질 것이다. 그가 사회적 상황으로부터 도피하려고 애쓸 때마다 자신의 무능력과 약함에 대한 그의 신념은 더욱더 확고해질 것이다. 이러한 사고는 그의 불편한 감정을 배가시켜 그가 사회적 활동에 참여하는 것이 더 어려워지도록 영향을 미칠 것이다. Richard의 사고, 감정, 행동은 [그림 1-2]에 나타나 있다.

　CBT 치료자들은 Richard의 문제와 같은 문제들을 다룰 때 기본적인 CBT 모델의 세 분야(인지, 감정, 행동)에서 확인된 병리적 기능들에 초점을 맞춰 다양한 기법들을 사용할 수 있다. 예를 들어, Richard에게 불안을 일으키는 생각을 찾아 변화시키는 것, 불안한 감정을 감소시키기 위해 이완 혹은 심상을 사용하는 것, 회피 패턴을 깨기 위해 단계적인 노출 치료를 시행하는 것, 사회적 기술을 기르

는 것 등을 가르칠 수 있다.

CBT의 이론과 방법에 대해 더 자세히 설명하기 전에 먼저 [그림 1-1]의 모델 이 어떻게 실제 임상에서 사용되며, 나아가 정신 병리의 원인과 치료가 어떻게 연결될 수 있는지 살펴보고자 한다. 치료자는 기본적인 CBT 모델을 사용하여 임상적 문제를 개념화하고 구체적인 CBT 기법들을 시행하게 된다. CBT 모델은 치료자로 하여금 생각, 감정, 행동 간의 관계에 주의를 기울이고 치료 개입의 방 향을 제시하기 위해 단순화한 것이다.

또한 CBT 치료자들은 정신 병리의 원인과 치료에서 생물학적 과정(예: 유전 학, 뇌 기능, 신경내분비계 염증), 환경 및 대인 간의 영향, 인지행동적 요소들 사이 에 복잡한 상호작용이 존재한다는 것을 깨달았다(Wright, 2004; Wright & Thase, 1992). 최근의 연구들은 인지적, 행동적 변화들이 생물학적 과정을 통해 영향을 받으며, 향정신성 약물이나 기타 생물학적 치료가 인지에 영향을 미친다는 입장 을 뒷받침해 주고 있다(Wright et al., 2003). 또한 약물치료와 CBT는 뇌의 서로 다른 영역을 목표로 하며, 뇌 회로에 상호 보완적인 영향을 줄 수 있음이 밝혀졌 다(예: McGrath et al., 2013 참조).

약물치료와 심리치료를 병행하는 것에 관한 연구들은 CBT 모델을 시행하는 데 생물학적 영향을 고려하는 것에 대한 추가적인 지지를 제공한다. CBT와 약 물치료를 병행할 경우 특히 만성적 우울, 치료저항성 우울장애, 조현병, 양극성 장애 등과 같은 심각한 장애의 치료 효과를 높일 수 있다(Hollon et al., 2014; Lam et al., 2003; Rector & Beck, 2001). 그러나 알프라졸람(alprazolan)과 같은 고효능 벤조디아제핀(benzodiazepines) 계열의 약물은 CBT의 효과를 떨어뜨릴 가능성 이 있다(Marks et al., 1993).

종합하여 볼 때, 전반적인 치료의 방향을 결정하기 위해서는 인지행동적, 생 물학적, 사회적 및 대인 간의 관계 등을 모두 상세히 고려하는 것이 매우 필요하 다. 이러한 사례 개념화 방법은 제3장 '평가하기와 사례 개념화하기'에서 다루게 될 것이다. 제1장 뒷부분에서는 CBT의 핵심 이론들과 방법들을 소개할 것이다.

기본 개념

인지 과정의 수준

Beck과 그의 동료들은 인지 과정의 주요한 세 가지 수준을 밝혀내었다(Beck et al., 1979; Clark et al., 1999; Dobson & Shaw, 1986). 인지의 가장 상위 수준은 합리적인 기초에 근거하여 결정을 내릴 수 있는 인식 상태인 의식(consciousness)이다. 의식적 주의(attention)는 ① 환경과의 상호작용을 모니터하고 평가하며, ② 과거의 기억과 현재의 경험을 연결하고, ③ 미래의 행동을 통제하고 계획한다(Sternberg, 1996). CBT에서 치료자는 합리적 사고와 문제 해결과 같은 적응적인 의식적 사고를 개발하고 적용하는 것을 격려한다. 또한 치료자는 내담자로 하여금 또 다른 두 가지 인지 수준인 **자동적 사고**(automatic thoughts)와 **스키마**(schemas) 수준에서 부적응적 사고를 찾아내어 이를 변화시키도록 돕는다(Beck et al., 1979; Clark et al., 1999; Wright et al., 2014). 이러한 자동적 사고와 스키마는 의식에 비해 상대적으로 자율적인 정보 처리에 해당한다.

- 자동적 사고는 어떤 상황 가운데 있을 때(혹은 어떤 사건을 떠올릴 때) 마음속에 빠르게 떠오르는 생각이다. 비록 잠재적으로 자동적 사고의 존재를 알아챈다 하더라도 보통 이러한 자동적 사고는 신중한 합리적인 분석 과정을 거치지 않는다.
- 스키마는 정보 처리의 기본 틀 혹은 규범들의 역할을 하는 핵심 신념들이다. 이러한 스키마는 환경으로부터 온 정보를 심사하고 걸러 내며 부호화하고 의미를 부여하는 중요한 기능을 담당한다.

CBT는 정신역동치료와 대조적으로 사고를 인식하지 못하도록 가로막는 특정 구조 혹은 방어 기제를 단정하지 않는다. 대신 CBT는 내담자들로 하여금 자동적 사고들과 스키마들(특히 우울, 불안, 분노와 같은 정서적 증상들과 연관이 있는)을 찾아내어 수정하도록 돕기 위해 고안된 기법들을 강조한다. CBT는 내담자가 자동적 사고를 의식적으로 인식하고 통제할 수 있도록 하는 것을 목표로 내담자들로 하여금 '자신의 사고에 대해 사고하도록(think about their thinking)' 가르친다.

자동적 사고

우리의 일상적인 수많은 사고는 완전한 의식 수준 바로 아래에서 일어나는 인지 과정 중 일부이다. 이러한 자동적 사고들은 전형적으로 개인적인 것이거나 입 밖에 내지 않는 것들이며, 우리의 삶에서 일어나는 사건들의 의미를 평가할 때 속사포처럼 잇달아 떠오른다. Clark과 그의 동료들(1999)은 자동적 사고를 설명하면서 '전의식적(preconscious)'이라는 용어를 사용하였는데, 이는 주의를 기울인다면 자동적 사고를 알아차리고 이해할 수 있기 때문이다. 우울장애나 불안장애와 같은 정신장애를 가진 사람들은 종종 부적응적이고 왜곡된 자동적 사고의 홍수를 경험한다. 이러한 사고들은 고통스러운 정서적 반응과 역기능적인 행동을 일으킬 수 있다.

사건	자동적 사고	감정
어머니가 전화를 하셔서 왜 동생의 생일을 잊어버렸는지 물으셨다.	"내가 또 일을 망쳤어. 나는 결코 어머니를 기쁘게 해 드릴 수 없을 거야. 나는 잘 할 수 있는 것이 하나도 없어. 나는 도대체 무슨 쓸모가 있을까?"	슬픔, 분노
직장에서 기한 내에 해야 하는 커다란 프로젝트에 대해 생각한다.	"그 일은 나에게 너무 벅차. 나는 절대 그것을 기한 내에 끝내지 못할 거야. 우리 상사를 어떻게 보지? 나는 직장에서 해고당하고 결국 내 인생의 다른 것들도 모두 잃어버리고 말 거야."	불안
남편은 항상 내가 화를 잘 낸다고 불평한다.	"남편은 정말 나를 미워해. 나는 아내로서 실패한 거야. 아무것도 즐거운 일이 없어. 누가 내 주위에 있고 싶어 하겠어?"	슬픔, 불안

[그림 1-3] Martha의 자동적 사고들

자동적 사고가 일어나고 있다는 것을 알 수 있는 가장 중요한 단서들 중 하나는 강렬한 감정이 일어나는 것이다. 사건, 자동적 사고, 감정 사이의 관계는 주요 우울장애를 가진 Martha의 예에서 잘 드러난다.

앞의 예에서 Martha의 자동적 사고들은 우울장애에서 공통적으로 나타나는 부정적으로 치우친 인지를 보여 준다. 비록 그녀가 우울하여 가정과 직장에서 문제가 있다 하더라도 사실 그녀는 상황이 그녀의 지나치게 비판적인 자동적 사고보다는 훨씬 잘 기능하고 있다. 많은 연구는 우울장애, 불안장애 및 다른 정신 병리가 있는 경우 왜곡된 자동적 사고가 높은 빈도로 나타남을 확인하였다(Blackburn et al., 1986; Haaga et al., 1991; Hollon et al., 1986). 우울장애에서 자동적 사고는 종종 절망, 낮은 자존감, 실패와 관련된 것들이 많다. 불안장애의 경우 자동적 사고는 대개 위험이나 해로운 일이 닥칠 것이라는 예측과 그것이 통제 불가능하며 그러한 위험들에 대처할 수 없다는 생각과 관계가 있다(Clark et al., 1990; Ingram & Kendall, 1987; Kendall & Hollon, 1989).

자동적 사고는 우울이나 불안, 혹은 다른 정서장애를 가진 사람뿐 아니라 누구에게나 일어난다. 치료자들의 경우에도 자신의 개인적인 자동적 사고를 인식하고 다른 인지행동적 과정을 사용함으로써 CBT의 기본 개념들을 이해하고, 내담자에 대한 공감을 높일 수 있으며, 치료적 관계에 영향을 미치는 자신의 인지적, 행동적 패턴들을 깊이 깨달을 수 있게 된다.

이 책에서는 CBT의 핵심 원리들을 학습하는 데 도움이 되는 훈련 과제들을 제시하고 있다. 이들 대부분의 이러한 훈련 과제들은 실제 환자 또는 내담자에게 CBT 개입을 시행하도록 하거나, 동료와 역할극(role-play) 훈련을 하도록 하기도 하며, 때로는 스스로의 사고와 감정을 탐색하도록 요구할 것이다. 첫 번째 훈련 과제는 자동적 사고들의 예를 기록하는 것이다. 이것은 먼저 자신의 삶에서 일어나는 여러 상황 속에서 자동적 사고들을 찾아보는 것으로 시작한다. 만일 개인적인 예가 잘 떠오르지 않는다면 자신이 면담한 내담자의 상황을 사용할 수도 있다.

　　때때로 자동적 사고는 논리적으로 적절한 것일 수 있으며, 실제 상황을 정확히 반영한 것일 수도 있다. 예를 들어, Martha가 직장을 잃어버릴 위험에 처해 있는 것이 사실일 수 있으며, 그녀의 남편이 그녀의 행동에 대해 비난을 하고 있는 것이 사실일 수 있다. CBT는 실제 문제들을 그럴듯하게 얼버무리는 것이 아니다. 만약 어떤 사람이 심각한 어려움에 직면하고 있다면, 치료자는 이해와 공감을 보여 줘야 하며 그와 더불어 인지행동적 기법들을 사용하여 그가 그러한 상황에 대처하도록 도와야 한다. 그러나 정신 병리를 가진 사람의 경우 CBT 개입은 추론의 오류와 인지적 왜곡을 찾아내어 수정하는 탁월한 역할을 하게 된다.

훈련 과제 1-1　　자동적 사고 인식하기: 세 가지 항목의 사고 기록지

1. 종이에 '사건(event)', '자동적 사고(automatic thoughts)', '감정(emotions)'의 세 항목을 적는다.
2. 불안, 분노, 슬픔, 신체적 긴장, 혹은 행복과 같은 감정들을 불러일으킨 최근의 상황(또는 사건의 기억)을 떠올린다.
3. 마치 그 상황이 막 일어난 것처럼, 혹은 그 상황으로 돌아간 것처럼 상상해 본다.
4. 그 상황에서 떠오르는 자동적 사고들이 무엇인지 찾아본다. 그런 다음 세 가지 항목의 사고 기록지에 사건, 자동적 사고, 감정을 적는다.

인지적 오류

　　Beck(1963, 1964; Beck et al., 1979)은 그의 초기 이론에서 정서장애를 가진 사람들의 자동적 사고 및 인지에는 특징적인 논리적 오류들이 있음을 주장하였다. 그의 뒤를 이은 후속 연구들은 병리적인 정보 처리 방식에서의 인지적 오류의 중요성을 강조하였다. 예를 들어, 인지적 오류는 통제 집단보다 우울장애 집단에서 훨씬 더 빈번하게 일어났다(LeFebvre, 1981; Watkins & Rush, 1983). Beck과 그의 동료들(1979; Clark et al., 1999)은 ① 선택적 사고, ② 임의적 추론, ③ 과

잉 일반화, ④ 과장/축소, ⑤ 개인화, ⑥ 절대적 사고(흑백논리적 사고) 등 인지적 오류의 여섯 개 주요 범주들을 제안하였다. 각 인지적 오류의 정의와 예시는 〈표 1-1〉에 나타나 있다.

〈표 1-1〉의 예시들에서 알 수 있듯이 인지적 오류들 간에 중복은 흔히 일어날 수 있다. Dan은 절대적 사고를 하는 동시에 자신의 강점들의 증거를 무시하는 반면 친구 Ed의 문제들은 축소시키고 있다. 올해 명절 카드를 받지 못한 후 선택적 사고(증거 무시하기)에 빠진 예의 경우, 이분법적 사고인 '더 이상 아무도 나에게 관심이 없어.'와 같은 추가적인 인지적 오류도 엿보인다. 인지적 오류를 줄이기 위해 CBT를 실행할 때 치료자는 내담자에게 가장 중요한 목표는 논리상 맞지 않는 모든 오류를 찾아내는 것이 아니라 스스로 인지적인 오류를 범하고 있음을 깨닫도록 하는 데 있음을 알린다.

스키마

인지행동이론에서 스키마는 자동적 사고의 기초가 되는 정보 처리의 기본적인 틀 혹은 규칙들로 정의된다(Clark et al., 1999; Wright et al., 2014). 스키마는 초기 아동기에 형성되기 시작하여 지속되는 사고의 원리들로 부모의 가르침과 모델링, 공식적/비공식적 교육 활동, 또래 경험, 외상(trauma), 성공 등을 포함한 다양한 삶의 경험들에 의해 영향을 받는다.

Bowlby(1985)와 다른 연구자들은 매일 직면하는 많은 양의 정보들을 다루고 시기적절한 결정을 내리기 위해 스키마가 발달할 필요가 있음을 주장하였다. 예를 들어, 어떤 사람이 '항상 미리 계획하기'라는 기본 규칙을 가지고 있다면 그는 사전 준비 없이 새로운 상황에 뛰어드는 것의 이점을 이야기하기보다 자동적으로 새로운 상황에 성공적으로 대처하기 위한 기초 작업을 시작할 것이다.

Clark와 그의 동료들(1999)은 다음 세 가지 범주의 스키마를 제안하였다.

☑ 단순 스키마

정의: 정신 병리에 거의 혹은 전혀 영향을 미치지 않는 환경의 물리적 성질, 일상
    적 활동에 대한 규칙들, 혹은 자연의 법칙들

  예: '방어적인 운전자가 되어라.', '좋은 교육은 그 값어치를 한다.', '천둥을 동
    반한 폭우가 내리면 피할 곳을 찾아라.'

☑ 중간 신념과 가정

정의: 만약 ～하면, ～할 것이다(if-then)와 같은 조건적인 규칙들로 자아존중감,
    감정 조절, 행동에 영향을 미친다.

  예: '내가 인정을 받으려면 완벽해야 한다.', '항상 다른 사람들을 기쁘게 하지 못
    하면, 그들은 나를 거절할 것이다.', '내가 열심히 일한다면 성공할 수 있다.'

☑ 자신에 대한 핵심 신념

정의: 자아존중감과 관련이 있는 상황적인 정보들을 해석하기 위한 포괄적이고
    절대적인 규칙들

  예: '나는 사랑스럽지 않다.', '나는 어리석다.', '나는 실패자다.', '나는 좋은 친
    구다.', '나는 다른 사람들을 신뢰할 수 있다.'

〈표 1-1〉 인지적 오류들

◇ 선택적 사고(selective abstraction)[증거 무시하기(ignoring the evidence) 또는 정신적 여과(mental
    filter)라고도 함]

정의: 일부 정보들만을 본 후 결론을 내린다. 상황에 대한 자신의 관점을 지지하기 위해 특정 자료
    들을 걸러 내거나 무시한다.

  예: 자존감이 낮은 한 우울장애 남자가 옛 친구로부터 명절 카드를 받지 못했다. 그는 '나는 내 친
    구들을 모두 잃고 말 거야. 더 이상 아무도 나에게 관심을 갖지 않아.'라고 생각한다. 그는 다
    른 많은 친구들에게서 카드를 받았으며, 그의 옛 친구가 지난 15년 동안 매년 카드를 보내 주
    었고, 그 친구가 올해 이사를 하고 직장을 옮기는 등 매우 바쁘다는 것과 자신이 다른 친구들
    과 여전히 좋은 관계를 맺고 있다는 것 등의 증거들을 무시한다.

◇ 임의적 추론(arbitrary inference)

정의: 정반대의 증거에도 불구하고 또는 증거가 없음에도 불구하고 어떤 결론을 내린다.

  예: 엘리베이터를 두려워하는 한 여자에게 엘리베이터를 탔을 때 엘리베이터가 떨어질 가능성을
      예상해 보게 한다. 그녀는 엘리베이터가 땅에 떨어져서 그녀가 부상을 입을 가능성이 10% 혹
      은 그 이상이라고 대답한다. 많은 사람이 그녀에게 그런 끔찍한 엘리베이터 사고가 일어날 가
      능성은 무시할 수 있을 정도로 매우 낮다는 것을 이해시키려고 애썼으나 잘 되지 않는다.

◇ 과잉 일반화(overgeneralization)

정의: 하나의 사건 혹은 하나 이상의 별개의 사건들을 가지고 결론을 내린 후 이러한 결론을 비논리
      적으로 확장시켜 적용한다.

  예: 한 우울한 대학생이 시험에서 B를 받았다. 그는 이것을 못마땅해하며, '나는 아무것도 제대로
      하는 게 없어.'라고 생각한다.

◇ 과장과 축소(magnification/minimization)

정의: 어떤 속성, 사건 또는 느낌 등의 의미가 과장되거나 축소된다.

  예: 공황장애를 가진 한 여성은 공황 발작 초기에 어지러움을 느끼기 시작하자 '나는 쓰러져서 심
      장마비나 발작을 일으킬 거야.'라고 생각한다.

◇ 개인화(personalization)

정의: 거의 혹은 전혀 근거가 없는 경우에도 외적 사건과 자신을 연관시킨다. 스스로 부정적인 사건
      에 대해 과도한 책임이나 비난을 감수한다.

  예: 경제의 침체로 인해 이전에 성공적이었던 사업이 재정적인 문제에 부딪혀 직원들의 해고가
      불가피한 상황이다. 이러한 재정적 위기가 온 데는 여러 요인이 있음에도 불구하고 회사 간
      부 중 한 명은 '모두 내 잘못이야. 이렇게 되리라는 것을 알고 조치를 해야만 했어. 나는 회사
      에 도움이 안 돼.'라고 생각한다.

◇ 절대적(흑백논리적) 사고(absolutistic, dichotomous of all-or-nothing thinking)

정의: 자기 자신, 개인적 경험 또는 다른 사람들에 대한 판단이 두 개의 범주 중 하나에 해당된다
      (예: 나쁘거나 좋거나, 완전히 실패하거나 완전히 성공하거나, 결함투성이거나 완벽하거나).

  예: 우울장애를 가진 David는 결혼 생활이 행복하고 아이들의 학교 성적도 좋은 것처럼 보이는
      친구 Ted와 자신을 비교한다. 비록 Ted가 어느 정도 가정의 행복을 누리고 있다 하더라도 그
      의 인생이 완벽한 것은 아니다. Ted는 직장의 문제, 금전적 어려움, 신체적 질병 등 다른 어려
      움을 가지고 있다. David는 'Ted는 모든 것이 잘되는 반면, 나는 되는 일이 아무것도 없어.'라
      고 여기는 절대적 사고를 한다.

치료자는 대개 임상 현장에서 내담자들에게 스키마의 여러 수준(예: 중간 신념

과 가정 vs. 핵심 신념)에 대해 설명하지는 않는다. 그러나 대부분의 내담자는 스키마 또는 핵심 신념(이 용어들은 상호 교환적으로 사용됨)이 자아존중감과 행동에 강력한 영향을 미친다는 사실을 이해할 경우 도움이 된다. 또한 치료자는 내담자들에게 모든 사람이 적응적인(건강한) 스키마들과 부적응적인 핵심 신념들을 함께 가지고 있다는 사실을 가르친다. CBT의 목적은 부적응적인 스키마의 영향을 줄이거나 수정하는 한편, 적응적인 스키마를 찾아내 기르는 것이다. 적응적 스키마와 부적응적 스키마의 예들은 〈표 1-2〉에 나타나 있다.

스키마와 자동적 사고 간의 관계는 스트레스-체질가설(stress-diathesis hypothesis)에 좀 더 자세히 제시되었다. Beck과 다른 연구자들은 우울장애에서 핵심 신념을 활성화시키는 스트레스 생활 사건이 일어나기 전까지는 부적응적 스키마가 잠재되어 있다고 주장하였다(Beck et al., 1979; Clark et al., 1999; Miranda, 1992). 그러나 스트레스 생활 사건이 일어나게 되면 부적응적 스키마가 강화되어 더 많은 부정적인 자동적 사고들이 활성화된다. 이러한 현상은 직장에서 해고당한 후 우울 증상을 보이는 Mark의 사례에 잘 나타나 있다.

〈표 1-2〉 적응적 스키마와 부적응적 스키마

적응적 스키마	부적응적 스키마
나는 어떤 일이 일어나든 대처할 수 있다.	내가 어떤 것을 하기로 했다면 반드시 성공해야만 한다.
나는 어떤 일을 열심히 하면 잘할 수 있다.	나는 어리석다.
나는 위기에서 살아남을 것이다.	나는 위선자다.
다른 사람들은 나를 믿을 수 있다.	나는 다른 사람들과 함께 있을 때 결코 편하지 않다.
나는 사랑스럽다.	그 사람이 없으면 나는 아무것도 아니다.
사람들은 나를 존중한다.	내가 인정받기 위해서는 완벽해야만 한다.
나는 미리 준비할 경우 대개 더 잘할 수 있다.	내가 무엇을 하든 나는 실패할 것이다.
나를 위협할 수 있는 것은 별로 없다.	세상은 나에게 너무 위협적이다.

출처: Adapted from Wright et al., 2014.

Mark는 직장을 잃기 전에는 우울 증상을 보이지 않았으나 새로운 직장을 찾는 일이 여의치 않자 자신에 대한 의구심이 커지기 시작하였다. Mark는 지역 신문의 고용란을 볼 때 '그들은 나를 원하지 않을 거야.', '나는 결코 지난번 직장과 같은 좋은 직장을 얻을 수 없을 거야.', '면접을 하게 된다 하더라도 긴장이 되어서 무슨 말을 해야 할지 모를 거야.' 등의 자동적 사고들에 사로잡혔다. CBT를 시작한 후 치료자는 오랜 기간 Mark가 깊숙이 가지고 있던 자신의 능력에 대한 스키마를 발견할 수 있도록 도왔다. 그중 하나는 '나는 결코 잘할 수 없어.'라는 핵심신념으로 상황이 좋을 때는 잠재되어 있지만 직장을 구하는 상황에서는 부정적인 자동적 사고들이 쏟아져 나오도록 영향을 미쳤던 것이다.

우울장애와 불안장애에서의 정보 처리 과정

자동적 사고, 스키마 그리고 인지적 오류에 관한 이론과 기법들 외에도 많은 요인이 인지치료 개입의 발달에 영향을 끼쳤다. 다음은 우울장애와 불안장애에 관한 몇몇 연구 결과들을 간략히 다룸으로써 치료 방법의 이론적 배경을 좀 더 살펴보고자 하였다. 우울장애와 불안장애의 병리적인 정보 처리 과정의 주요 특징들은 〈표 1-3〉에 요약되어 있다.

〈표 1-3〉 우울장애와 불안장애의 병리적인 정보 처리 과정

우울장애	불안장애	부적응적 스키마
절망	상해 혹은 위험에 대한 두려움	자동적 정보 처리 과정의 강화
낮은 자존감	잠재적 위협과 관련이 있는 정보에 대한 주의 증가	부적응적 스키마
환경에 대한 부정적 견해	상황 속 위험 요인에 대한 과대평가	인지적 오류의 빈도 증가
부정적 주제의 자동적 사고	위험, 손해, 통제 불가능, 무능력과 연관이 있는 자동적 사고	문제 해결을 위한 인지적 능력의 감소

잘못된 귀인	두려운 상황에 대처하는 자신의 능력에 대한 과소평가	자신에 대한(특히 자신의 결점 혹은 문제에 대한) 주의 증가
부정적 피드백의 과대 평가	신체의 자극에 대한 잘못된 이해	
노력 혹은 추상적 사고를 요하는 인지적 과제 수행의 문제		

출처: Adapted from Wright et al., 2014.

절망과 자살 간의 관계

우울장애에 관한 주목할 만한 연구 결과들 중 하나는 절망과 자살 간의 연관성이다. 많은 연구는 우울한 사람은 절망 수준이 높은 경향이 있으며, 희망감의 결여는 자살의 위험을 증가시키기 쉬움을 보고하였다(Beck et al., 1975, 1985, 1990; Fawcett et al., 1987). 우울장애 입원 환자들을 퇴원 후 10년간 추적한 결과, 절망이 자살을 예측하는 가장 중요한 요인으로 나타났다(Beck et al., 1985). 외래 환자들을 대상으로 한 연구에서도 이와 유사한 결과가 보고되었다(Beck et al., 1990). 최근 Brown, Beck 그리고 동료들(2005)은 인지치료가 통상적인 임상 관리에 비해 낮은 자살 시도율을 보임을 발견하였다. 이러한 치료는 치료 방향을 설정하기 위해 최근의 자살 시도에 대한 이야기 면접 실시하기, 인원 계획 세우기, 삶의 이유 찾기, 희망 키트 만들기, 자살 시도 시 이전에 학습한 기술들을 사용할 수 있도록 연습시키기 위한 심상(guided imagery)과제 참여 등의 구체적인 자살 예방 전략들을 포함하고 있다. 자살 위험을 감소시키기 위한 CBT 기법들은 기본적인 임상 기술에 해당하므로 이 책 제9장에서 다루었다.

우울장애에서의 귀인 양식

Abramson 등(1978)과 또 다른 연구자들은 우울한 사람들이 생활 사건에 대해 부정적으로 왜곡된 의미를 부여하는 귀인의 세 가지 유형을 제시하였다.

☑ 내적 vs. 외적: 우울장애는 생활 사건에 대해 내적으로 편향된(biased) 귀인을 하는 경향과 연관이 있다. 따라서 우울한 사람은 공통적으로 부정적인 사건에 대해 스스로 과도한 책임을 지려고 한다. 이와 반대로 우울하지 않은 사람은 단순히 운이 안 좋았다거나, 상황이 그렇게 될 수밖에 없었다거나, 혹은 타인의 행동 때문이라고 하는 등의 외적 요인에 의해 부정적인 사건이 일어난 것으로 보기 쉽다.

☑ 일반적 vs. 구체적: 우울장애를 가진 사람들은 부정적인 사건들을 각각 별개의 것으로 보지 않거나 대수롭지 않은 것으로 여기지 않고, 이러한 사건들이 모든 것을 아우르는 어떤 포괄적인 의미를 갖는 것으로 결론짓는다. 우울하지 않은 사람들은 부정적인 사건들이 자신의 자존감과 행동 반응에 커다란 영향을 미치지 않도록 차단할 수 있다.

☑ 고정적 vs. 가변적: 우울장애가 있는 경우 부정적 상황 혹은 문제 상황들이 미래에도 결코 변하거나 더 나아질 것으로 보지 않는다. 우울하지 않은 사람에게서는 종종 부정적인 조건들이나 상황들이 시간이 지남에 따라 나아질 것으로 믿는 보다 건강한 사고방식을 볼 수 있다(예: '이것 역시 지나갈 거야.').

우울장애에서의 귀인 양식에 대한 초기의 연구들은 학생들과 비임상 집단을 대상으로 수행되었으며, 일관되지 않은 결과들이 보고되었다는 이유로 비판을 받아 왔다. 그럼에도 불구하고 우울장애에서 잘못된 귀인 양식이 왜곡될 수 있으며, CBT가 이러한 유형의 편향된 인지 과정을 바꾸는 데 도움이 된다는 사실을 지지하는 증거들은 많다. 실제 임상 현장에서 많은 우울장애 환자는 자신들의 귀인 양식이 내적, 일반적, 그리고 고정적임으로 치우쳐 있음을 쉽게 이해하였다.

피드백에 대한 반응의 왜곡

피드백에 대한 반응을 조사한 일련의 연구들은 우울한 사람과 우울하지 않은 사람 간에 차이가 있음을 발견하였다. 우울한 집단은 주어진 긍정적인 피드백을 과소평가하고, 부정적인 피드백을 받은 후에는 과제에 노력을 덜 기울이는 것으로 드러났다. 반면, 우울하지 않은 통제집단은 실제 주어진 것보다 더 많은 긍정적인 피드백을 들은 것으로 받아들이거나, 또는 부정적인 피드백의 의미를 중요하게 여기지 않는 긍정적인 자기고양적 편향성(positive self-serving bias) 패턴을 나타냈다(Alloy & Ahrens, 1987; Rizley, 1978).

CBT의 목표는 내담자가 정확하고 합리적인 방식의 정보 처리를 할 수 있도록 돕는 것이므로 치료자는 내담자의 피드백이 왜곡되어 있지 않은지 살펴보고 다룰 필요가 있다. 이를 위한 주요 방법들 중 하나인 치료 회기에서 피드백을 주고받는 것은 제2장 '치료적 관계: 협력적 경험주의 작업'과 제4장 '구조화하기와 교육하기'에서 다루게 될 것이다. 이러한 기법들은 치료 경험을 활용하여 적절하게 피드백을 듣고, 피드백에 반응하고, 피드백을 주는 것을 배울 수 있도록 한다.

불안장애에서의 사고 양식

불안장애를 경험하는 사람들은 정보 처리 과정에서 몇 가지 편향적 특징을 보인다. 이러한 역기능들 중 하나는 환경의 잠재적인 위협 정보에 대한 높은 주의 수준이다. 예를 들어, 〈표 1-1〉의 엘리베이터 공포증을 가진 여성의 경우 엘리베이터에서 나는 소리를 듣고 엘리베이터의 안전에 대해 염려하게 된다. 이런 두려움이 없는 사람은 이러한 자극들에 거의 주의를 기울이지 않을 것이다. 또한 불안장애를 가진 사람은 대개 불안을 일으키는 자극들이 비현실적으로 위험하다고 여기거나, 해를 일으킬 것으로 여긴다(Fitzgerald & Phillips, 1991). 공황장애를 가진 많은 사람들은 공황발작 혹은 공황발작을 일으키는 상황들이 심장마비, 발작, 사망과 같은 커다란 상해를 초래할까 봐 두려워한다.

정보 처리에 대한 또 다른 연구들에 따르면, 불안장애 환자들이 종종 두려운 상황에 대처하는 자신의 능력을 낮게 평가하며, 자신이 통제할 수 있는 것이 아무엇도 없다고 여길 뿐 아니라, 부정적인 자기 진술(self-statement)을 자주 하고, 신체 자극을 잘못 해석하며, 미래에 닥칠 재난의 위험성을 과대평가하는 등의 특징을 나타냈다. 이러한 다양한 정보 처리 유형을 파악하는 것은 불안장애를 위한 치료를 계획하고 시행하는 데 도움을 줄 수 있다.

학습, 기억 그리고 인지 능력

우울장애는 종종 집중력, 노력을 요하는 어려운 혹은 추상적 학습 수행, 기억 기능의 심각한 손상과 관련이 있다(Weingartner et al., 1981). 또한 문제 해결 능력의 부족과 과제 수행의 실패는 우울장애와 불안장애에서 모두 나타났다(Clark et al., 1990; Ingram & Kendall, 1987). CBT에서는 이러한 인지적 수행의 결함을 다루기 위해 내담자들의 학습 및 문제 해결 능력 향상을 목표로 고안된 구조화하기(structuring), 심리교육(psychoeducation), 예행연습(rehearsal) 등과 같은 구체적인 개입들을 사용한다(제4장 '구조화하기와 교육하기' 참조).

치료 기법의 개요

CBT를 처음 배우기 시작할 때 때때로 CBT 접근을 단순히 기법들을 모아 놓은 것으로 여기는 잘못을 하기도 한다. 이때 치료자는 CBT의 가장 중요한 요소들을 간과하고, 사고 기록하기(thought recording), 활동 계획하기(activity scheduling), 노출 치료(exposure therapy)와 같은 기법들을 바로 사용하려 할 것이다. 치료자가 이러한 덫에 빠지기 쉬운 까닭은 CBT가 효과적인 개입이라는 사실이 잘 알려져 있기 때문이며, 내담자들은 종종 이러한 기법들을 활용한 구체적인 활동을 원하기 때문이다. 그러나 만약 너무 일찍 혹은 지나치게 이러한 기법들에만 초점을 맞춘다면 CBT의 본질을 놓치는 결과를 가져오게 될 것이다.

치료자는 기법을 선택하고 적용하기 이전에 먼저 인지행동이론들과 내담자의 고유한 심리적 기질 및 문제들을 연결하는 개별화된 사례 개념화(case conceptualization)를 만들어야 한다(제3장 '평가하기와 사례 개념화하기' 참조). 사례 개념화는 인지행동치료를 수행하기 위한 필수적인 지침이다. CBT의 또 다른 핵심 요소들로는 협력적인 치료 관계, 소크라테스식 질문 기법의 적절한 적용, 효과적인 구조화하기, 심리교육 등이 있다(⟨표 1-4⟩). 이 책은 정신 병리적 증상에 따른 CBT의 구체적인 치료개입들을 학습할 뿐 아니라 CBT의 일반적인 주요 역량을 습득할 수 있도록 구성되어 있다. 먼저 치료 기법들에 대한 간략한 개요를 살펴볼 것이다.

⟨표 1-4⟩ CBT의 핵심 기법들

문제 중심의 초점
사례 개념화의 개별화
협력적이고 경험적인 치료적 관계
소크라테스식 질문
구조화하기, 심리교육, 학습을 촉진하기 위한 예행연습
자동적 사고 이끌어 내기와 수정하기
스키마 찾기와 변화시키기
무기력, 자기 패배적 행동, 회피 패턴을 바꾸기 위한 행동적 방법
재발 방지를 돕기 위한 CBT 기술 익히기

치료 기간과 방식

일반적으로 CBT는 단기로 진행되는 문제 중심(problem-oriented) 치료다. 단순한 우울장애나 불안장애의 치료는 보통 5~20회기로 이루어진다. 그러나 내담자가 복합적, 만성적, 혹은 치료 저항성 증상을 가진 경우 보다 긴 CBT 과정이 필요할 것이다. 성격장애, 정신병, 양극성 장애에 대한 CBT는 20회기 이상 진행된다. 또한 만성적 혹은 재발하는 질환의 경우 처음 수개월 간 집중적인 치료를 시행한 다음(예: 매주 혹은 격주 회기를 진행), 이후에는 간헐적으로 지지 회기

(booster session)를 지속하는 치료 방식이 도움이 된다. 재발된 우울장애, 양극성 장애, 혹은 기타 만성 질환에 대해서는 단기적으로 CBT와 약물치료를 병행하기도 한다.

CBT는 보통 45~50분의 회기로 진행된다. 그러나 회기의 진행시간은 내담자의 필요에 따라, 혹은 치료 효과 및 성과를 높이기 위해 조정될 수 있다. 예를 들어, 불안장애 환자의 신속한 치료를 위해 90분 이상의 긴 회기가 시행되었으며(Öst et al., 2001), 특히 이러한 방식은 외상 후 스트레스 장애(McLean & Foa, 2011)나 강박충동장애(Foa, 2001)의 치료에 매우 유용하였다. 대개 50분 이내의 회기들은 입원 환자, 정신병 및 집중에 어려움을 보이는 심각한 증상들을 보이는 다른 장애들에 적합하다(Kingdon & Turkington, 2004; Stuart et al., 1997; Wright et al., 2009). 또한 제4장 '구조화하기와 교육하기'에 상세히 나와 있듯이 우울장애의 치료를 위한 CBT 컴퓨터 프로그램을 함께 사용할 경우 짧게 진행되는 회기들도 효과적인 것으로 드러난다(Thase et al., 2017; Wright, 2016; Wright et al., 2005).

숙련된 CBT 치료자들은 또 다른 방식인 단축된 치료 회기들을 활용할 수 있다. 이들은 전통적인 '50분 회기'에 대한 대안으로 약물치료, 컴퓨터를 활용한 치료, 셀프 헬프 워크북(self-help workbook) 등과 함께 짧은 회기들을 진행한다. 이 책의 저자들 중 J. H. W.와 M. E. T.는 일부 환자들에게 짧은 회기 방식을 사용했으며, 대안적인 방식을 배우기 원하는 치료자들을 위해 『High-Yield Cognitive-Behavior Therapy for Brief Sessions: An Illustrated Guide』(Wright et al., 2010)를 출간하였다. CBT 수련생들은 먼저 전통적인 45~50분 방식으로 치료를 진행하는 법을 배우기를 권장한다. 짧은 회기를 진행하기 전에 기본 CBT 방식을 충분히 익히는 것이 우선되어야 한다.

"여기 그리고 지금"에 초점 맞추기

"여기 그리고 지금"에 초점을 둔 문제지향적 접근은 현재의 문제들에 주의를 기울임으로써 절망, 무기력, 회피, 지연 행동과 같은 증상들에 맞서기 위한 행동 계획을 세우도록 하는 데 유용하다. 또한 최근 사건들에 대한 인지적, 행동적 반응들은 먼 과거에 일어났던 일들에 대한 반응들보다 더 쉽게 접근하고 확인할 수 있다. 현재의 기능에 대해 다룰 때 얻게 되는 또 다른 이점은 치료적 관계에서 일어날 수 있는 의존과 퇴행을 줄일 수 있다는 것이다.

CBT는 보통 현재의 사건, 사고, 감정 및 행동에 초점이 맞추어져 있다. 그러나 초기 아동기 발달, 가족 배경, 외상, 발달에 중요한 긍정적/부정적 경험, 교육, 경력, 사회적 영향 등을 포함한 종단적 관점은 내담자를 온전히 이해하고 치료를 계획하는 데 중요하다.

사례 개념화

CBT에서 치료자가 던지는 모든 질문과 비언어적 반응, 치료자의 치료적 개입 및 내담자와의 원활한 의사소통을 위한 조정 등은 사례 개념화를 기초로 이루어진다. 다시 말해, CBT 치료자는 신중하게 치료 전략을 계획하며, 단순히 감으로 치료를 진행하는 것이 아니다. 유능한 CBT 치료자가 되기 위해서는 진단 평가, 내담자 고유의 배경 관찰, 인지행동이론의 정보들을 통합하여 상세한 치료 계획을 세우는 일을 연습해야 한다. 사례 개념화는 제3장 '평가하기와 사례 개념화하기'에서 자세히 다룰 것이다.

치료적 관계

유용한 치료적 관계의 많은 특징은 CBT, 정신역동적 치료, 비지시적 치료 혹은 다른 형태의 심리치료 모두 공통적이다. 이해, 친절, 공감과 같은 속성들이 여기에 포함된다. 다른 치료자들과 마찬가지로 CBT 치료자는 신뢰를 이끌어 내는 능력이 있어야 하며, 압박을 받는 상황에서도 평정심을 보여 주어야 한다. 그러나 다른 치료들과 비교해 볼 때 CBT의 치료적 관계는 높은 협력 수준, 경험주의적 초점 그리고 행동 지향적 개입의 사용을 강조한다는 점에서 차이를 보인다.

Beck과 그의 동료들(1979)은 **협력적 경험주의**(collaborative empiricism)라는 용어를 사용하여 CBT에서의 내담자-치료자 간의 관계를 설명하였다. 내담자와 치료자는 한 팀이 되어 다양한 인지와 행동의 정확성 및 적응적 가치에 대해 함께 가설을 세운다. 또한 그들은 보다 건강한 사고 양식을 개발하고, 대처 기술을 쌓으며, 비생산적인 행동 패턴을 바꾸기 위해 협력한다. 대개 CBT 치료자들은 다른 치료자들보다 좀 더 활동적이다. 그들은 회기를 구조화하고, 피드백을 주며, 어떻게 CBT 기술을 기르는지 코치한다.

CBT에서는 내담자들 또한 치료적 관계에서 중요한 책임을 맡도록 되어 있다. 그들은 치료자에게 피드백을 주고, 치료자와 함께 치료 회기에서 다룰 문제(agenda)를 정할 뿐 아니라, 일상생활에서 CBT 개입을 연습해야 한다. 대체적으로 CBT에서의 치료적 관계는 문제를 다루는 데 있어 의사소통의 개방성과 더불어 과제 지향적, 실용적, 팀 지향적 접근의 특징을 갖는다.

소크라테스식 질문

CBT에서 사용되는 질문 양식은 내담자로 하여금 부적응적인 사고를 인식하고 변화시키도록 돕기 위한 것으로 협력적, 경험적 관계에 기초한다. 소크라테스식 질문에서는 내담자의 호기심을 자극하는 질문들을 던진다. 치료자는 내담자에게 일방적으로 치료 개념을 가르치는 것 대신 내담자가 스스로 학습 과정에 참여하도록 이끈다. 소크라테스식 질문 유형 중 하나인 안내에 따른 발견(guided discovery)은 치료자가 내담자의 역기능적 사고 패턴이나 행동을 드러내기 위해 일련의 질문들을 던지는 것이다.

구조화하기와 심리교육

CBT는 치료 회기의 효율성을 극대화하고 내담자의 회복을 돕고 학습을 강화하기 위해 문제 정하기와 피드백과 같은 구조화 기법들을 사용한다. 치료 회기에서 다룰 문제를 정하는 것은 회기의 명확한 방향을 설정하고 내담자의 진전을 평가하기 위한 것이다. 예를 들어, '직장으로 복귀하기 위한 계획 세우기', '아들과의 긴장 관계 완화하기', '이혼을 극복하는 방법 찾기' 등은 분명하게 표현된 문제들이다.

치료 회기 동안 치료자는 문제를 사용하여 내담자로 하여금 중요한 주제들을 생산적으로 탐색하도록 인도하며 치료 목표를 달성하는 데 도움이 되지 않는 방향으로 벗어나지 않도록 노력한다. 그러나 만일 중요한 새로운 주제가 나타나거나, 현재의 문제를 계속하여 다루는 것이 바람직한 결과를 가져오지 않을 것으로 판단될 경우 치료자는 다른 문제를 정하기도 한다. 치료자와 내담자는 회기의 방향을 이해하고 있는지 점검하고 회기의 방향을 정하기 위해 정기적으로 피드백을 주고받는다.

CBT에서는 다양한 심리교육(psycho education) 기법들이 사용된다. 심리교육은 대개 내담자의 삶에서 일어나는 상황들을 사용하여 개념들을 설명한다. 보통 치료자는 간략한 설명을 한 다음 내담자를 학습 과정에 참여시키기 위한 질문을 한다. 심리교육을 제공할 때 도움이 되는 많은 도구가 있으며, 셀프 헬프 워크북, 자료(handout), 평가 척도, 컴퓨터 프로그램과 같은 것들이 그 예이다. 제4장 '구조화하기와 교육하기'에서 이러한 도구들에 대해 자세히 다룰 것이다.

인지적 재구조화

CBT는 주로 내담자로 하여금 부적응적인 자동적 사고들과 스키마들을 찾아내어 그것들을 바꾸도록 돕는 것에 중점을 둔다. 가장 빈번하게 사용되는 기법은 소크라테스식 질문이다. 사고 기록지(thought records) 또한 CBT에서 많이 활용된다. 자동적 사고를 기록하는 것은 좀 더 합리적인 사고를 하는 데 도움이 될 수 있다.

흔히 사용되는 그 밖의 방법으로는 인지적 오류 찾아내기, 증거 검토하기(pro-con 분석), 재귀인(귀인 양식 수정하기), 합리적인 대안 나열하기, 인지적 예행연습 등이 있다. 이 중 인지적 예행연습은 심상(imagery)이나 역할극(role play)을 통해 새로운 사고방식을 연습하는 것이다. 이러한 방법은 치료자의 도움을 받아 치료 회기 중 실시되거나, 혹은 내담자가 회기에서 이를 경험해 본 후 과제로 집에서 실시할 수도 있다.

인지적 재구조화의 일반적인 전략은 치료 회기에서 내담자의 자동적 사고와 스키마를 찾아내고, 내담자에게 인지를 변화시키기 위한 기술을 가르친 다음, 과제를 통해 이를 연습하도록 함으로써 내담자가 치료 회기 때 배운 것을 실제 삶의 상황에 적용하도록 하는 것이다. 내담자들이 습관적인 부적응적 인지를 수정하기 위해서는 반복된 연습이 필요하다.

행동 기법

CBT 모델은 인지와 행동 간의 관계가 양방향의 관계임을 강조한다. 앞에서 설명한 인지적 개입들이 성공적으로 시행된다면, 이는 행동에 유익한 영향을 미칠 것이다. 마찬가지로 행동의 긍정적인 변화들은 대개 바람직한 인지적 변화들과 관계가 있다.

CBT에서 사용하는 대부분의 행동 기법들은 ① 우울한 기분을 개선시키는 활동참여 늘리기, ② 회피나 무기력의 패턴 바꾸기, ③ 단계적으로 두려운 상황 대면하기, ④ 대처 기술 익히기, ⑤ 고통스런 감정이나 자율적 각성 감소시키기 등이다. 제6장 '행동 기법 I: 우울한 기분 감소시키기, 에너지 수준 높이기, 과제 수행하기, 문제 해결하기'와 제7장 '행동 기법 II: 불안 감소시키기와 회피 패턴 바꾸기'에서는 우울장애와 불안장애를 위한 효과적인 행동 기법들을 상세하게 다룰 것이다. 우리가 배우게 될 가장 중요한 치료적 개입들로는 행동 활성화(behavioral activation), 단계적 노출(체계적 둔감화; hierarchical exposure), 단계적인 과제 부여, 활동 및 즐거운 사건 계획하기(activity and pleasant events scheduling), 호흡 훈련, 이완 훈련 등이 있다. 이러한 기법들은 증상을 감소시키고 긍정적인 변화를 촉진하는 유용한 도구들이다.

재발을 방지하기 위한 CBT 기술

CBT 접근의 또 다른 유익들 중 하나는 재발의 위험을 감소시킬 수 있는 방법들을 습득하는 것이다. 내담자는 자동적 사고를 찾아 변화시키는 방법을 배우고, 행동 기법들을 사용하며, 그 밖에 앞서 설명한 다른 개입들을 실시함으로써 추후에 증상을 재발시킬 수 있는 요인들을 다룰 수 있게 된다. 예를 들어, 자동적 사고에서 인지적 오류를 찾을 수 있는 내담자는 치료 종결 후 부딪히게 되는 스트레스 상황에서 파국적 사고에 빠질 위험이 더 적을 것이다. CBT의 후반부에서 치료자는 내담자로 하여금 치료가 끝난 후 문젯거리가 될 수 있는 잠재적 요소들을 찾아내도록 도움으로써 재발을 방지하는 데 특히 신경을 쓴다. 이때 예행연습 기법은 효과적인 대처 방안을 연습하기 위해 사용된다.

재발 방지를 위한 CBT 접근을 설명하기 위해 자살 시도 후 입원했다가 퇴원한 내담자의 예를 들 수 있다. 비록 현재 그의 상태가 매우 나아졌으며 자살을 시도할 기미가 보이지 않는다 하더라도 그가 집과 직장으로 돌아갔을 때 일어날 수 있는 어려움들에 대해 함께 이야기하고, 그러한 어려움들에 대처할 수 있는 방법들을 코치하는 것 등이 CBT 치료 계획에 포함해야 할 것이다. 또한 이 내담자의 경우 구체적인 안전 계획을 세우는 것이 필요할 것이다.

요약

CBT는 정신장애에 대한 심리치료들 중 가장 널리 시행되는 것으로 고대에서 현재에 이르기까지 인간의 정서와 행동을 통제하는 인지의 역할을 강조한 철학자들의 사상에 기초하고 있다. CBT의 구성 개념들은 1960년대 초 Aaron T. Beck과 그 외 영향력 있는 정신과 의사들 및 심리학자들에 의해 발달되었다. CBT의 기본 이론들과 치료의 효과가 이후 많은 경험적 연구를 통해 증명되었다는 사실은 널리 알려져 있다.

숙련된 CBT 치료자가 되기 위한 학습 과정은 먼저 기본 이론 및 기법들을 공부하고, CBT 사례들을 살펴보며, 실제 내담자를 대상으로 치료적 접근을 연습하는 것을 포함한다. 이 장에서는 인지행동모델, 자동적 사고를 인식하고 수정하는 것의 중요성, 정보 처리와 정신 병리에서 스키마의 영향력, 치료 개입을 계획하는 데 있어 행동적 원리들의 주요 기능 등과 같은 CBT의 핵심 개념들을 소개하였다. 다음 장들에서는 CBT의 기본 원리들을 어떻게 적용하는지에 대해 상세히 다루게 될 것이다.

참고문헌

Abramson LY, Seligman MEP, Teasdale JD: Learned helplessness in humans: critique and reformulation. J Abnorm Psychol 87(1): 49–74, 1978 649856

Addis ME, Martell CR: Overcoming Depression One Step at a Time: The New Behavioral Activation Approach to Getting Your Life Back. Oakland, CA, New Harbinger, 2004

Alloy LB, Ahrens AH: Depression and pessimism for the future: biased use of statistically relevant information in predictions for self versus others. J Pers Soc Psychol 52(2): 366–378, 1987 3559896

Bandelow B, Reitt M, Röver C, et al: Efficacy of treatments for anxiety disorders: a meta-analysis. Int Clin Psychopharmacol 30(4): 183–192, 2015 25932596

Barlow DH, Cerney JA: Psychological Treatment of Panic. New York, Guilford, 1988

Barlow DH, Craske MG, Cerney JA, et al: Behavioral treatment of panic disorder.

Behav Ther 20:261−268, 1989

Beck AT: Thinking and depression. Arch Gen Psychiatry 9:324−333, 1963 14045261

Beck AT: Thinking and depression, II: theory and therapy. Arch Gen Psychiatry 10:561−571, 1964 14159256

Beck AT, Kovacs M, Weissman A: Hopelessness and suicidal behavior: an overview. JAMA 234(11): 1146−1149, 1975 1242427

Beck AT, Rush AJ, Shaw BF, et al: Cognitive Therapy of Depression. New York, Guilford, 1979

Beck AT, Steer RA, Kovacs M, Garrison B: Hopelessness and eventual suicide: a 10-year prospective study of patients hospitalized with suicidal ideation. Am J Psychiatry 142(5): 559−563, 1985 3985195

Beck AT, Brown G, Berchick RJ, et al: Relationship between hopelessness and ultimate suicide: a replication with psychiatric outpatients. Am J Psychiatry 147(2): 190−195, 1990 2278535

Blackburn IM, Jones S, Lewin RJP: Cognitive style in depression. Br J Clin Psychol 25 (Pt 4): 241−251, 1986 3801730

Bowlby J: The role of childhood experience in cognitive disturbance, in Cognition and Psychotherapy. Edited by Mahoney MJ, Freeman A. New York, Plenum, 1985, pp 181−200

Brown GK, Ten Have T, Henriques GR, et al: Cognitive therapy for the prevention of suicide attempts: a randomized controlled trial. JAMA 294(5): 563−570, 2005 16077050

Butler AC, Beck JS: Cognitive therapy outcomes: a review of meta-analyses. Journal of the Norwegian Psychological Association 37:1−9, 2000

Campos PE: Special series: integrating Buddhist philosophy with cognitive and behavioral practice. Cogn Behav Pract 9:38−40, 2002

Clark DA, Beck AT, Stewart B: Cognitive specificity and positive-negative affectivity: complementary or contradictory views on anxiety and depression? JAbnorm Psychol 99(2): 148−155, 1990 2348008

Clark DA, Beck AT, Alford BA: Scientific Foundations of Cognitive Theory and Therapy of Depression. New York, Wiley, 1999

Clark DM: A cognitive approach to panic. Behav Res Ther 24(4): 461–470, 1986 3741311

Clark DM, Salkovskis PM, Hackmann A, et al: A comparison of cognitive therapy, applied relaxation and imipramine in the treatment of panic disorder. Br J Psychiatry 164(6): 759–769, 1994 7952982

Cuijpers P, Berking M, Andersson G, et al: A meta-analysis of cognitive-behavioural therapy for adult depression, alone and in comparison with other treatments. Can J Psychiatry 58:376–385, 2013 23870719

Dalai Lama: Ethics for the New Millennium. New York, Riverhead Books, 1999

Dobson KS, Shaw BF: Cognitive assessment with major depressive disorders. Cognit Ther Res 10:13–29, 1986

Epictetus: Enchiridion. Translated by George Long. Amherst, NY, Prometheus Books, 1991

Eysenck HJ: The Effects of Psychotherapy. New York, International Science Press, 1966

Fawcett J, Scheftner W, Clark D, et al: Clinical predictors of suicide in patients with major affective disorders: a controlled prospective study. Am J Psychiatry 144(1): 35–40, 1987 3799837

Foa EB: Cognitive behavioral therapy of obsessive-compulsive disorder. Dialogues Clin Neurosci 12:199–207, 2010 20623924

Frankl VE: Man's Search for Meaning: An Introduction to Logotherapy. Boston, MA, Beacon Press, 1992

Haaga DA, Dyck MJ, Ernst D: Empirical status of cognitive theory of depression. Psychol Bull 110(2): 215–236, 1991 1946867

Hollon SD, Kendall PC, Lumry A: Specificity of depressotypic cognitions in clinical depression. J Abnorm Psychol 95(1): 52–59, 1986 3700847

Hollon SD, DeRubeis RJ, Fawcett J, et al: Effect of cognitive therapy with antidepressant medications vs antidepressants alone on the rate of recovery in major depressive disorder: a randomized clinical trial. JAMA Psychiatry 71(10): 1157–1164, 2014 25142196

Ingram RE, Kendall PC: The cognitive side of anxiety. Cognit Ther Res 11:523–536, 1987

Isaacson W: Benjamin Franklin: An American Life. New York, Simon & Schuster, 2003

Kelly G: The Psychology of Personal Constructs. New York, WW Norton, 1955

Kendall PC, Hollon SD: Anxious self-talk: development of the Anxious Self-Statements Questionnaire (ASSQ). Cognit Ther Res 13:81−93, 1989

Kingdon DG, Turkington D: Cognitive Therapy of Schizophrenia. New York, Guilford, 2004

Lam DH, Watkins ER, Hayward P, et al: A randomized controlled study of cognitive therapy for relapse prevention for bipolar affective disorder: outcome of the first year. Arch Gen Psychiatry 60(2): 145−152, 2003 12578431

Lefebvre MF: Cognitive distortion and cognitive errors in depressed psychiatric and low back pain patients. J Consult Clin Psychol 49(4): 517−525, 1981 6455451

Lewinsohn PM, Hoberman HM, Teri L, et al: An integrative theory of depression, in Theoretical Issues in Behavior Therapy. Edited by Reiss S, Bootzin R. New York, Academic Press, 1985, pp 331−359

Marks IM, Swinson RP, Basoglu M, et al: Alprazolam and exposure alone and combined in panic disorder with agoraphobia: a controlled study in London and Toronto. Br J Psychiatry 162:776−787, 1993 8101126

McGrath CL, Kelley ME, Holtzheimer PE, et al: Toward a neuroimaging treatment selection biomarker for major depressive disorder. JAMA Psychiatry 70(8): 821−829, 2013 23760393

McLean CP, Foa EB: Prolonged exposure therapy for post-traumatic stress disorder: a review of evidence and dissemination. Expert Rev Neurother 11(8): 1151−1163, 2011 21797656

Meichenbaum DH: Cognitive-Behavior Modification: An Integrative Approach. New York, Plenum, 1977

Miranda J: Dysfunctional thinking is activated by stressful life events. Cognit Ther Res 16:473−483, 1992

Öst LG, Alm T, Brandberg M, Breitholtz E: One vs five sessions of exposure and five sessions of cognitive therapy in the treatment of claustrophobia. Behav Res Ther 39(2): 167−183, 2001 11153971

Rachman S: The evolution of cognitive behavior therapy, in Science and Practice of Cognitive Behavior Therapy. Edited by Clark DM, Fairburn CG. NewYork, Oxford University Press, 1997, pp 3−26

Raimy V: Misunderstandings of the Self. San Francisco, CA, Jossey-Bass, 1975

Rector NA, Beck AT: Cognitive behavioral therapy for schizophrenia: an empirical review. J Nerv Ment Dis 189(5): 278–287, 2001 11379970

Sternberg RJ: Cognitive Psychology. Fort Worth, TX, Harcourt Brace, 1996

Stuart S, Wright JH, Thase ME, Beck AT: Cognitive therapy with inpatients. Gen Hosp Psychiatry 19(1): 42–50, 1997 9034811

Thase ME, Wright JH, Eells TD, et al: Improving efficiency and reducing cost of psychotherapy for depression: computer-assisted cognitive-behavior therapy versus standard cognitive-behavior therapy. Unpublished paper submitted for publication; data available on request from authors. Philadelphia, PA, January 2017

Watkins JT, Rush AJ: Cognitive Response Test. Cognit Ther Res 7:125–126, 1983

Weingartner H, Cohen RM, Murphy DL, et al: Cognitive processes in depression. Arch Gen Psychiatry 38(1): 42–47, 1981 7458568

Wolpe J: Psychotherapy by Reciprocal Inhibition. Stanford, CA, Stanford University Press, 1958

Wright JH: Integrating cognitive-behavioral therapy and pharmacotherapy, in Contemporary Cognitive Therapy: Theory, Research, and Practice. Edited by Leahy RL. New York, Guilford, 2004, pp 341–366

Wright JH: Computer-assisted cognitive-behavior therapy for depression: progress and opportunities. Presented at National Network of Depression Centers Annual Conference, Denver, Colorado, September, 2016

Wright JH, Thase ME: Cognitive and biological therapies: a synthesis. Psychiatr Ann 22:451–458, 1992

Wright JH, Wright AS, Albano AM, et al: Computer-assisted cognitive therapy for depression: maintaining efficacy while reducing therapist time. Am J Psychiatry 162(6): 1158–1164, 2005 15930065

Wright JH, Turkington D, Kingdon DG, Basco MR: Cognitive-Behavior Therapy for Severe Mental Illness: An Illustrated Guide. Washington, DC, American Psychiatric Publishing, 2009

Wright JH, Sudak DM, Turkington D, Thase ME: High-Yield Cognitive-Behavior Therapy for Brief Sessions: An Illustrated Guide. Washington, DC, American Psychiatric

Publishing, 2010

Wright JH, Thase ME, Beck AT: Cognitive-behavior therapy, in The American Psychiatric Publishing Textbook of Psychiatry, 6th Edition. Edited by Hales RE, Yudofsky SC, Roberts L. Washington, DC, American Psychiatric Publishing, 2014, pp 1119–1160

제2장 치료적 관계: 협력적 경험주의

　인지행동치료(CBT)의 매력적인 특징 중 하나는 협력적이고 행동 지향적인 치료적 관계다. CBT는 치료자와 내담자 간의 관계를 변화의 주요 기제로 보지는 않으나, 원활한 작업 동맹은 치료의 매우 중요한 부분이다(Beck et al., 1979). 다른 주요 심리치료들과 마찬가지로 CBT 치료자들은 진실함, 따뜻함, 긍정적 존중, 적절한 공감이 있는 치료 환경을 제공하고자 노력한다. 이것들은 모든 효과적인 치료의 공통적인 특성들이다(Beck et al., 1979; Keijsers et al., 2000; Rogers, 1957). CBT는 이러한 치료적 관계의 일반적인 특성들 외에 인지 및 행동의 변화를 촉진하기 위한 특별한 유형의 작업 동맹인 **협력적 경험주의**(collaborative empiricism)의 특징을 갖는다.

　다양한 유형의 심리치료에서 나타나는 치료적 관계에 대한 연구들은 여러 차례 치료자-내담자 간의 결속과 치료 성과 사이에 밀접한 관계가 있음을 보고하였다(Beitman et al., 1989; Klein et al., 2003; Wright & Davis, 1994). 또한 CBT의 치료적 관계에 대한 연구들을 검토한 결과 치료자-내담자 간의 치료적 동맹이 치료 결과에 영향을 미치는 것으로 밝혀졌다(Keijsers et al., 2000). 따라서 CBT에서 치료적 관계를 구축하려는 노력이 치료 과정에 중요한 영향을 미친다는 것이 증명되었다.

　치료자는 오랜 기간에 걸쳐 가장 효과적인 치료자-내담자 간의 관계를 형성하는 법을 배우게 된다. 모든 치료자는 자신이 이전 관계에서 경험한 것들을 가지고 그 과정을 시작한다. 흔히 치료자를 직업으로 선택하는 이유들 중 하나는 자신이 다른 사람들을 이해하는 타고난 능력을 소유하고 있을 뿐 아니라, 감정이 개입된 주제들을 민감하고 친절하게 또한 평정심을 가지고 이야기 나눌 수 있기 때문이다. 그러나 이러한 능력을 극대화하기 위해서는 사례 수퍼비전, 개인적 점검과 더불어 많은 임상 경험이 필요하다. 이 장에서는 CBT의 치료적 관계의 일반적 특징들을 간략히 다룬 후 주요 초점인 협력적 경험주의의 작업 동맹을 살펴볼 것이다.

공감, 따뜻함, 진실함

인지행동적 관점에서 적절한 공감이란 치료자가 내담자의 입장에서 내담자가 느끼고 생각하는 것을 이해하는 한편, 문제를 일으킬 수 있는 왜곡, 비논리적 추론, 부적응적 행동 등을 구별할 수 있는 객관성을 유지하는 능력을 가리킨다. Beck과 그의 동료들(1979)은 치료자가 공감과 개인적인 따뜻함을 적절하게 조절하는 것이 중요함을 강조하였다. 만약 내담자가 치료자를 냉정하고 무관심하다고 느낀다면 좋은 치료 성과를 기대하기 어렵다. 그러나 지나친 따뜻함과 공감 역시 어긋난 결과를 가져올 수 있다. 예를 들어, 오랫동안 낮은 자존감을 갖고 살아온 내담자나 기본적인 신뢰가 부족한 내담자는 자신을 이해하기 위해 지나치게 애쓰는 치료자를 부정적으로 인식할 수도 있다(예: '왜 저 사람은 나같이 별 볼 일 없는 사람에 대해 저렇게 신경을 쓰는 걸까?', '나에 대해 알기 위해 저렇게 노력하는 것을 보면 저 치료자는 매우 외로운 게 틀림없어.', '도대체 저 치료자가 나에게 바라고자 하는 것이 뭐지?').

또한 내담자에게 공감하는 말을 하는 타이밍 역시 중요하다. 흔히 저지르는 실수는 내담자가 느끼기에 치료자가 내담자의 문제를 제대로 이해하지도 못하면서 지나치게 공감을 나타내려 하는 것이다. 그러나 치료 초기 단계라 할지라도 치료자가 내담자가 보인 중요한 감정적 고통을 무시한다면, 내담자는 치료자가 별 반응이 없으며 냉담하다고 여길 수 있다. 치료자가 내담자에게 공감을 표시하려고 할 때 스스로에게 던져 볼 수 있는 좋은 질문들은 다음과 같은 것들이다. '나는 이 내담자의 생활환경과 사고방식에 대해 얼마나 잘 이해하고 있는가?', '지금이 공감을 표현하기에 좋은 때인가?', '지금 얼마만큼의 공감이 필요한가?', '지금 이 내담자에게 공감을 표현했을 때 뒤따르는 위험은 없는가?'

치료자가 공감적인 말을 적절하게 표현했을 때 내담자와의 관계가 탄탄해지고 감정적인 긴장이 완화되는 경우가 대부분이지만, 오히려 이러한 시도가 부정적으로 왜곡된 인지를 강화시키는 경우도 있다. 예를 들어, 만약 내담자가 자신은 인생의 실패자이며 자신의 삶이 어떻게 해 볼 도리가 없다고 믿고 있는 경우 치료자가 계속하여 "당신의 기분이 어떤지 이해합니다."라고 말한다면, 치료자는 자신도 모르게 내담자의 비관적이고 자책하는 태도를 인정하는 셈이 된다. 만약 내담자가 장황하게 자신의 부적응적인 생각을 늘어놓을 때 치료자가 '예'라는 의미로 반복하여 고개를 끄덕인다면, 내담자는 치료자가 자신의 결론에 동의한다고 생각할 것이다. 혹은 치료자가 광장공포증 내담자의 감정적인 고통에 대해 지나치게 공감한 나머지 회피의 패턴을 끊기 위한 행동적 치료 방법을 사용하지 않는다면 치료 효과는 그만큼 떨어질 것이다.

정확한 공감을 표현하기 위해 가장 중요한 열쇠는 마음에서 우러나오는 진실함이다. 마음에서 우러나오는 진실함을 보여 주는 치료자는 정직하고 자연스럽게 내담자와 언어적 혹은 비언어적 의사소통을 할 수 있기 때문에 치료자가 내담자의 상황을 진정 이해하고 있음을 전달하게 된다. 이러한 치료자는 내담자에게 진실을 숨기려 하지 않으면서도 능숙하게 건설적인 피드백을 줄 수 있다. 치료자는 실제 부정적인 사건들과 결과들을 있는 그대로 인정하는 것과 동시에 내담자가 그 문제들에 잘 대처할 수 있도록 항상 그의 강점을 찾으려고 노력한다. 그러므로 CBT 치료자들에게 요구되는 바람직한 개인적 특성 중 하나는 진정성 있는 낙관적 태도와 더불어 내담자의 탄력성과 잠재적 성장에 대한 믿음이다.

CBT에서 풍성하고 정확한 공감적 표현은 문제 해결책에 대한 적극적인 탐색으로 이어져야 한다. 치료자가 내담자의 문제에 민감하게 관심을 보이는 것만으로는 충분하지 않다. 치료자의 공감은 내담자의 고통을 줄이고 내담자 스스로 자신의 문제를 다루어 나가도록 돕는 행동으로 연결되어야 한다. 그러므로 CBT 치료자는 적절한 공감적 표현과 함께 소크라테스식 질문들과 그 외 다른 CBT 기법들을 사용하여 합리적인 사고와 건강한 대처 행동을 격려하는 것이 필요하다. 가장 효과적인 공감적 반응은 그저 내담자의 역기능적 사고의 흐름을 따르는 것이 아니라 내담자로 하여금 새로운 관점을 볼 수 있도록 돕는 질문을 던지는 것이다.

협력적 경험주의

CBT의 치료적 관계를 설명할 때 가장 자주 사용되는 용어는 협력적 경험주의다. 이 두 단어들은 치료 동맹의 핵심을 잘 보여 준다. 치료자는 내담자와 함께 치료 목표와 치료 회기에서 다룰 문제를 정하고, 상호 피드백을 교환하며, 일상생활에서 직접 CBT 기법을 활용하도록 하는 등 매우 협력적인 과정을 거치며 책임을 공유한다. 치료자와 내담자는 함께 문제가 되는 사고와 행동을 정하고, 그것들의 타당성 또는 유용성을 경험적으로 검토한다. 만일 내담자의 문제가 실제 사실일 경우에는 이러한 어려움에 대한 대처 전략을 세우고 이를 연습하게 된다. 그러나 치료적 관계의 주요 역할은 경험적인 렌즈를 통하여 인지적 왜곡과 비생산적인 행동 패턴을 찾아냄으로써 합리적 사고, 증상 완화, 개인적인 적응 향상의 기회를 제공하는 것이다.

CBT에서 치료자의 활동 수준

CBT 치료자는 다른 유능한 치료자들의 일반적인 특징들과 더불어 치료 회기에서의 높은 활동 수준이 요구된다. CBT 치료자들은 치료를 구조화하고, 가능한 시간 안에 최대의 성과를 내기 위해 회기 진행 속도를 조절하고, 지속적으로 사례 개념화를 수정해 나가며, CBT 기법을 실행하는 등 열심히 움직인다.

대개 치료자의 활동 수준은 내담자의 증상 정도가 심하고 내담자가 인지행동 모델을 알아 가는 단계인 치료 초반부에 가장 높다. 이때 치료자는 일반적으로 회기의 흐름을 인도하는 책임을 맡게 되며 CBT의 기본 개념들을 설명하는 데 많은 시간을 쓴다(제4장 '구조화하기와 교육하기' 참조). 또한 치료자는 특히 내담자가 심한 우울에 빠져 즐거움을 상실하거나 혹은 정신운동(psychomotor)이 둔화되었을 경우에는 치료에 에너지와 활기, 희망을 불어넣어야 한다. 다음 치료 사례는 치료자는 우울한 내담자로 하여금 CBT 기법을 이해하고 사용할 수 있도록 돕기 위해 때때로 매우 활동적이여야 함을 보여 준다.

사례 예시

Matt은 두 번째 회기 후 사고를 기록하는 과제를 받았으나 이를 수행하는 데 어려움을 겪었다.

치료자: 지난 주에 함께 과제를 검토할 것이라고 했었는데 어떠셨나요?

Matt : 잘 모르겠어요. 해 보려고 했는데 매일 밤 집에 오면 정말 피곤했어요. 과제를 할 시간이 충분하지 않았어요. (치료 노트를 펼치고 과제를 꺼낸다.)

치료자: 종이에 적은 것을 한번 볼까요?

Matt : 네, 그런데 잘 하지 못했어요.

치료자와 Matt은 그의 사고 기록지를 본다. 사건을 기록하는 첫 번째 난에는 "아내가 나는 더 이상 재미가 없다고 말했다."라고 적혀 있다. 사고를 기록하는 두 번째 난에는 아무것도 적혀 있지 않으며, 감정을 기록하는 세 번째 난에는 "슬픔, 100%"라고 적혀 있다.

치료자: Matt, 과제 때문에 자신을 못마땅하게 여기는 것 같네요. 때로 우울할 때는 이런 과제는 하는 것이 힘들지요. 하지만 당신은 과제를 해 보려고 했고, 당신의 감정을 불러일으키는 하나의 상황을 잘 찾아냈군요. 괜찮다면 여기 다른 난들을 같이 찾아볼까요?

Matt : (안심한 듯 보임) 저는 제가 과제를 제대로 못해 와서 선생님이 제가 노력하지 않았다고 생각할까 봐 걱정했어요.

치료자: 아니요. 저는 그렇게 생각하지 않습니다. 저는 단지 당신이 이러한 연습들을 통해 좋아질 수 있도록 도움을 드리려는 겁니다. 자, 그럼 부인이 그런 말을 했을 때 어떤 일이 일어났는지 이야기해 볼까요?

Matt : 네.

치료자: 여기 그 사건과 슬픈 감정이 들었던 것을 적으셨네요. 그런데 사고를 기록하는 난에는 아무것도 안 쓰셨군요. 부인이 당신에게 당신이 더 이상 재미가 없다고 했던 때로 돌아가 그때 마음속에 어떤 생각이 떠올랐는지 기억할 수 있나요?

Matt : 그냥 무너져 내리는 것 같았어요. 그날은 직장에서 힘든 날이었어요. 그래서 난 집에 돌아온 후에 의자에 거의 쓰러져서 신문을 읽기 시작했어요. 그때 아내가 날 비난한 거예요. 난 너무 화가 나서 그때 내가 무슨 생각을 했는지 적고 싶지 않았어요.

치료자: 이해가 되네요. 정말 화가 많이 났겠군요. 그런데 만일 우리가 그때 당신이 무슨 생각을 했는지 알 수 있다면 당신의 우울증을 이겨 낼 수 있는 단서를 찾을 수도 있습니다.

Matt : 지금 선생님께 이야기할 수 있는데요.

치료자: 여기 사고 기록지를 사용해서 그때 당신이 했던 생각들을 적어 봅시다. (사고 기록지를 편다.)

Matt : 음, 저는 처음에 '아내가 나를 그렇게 생각하는구나.'라고 생각했어요. 그때 내 인생에서 모든 중요한 것이 사라지는 것 같았어요.

치료자: 당신이 무엇을 잃게 될 것이라고 생각했나요?

Matt : 난 '아내가 나를 떠날 것이고, 나는 가족과 아이들을 모두 잃게 될 거야. 내 인생은 망가질 거야.'라고 생각했어요.

치료자: 그러한 생각들로 괴로웠군요. 그런데 당신은 그 생각이 정확히 맞다고 생각하나요? 우울증이 당신의 생각에 영향을 미친 것은 아닐까요?

그런 다음 치료자는 자동적 사고에 대해 설명하고 Matt이 이러한 부정적 사고들의 증거를 점검할 수 있도록 도와주었다. 그 결과, Matt은 그의 아내가 그와의 관계를 계속 유지하기 위해 애를 쓰고 있으나 그의 우울증으로 인해 좌절을 경험하고 있는 것으로 결론을 내었다. Matt이 느끼는 슬픔과 긴장은 그의 절대주의적 인지 특성이 감소함에 따라 낮아졌다. 또한 아내의 관심사에 대해 적절하게 반응하기 위한 행동 계획도 세워졌다. 그의 슬픔과 긴장이 감소하였다. 이 예시는 치료자가 내담자에게 CBT의 주요 개념들과 원리를 설명하고 내담자가 치료 과정에 충분히 참여하도록 돕기 위해 어떻게 적극적인 역할을 감당해야 할지를 보여 준다.

이 사례의 상호작용에서 치료자는 Matt보다 더 많이 이야기한다. CBT에서 치료자가 얼마나 많이 이야기할 것인가는 일반적으로 내담자와 회기에 따라 차이가 있으나 치료자는 초반부 회기들을 진행할 때 이야기를 많이 하는 경향이 있다. 보통 치료가 진행되면서 내담자가 CBT 개념들을 활용할 수 있게 됨에 따라 치료자는 이야기는 더 적게 하면서 더 수월하게 요점을 짚어 주고, 공감을 나타내며 치료를 이끌 수 있게 될 것이다.

교사-코치로서의 치료자

당신은 가르치는 것을 좋아하는가? 당신을 다른 사람들을 코치하거나, 코치를 받아 볼 경험이 있는가? CBT에서 학습은 매우 중요하기 때문에 치료 관계는 대부분의 다른 치료에서 보다 교사-학생 간의 관계와 유사한 점이 있다. CBT에서 좋은 교사 혹은 좋은 코치는 내담자가 학습 과정에 충분히 참여하도록 격려하기 위해 소크라테스식 기법을 사용하여 상호 협력적인 방식으로 지식을 전달한다. 다음과 같은 치료적 관계의 속성들은 효과적인 교수와 코칭을 촉진한다.

- 친절한(friendly): 대개 내담자는 좋은 치료자 혹은 좋은 교사란 위협적이지 않으며 지나치게 재촉하거나 책망하려 들지 않는 호의적이고 친절한 사람이라고 여긴다. 좋은 치료자 혹은 좋은 교사는 긍정적이고 건설적인 방식으로 정보를 전달한다.

- 적극적인 참여를 유도하는(engaging): CBT에서 교사의 역할을 효과적으로 수행하려면 자극을 제공하는 학습 환경을 조성할 필요가 있다. 치료자는 내담자로 하여금 치료에 활기를 더하는 소크라테스식 질문들과 연습 문제들에 적극적으로 참여하도록 이끌어야 한다. 그러나 내담자가 다룰 수 있는 양 이상의 자료나 복잡한 것들은 피한다. 학습에서의 팀워크와 협력적인 과정이 중요하다.

- 창의적인(creative): 내담자는 종종 한 가지밖에 보지 못하는 고정된 사고방식을 가지고 있으므로 치료자는 좀 더 창의적인 방식으로 상황을 보고 해결책을 찾는 모델이 될 필요가 있다. 치료자는 내담자의 창의성을 끄집어내어 문제에 대처할 수 있도록 하는 학습 방법을 사용하도록 애써야 한다.

- 힘을 북돋는(empowering): 좋은 치료자는 내담자의 삶에 의미 있는 변화가 일어나도록 하는 아이디어 혹은 도구를 제공한다. CBT의 이러한 특징은 치료 관계의 교육적 속성에 달려있다.

- 행동 지향적인(action oriented): CBT에서 학습은 수동적이거나 관념적인 것이 아니다. 치료자와 내담자는 실생활에 적용할 수 있는 지식을 얻기 위해 함께 일한다.

CBT에서 유머 사용하기

CBT에서 유머 사용을 고려해야 하는 이유는 무엇인가? 내담자들은 대부분 사랑하는 사람의 죽음, 이혼, 질병, 정신 질환 등의 매우 심각한 문제들을 직면하고 있다. 그렇다면 먼저 다음의 질문들을 생각해 보자. 치료자가 유머를 사용하는 것이 혹 내담자의 문제를 사소한 것으로 여기거나 문제의 심각성을 무시하는 것으로 여겨질 소지는 없는가? 혹은 치료자의 유머러스한 태도가 내담자를 깎아내리거나 내담자를 비웃는 것으로 보일 가능성은 없는가?

물론 치료에서 유머를 사용하는 것은 그에 따르는 위험 부담이 있다. 그러므로 치료자는 유머를 사용함으로써 일어날 수 있는 문제점들에 대해 신중해야 하며, 치료에 유머를 사용함으로써 내담자가 유익을 얻을 수 있을 것인가에 대해 따져 볼 필요가 있다. 그러나 유머는 인지적 왜곡을 인식하고, 건강한 감정을 표현하며, 즐거움을 경험하는 내담자의 능력에 많은 긍정적인 영향을 끼칠 수 있다. 많은 사람에게 유머는 매우 적응적인 대처 전략이다. 유머는 사람들의 삶에 감정적 해소, 웃음 그리고 즐거움을 가져다준다(Kuhn, 2002). 그러나 치료를 받으러 오는 내담자들은 종종 유머 감각을 잃었거나 크게 감퇴된 경우가 많다.

CBT에서 유머를 사용하는 세 가지 주요 이유는 다음과 같다. 첫째, 유머는 치료적 관계를 정상화시키고 인도적으로 만들 수 있다. 유머는 삶의 매우 중요한 부분이며 종종 좋은 관계의 요건이므로 분별력 있고 적절한 유머가 담긴 말은 CBT의 친절하고 협력적인 성향을 촉진하는 데 도움이 된다. 둘째, 유머는 내담자의 경직된 사고 및 행동 패턴을 깨는 데 도움이 된다. 만약 상황을 바라보는 극단적인 관점으로 인해 일어나는 문제점들에 대해 치료자와 내담자가 함께 웃을 수 있다면, 내담자에게 인지적 변화를 생각하고 받아들이는 일은 더욱 쉬워질 것이다. 셋째, 내담자의 유머 기술을 찾아내고 강화시켜 증상을 이겨 내고 스트레스에 대처하는 중요한 자원으로 만들 수 있다.

CBT에서 유머는 치료자나 내담자의 농담을 의미하는 것이 아니다. CBT에서 유머는 부적응적 신념 혹은 완고하고 효과적이지 않은 행동 패턴을 고집함으로써 생기는 일들을 과장하여 기술하는 경우가 많다. 이러한 유형의 유머는 ① 자발적이고 진심에서 우러난 것이어야 하며, ② 건설적이어야 하고, ③ 개인적인 약점 대신 외적인 문제나 모순된 사고방식에 초점을 맞추어야 한다. 이러한 조건들을 만족하는 유머는 완고하고 역기능적인 인지나 행동을 느슨하게 만들 수 있다.

어떤 치료자들은 회기를 진행할 때 부드러운 유머를 능숙하게 사용하는 반면, 이러한 방식을 불편하거나 어렵다고 느끼는 치료자도 있다. CBT에서 유머가 반드시 있어야 하는 부분은 아니다. 따라서 만약 유머를 사용하고 싶지 않거나 이러한 기술이 없다면 이를 무시하고 협력적이고 경험적인 관계의 다른 요소들에 초점을 맞추어도 된다. 그럼에도 치료자는 유머감각이 내담자의 강점들 중 하나인지 묻고, 또한 내담자가 자신의 유머감각을 긍정적인 대처 전략으로 사용하도록 도울 것을 권장한다.

유연성과 민감성

내담자에 따라 다양한 기대, 삶의 경험, 증상, 성격 특징을 가지므로 치료자는 내담자와 효율적인 치료 관계를 맺고자 할 때 이러한 개인차를 고려해야 한다. 즉, 치료자는 하나의 획일적인 유형의 치료적 관계를 피하고 각 내담자의 독특한 특징에 맞춰 유연하게 대처해야 한다. 이러한 치료적 관계를 형성할 때 치료자는 ① 상황적 요소, ② 사회문화적 배경, ③ 진단과 증상 등을 고려하는 것이 중요하다(Wright & Davis, 1994).

상황적 요소

사랑하는 사람의 죽음으로 인한 상실, 별거 혹은 이혼, 실직, 금전적 문제, 질병 등과 같은 생활 스트레스가 있을 경우 치료적 관계를 조정하는 것이 필요할 수 있다. 한 예로, 최근 10대 아들의 자살을 경험한 우울장애 여성의 사례를 들수 있다. 치료자는 내담자의 깊은 상심에 대해 공감하고 이해하며 지지하는 데많은 노력을 기울였다. 치료자는 치료 초반부에 사고 기록하기, 증거 점검하기와 같은 전형적인 인지행동적 개입을 사용하지 않았는데, 이는 먼저 내담자의개인적인 상처에 대한 반응으로 따뜻한 관심, 적극적인 경청, 행동적 개입을 사용함으로써 내담자가 일상생활에서 제대로 기능하도록 돕기 위함이었다.

환경적 영향이나 스트레스 사건들로 인해 내담자들은 때때로 특별한 요구를하기도 한다. 부부 관계에 문제가 있는 한 내담자는 자신이 치료를 받는다는 사실을 아내가 알지 못하도록 치료 계산서를 집으로 보내지 말 것을 요청할 수 있다. 수술 합병증으로 자신의 외과의를 고소하려는 내담자는 의료 기록을 위해그 외과의에게 연락을 해서는 안된다고 요구할 수 있다. 자녀 양육권 소송 중인한 내담자는 치료자에게 법정에서 자신의 변호인이 되어 줄 것을 요청할 수도있다. 일반적으로 치료자는 치료 초반부에 나타날 수 있는 이러한 요구들이 윤리적인 갈등이나 전문성의 범위를 넘어서는 것이 아니라면 내담자의 기대를 액면 그대로 받아들이고 내담자의 기대를 충족시키고자 노력해야 할 것이다. 그러나 어떤 내담자들은 비현실적이거나 해를 끼칠 수 있는 기대를 하기도 한다. 내담자가 치료실 밖에서의 사적인 관계나 신체적 친밀함을 요구할 때(직접적으로혹은 드러나지 않게) 치료자는 단호하고 윤리적으로 책임 있는 지침에 따라 그러한 문제들을 다뤄야 한다(Gutheil & Gabbard, 1993; Wright & Davis, 1994). 내담자가 무리한 회기 연장을 요구하거나, 과도하게 전화를 걸어 응대하도록 하는 것과 같은 요구들도 관계에 부정적인 영향을 미친다. 내담자들은 때때로 이러한요구를 정당화하기 위해 예외적인 상황을 언급하기도 하는데, 치료자는 그들의특별한 요구를 들어줌으로써 일어날 수 있는 위험을 고려해야 할 것이다.

사회문화적 배경

효과적이고 진정한 치료 관계를 형성하는 데 있어 사회문화적 문제들에 대한 민감성은 매우 중요한 요소다. 개인적인 변인들 중 성, 인종, 연령, 사회경제적 지위, 종교, 성적 성향, 신체적 장애, 교육 수준 등은 치료적 관계를 형성하고자 하는 치료자와 내담자 모두에게 영향을 미친다. 대개 치료자들은 편견 없이 다양한 배경, 신념, 행동을 존중하고자 애쓰지만 치료 관계를 방해할 수 있는 사각지대가 있을 수 있다. 또한 내담자의 편견 역시 자신의 기대와 다른 개인적 특성을 지닌 치료자와 작업할 때 영향을 미칠 수 있다.

이러한 사회문화적 영향이 치료적 관계에 미치는 영향을 효과적으로 다루기 위한 몇 가지 유용한 전략들이 있다. 첫 번째 전략은 치료자가 다양한 배경을 가진 내담자들과 작업을 할 때 스스로를 성찰하려 애쓰는 치료자는 자신이 내담자의 다양성에 대해 100% 민감하게 수용하고 있다고 여겨서는 안 된다. 치료자는 사회문화적 요인들이 치료적 노력을 제한하고 있지 않은지, 혹은 이러한 요인들로 인해 내담자에게 부정적인 반응을 하고 있지는 않은지 잘 살펴보아야 한다. 이런 내담자에게 공감을 표현하기 어려운가? 치료 회기에서 경직되거나 부자연스러운 느낌이 있는가? 특정 내담자와의 만남을 두려워하는가? 이러한 반응들이 혹 치료자의 개인적인 편견과 태도에서 비롯된 것인가? 만약 그렇다면 치료자는 내담자를 좀 더 이해하고 수용하기 위해 자신의 부정적인 생각을 수렴할 계획을 세워야 할 것이다.

두 번째 전략은 치료적 관계에 영향을 미칠 수 있는 사회문화적 차이에 대해 알아보기 위해 여러 노력을 기울이는 것이다. 예를 들어, 동성애 문화에 대한 훈련을 거의 받지 않은 치료자가 동성애 내담자에 대해 혐오감을 느낄 경우, 치료자는 성적 성향과 관련이 있는 문제들에 대한 이해를 넓히기 위해 동성애 경험에 관한 자료를 읽거나 워크숍에 참석하거나 영화를 보기도 한다(Austin & Craig, 2015; Graham et al., 2013; Safren & Rogers, 2001; Wright & Davis, 1994). 또한 치료자가 다양한 종교적 전통과 삶의 철학들에 대한 지식을 가지고 있다면 보다 효과적인 치료 관계를 맺을 수 있을 것이다. 몇몇 연구들에 따르면, 특정 종교적 신념을 가진 내담자는 자신과 유사한 종교적 배경을 가진 치료자에게 친근감을 갖는 것으로 나타났다(Propst et al., 1992). 다양한 종교를 가진 내담자들을 대상으로 CBT를 진행할 때, 대개 다른 신념 체계에 대한 이해와 허용 및 존중은 내담자와의 좋은 치료적 관계를 촉진한다.

또한 치료자들은 치료 과정에 영향을 미칠 수 있는 인종 혹은 성 관련 문제들에 대해 잘 알고 있어야 한다(Graham et al., 2013; Wright & Dais, 1994). 이를 위해 책이나 훈련 외에도 문화적 다양성에 관해 전문가나 동료들과 토론을 하는 것이 도움이 된다. 특히 치료자의 태도에 대해 함께 일하는 동료들이 제공하는 피드백은 중요하다. 치료자는 이러한 피드백을 통해 인종, 성 그리고 여러 사회문화적 요인이 치료 과정에 어떤 영향을 미치는지를 좀 더 알 수 있다.

이러한 사회문화적 요인들이 치료적 관계에 미치는 영향에 대해 살펴볼 때 치료자는 치료실의 물리적인 환경이 어떤 편견을 반영하고 있어 내담자가 불편감을 가질 소지는 없는지 점검하는 것이 필요하다. 대기실은 신체적 장애를 가진 사람이나 과체중인 사람의 편의를 고려하여 꾸며져 있는가? 대기실에 구비된 책자들의 내용이 특정 편견을 담고 있지는 않은가? 치료자 및 직원들은 모든 내담자를 동등하게 대하며 존중하는가? 치료실의 장식물이 특정 인종이나 문화적 배경의 내담자에게 불쾌감을 주지는 않는가? 만약 치료실의 환경이 치료적 관계에 부정적인 영향을 미칠 수 있는 요소를 가지고 있다면 이를 수정하는 것이 필요할 것이다.

진단과 증상

각 내담자의 질환, 성격 유형 및 증상들은 치료적 관계에 커다란 영향을 미칠 수 있다. 조증 내담자의 경우 참견하기를 좋아하고, 거슬리는 행동을 하거나, 혹은 지나치게 애교를 부리거나 유혹적일 수 있다. 물질사용장애 내담자는 종종 치료자와 스스로를 기만하도록 조장하는 인지 및 행동 패턴을 보인다. 섭식장애 내담자는 자신의 부적응적인 태도가 정당하다는 것을 치료자에게 납득시키기 위해 열심히 노력할 수 있다.

성격장애의 특성들 역시 효과적인 협력 관계를 맺으려는 치료자의 노력에 매우 큰 영향을 미친다. 의존성 성격장애 내담자의 경우 치료자에게 기대기를 원할 것이다. 강박신경증 성격장애를 가진 내담자는 치료적 상호작용에서 감정을 표현하는 데 어려움을 겪는다. 분열성(schizoid) 내담자는 매우 방어적이며 치료자를 신뢰하는 데 어려움이 있다. 경계선 성격장애 내담자는 혼란스럽고 불안정한 관계를 갖기 쉬운데 이러한 특징은 치료적 관계에서도 나타난다.

성격장애 등 특정 문제를 위한 CBT 기법은 제10장 '만성, 중증, 혹은 복합 장애 치료하기'에서 자세히 다룰 것이다. 다음은 치료적 관계에 영향을 미치는 내담자의 질환과 성격 구조를 다루기 위한 세 가지 일반적인 전략들이다.

☑ 일어날 가능성이 있는 문제들을 분별할 것: 내담자의 증상이나 성격 변인들이 미칠 수 있는 영향에 주의를 기울이고 그것에 맞추어 행동을 조정하는 것이 필요하다. 예를 들어, 외상 후 스트레스 장애를 가진 내담자와 신뢰를 쌓기 위해서는 특별한 주의를 기울여야 한다. 만약 내담자가 강박충동적 특징을 보인다면 내담자의 경직을 풀기 위해 긴장을 완화하거나, 유머를 사용하거나, 아니면 다른 창의적인 방법들을 시도해 볼 수 있다. 만약 섭식장애를 가진 한 여성 내담자가 치료자에게 자신의 건강하지 못한 행동(예: 폭식, 하제 남용, 과도한 운동)에 대해 솔직하게 말하지 않는 것 같다면 치료자는 이러한 염려에 대해 내담자와 함께 이야기할 필요가 있다.

☑ 내담자에게 꼬리표를 붙이지 말 것: 내담자에게 꼬리표를 붙이는 일은 치료자들이 경계선, 알코올 중독, 혹은 의존성과 같은 진단 용어들을 경멸하는 듯한 태도로 사용할 때 일어난다. 이러한 행동들에 대한 부정적인 태도들은 겉으로 드러나기도 하고 잘 드러나지 않는 미묘한 경우도 있다. 그러나 한번 꼬리표를 붙이게 되면 관계는 멀어지거나 틀어지기 쉬우며, 치료자는 증상을 치료하려는 노력을 덜 하게 되어 치료의 질이 떨어지기 쉽다.

☑ 평정심을 유지하려고 애쓸 것: 치료자는 폭풍의 눈과 같이 평정심을 유지하려고

노력하는 것이 필요하다. 치료자는 감정적인 상황에 반응할 때에도, 혹은 지나친 요구를 하는 내담자로 인해 힘든 경우에도 객관성을 유지하며 치료 과정을 이끌어야 한다. 치료자는 과잉 반응, 분노 행동, 혹은 방어적인 반응을 하지 않으면서 다양한 상황과 성격 유형을 다룰 수 있는 능력을 길러야 한다. 치료자의 원래 기질상 이러한 적절한 평정심을 유지하는 일이 비교적 쉬운 경우도 있다. 그러나 이러한 능력은 연습을 통해 강화될 수 있다. 평정심을 유지하는 능력을 기르는 가장 좋은 방법 중 하나는 다음에 나오는 전이와 역전이 반응을 인식하고 다루는 기술을 쌓는 것이다.

CBT에서의 전이

전이의 개념은 정신분석 및 정신역동적 심리치료에서 유래되었으나 CBT에서는 인지행동이론과 기법에 따라 그 개념이 대폭 수정되었다(Beck et al., 1979; Sanders & Wills, 1999; Wright & Davis, 1994). CBT에서의 전이 현상은 다른 치료에서와 마찬가지로 이전의 중요한 관계들(예: 부모, 조부모, 교사, 상사, 또래)의 핵심 요인들이 치료 관계에서 재현되는 것을 가리킨다. 그러나 CBT에서는 전이의 무의식적 요소나 방어 기제가 아니라 치료 상황에서 되풀이되는 습관적인 사고와 행동 방식에 초점을 맞춘다. 예를 들어, 만약 한 남자가 '뭐든지 내가 좌지우지해야 돼.'라는 핵심 신념을 가지고 있어 오랫동안 다른 사람들을 통제하려는 행동 패턴을 보여 왔다면 치료적 관계에서도 동일한 생각과 행동이 드러날 것이다.

일반적으로 CBT는 직접적이고 매우 협력적인 치료자-내담자 간의 관계를 전제로 하는 단기 치료이므로 전이의 강도는 대개 정신역동적 접근의 장기 치료보다 훨씬 약하다. 게다가 CBT에서 전이는 학습이나 변화의 주요 기제가 아니다. 그럼에도 불구하고 CBT에서 내담자의 전이 반응을 알아채고 이를 치료적 관계를 향상시키고 역기능적 사고 패턴을 수정하는 데 활용하는 능력은 중요하다.

CBT에서 전이를 평가할 때 치료자는 과거 중요한 관계에서 발달한 스키마 및 그와 관련된 행동 패턴을 살펴본다. 이러한 평가는 두 가지 주요 기능을 담당한다. 첫째, 치료자는 치료적 관계를 분석함으로써 내담자의 핵심 신념에 대해 알 수 있으며, 또한 이러한 신념이 실제 중요한 관계에서 내담자의 행동에 미치는 영향을 점검할 수 있다. 둘째, 치료자는 치료적 관계나 치료 결과에 미치는 전이의 부정적인 영향을 줄이기 위해 개입을 계획할 수 있다.

만약 어떤 핵심 신념이 치료자와 내담자와의 관계에 영향을 미친다는 증거가 있을 경우, 치료자는 다음의 질문들을 고려해야 한다.

☑ 현재 일어나고 있는 전이는 건강한 혹은 생산적인 현상인가? 만약 그렇다면 치료자는 전이가 계속되도록 그에 대한 언급을 자제하는 것이 좋다.

☑ 현재 일어나고 있는 전이가 부정적인 영향을 미칠 가능성은 없는가? 비록 현재 일어나고 있는 전이가 별 문제가 없는 것처럼 보이더라도 이후 치료적 관계에 복잡한 문제를 일으킬 수 있다. 치료자는 전이 반응을 알아챘을 때 추후 치료가 진행됨에 따라 관계가 발전하였을 경우 이로 인해 어떠한 일이 일어날 것인가를 미리 고려해 보아야 한다. 치료자는 명확한 한계를 설정하고 치료 관계를 위한 적절한 지침을 자세히 설명해 줌으로써 추후 야기될 수 있는 문제들을 피할 수 있다.

☑ 현재 주의를 기울여야 할 전이 반응이 있는가? 치료자는 협력을 방해하거나, 치료의 진전을 더디게 하거나, 혹은 치료에 파괴적인 영향을 미치는 전이 반응이 있을 경우 그 문제를 다루기 위해 즉각적인 행동을 취할 필요가 있다. 즉, 전이 현상에 대한 심리교육을 실시하거나, CBT 기법을 사용하여 전이와 관련이 있는 자동적 사고와 스키마를 수정하거나, 행동적 예행연습(치료 회기에서 보다 건강한 행동 연습하기) 혹은 특정 행동을 제한하거나 중지하도록 정하는 것 등의 개입을 시도해 볼 수 있다.

사례 예시

　25세의 Carla는 심각한 우울장애를 앓고 있다. 중년의 여성 치료자는 치료를 통해 전이 반응을 드러냄으로써 내담자의 변화를 돕고자 하였다. 내담자의 핵심 신념(예: '나는 결코 유능한 사람이 될 수 없어.', '나는 절대로 부모님을 만족시킬 수 없을 거야.', '나는 실패자야.')은 관계에 부정적인 영향을 미쳤는데, 이는 내담자가 자신을 치료자(성공한 전문가)와 비교하기 때문이었다. 또한 Carla는 치료자가 자신을 판단하고 있으며, 자신이 CBT의 셀프 헬프(self-help) 기법을 항상 잘 적용할 수 있는 것은 아니기 때문에 자신을 게으르고 어리석게 볼 것이라는 자동적 사고를 가지고 있다. 그 결과, Carla는 치료자에게 거리감을 느꼈으며, 치료자가 자신을 별로 좋아하지 않을 뿐 아니라 자신에게 지나친 요구를 한다고 여겼다.

　치료자는 Carla가 지나치게 비판적인 부모 밑에서 자랐으며, 또한 언제나 자신이 다른 사람들보다 열등하다고 믿어 온 것이 그녀로 하여금 긴장된 치료적 관계를 갖도록 하였음을 알게 되었다. 따라서 치료자는 이러한 전이 반응에 대해 Carla와 함께 이야기하며 협력적인 관계를 손상시키는 왜곡된 사고들을 수정하기 위해 CBT 기법을 사용하였다.

　Carla가 치료자에 대해 가지고 있었던 구체적인 사고들은 다음과 같다. '그녀는 모든 일이 다 잘 풀리지만 나는 그렇지 않아.'(인지적 오류가 있는 자동적 사고: 타인의 긍정적인 면은 최대화하고 자신의 강점은 최소화하기) '만약 그녀가 진짜 내 모습을 알게 된다면 나를 위선자로 여길 거야.'(내담자와 치료자 사이를 갈라놓는 부적응적 스키마) '나는 결코 그녀의 기준에 미칠 수 없을 거야.'(부모에 대한 신념이 치료자에게 전이됨)

　치료자는 이러한 사고들을 이끌어 낸 후 내담자에게 그의 이런 관계들로부터 온 자동적 사고, 핵심 신념, 행동들이 치료적 관계뿐 아니라 현재 다른 대인 관계에서도 어떻게 재현될 수 있는지를 설명하였다. 그런 다음 치료자는 자신이 Carla를 이해하고 존중하지만 그녀의 자존감이 높아질 수 있도록 돕기 원한다고 것을 말해 주었다. 그들은 Carla의 자아상을 향상시키기 위한 방법으로 정기적으로 치료 관계에 대해 함께 이야기하였고, 또한 Carla가 치료자의 태도와 기대에 대해 가지고 있는 가정들을 점검해 보기로 하였다. 치료가 진행됨에 따라 이러한 치료적 관계는 Carla로 하여금 자신을 정확하게 보고, 보다 실제적이고 기능적인 태도를 갖게 하는 건강한 기제의 역할을 하였다.

역전이

CBT 치료자의 또 다른 책임은 협력적인 치료 관계의 발달을 방해하는 역전이 반응의 가능성을 살피는 것이다. CBT에서 역전이는 내담자와의 관계가 치료자의 자동적 사고와 스키마를 활성화시켜 이러한 사고들이 치료 과정에 영향을 줄 수 있을 때 일어난다. 자동적 사고와 스키마는 자각하지 못하는 사이에 일어날 수 있으므로 역전이 반응을 분별하는 좋은 방법은 치료자의 사고에 의해 작동할 감정, 신체적 감각, 혹은 행동적 반응을 살펴보는 것이다. 흔히 역전이가 일어나고 있다는 것을 알 수 있는 치료는 치료자가 내담자에게 화가 나거나, 긴장을 느끼거나, 혹은 내담자로 인해 좌절을 경험하는 것이다. 또는 치료가 지루해지거나, 내담자가 늦거나 약속을 취소할 경우 안도감을 느끼기도 한다. 치료자는 내담자의 특정 질환, 증상, 성격 등을 다루는 데 반복적으로 어려움을 느끼거나, 어떤 내담자에게 유난히 끌리는 자신을 발견하기도 한다.

역전이가 일어나고 있다고 의심이 되면 치료자는 그러한 반응을 보다 잘 이해하고 다루기 위해 이 책에서 소개하고 있는 CBT 이론과 기법들을 적용할 수 있다. 먼저 치료자 자신의 자동적 사고와 스키마를 찾는 것이 필요하다. 그런 다음 문제가 있는 사고들을 수정해 나가는 작업이 뒤따르게 된다. 예를 들어, 만약 치료자가 '이 내담자는 치료를 받고자 하는 마음이 전혀 없어…….. 회기 내내 그가 하는 일이라곤 흐느껴 우는 것뿐이야……. 이러한 치료는 아무 소용이 없어.'라는 자동적 생각을 가지고 있다면 치료자는 자신의 인지적 오류를 찾기 위해 애써야 하며(예: 흑백논리적 사고, 증거 무시하기, 성급한 결론 내리기) 내담자의 노력과 가능성에 대해 보다 균형 있는 관점을 갖도록 생각을 변화시켜야 할 것이다.

요약

치료자와 내담자의 효과적인 협력 관계는 CBT의 구체적인 방법들을 시행하는 데 매우 중요하다. 치료자는 CBT 과정에 내담자를 개입시키기 위해 적절한 이해와 공감, 개인적인 온정을 나타내야 하며, 각 내담자의 증상, 신념, 사회문화적 배경 등의 독특한 특성에 따라 반응할 수 있는 유연성을 보여야 한다. CBT에서 좋은 치료적 관계의 특성은 높은 수준의 협력과 경험적인 질문 그리고 학습이다. 협력적이고 경험적인 방식의 치료 관계는 치료자와 내담자가 함께 문제를 규명하고 해결책을 찾아가기 위해 노력을 기울일 수 있도록 해 준다.

참고문헌

Austin A, Craig SL: Transgender affirmative cognitive behavioral therapy: clinical considerations and applications. Prof Psychol Res Pr 46(1): 21−29, 2015

Beck AT, Rush AJ, Shaw BF, et al: Cognitive Therapy of Depression. New York, Guilford, 1979

Beitman BD, Goldfried MR, Norcross JC: The movement toward integrating the psychotherapies: an overview. Am J Psychiatry 146(2): 138−147, 1989 2643360

Graham JR, Sorenson S, Hayes-Skelton SA: Enhancing the Cultural Sensitivity of Cognitive Behavioral Interventions for Anxiety in Diverse Populations. Behav Ther (N Y N Y) 36(5): 101−108, 2013 25392598

Gutheil TG, Gabbard GO: The concept of boundaries in clinical practice: theoretical and risk-management dimensions. Am J Psychiatry 150(2): 188−196, 1993 8422069

Keijsers GP, Schaap CP, Hoogduin CAL: The impact of interpersonal patient and therapist behavior on outcome in cognitive-behavior therapy: a review of empirical studies.

Behav Modif 24(2): 264-297, 2000 10804683

Klein DN, Schwartz JE, Santiago NJ, et al: Therapeutic alliance in depression treatment: controlling for prior change and patient characteristics. J Consult Clin Psychol 71(6): 997-1006, 2003 14622075

Kuhn C: The Fun Factor: Unleashing the Power of Humor at Home and on the Job. Louisville, KY, Minerva Books, 2002

Propst LR, Ostrom R, Watkins P, et al: Comparative efficacy of religious and nonreligious cognitive-behavioral therapy for the treatment of clinical depression in religious individuals. J Consult Clin Psychol 60(1): 94-103, 1992 1556292

Rogers CR: The necessary and sufficient conditions of therapeutic personality change. J Consult Psychol 21(2): 95-103, 1957 13416422

Safren SA, Rogers T: Cognitive-behavioral therapy with gay, lesbian, and bisexual clients. J Clin Psychol 57(5): 629-643, 2001 11304703

Sanders D, Wills F: The therapeutic relationship in cognitive therapy, in Understanding the Counselling Relationship: Professional Skills for Counsellors. Edited by Feltham C. Thousand Oaks, CA, Sage, 1999, pp 120-138

Wright JH, Davis D: The therapeutic relationship in cognitive-behavioral therapy: patient perceptions and therapist responses. Cogn Behav Pract 1:25-45, 1994

제 3 장 평가하기와 사례 개념화하기

  인지행동치료(CBT)에서 내담자를 평가하고 사례를 개념화하는 과정은 포괄적인 치료 모델에 기초하고 있다. 치료자는 내담자의 증상을 이해할 때 인지적 요인들과 행동적 요인들에 중점을 두지만 생물학적 영향과 사회적 영향 또한 고려해야 한다. 이 장에서는 CBT의 지표들과 CBT 접근에 적합한 내담자의 특성 그리고 치료 적절성을 평가하기 위한 핵심 차원들을 다루게 될 것이다. 나아가 사례 개념화를 조직하고 치료 계획을 세우기 위한 실용적 방법도 소개된다.

평가하기

  CBT에서의 평가는 다른 심리치료에서와 마찬가지로 발달사나 심리 상태(mental status)와 같은 기본적인 정보를 조사하는 것에서부터 시작한다. 평가는 발달사, 유전학, 생물학적 요인, 의학적 질환뿐 아니라 내담자의 현재 증상, 대인관계, 사회문화적 배경, 개인의 강점에도 주의를 기울여야 한다. 이러한 다양한 영역에서의 영향들을 상세히 평가한 후에야 다면적인 사례 개념화가 가능할 것이다. CBT가 내담자에게 적합한지 평가하기 위해서는 표준화된 면접과 진단을 통한 충분한 정보가 필요하다.
  1980년대 이래 CBT는 가벼운 수준에서 중간 수준에 이르는 우울장애와 불안장애를 넘어 그 영역이 크게 확장되면서 광범위하게 적용되어 왔다(Wright et al., 2014). 예를 들어, 제10장 '만성, 중증, 혹은 복합 장애 치료하기'에서는 양극성 장애, 조현병, 경계선 성격장애 및 기타 치료가 어려운 문제들에 대한 CBT를 살펴볼 것이다. 따라서 정신과 치료를 위해 내원한 대부분의 내담자는 적절한 약물치료를 병행하든 그렇지 않든 간에 CBT의 대상이 될 가능성을 가지고 있다고 볼 수 있다.

CBT의 사용이 어려운 경우도 있다(예: 진행된 치매, 심각한 건망증 장애, 정신 착란 혹은 약물 중독과 같은 일시적인 혼란 상태). 협력적인 신뢰를 바탕으로 한 치료적 관계의 발달을 저해하는 경우나 심각한 반사회적 성격장애에도 CBT를 적용하기 어렵다. 그러나 이러한 경우들은 다른 형태의 심리치료에서도 다루기 어려운 것이 사실이다.

제10장 '만성, 중증, 혹은 복합 장애 치료하기'에서는 장기적인 CBT 기법에 대해 논의할 것이다. 그러나 이번 장의 초점은 CBT를 2~4개월간 실시하였을 경우 효과를 기대할 수 있는 내담자의 유형을 알아보는 것이다. 이를 위해 단기 정신역동적 심리치료에 관한 초기 연구들(Davanloo, 1978; Malan, 1973; Sifneos, 1972)과 Safran과 Segal(1990)의 연구를 살펴볼 것이다. Safran과 Segal은 내담자가 단기 CBT에 잘 맞는지 평가하기 위해 반구조화된(semistructured) 면접법을 개발하였다. 그러나 이는 실시하는 데 1~2시간이 소요되므로 연구 이외의 목적을 위해서는 실용성이 떨어진다. 따라서 이 장에서는 평가 기준을 Safran과 Segal의 면접법을 기초로 하여 일반적으로 정신과에서 시행하는 평가 중 초기 점검의 형태로 구성하였다.

CBT를 단독으로 시행하기에 적합한 대상자들은 누구인가? 일반적으로 단기 CBT는 비교적 급성이며, 매우 심각한 수준은 아닌 불안장애 혹은 우울장애의 치료 이외에도 언어 능력, 변화하고자 하는 동기, 충분한 재정적 자원, 안전한 주거 환경, 지지적인 가족 구성원 혹은 가까운 친구 등과 같은 요인들은 좋은 예후의 지표들이 될 수 있다. 다행히 CBT는 치료가 용이한 내담자들에게만 유용한 것은 아니다. 일반적으로 내담자가 단기 치료에 적합한지 여부를 평가할 때 고려할 수 있는 추가적인 몇 가지 항목들은 다음과 같다.

〈표 3-1〉 내담자의 CBT 적합성 여부 평가 시 고려해야 할 항목

만성 질환 혹은 복합 질환의 여부
치료의 성공 가능성에 대한 낙관성
변화에 대한 책임의 수용
CBT에 대한 태도
자동적 사고와 그에 수반되는 감정을 찾을 수 있는 능력
치료적 관계를 맺을 수 있는 능력
문제 지향적(problem-oriented) 초점을 유지할 수 있는 능력

〈표 3-1〉의 첫 번째 항목은 일반적인 예후 지표인 내담자의 문제가 만성적인 것인지 혹은 복합적인 것인지의 여부다. 내담자의 만성적인 문제는 대개 장기적인 치료 과정을 요한다. 이는 물질 남용과 함께 나타나는 불안장애나 우울장애, 심각한 성격장애, 초기 외상 혹은 방임의 경험, 여러 다른 질환이 함께 나타나는 경우에도 마찬가지다. 내담자의 치료 내력은 그가 가지고 있는 문제의 치료 가능성에 대해 중요한 단서를 제공해 주기도 한다. 만약 한 내담자가 25년 동안 11명의 치료자들을 거쳤다거나, 혹은 많은 약물치료와 심리치료가 실패한 후 새로운 접근을 시도해야 하는 상황이라면 기본적인 12주 혹은 16주의 치료 프로그램을 제공하는 것보다는 좀 더 광범위하고 장기적인 치료가 필요한 것이다.

두 번째 항목인 치료의 성공 가능성에 대한 낙관성 또한 관계에 도움이 되는 예후 지표(Frank, 1973)다. 내담자가 높은 수준의 비관성을 가지고 있을 경우 치료에 반응하는 능력은 감소된다. 첫째, 비관성은 내담자 스스로 자신의 문제의 심각성에 대해 타당한 평가를 하고 있음을 반영하는 것일 수 있다. 특히 이전에 치료 과정의 실패를 경험하였을 경우 더욱 그러하다. 자신의 문제는 최소화하면서 자신의 강점을 과대평가하는 소위 장밋빛 렌즈는 우울해지면 쉽게 사라지는 경향이 있다. 그럼에도 불구하고 사기 저하는 치료 활동에 참여하는 내담자의 능력

을 약화시키거나, 자기충족적 예언을 통해 증상이 호전되고 있음을 보여 주는 증거들을 깎아내릴 수 있다. 비관적 태도는 절망 및 자살 생각과 관련이 있으므로 비관성이 두드러진 내담자를 대상으로는 대안적 치료나 입원을 주의 깊게 고려해야 한다. 극단적인 경우 비관성은 향정신병적 약물치료가 필요한 허무망상증(nihilistic delusion)으로 인한 것일 수도 있다.

세 번째 항목인 변화에 대한 책임의 수용은 Prochaska와 DiCl-emente(1992)가 처음 제안하고 동기 강화 상담(Miller et al., 2004)의 주요 요인으로 발전한 동기 모델과 관련이 있다. 이러한 접근 방법은 내담자의 치료에 대한 기대와 두려움에 관해 함께 이야기를 나눌 것을 권장한다. 치료자는 대화를 통해 내담자가 자신의 문제와 치료에 대해 어떻게 이해하고 있는지, 그리고 CBT에 대해 구체적으로 무엇을 알고 있으며 어떤 기대를 갖고 있는지 알 수 있다. 내담자가 의학적 치료 모델을 매우 선호하는 경우에는 치료를 시작하기 전 좀 더 준비가 필요할 것이다.

평가의 네 번째 항목은 인지행동적 원리들에 대해 치료자와 내담자가 가지고 있는 구체적인 생각과 관계가 있다. 일상생활에서도 첫 인상이 중요하듯이 치료가 시작되기 전 CBT에 높은 점수를 주었던 내담자들은 부정적인 첫인상을 가지고 있던 내담자들에 비해 훨씬 더 잘 반응하였다. 또 하나는 스스로 하는(self-help) 연습이나 과제를 기꺼이 수행하느냐 하는 것이다. 이 책에서 강조하고 있는 것처럼 과제는 CBT의 중요한 요소다. 과제를 꾸준히 해 오지 않는 내담자들이 과제를 잘 해 오는 내담자들에 비해 치료에 잘 반응하지 않는다는 증거들은 쉽게 찾아볼 수 있다(Thase & Callan, 2006).

다섯 번째 항목은 자동적 사고와 그에 수반되는 감정을 찾을 수 있는 능력으로 CBT의 핵심적인 요인이다. 내담자가 우울하거나 불안한 감정 상태에서 자신의 부정적인 자동적 사고를 찾아 큰 소리로 말할 수 있다면 치료 과정이 좀 더 빨리 진행될 수 있을 것이다. 부정적인 자동적 사고들을 찾는 데 도움이 되는 방법으로 초기 평가 시 내담자가 치료 회기에 오는 도중 혹은 대기실에서 기다리는 동안 든 생각과 그와 관련된 감정에 대해 질문하는 것이 있을 수 있다. 내담자의 부정적인 자동적 사고를 찾아 표현하는 능력을 탐색하는 질문들("그 상황에서 당신은 무슨 생각을 했습니까?" "우울한 느낌이 들 때 당신 마음속에 스치고 지나간 생각은 무엇입니까?")은 대개 그 내담자가 CBT에 적합한지를 판단하기 위해 사용되는 것들이다. 내담자가 감정 상태의 변화를 확인하는 데 어려움이 있는 경우 CBT 진행을 방해할 수 있는데, 이는 내담자가 중요한 사고들(예: 격렬한 감정 상태와 연관된 부정적인 자동적 사고)을 찾아 인지적 재구성 기법을 사용하여 기분을 나아지게 만드는 연습을 할 수 없기 때문이다.

단기 치료가 적합한지를 평가하기 위한 여섯 번째 항목은 내담자의 치료적 관계를 맺을 수 있는 능력이다. Safran과 Segal(1990)은 회기 중 내담자의 행동을 관찰하고 과거 내담자가 어떻게 친밀한 관계를 맺었는가 하는 것에 관해 질문함으로써 효과적인 치료 관계를 형성할 수 있는 능력에 대한 중요한 단서를 얻을 수 있다고 하였다. 내담자의 이러한 능력을 평가하기 위해 첫 번째 회기에 직접적인 피드백(예: "오늘 회기는 어땠습니까?")을 끌어내거나 내담자의 행동(예: 눈 맞춤, 자세, 치료자를 대할 때의 편안한 정도)을 관찰하는 것이 필요하다. 부모, 형제자매, 교사, 코치, 이성 친구 등과의 관계가 어떠했는지에 대한 질문은 유용한 정보를 제공해 줄 수 있는데, 특히 낙담, 거부, 다른 사람 이용하기 등의 패턴이 반복적으로 드러나는 경우에 더욱 그러하다. 더욱이 내담자가 이전에 심리치료를 받은 경험이 있다면 과거 치료자와의 관계가 어떠했는가 하는 것이 앞으로의 관계에 대한 정보를 줄 수 있을 것이다.

마지막 일곱 번째 항목은 내담자의 문제 지향적 초점을 유지할 수 있는 능력이다. Safran과 Segal(1990)은 이러한 능력이 안전감 작동(security operations)과 집중력(focality)과 관련이 있다고 보았다. 안전감 작동은 내담자가 심리적으로 위협을 느낄 때 정서적 안전감을 회복하기 위해 치료를 훼방할 수 있는 잠재적인 행동을 사용하는 것을 가리킨다. 반면, 집중력은 CBT 회기 구조에서 시작부터 마칠 때까지 관련 주제에 대해 주의를 유지하며 작업할 수 있는 능력을 뜻한다.

내담자의 발달사, 심리 상태 점검, CBT 적합성 평가 외에 증상 측정과 진전

을 확인하기 위해 표준화된 평정척도를 사용할 것을 권장한다. 선행연구들은
매 회기 증상의 정도를 측정하는 "측정 강화 케어(measurement-enhanced care)"
가 갖는 여러 유익에 대해 보고하였다(Formey et al., 2016; Gue et al., 2015). 내담
자가 최소한의 노력과 시간을 들여 사용할 수 있는 자기 평정 척도들이 많이 나
와 있다. 일반적으로 사용되는 척도들은 다음과 같다: 우울 측정을 위한 Patient
Health Questionnaire-9(PHQ-9; Kroenke et al., 1999)과 불안 측정을 위한
Generalized Anxiety Disorder−7(GAD−7; Spitzer et al., 2006)은 온라인 사이트
(www.phqscreeners.com)에서 무료로 이용할 수 있다. 그 밖에 Beck Depression
Inventory(Beck, 1961), Center for Epidemi-ologic Studies Depression Rating
Scale(CES-D; Radloff, 1977), Penn State Worry Questionnaire 등이 있다.

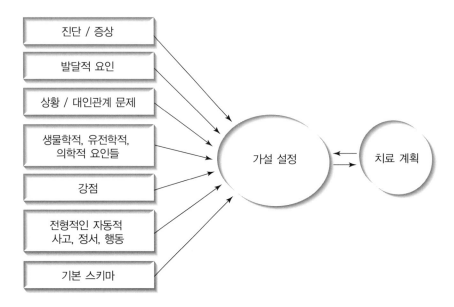

[그림 3-1] 사례 개념화 차트

CBT에서의 사례 개념화

사례 개념화는 치료자가 내담자와 함께 작업을 해 나가기 위한 지도(road map) 와도 같다. 사례 개념화는 ① 진단과 증상, ② 아동기 경험 및 다른 발달적 요인들의 기여, ③ 상황 및 대인관계 문제, ④ 생물학적, 유전학적, 의학적 요인들, ⑤ 강점 및 자산, ⑥ 전형적인 자동적 사고, 정서, 행동 패턴, ⑦ 기본 스키마 등 일곱 개의 주요 영역들로부터의 정보들을 통합하여 이루어진다([그림 3-1] 참조). 즉, 사례 개념화를 구성하기 위해서는 내담자에 관한 모든 중요한 평가 결과를 고려하는 것이 필요하다.

이러한 모든 정보를 종합하여 각 내담자에 대한 구체적인 계획을 세우는 것은 힘든 과제처럼 보일 수 있다. 이번 장에서는 사례 개념화를 구성하기 위한 실용적이고 사용하기 쉬운 방법을 설명하려고 한다. 사례 개념화에서 중요한 단계는 가설을 설정하는 것이다([그림 3-1]). 치료자들은 내담자의 특정 증상, 문제 그리고 자원과 관련하여 개별화된 사례 개념화를 만들기 위해 인지행동적 개념들을 사용하며, 이러한 가설을 기초로 치료적 개입의 방향이 정해진다.

치료 초기에는 사례 개념화가 단순한 개요나 초안일 수 있다. 치료자는 진단에 대해 확신이 없을 수도 있으며, 아직 중요한 일부 자료를 모으고 있는 과정일수도 있다. 또한 치료자는 CBT 개입을 막 시도하기 시작하였을 수도 있다. 그러나 치료 시작부터 사례 개념화를 고려하는 일은 매우 중요하다. 치료 진행 과정에서 치료자는 내담자에 대해 더 잘 알게 됨에 따라 그동안 관찰한 내용들과 세부 사항들을 사례 개념화에 추가할 수 있다. 치료자는 사례 개념화가 정확한 것인지 확인할 수 있을 것이다. 만일 사례 개념화가 적절하지 않다면 사례 개념화를 수정하는 것이 필요하다. 예를 들어, 치료의 진전을 방해하는 오랜 의존적인 특성을 발견했다면 치료 계획을 바꾸는 것을 고려해야 할 것이다. 또한 이전에는 알지 못했던 내담자의 강점이 드러난 경우에는 이러한 자산들을 사용하기 위해 치료 과정을 변경할 수도 있을 것이다.

CBT의 중후반부에 이르면 이제 사례 개념화는 각 치료 개입을 이끄는 일관성 있고 효과적인 잘 조직된 계획으로 자리 잡게 된다. 만일 치료자가 어떤 치료 시점의 녹화된 또는 복원된 한 회기를 검토할 때 어느 부분에서 테이프를 멈춘다 하더라도 치료자는 그 당시의 치료적 개입과 전체적인 치료 과정에 대한 근거를 설명할 수 있어야 한다. 또한 치료자가 최선의 결과를 얻기 위해 치료 과정에서 만날 수 있는 장애물들과 그러한 장애물들을 극복하기 위한 계획을 설명할 수 있다면 더 바랄 것이 없을 것이다.

이 장에서 제시하는 사례 개념화는 Academy of Cognitive Therapy의 지침들에 기초하고 있다. 이 학회의 웹 사이트(http://www.academyofct.org)에는 인지 치료 자격증 기준을 충족하는 사례 개념화를 작성하기 위한 상세한 지침들과 사례 예시들이 소개되어 있다. 여기에서는 그 핵심 요소들을 뽑아 사례 개념화 워크시트([그림 3-2])를 만들었다.

CBT 사례 개념화 워크시트를 완성하기 위해 치료자는 이 장에서 설명하였듯이 면밀한 평가를 수행할 수 있어야 하며, CBT의 핵심 이론들과 기법들을 알고 있어야 한다. 그러나 이 장에서는 사례 개념화의 방법들을 간략히 소개하고 몇몇 예시를 제시하여 어떻게 CBT의 개념들이 치료 계획에 사용될 수 있는지 보여 주려 한다. 이후 추가적인 CBT 경험을 통해 보다 능숙하게 사례 개념화를 구성할 수 있을 것이다.

[그림 3-2]는 불안장애를 가진 Kate의 치료를 위해 Wright 박사가 구성한 사례 개념화 워크시트의 예다.

내담자 이름: Kate

진단/증상: 광장 공포증이 있는 공황 장애(운전의 두려움). 공황 발작, 호흡 곤란 및 회피, GAD-7 점수 = 16(중간 정도의 전반적인 불안)

발달적 영향들: −

상황적 문제들: 새로운 직장에 다니기 위해서 큰 강과 심한 교통 체증이 있는 다리를 건너야 함. 아들은 이사해서 지금은 2시간 거리에 삶. 남편은 휴가에 함께 플로리다에 사는 아들을 방문하고 싶어 함

생물학적, 유전적, 의학적 요인들: 어머니는 불안장애를 갖고 있었는데 치료를 받은 적은 없음. 아버지는 50대 때 갑자기 심장 마비로 사망. Kate의 경우 갑상선 기능 항진증과 낮은 비타민 D 수치에 대한 치료를 받음

강점: 지능적이고 말을 유창하게 하며 유머 감각이 뛰어나. 가족 및 직장 동료의 지지를 받고 있음

치료목표들: ① 약 한 달에 한 번으로 공황발작 감소시키기, ② 불안과 공황을 감소시키기 위한 기술 학습하기, ③ 혼자 운전하여 다리를 건너 직장에 출근하기, ④ 운전하여 아들을 방문하는 것과 남편과 휴가 가기(적어도 일부는 직접 운전할 것)

사건1	사건2	사건3
약국으로 딸의 약을 가지러 운전함	업무에 필요한 작업 용품을 가지러 운전함	동료와 새 사무실로 운전해서 다리를 건너 간다고 생각함
자동적 사고	자동적 사고	자동적 사고
"내가 사람을 칠 수도 있어." "꼼짝 못하는 상황이 생길 수 있어." "나는 집으로 돌아오지 못할 거야." "나는 못해."	"나는 못해." "다른 사람에게 시킬 수 있을까?" "나는 기절할 거야." "누가 내 차를 들이받을 거야!"	"난 아버지처럼 심장발작이 올 수도 있어." "차 밖으로 나가야 할 상황이 올지도 몰라." "나는 못해."
감정	감정	감정
불안, 두근거림, 어지러움, 현기증, 호흡곤란	불안	불안
행동	행동	행동
약국으로 운전해서 감(다른 방법이 없었음). 그러나 운전대를 너무 꽉 쥐어서 '깊은 자국'을 남길 뻔했음. 가능하다면 비슷한 상황을 피하려고 함	결국 운전해서 갔지만 상황을 피하고 싶어 했음. 탈출구를 찾으려고 시도함	다리 건너가는 걸 피하려고 계획함

스키마: "나는 다치고 말거야." "항상 조심해야 해. 세상은 무서운 곳이야." "난 아버지처럼 일찍 죽을 거야."

작업가설: ① Kate는 운전에 대한 비현실적인 공포를 가지고 있다. 자기의 운전 실력을 과소평가하고 있고 두려운 상황을 피하려고 한다(특히 다리). ② 가족력이(예: 아버지의 갑작스러운 죽음, 어머니의 긴장 및 과잉각성) 불안과 관련된 스키마와 회피가 발달하는 데 영향을 주었다. ③ 고등학교 때 교통사고로 죽은 학급 친구가 운전 공포의 주된 원인이다. ④ 지금의 상황적 요인들(새로 이전한 사무실과 운전을 해야 한다는 부담감)이 증상을 유발했다.

치료계획: ① 인지적 재구조화(예: 증거 찾기, 인지오류 발견하기, 생각 기록하기, 인지적 리허설하기)를 이용해서 Kate의 공포가 비현실적이고 불안을 대처할 수 있다고 가르친다. ② 호흡훈련, 상상과 근육 긴장풀기로 불안감을 조절한다. ③ 운전 상황에 대한 노출 정도를 단계화한다. ④ 치료의 마지막 단계에서는 부적응적 스키마에 초점을 맞춰 점검한다.

[그림 3-2] Kate에 대한 사례 개념화 워크시트

사례 예시

　　Kate는 공황발작, 과호흡, 생리적 각성, 운전 상황(다리를 건너는 것, 붐비는 고속도로 운전, 제한적인 "안전 지역"을 벗어난 장거리 운전)의 회피를 포함한 불안과 관련 증상들을 호소하였다. 그녀는 수년 전 공황발작이 일어나 두 번 응급실을 방문한 전력이 있었다. 심박곡선을 포함한 모든 검사결과는 정상이었다. 또한 심장병 전문의와의 면담을 통해 심장 질환의 아무런 증거가 없음이 확인되었다. Kate는 현재 그녀가 행정 사무원으로 일하고 있는 판유리 회사에서 다른 지점의 과장직으로 승진제안을 받은 이후 이전보다 자주 공황발작을 경험하기 시작했다. 큰 강 너머에 위치한 새 지점은 약 2개월 후 문을 열기로 되어 있다. 이사 날짜가 가까이 옴에 따라 그녀는 예전 취업하기 위해 애를 썼던 이 직장을 그만두어야 한다는 생각을 하기 시작했다.

　　Kate의 발달 초기 몇 가지 요소들이 그녀로 하여금 이러한 불안 증상들에 취약하도록 만든 것처럼 보인다. Kate는 두 자녀 중 막내로 부모님과 함께 애정 어린 가정 환경에서 자랐다. 그녀의 어머니는 불안 치료를 받은 적은 없으나 긴장이 높고 걱정이 많은 사람으로 위험에 관해 과도하게 염려하는 것처럼 보이며 자녀들에게 세상은 매우 위험한 곳이라는 메시지를 주었다.

　　그녀는 특히 Kate가 운전을 배우는 동안 위험에 대해 걱정했다. 대부분의 부모처럼 그녀는 Kate에게 10대 운전자들의 높은 사고 위험 때문에 조심해야 한다는 말을 반복하였다. Kate의 친구들 중 하나가 자동차 충돌사고로 사망했을 때, 그녀의 어머니는 불안과 괴로움에 휩싸여 Kate가 6개월 이상 운전을 하지 못하도록 하였다.

또 다른 외상적 경험이 Kate의 공황발작과 운전회피에 기여했는데, 20대 중반 그녀의 아버지가 심장 발작으로 갑자기 사망하였다. 이 상실 경험은 그녀에게 매우 충격적인 것이어서 그녀 또한 이른 나이에 같은 운명이 될 것이라는 두려움을 갖도록 하였다.

다행히 Kate는 CBT를 시행하는 과정에 활용될 수 있는 많은 강점을 가졌다. 그녀는 CBT에 대해 배우는 것에 정말 관심이 있었으며, 불안장애를 위한 CBT의 핵심 요소인 노출 치료에 기꺼이 참여하고자 하였다. 그녀는 자신의 생각이나 감정을 분명히 표현하고, 똑똑하며 유머감각을 가지고 있었다. 또한 그녀는 성격장애를 갖고 있지 않으며, 가족 구성원들과 동료들로부터 많은 지지를 받고 있다. 그러나 그녀는 오랜 불안 증상들과 함께 운전해서 다리를 건너는 것, 집에서 가까운 익숙한 길이나 자주 들르는 가게들 그리고 옛 직장 등의 안전 지역을 벗어나는 거리를 운전하는 것을 회피하는 패턴이 자리를 잡았다. 게다가 그녀의 가족, 친구, 동료들은 자신도 모르는 사이 그녀의 정교한 회피 방법에 참여함으로써 불안을 강화시키고 있는 것처럼 보였다(예: 대신 운전해서 다리를 건너거나, 교통체증이 심할 때 운전을 해 주거나, 그녀의 안전 지역을 벗어나야 하는 운전을 하지 않도록 하거나, 심부름을 대신해 주는 것).

Kate는 다음 목표에 도달하기 위해 함께 효과적으로 협력하며 작업할 수 있었다 ([그림 3-2]).

① 약 한달에 한 번으로 공황발작 감소시키기, ② 불안과 공황을 감소시키기 위한 기술 학습하기, ③ 혼자 운전하여 다리를 건너 직장에 출근하기, ④ 운전하여 아들을 방문하는 것과 남편과 휴가가기(적어도 일부는 직접 운전할 것). Academy of Cognitive Therapy의 사례 개념화 지침에 따르면, 치료자는 증상 표출에 영향을 미치는 인지 및 행동적 요인들에 대해 **횡단적**(cross-sectional), 그리고 **종단적**(longitudinal) 관점을 모두 갖도록 권고된다. 사례 개념화의 횡단적 관점은 주요 촉발 요인들(예: 관계 해체, 실직, 심각한 질병의 시작과 같은 큰 스트레

스 요소들)과 선행 상황들(배우자와의 말다툼, 직장에서의 압력, 되풀이되는 불안 증상들을 유발하는 계기에 노출되는 것과 같이 흔히 일어나는 사건들)이 어떻게 자동적 사고, 감정 및 행동을 일으키는지 현재의 패턴을 살펴보는 것과 관련이 있다. 종단적 관점은 발달적 사건들과 다른 영향들을 고려하는 것으로 특히 핵심 신념이나 스키마 형성과 관련이 있는 것에 중점을 둔다.

[그림 3-2]의 사례 개념화 워크시트는 부적응적 인지, 감정 및 행동과 연관이 있는 Kate의 현 환경에서 세 전형적인 사건들의 횡단적 분석을 포함한다. 딸의 항생제를 찾아오기 위해 약국으로 운전을 해서 가고 있는 첫 번째 사건에 대한 반응에서 그녀는 "누군가를 치면 어떡하지?······ 이러지도 저러지도 못하게 되면 어떡하지?······ 난 할 수 없어····· 집으로 돌아갈 수 없으면 어떡하지?"와 같은 자동적 사고들을 떠올렸다. 이러한 인지들과 관련이 있는 감정 및 신체적 감각들은 불안, 심장 박동 증가, 현기증, 어지러움, 그리고 빠르고 불규칙적인 호흡이었다. 이 예시에서 Kate는 약국으로 운전을 해서 갈 수는 있었으나 그렇게 하는데 매우 힘이 들었다. 그녀는 운전대에 자국이 남을 정도로 운전대를 매우 꽉 잡았다. Kate는 대개 이와 비슷한 운전 상황들을 회피했으며, 그 결과 만성 불안과 회피행동의 악순환이 만들어졌다. 자동적 사고와 불안을 일으키는 두 번째 상황과 세 번째 상황(필요한 물품을 사기 위해 운전해서 가는 것과 동료들과 함께 새 사무실로 가기 위해 운전해서 다리를 건너는 것)도 유사한 결과들을 나타냈다. 많은 강렬한 자동적 사고(예: "나는 정신을 잃을거야······ 난 할 수 없어····· 나는 아버지처럼 심장 발작이 일어날지도 몰라.")가 떠올랐으며, Kate는 운전을 회피하거나 그러려고 시도하였다.

종단적 관점에서 볼 때 Kate는 세상이 위험하다는 것과 그녀에게 위험한 일이 생길 것이라는 부적응적 핵심 신념들(예: "나는 다치게 될 거야." "항상 긴장을 늦춰서는 안 돼, 세상은 매우 위험한 곳이야." "나는 우리 아버지처럼 일찍 죽을 거야.")

Wright 박사는 이 모든 정보들을 통합하여 다음과 같은 주요 내용들을 포함하는 가설을 세웠다. ① Kate는 상황에 대한 비현실적인 두려움, 이러한 상황을 통제하거나 다루는 자신의 능력에 대한 과소평가, 강한 정서적 및 자율 신경계의 각성, 두려운 상황에 대한 회피 등 불안장애의 전형적인 인지행동적 특성들을 보이고 있다. ② 긴장, 위험에 대한 경계, 그리고 사랑하는 사람의 갑작스러운 죽음 등의 발달적 배경이 장애에 기여했을 것이다. ③ 친구의 치명적인 자동차 사고에 관한 외상 경험은 그녀의 두려움을 부추겨 운전의 위험성에 초점을 맞추도록 했을 것이다. ④ 현재의 상황적 요소들(직장에서의 승진으로 큰 강을 건너 운전해 출근해야 하는)은 증상을 야기하는 데 역할을 담당했을 것이다.

　Wright 박사가 구성한 치료 계획은 이 가설들과 직접적으로 관계가 있다. 그는 Kate의 재앙적인 자동적 사고들을 증거 점검하기 등의 소크라테스 질문, 사고 기록하기와 인지적 예행연습을 사용해 수정하기로 계획하였다. 프로그램의 가장 중요한 부분은 점신적 노출을 위해 단계적인 위계구조에 따라 두려워하는 자극에 둔감화시키는 것이다. 이러한 기법들은 제5장 '자동적 사고 다루기'와 제7장 '행동적 기법 Ⅱ: 불안 감소시키기와 회피 패턴 바꾸기'에서 상세하게 설명할 것이다.

　비록 Wright 박사는 Kate의 발달적 경험들이 불안을 일으키는 핵심 신념들을 갖도록 했을 것으로 믿었으나, 그는 인지적 기법들을 사용해 자동적 사고들을 확인하고 변화시키는 한편, 행동적 전략들을 시행해 그녀의 회피 패턴을 바꾸는 데 대부분의 치료 노력을 기울이기로 하였다. 이러한 기법들은 불안을 치료하기 위한 인지행동적 모델과 일치한다. 초기 회기에서 그와 Kate는 일찍 죽는 것에 대한 핵심 신념을 다루었다. 치료 후반 그는 Kate가 위험에 대한 취약성 관련 기타 스키마들을 이해하고 수정하도록 도울 수 있었다.

　또 다른 사례는 우울이 있는 내담자를 대상으로 어떻게 사례 개념화를 구성하는지 보여 준다. 제5장 '자동적 사고 다루기'와 제8장 '스키마 수정하기'에서는 새로운 도시로 이주해 새 직장을 갖는 문제로 우울한 청년 Brian의 치료 사례가 나와있다. 여기에서는 또 다른 CBT 사례 개념화의 예시로 이것을 간략히 다룰 것이다. 이 사례 개념화([그림 3-3])를 통해 우울에 대한 CBT 예시에서 Sudak 박사가 선택한 기법들을 더 잘 이해할 수 있을 것이다.

사례 예시

Brian은 25세 청년으로 그를 고용한 정보 기술 회사가 더 큰 회사에 의해 인수된 이후 최근 고향을 떠나 필라델피아로 이사하였다. 이사를 한 이후 그는 점점 외롭고 우울해졌다. 그가 고향을 떠난 것은 이번이 처음이었다. 우울 증상으로는 가라앉은 기분, 수면 문제, 식욕 감소와 10파운드 체중 감소, 많은 자기 비난 사고, 활동들에 대한 관심 및 즐거움 감소 등이 보고되었다. 그의 집중력 상태는 괜찮은 편이었으며, 컴퓨터 기술자로서의 직무 수행은 별다른 문제가 없는 것처럼 보인다. 자살 사고나 의도는 발견되지 않았다. 그의 PHQ-9 점수는 18이었다.

Brian은 이사 이후 자신이 "길을 잃은 것" 같다고 말했다. 비록 그는 고향으로 돌아가는 것을 고려하고 있으나 거기에서는 그에게 맞는 직장을 찾기 어려운 것이 사실이다. 그는 돌아가 그의 어머니와 살게 된다면 자신은 "실패자"라고 말했다. 이사를 하기 전 그는 합창단에서 노래를 불렀으며, 육상 선수였고, 그의 친구들과 함께 시간을 보내는 것을 즐겼다. 그러나 이 모든 활동은 중단됐다. 지난 3개월 동안 그는 퇴근 후 집으로 돌아와 대부분의 시간을 혼자 보냈다.

그는 우울에 대해 이전에 치료를 받은 전력이 없다. 그러나 Brian은 자신이 항상 자신감이 부족하다고 말했다. 그는 어렸을 때 오랜 기간 동안 슬펐던 시간들을 기억해 냈는데, 그의 일관성 없는 아버지가 찾아온 후에는 특히 그러했다. 그의 아버지는 오랜 기간 집을 떠났다가 아무런 연락 없이 불쑥 선물을 들고 나타나 사과를 하곤 했다. 그리고 며칠 뒤 그는 "바람과 같이 사라지곤 하였다". 대학 때 오래 사귄 여자친구와 헤어진 일은 Brian에게 매우 충격적이었다. 그는 돌이켜 생각해 보면 그때 상담을 받았어야 했다고 말했다. 그는 자살 생각을 한 적이 없으며, 다른 병력을 갖고 있지 않다.

Brian은 뉴욕주 북부 근교에서 외동으로 자랐다. 그의 부모는 그가 18개월이었을 때 헤어졌다. 또한 가족사를 보면 그의 아버지가 알코올 남용의 문제를 갖고 있음을 알 수 있다. 가족 구성원 중 누구도 정신과 질환으로 치료를 받은 적은 없었으나, Brian은 그의 어머니가 만성적이고 심각하지 않은 수준의 우울 문제를 가지고 있다고 믿었다. 그녀는 남편이 떠난 후 객실 청소 매니저 일로 시작하여 지금은 몇몇 모텔과 음식점들의 관리 감독자로 일하고 있다. Brian과 어머니와의 관계는 매우 단단했다. 그는 어머니가 "늘 내 마음 한 켠에 계신다."라고 말했다.

금전적인 부담 때문에 Brian은 고교 시절과 대학교 시절 파트 타임 일을 해 왔다. 그는 자신이 "부끄럼이 많다."라고 말했다. 그러나 그에게는 가까운 동성 친구들이 있었으며, 고등학교 2학년 때부터 대학 2학년 때까지 꾸준히 한 여자친구가 있었다. 그녀는 몰래 다른 남자를 만나고 있는 것을 Brian에게 들키자 관계를 끝냈다. 그는 그 이후 한두 번 데이트를 하는 데 그쳤다.

[그림 3-3]과 같이 사례 개념화를 통해 Sudak 박사는 Brian의 발달사와 인지 행동적 병리적 측면들을 살펴보고 이를 통합하여 작업 가설을 세우고, 나아가 CBT를 시행하기 위한 계획을 구성하게 된다. Sudak 박사는 치료 계획에 항우울 제를 추가하기로 결정했다. Brian의 (중간 정도에서 심한 정도의) 증상들에 대해 CBT만으로 치료를 진행하는 것도 가능했으나, 우울이 더 일찍 시작했을 가능성 과 우울의 가족사 가능성 및 여러 증상을 고려할 때 약물을 함께 진행하는 것이 유리할 것으로 보았기 때문이다. CBT 요인들은 자기 처벌적인 자동적 사고들을 바꾸는 것, Brian으로 하여금 치료계획의 긍정적인 활동들을 다시 시작하도록 돕는 것, 그의 사회적 고립 패턴을 깨는 것, 그리고 오래된 부적응적 핵심 신념들 을 변화시키는 것에 초점이 맞춰졌다.

내담자 이름: Brian

진단/증상: 주요우울장애. 치료시작 시점 PHQ-9 점수 = 18(중등도 이상의 높은 우울)

주요 증상들은 깊은 슬픔, 자기 비난 사고를 동반한 낮은 자존감, 에너지 및 흥미 상실, 사회적 고립. 자살사고 없음

발달적 영향들: 아버지는 알코올 중독자로 Brian이 18개월이었을 때 가족을 떠났으나 이따금씩 Brian과 아내와 연락을 취해 왔다. 금전적 어려움 때문에 생계 유지를 위해 어머니는 다양한 객실 청소 일을 "계속해야만 했다". 그녀는 Brian에게 매우 다정했으며 확고한 지지기반이 되어 주었다. Brian은 최근 필라델피아로 이사할 때까지 그녀와 함께 살았다.

Brian은 10대와 대학교 시절에 부끄럼이 많은 편이어서 데이트를 자주 하지는 않았다. 꾸준히 만나 온 유일한 여자친구와 헤어졌을 때, 그는 큰 충격을 받았다. 그때 이후로 그는 데이트를 하지 않았으며, 6개월 전 무렵부터 특히 외롭다고 느꼈다.

상황적 문제들: 새로운 일자리를 잡기 위해 고향에서 큰 도시로 이사를 함. 새로운 친구들과 사귀고 관계를 맺는 것의 어려움. 여자친구와의 결별

생물학적, 유전적, 의학적 요인들: 어머니가 만성적으로 우울을 경험했던 것으로 보이나 치료를 받은 적은 없음. 아버지는 알코올 중독자임. 의학적 질환의 병력은 없음.

강점: 대학교육. 컴퓨터 엔지니어로서의 직업능력. 어머니와 고향 동성 친구들로부터의 지지. 친구들에게 충실함. 과거 합창단에서 노래 부르기, 달리기, 등산 등에 대한 흥미. 물질남용의 문제가 없음

치료목표들: ① 우울 증상 감소시키기(PHQ-9 5점 이하), ② 관계에 대한 자신감을 키움으로써 자신이 "자연스럽게 다른 사람과 어울린다."라고 느끼게 되는 것, ③ 금전적인 활동들과 취미 생활에 다시 참여하기, ④ 자주 데이트할 수 있기(최고 월 2회)

사건1	사건2	사건3
차에 앉아 있음. 직장 사람들과 함께 음식점에 들어갈 수 없음	동료들과의 회식에 빠지고 집에 홀로 있음	직장에서 끌리는 한 여성을 발견함
자동적 사고	**자동적 사고**	**자동적 사고**
"나는 이 사람들과 결코 어울리지 못할 거야" "나는 절대로 그들 중 하나가 되지 않을 거야" "나는 그들이 왜 여기에 나를 불렀는지 이해가 안 돼." "나는 그들에게 아무것도 아니야."	"나는 너무 외로워." "여기서는 평생 살 수 없을 거야" "나는 결코 어울리지 못할 거야" "나는 그것을 할 수 없을 거야."	"그녀는 절대 나와 데이트하기 원하지 않을 거야." "그녀는 아마 나를 패배자라고 생각할 거야." "아, 예전에 사람 만날 기회가 있었던 그 직장에 남아 있었어야 했는데."
감정	**감정**	**감정**
슬픔	슬픔	수용, 불안

행동	행동	행동
파티에 참석하지 않음. 집에 가서 주말 내내 TV 앞에서 시간을 보냄	혼자 집에 머묾	고개를 돌려서 마치 그녀를 못 본 것처럼 행동함

스키마: "사람들을 의지해서는 안 돼." "나는 항상 조심해야 해. 그렇지 않으면 상처받을 거야." "나는 괜찮은 사람이 아니야." "나는 결코 나를 사랑하는 여자를 만날 수 없을 거야."

작업가설: ① 믿을 수 없는 아버지와 그의 유일한 가까운 여자친구로부터의 거절 등의 경험들은 "사람들을 의지해서는 안 돼." "나는 괜찮은 사람이 아니야."와 같은 핵심 신념들을 형성하였다. ② 최근 그의 고향에서 훨씬 큰 도시로 이사한 일은 그의 우울을 출발시킨 주요 요인이 되었는데, 이는 자신이 결코 다른 사람들과 어울리지 못하고 받아들여지지 않을 것이라는 자동적 사고들이 생겨난 데 따른 것이다. ③ 이러한 사고들은 깊은 슬픔과 함께 사회적 접촉을 피하는 행동과 연관이 있다. ④ 그의 사회적 고립 및 즐거운 활동의 결여는 부정적인 사고와 우울한 행동의 악순환의 일부가 되었다.

치료계획: ① 우울한 기분과 사회적 고립과 관련이 있는 되풀이되는 자동적 사고들을 확인한다. ② 자동적 사고들을 수정하는 기법들을 가르친다(증거 점검하기, 인지적 왜곡 인식하기, 사고 기록하기). ③ 즐거운 활동에 대한 참여와 사회적 접촉을 늘리기 위해 활동 계획하기와 다른 행동 활성화 기법들을 사용한다. ④ 스키마들을 찾아 수정함으로써 자존감과 개인적 효능감을 증가시킨다(증거 점검하기, 구성된 스키마에 대한 CBT 예행연습, 사회적 관계에 대한 행동실험). ⑤ 항우울제 약물치료

[그림 3-3] Brian에 대한 사례 개념화 워크시트

앞에서 제시한 두 개의 사례 개념화 예시들은 우울장애와 불안장애의 치료를 위한 전형적인 CBT의 개념화가 무엇인지를 보여 준다. 각각의 예시에서 치료자는 내담자의 현재 기능, 발달사, 생의학적 배경에서 관찰된 것들을 종합하여 인지행동모델에 기초한 가설을 세운다. 치료자는 이러한 가설을 바탕으로 치료 계획을 세우며, 불안과 우울을 치료하기 위해 구체적인 CBT 개념들을 활용한다. 치료자는 먼저 훈련 과제 3-1을 통해 CBT 사례 개념화 워크시트를 사용하는 것으로 시작하기를 권한다. 이후 치료자는 CBT 경험이 쌓임에 따라 사례 개념화를 수행하는 능력을 길러 나가게 된다. 제11장 '인지행동치료 역량 기르기'에서는 완전한 사례 개념화를 작성해 보고, 이것에 대해 자기 평가를 해 보는 훈련 과

제들을 다룰 것이다.

훈련 과제 3-1   CBT 사례 개념화 워크시트

1. 현재 치료 중인 내담자에 대한 사례 개념화를 구성하기 위해 CBT 사례 개념화 워크시트를 사용한다.

2. 가능한 한 워크시트에 많은 사항을 기입하도록 한다. 그러나 전에 사례 개념화를 작성하여 보지 않았거나 CBT에 대한 경험이 없다면 워크시트의 모든 항목을 작성하지 못했더라도 괜찮다. 가능하다면 자동적 사고, 감정, 행동 반응을 일으키는 사건을 적어도 하나 이상 찾아본다. 또한 적어도 하나 이상의 기본적인 스키마를 찾아본다. 만약 내담자가 아직 어떤 스키마도 이야기하지 않았다면, 관련 스키마를 가정하여 만들어 볼 수도 있다.

3. 이미 배운 기본적인 CBT 개념과 현재 내담자에 대해 알고 있는 정보에 근거하여 예비 가설과 치료 계획을 세워 본다.

4. CBT를 실시하고 있는 다른 내담자들의 경우에도 CBT 사례 개념화 워크시트를 계속 활용해 본다.

요약

CBT에서의 평가는 내담자의 발달사, 강점, 정신 상태에 대한 검사 등 초기 평가 수행의 모든 과제를 포함한다. 그러나 특히 자동적 사고, 스키마, 대처 행동들의 전형적인 패턴을 찾아내기 위해 주의를 기울여야 하며, 또한 CBT가 그 내담자에게 적합한지를 판단하여야 한다. CBT는 주요우울장애, 불안장애, 섭식장애를 포함하여 다양한 조건에서 효과적인 것으로 나타났을 뿐 아니라, 심각한 정신병리적 장애(예: 조현병과 양극성 장애)에 대해서도 약물치료의 효과를 증가

시키는 것으로 나타나 널리 활용되고 있다.

CBT의 사례 개념화와 치료 계획은 광범위한 인지적-행동적-사회적-생물학적 관점을 포함한다. 정확하고 효과적인 개념화를 만들기 위해 치료자는 ① 상세한 평가를 수행해야 하며, ② 현재 내담자 삶의 전형적인 스트레스 상황들이 가지고 있는 인지행동적 요소들에 대한 횡단적(cross-sectional) 분석을 실시해야 하고, ③ 내담자의 핵심 신념과 습관적인 행동 전략들에 대한 종단적(longitudinal; 예: 발달적) 영향을 고려해야 하며, ④ 작업 가설을 세우고, ⑤ 내담자의 핵심 문제와 강점에 대해 효과적인 CBT 기법들을 포함하는 치료 계획을 세우는 것이 필요하다.

참고문헌

Beck AT, Ward CH, Mendelson M, et al: An inventory for measuring depression. Arch Gen Psychiatry 4:561-571, 1961 13688369

Davanloo H: Evaluation and criteria for selection of patients for short-term dynamic psychotherapy. Psychother Psychosom 29(1-4): 307-308, 1978 724948

Forney JC, Unützer J, Wrenn G, et al: A Tipping Point for Measurement-Based Care. Psychiatr Serv Sept 2016 27582237

Frank JD: Persuasion and Healing. Baltimore, MD, Johns Hopkins University Press, 1973

Guo T, Xiang Y-T, Xiao L, et al: Measurement-based care versus standard care for major depression: a randomized controlled trial with blind raters. Am J Psychiatry 172(10): 1004-1013, 2015 26315978

Kroenke K, Spitzer RL, Williams JB: The PHQ-9: validity of a brief depression severity measure. J Gen Intern Med 16(9): 606-613, 2001 11556941

Malan DJ: The Frontiers of Brief Psychotherapy. New York, Plenum, 1973

Meyer TJ, Miller ML, Metzger RL, Borkovec TD: Development and validation of the Penn State Worry Questionnaire. Behav Res Ther 28(6): 487-495, 1990 2076086

Miller WR, Yahne CE, Moyers TB, et al: A randomized trial of methods to help clinicians learn motivational interviewing. J Consult Clin Psychol 72(6): 1050-1062, 2004 15612851

Prochaska JO, DiClemente CC: The transtheoretical approach, in Handbook of Psychotherapy Integration. Edited by Norcross JC, Goldfried MR. New York, Basic Books, 1992, pp 301–334

Radloff LS: The Center for Epidemiologic Studies Depression (CES-D) Scale: a self-report depression scale for research in the general population. Appl Psychol Meas 1:385–401, 1977

Safran JD, Segal ZV: Interpersonal Process in Cognitive Therapy. New York, Basic Books, 1990

Sifneos PE: Short-Term Psychotherapy and Emotional Crisis. Cambridge, MA, Harvard University Press, 1972

Spitzer RL, Kroenke K, Williams JBW, Löwe B: A brief measure for assessing generalized anxiety disorder: the GAD–7. Arch Intern Med 166(10): 1092–1097, 2006 16717171

Thase ME, Callan JA: The role of homework in cognitive behavior therapy of depression. J Psychother Integr 16(2): 162–177, 2006

Wright JH, Thase ME, Beck AT: Cognitive-behavior therapy, in The American Psychiatric Publishing Textbook of Psychiatry, 6th Edition. Edited by Hales RE, Yudofsky SC, Roberts L. Washington, DC, American Psychiatric Publishing, 2014, pp 1119–1160

제4장 구조화하기와 교육하기

인지행동치료(CBT)에서 구조화하기는 매우 중요하다. 이것을 이해하기 위해 치료자는 자신이 이제 막 치료를 받기 시작하는 내담자라고 가정해 볼 수 있다. 그는 삶의 스트레스에 압도되어 심한 우울을 보이며, 집중하는 데 어려움이 있고, 치료가 어떻게 진행될지에 대한 기대가 거의 혹은 전혀 없는 사람이라면 어떠할지 상상해 보라. 이러한 혼란과 고통뿐 아니라 여기에 자신의 모든 또는 대부분의 개인적 자원을 다 써 버려 문제에 대한 해결책을 찾을 수 없을 것이라는 신념을 가지고 있다면 그는 겁에 질려 어디서 도움을 요청해야 할지도 모를 것이다. 만약 당신이 이런 상태에 있다면 당신은 치료에서 무엇을 기대하겠는가?

물론 당신은 제2장 '치료적 관계: 협력적 경험주의 작업'에서 다룬 것처럼 친절하고, 공감적이며, 현명하고, 매우 숙련된 치료자를 원할 것이다. 또한 당신은 현재 겪고 있는 증상에서 회복되기를 기대할 것이다. 목표 설정과 문제 정하기(agenda setting)로 시작하는 구조화 기법은 변화에 이르는 방향을 제시하는 데 중요한 역할을 한다(〈표 4-1〉). 내담자가 문제로 인해 좌절감을 느끼거나, 증상을 극복할 수 없는 자신의 무능함 때문에 괴로워한다면 구조화 기법은 다음과 같은 강력한 메시지를 전달할 수 있다. '중요한 문제에 초점을 맞추면 해답은 뒤따라올 것이다.' 또한 심리교육(psychoeducation)은 다음과 같은 희망의 메시지를 전달한다. '이러한 기법들은 당신에게 효과가 있을 것이다.'

〈표 4-1〉 CBT의 구조화 기법

목표 설정하기
문제 정하기
증상 점검하기
회기 연결하기
피드백 제공하기
회기의 진행 속도 조절하기
과제 부여하기
치료 도구 사용하기(반복함)

CBT에서 구조화하기와 교육하기는 상호 보완적으로 학습을 촉진하는 치료 과정들이다. 효과적인 구조화 기법은 치료가 체계적이고 능률적이며 올바른 목표를 향하도록 함으로써 학습을 돕는다. 과제 활동과 치료 노트 사용과 같은 적절한 심리교육적 개입은 CBT 구조화에 중요한 요소들을 제공한다. 구조화하기와 교육하기의 전반적인 목표는 내담자에게 희망을 주고, 내담자의 학습 과정을 격려하며, 치료의 효율성을 향상시키고, 내담자로 하여금 효과적인 대처 기술을 쌓도록 돕는 것이다.

치료 초기에 치료자는 구조화하기와 교육하기에서 주요 역할을 담당한다. 그러나 CBT가 진행됨에 따라 내담자는 문제를 정의하고 다루는 일, 변화를 향해 과제에 집중하는 일, 일상생활에서 CBT의 핵심 개념들을 적용하는 일 등에 대해 점차 책임을 지게 된다.

CBT의 구조화

목표 설정하기

치료 목표(goal)를 세우는 과정은 변화를 위해 구체적이고 측정 가능한 목표를 설정하는 것이 얼마나 중요한가를 내담자에게 가르칠 수 있는 좋은 기회를 제공한다. 대개 첫 번째 목표를 설정하는 개입은 첫 회기가 끝날 무렵 치료자가 내담자의 주요 문제, 강점, 자원 등을 평가하고 협력적인 치료 관계를 맺기 시작하면서 진행된다. 만일 치료자가 시간을 할애하여 내담자에게 효과적인 목표 설정에 대해 교육한다면 그 과정은 좀 더 자연스럽게 진행되어 더 적은 시간이 소요될 뿐 아니라 더 나은 결과를 얻을 수 있다. 다음의 사례는 첫 회기에서 어떻게 목표 설정을 소개할 것인가를 보여 준다.

사례 예시

Janet은 36세 여성으로 오랜 기간 만난 남자 친구와 최근 결별하였다. 그녀는 치료자에게 그 관계는 "실패였다."라고 말했다. Janet은 '이미 많은 시간을 낭비했다.'라고 생각했으므로 변화를 결심하였다. 그녀는 옳은 결정을 내렸다고 생각했음에도 불구하고 매우 우울하였다. 그녀는 자신이 '그와 관계를 너무 오래 끈 것이 바보 같으며 그런 루저를 참아 준 것에 대해' 자책하였다. Janet의 자존감은 매우 낮았다. 그녀는 자신이 행복해지지 못할 것이고 '내가 진정 원하는 사람에게 거절당할' 운명이라고 생각하였다. 결별 후 6주 동안 Janet은 친구들과 시간을 보내거나 운동하는 것을 그만두었다. 그녀는 직장 이외의 대부분의 시간을 잠을 자거나 잠을 자려고 노력하면서 보냈다. 다행히 Janet은 자살에 대해 생각하지는 않았다. 회기 초반에 그녀는 치료자에게 자신이 결별을 극복하고 다시 제자리로 돌아와야 하는 것을 알고 있다고 말했다.

치료자: 우리가 지금까지 이야기를 하면서 당신의 문제와 강점에 대해 많이 알게 되었다고 생각합니다. 이제 치료 목표를 정하는 것이 어떨까요?

Janet : 네, 저는 더 이상 실패해서는 안 돼요. 저는 이 모든 일에 겁쟁이였어요.

치료자: 내가 보기에 당신은 스스로를 깎아내리고 있어요. 그렇지만 목표를 정하게 되면 어떻게 이러한 우울장애에서 빠져나올 수 있는지 알게 될 겁니다.

Janet : 모르겠어요……. 저는 그냥 다시 행복해졌으면 좋겠어요. 이런 느낌이 싫어요.

치료자: 회복되는 것은 치료의 궁극적인 목표일 수 있지요. 그러나 지금 가장 필요한

것은 치료 회기에서 우리가 초점을 맞추어야 할 구체적인 목표들을 선택하는 것입니다. 목표에는 곧 달성할 수 있는 단기적인 목표들과 지속적으로 다뤄야 하는 장기적인 중요한 목표들이 있습니다.

Janet : 음, 저는 이제 제 생활에서 잠만 자며 보내는 것 말고 무언가 다른 걸 하고 싶어요. 한 가지 목표는 예전처럼 다시 운동을 하게 되는 거예요. 그리고 Randy와의 관계를 마음에서 떨쳐 버릴 수 있는 일을 찾아야 될 것 같아요.

치료자: 그 두 가지는 좋은 단기 목표가 될 수 있습니다. 자, 그러면 운동을 다시 시작하는 것과 이전 관계를 극복하기 위해 도움이 되는 긍정적인 관심사나 활동을 찾아보는 것을 목록에 적어 볼까요?

Janet : 좋아요, 그 두 가지를 다 하고 싶어요.

치료자: 목표를 정할 때 얼마나 진전이 있는지 알 수 있도록 하는 것이 좋습니다. 우리가 잘 가고 있는지 알기 위해 어떻게 기준을 정하는 것이 좋을까요?

Janet : 적어도 일주일에 세 번 운동하는 것으로 하면 좋을 것 같아요.

치료자: 또 관심이 있는 것이나 활동은 어떤 것들이 있을까요?

Janet : 음, 적어도 일주일에 한 번은 친구들과 외출하는 것, 또 침대에서 너무 많은 시간을 보내지 않는 것이요.

치료자: 이러한 목표들로 시작하면 좋을 것 같습니다. 다음 회기 전에 또 다른 단기 목표들이 있는지 찾아 적어 보겠습니까?

Janet : 좋아요.

치료자: 자, 이번에는 우리가 함께 다룰 장기적인 목표들을 세워 봅시다. 낮은 자존감에 대해 이야기를 했었는데 그 문제를 다루고 싶습니까?

Janet : 네, 저는 제 자신에 대해 다시 좋게 느꼈으면 좋겠어요. 남은 인생 동안 실패했다고 느끼며 보내고 싶지 않아요.

치료자: 그 목표를 좀 더 구체적인 말로 말해 보겠습니까? 무엇을 얻고 싶지요?

Janet : 저는 제가 제 인생에 남자가 있든 없든 간에 잘 지낼 수 있는 강한 사람이라고 생각할 수 있었으면 좋겠어요.

치료자는 Janet이 바람직한 변화를 가져올 수 있는 명확한 목표를 제시한 것에 대해 긍정적인 피드백을 제공하며 치료적인 상호작용을 계속하였다. 치료자는 회기를 마치기 전 Janet이 또 다른 치료 목표를 생각해 보는 과제를 내 주었다[여기에서 사용된 행동 활성화(behavioral activation) 기법은 제6장 '행동 기법 I: 우울한 기분 감소시키기, 에너지 수준 높이기, 과제 수행하기, 문제 해결하기'에서 상세히 다루고 있다].

치료자: 이러한 목표들을 달성하기 위해 다음 주에 어떤 일들을 할 수 있을까요? 기분 전환에 도움이 될 만한 한두 가지 일을 말해 보겠습니까?

Janet : 적어도 두 번은 직장을 마친 후 헬스클럽에 가는 것과 친구 Terry에게 전화해서 영화 보러 갈 생각이 있는지 물어보는 것이요.

목표는 치료 과정 중에 정기적으로(적어도 4회기마다) 검토하고 수정해야 한다. 때때로 치료 초기에 세운 목표는 그 문제가 해결되거나, 치료자가 내담자에 대해 더 잘 알게 됨에 따라 더 이상 중요하지 않을 수도 있다. 치료가 진행됨에 따라 새로운 목표들이 나타나기도 하며, 목표를 달성하는 데 방해되는 장애물을 극복하기 위해 치료 방법을 수정할 수도 있다. 치료자는 내담자의 목표들에 초점을 맞추고 이를 유지하기 위해 이들 목표들을 건강기록지에 기재해 두기도 한다. 또한 치료자가 내담자에게 치료 목표를 치료 노트에 기록하도록 할 수도 있다(이 장 후반부의 '심리교육' 참조). CBT에서 효과적인 목표를 세우기 위한 기본 원리들은 〈표 4-2〉에 나타나 있다.

〈표 4-2〉 CBT의 목표 설정을 위한 안내

내담자에게 목표를 설정하는 기술을 가르친다.

정의하기 어렵거나 달성하기 어려운 대략적이고 일반적인 목표는 피한다. 이러한 유형의 목표 설정은 달성되기 어려운 것처럼 보이므로 내담자를 낙담시킬 수 있다.

구체적인 목표를 세운다.

내담자가 가장 중요하다고 여기는 염려나 문제를 다룰 수 있는 목표를 선택하도록 이끈다.

가까운 미래에 달성할 수 있는 단기 목표들을 선택한다.

보다 광범위한 CBT 작업을 필요로 하는 장기적인 목표들을 개발한다.

진전을 평가할 수 있는 용어들을 사용하여 목표를 설정한다.

문제 정하기

문제(agenda) 정하기 과정은 목표를 설정하는 것과 유사하므로 대부분 동일한 원칙들과 방법들이 활용된다. 단, 치료의 전 과정에 대한 방향을 제시하는 목표 설정과 달리 문제 정하기는 각각의 회기를 구조화하기 위해 사용된다. 목표를 설정하는 방법에서 설명하였듯이 내담자는 생산적으로 문제를 정하는 방법과 그 이점에 대해 교육을 받아야 한다. 초기 몇 회기들에서는 치료자가 문제 정하기 과정을 이끈다. 그러나 대부분의 내담자들은 금세 문제 정하기의 중요성을 깨닫게 되며 다루고 싶은 구체적인 관심사를 가지고 회기에 온다.

회기에서 효과적으로 다룰 수 있는 문제들은 다음과 같은 특징들을 가진다.

☑ 회기에서 다루는 문제는 전반적인 치료 목표들과 직접적으로 관련이 있다. 회기에서 다루는 문제는 치료 목표를 달성하는 데 도움이 되어야 한다. 만약 회기에서 다루는 문제가 전반적인 치료 목표들과 관련이 없을 경우, 문제를 수정하거나 치료 목표를 수정하는 것을 고려해야 한다. 때에 따라서는 회기에서 다루는 문제가 불필요한 것이거나, 전반적인 치료 과정과 관련이 적을 수도 있으며, 어떤 경우에는 회기에서 다루는 문제가 새로운 치료 목표가 필요함을 가리키는 것일 수도 있다.

☑ 회기에서 다루는 문제는 구체적이고 측정 가능해야 한다. 잘 정의된 문제의 예들은 다음과 같다. ① 상사의 급한 성미에 대처할 방안 만들기, ② 일을 미루는 버릇 줄이기, ③ 지난주의 과제 진행 점검하기. 모호하거나 지나치게 일반적인 문제들은 다시 수정되어야 한다. 그러한 예들은 다음과 같다. ① 나의 우울한 기분, ② 늘 피곤을 느끼는 것, ③ 나의 어머니.

☑ 회기에서 다루는 문제는 한 회기 동안 다룰 수 있는 것이어야 하며, 그 문제를 다룸으로써 내담자에게 유익이 될 가능성이 높아야 한다. 문제는 한 회기 동안 어느 정도 다룰 수 있는 것으로 골라 정하도록 한다. 만일 어떤 문제가 너무 광범위하거나

압도적일 경우, 그 문제의 일부만을 회기에서 다루거나 혹은 그 문제를 좀 더 다루기 쉬운 용어들로 다시 만들 수 있다. 예를 들어, Janet이 제안한 다루기 어려운 문제("나는 항상 거절당한다는 느낌을 받고 싶지 않아요.")는 한 회기 내에 다룰 수 있는 주제로 재구성되었다('거절받는다는 느낌에 대처할 방안 찾기').

☑ 회기에서 다루는 문제는 성취할 수 있는 목표를 가지고 있다. 문제는 단순한 토론 주제(예: '자녀들과의 문제, 결혼, 스트레스 관리')에 그치는 것이 아니라 변화의 정도를 가늠할 수 있어야 하며, 치료자와 내담자가 구체적인 행동 계획(예: '딸의 학교 문제에 대한 대처 방안 찾기, 남편과의 언쟁을 줄이고 함께 하는 활동 늘리기, 직장에서의 긴장 줄이기')을 세우도록 이끈다.

문제 정하기는 구조화 과정의 가장 중요한 부분이지만 이를 지나치게 따르는 것은 바람직하지 않을 수 있다. 지나친 구조화는 창의성을 억제하여 기계적인 치료가 되도록 하거나 간혹 중요한 실마리를 놓치는 결과를 낳을 수도 있다. 문제 정하기 및 기타 구조화 도구들이 가장 효과적으로 활용될 때 자발성과 창의적인 학습이 증가할 수 있는 조건이 될 것이다.

구조(structure)와 표현(expressiveness) 간에 적절한 균형을 이루는 것은 미술, 음악, 건축, 심리치료 및 그 외 다른 분야에서 되풀이되는 주제다. 예를 들어, 세계에서 가장 유명한 공원들 중 하나인 Sissinghurst는 울타리, 나무, 조각들의 정교한 구조와 이러한 경계 안에 심겨진 색색의 꽃들의 풍성하고 자유로운 흐름 간의 역동적인 상호작용으로 성공을 거두었다(Brown, 1990). CBT의 문제 정하기 및 다른 구조화 도구들은 치료의 좀 더 창의적인 면들을 촉진할 수 있다. 이는 마치 교향곡, 회화, 혹은 정원 등이 그 구조로 인해 정서적인 울림이 더 큰 효과를 갖게 되는 것과도 같다.

이러한 개념을 실제 CBT 회기에 적용하기 위해 치료자는 문제를 정하고 그것을 따라야 한다. 그러나 이러한 구조화가 반드시 따라야만 하는 틀은 아니다. 구조화의 목적은 치료자와 내담자가 통찰을 얻고 새로운 방식의 생각과 행동을 학습하는 데 힘을 집중하도록 돕는 데 있다. 만일 회기에서 어떤 문제를 다루는 것이 더 이상 별 소득이 없다고 판단될 때에는 다른 주제로 옮겨 갈 수 있다. 만일 회기 중에 새로운 생각이 떠올라 문제를 바꾸는 것이 좋다고 판단되면 내담자와 상의하여 그렇게 할 것인지의 여부를 함께 결정할 수도 있다. 그러나 그런 경우가 아니라면 회기에서 다루고 있는 문제에 집중하여 내담자의 변화를 돕는 것이 좋다.

장애물 해결 가이드 1
문제 정하기에서의 어려움

☑ 치료자가 회기에서 다룰 문제를 말해 보도록 요청했음에도 불구하고 내담자가 치료 회기 시작부터 상세한 또는 장황하고 두서없는 이야기를 길게 늘어놓는다. 이러한 문제는 이전에 비지시적인 치료 경험이 있어서 비구조화된 방식으로 자유롭게 이야기하도록 격려된 내담자들에게서 특히 흔히 발견된다. 또는 본래 말하기를 좋아하는 성향을 갖고 있거나, 문제 해결에 집중하는 데 어려움이 있는 경우에 해당할 수도 있다. 치료자는 초기 회기들에서 CBT의 협력적인 특성을 설명하는 것이 필요하다. 내담자에게 이런 치료 경험에 대해 묻고 CBT의 문제지향적인 접근과 어떻게 다른지 함께 이야기를 나눠 볼 수도 있다. 치료 목표를 달성하기 위해 내담자가 궤도를 벗어나지 않도록 때때로 치료자가 내담자의 이야기를 중단시킬 수 있는 것에 관해 허락을 구하는 것도 필요하다.

☑ 내담자가 너무 많은 문제를 제시하거나, 혹은 대응하기 힘든 많은 문제를 한꺼번에 꺼내 놓는다. 한 걸음 물러나 내담자가 제시한 문제들이 치료의 전반적인 목표들과 부합하는지 살펴보고, 내담자와 함께 순차적으로 이것들을 다룰 수 있는 전략을 계획해 보도록 한다. 내담자에게 매 회기에서 다룰 문제의 수가 적을수록(보통 2~3개) 그에 대한 행동 계획이나 효과적인 대처 기술을 찾을 수 있도록 충분히 다뤄질 수 있음을 설명하는 것이 필요하다.

☑ 내담자가 회기에서 다룰 문제를 제안하지 않는다. 만일 회기에서 다룰 문제를 말해 보도록 했을 때 내담자가 아무런 문제를 말하지 않거나, 또는 내담자에게 별다른 도움이 되지 않을 것처럼 보이는 한두 개의 문제만을 이야기했을 때, 치료자는 다음과 같이 사고를 촉진하기 위한 질문들을 할 수 있다. "우리가 오늘 다룰 수 있는 문제들이 있는지 지난 회기의 기록들을 좀 살펴볼까요?" "우리가 혹시 놓치고 있는 것은 없는지 치료 목표들을 한번 살펴보는 건 어떨까요?" "자동적 사고들을 일으켰던 어떤 스트레스 사건들은 없었나요?" 또는 회기에서 다룰 문제를 정하는 데 치료자가 주도적으로 이끌 수도 있다. 아마도 내담자는 주의를 기울여야 할 문제들을 무시하고 있거나 대단치 않게 생각하고 있을 수 있다. 지나친 음주, 직장에서의 기한이 지난 프로젝트 미루기, 사회적 접촉 피하기 등이 그 예가 될 수 있다.

☑ 내담자가 회기에서 다룬 문제에 대해 과제를 부여하지 않는다. 이 장 뒷부분 '과제 부여하기' 부문에 나와 있듯이, 대개 회기에서 다룬 문제들에 관한 과제가 나가게 되는데, 이는 연습을 통해 효과를 거둘 가능성이 높아지기 때문이다. 만일 내담자가 회기에서 다룬 문제에 대해 과제를 추가하지 않는다면, 치료자가 과제를 추가할 수 있다. 치료자는 친절한 태도로 회기 밖에서 지속적으로 셀프 헬프 후속활동들을 하는 것의 중요성을 짚어 주는 것이 필요하다.

☑ 내담자가 자주 회기에서 다루고 있는 문제에서 벗어나거나, 또는 단지 기분 전환을 위해 스트레스 사건에 대한 이야기를 하는 데만 너무 많은 시간을 보내며 스트레스 사건에 대처하기 위한 CBT 기법들을 배우지 않는다. 만일 내담자가 본래 이야기하는 것을 좋아하고 CBT의 구조적 특성에 쉽게 적응하지 못한다면 일정 시간을 자유롭게 이야기를 나누는 데 할당하는 것도 방법이 될 수 있다. 이런 경우 치료 회기의 대부분은 구체적인 문제들을 다루는 데 쓰이고 얼마간의 시간을 할애해 내담자로 하여금 지난 회기 이후 일어난 일에 대해 말해 보도록 한다면 가장 좋을 것이다. 이러한 회기 구조화에 대한 내담자의 협조를 요청하기 위해 치료자는 다음과 같이 말할 수 있다. "당신은 자신의 경험에 대해 이야기를 참 잘 하

시는군요. 덕분에 당신의 삶에 대해, 사람들과 문제들에 대해 알게 되었습니다. 그런데 세세한 많은 이야기를 듣다 보니 당신에게 새로운 것을 가르칠 수 있는 충분한 시간을 갖기 어려운 것 같습니다. 우리가 당신의 문제를 다루기 위한 방법들을 연습해 보기도 전에 회기가 끝나게 되네요. 제가 제안드리고 싶은 것은 CBT 작업을 위해 충분한 시간을 정해 놓으면 더 잘 진행이 될 것 같습니다. 어떻게 생각하시나요?"

☑ 치료자가 치료를 구조화하는 것에 대해 불편감을 느낀다. 과거 지지적 또는 정신역동적 치료 훈련 경험이 있는 몇몇 치료자들은 적극적으로 문제를 설정하고, 내담자에게 개입하여 대화의 흐름을 돌리는 데 어려움을 갖기도 한다. 또한 어떤 치료자들은 성격 특성 혹은 배경 경험으로 인해 타인에 대한 개입을 주저하는 경우도 있다. 만일 대화 도중 내담자에게 좀 더 집중하도록 요청하기 어렵다면, 이 문제를 수퍼바이저와 함께 검토하고 내담자에게 정중히 개입하는 방법을 연습하는 것이 좋다. 예를 들어, "우리 잠깐 멈추고 오늘 이 시간을 가장 잘 사용할 수 있는 방법을 생각해 보는 것은 어떨까요? 동생과 말다툼을 한 일로 화가 난 것은 잘 알겠습니다. 그런데 우리가 오늘 다룰 문제를 아직 정하지 못했네요. 저는 꼭 오늘 회기를 잘 활용할 수 있기를 바랍니다."

증상 점검하기

CBT 회기의 기본적인 구조는 내담자가 매번 치료에 올 때마다 거치는 몇 개의 기본 절차들로 이루어진다. 앞서 다룬 문제 정하기 외에도 대부분의 CBT 치료자들은 회기를 시작할 때 간단한 증상 점검을 실시하거나 혹은 증상의 정도를 평가한다(Beck, 2011). 쉽고 빠른 방법은 내담자에게 0~10점 척도를 사용하여 자신의 우울, 불안, 또는 다른 증상을 평가하도록 하는 것이다(10점은 증상이 가장 심한 수준이며, 0점은 증상이 없는 수준을 가리킨다). 또는 치료자가 매 회기 간단한 자기보고식 질문지를 실시할 수 있다. 특별히 Patient Health Questionnaire-

9(PHQ-9; Kroenke et al., 2001)와 Generalized Anxiety Disorder 7-Item Scale(GAD-7; Spitzer et al., 2006)이 추천된다. PHQ-9는 자살 생각에 관한 문항을 포함하여 주요우울장애의 아홉 개 핵심 증상들을 다루고 있으며, GAD-7은 불안의 흔한 일곱 개 증상들에 초점이 맞춰져 있다. 두 척도 모두 공유 부문에 해당되므로 비용 없이 실시할 수 있다. 또한 이들은 임상 현장과 연구에서 널리 사용되고 있다. 〈표 4-3〉에는 유용한 자기보고식 평가 척도 및 출처들이 제시되어 있다.

이러한 기분 측정은 치료의 진전을 평가할 수 있는 중요한 정보를 제공하며, 또한 치료 회기를 일관성 있게 구조화하는 역할을 한다. 일상적으로 증상 점검을 실시하는 또 다른 이유는 치료 성과를 향상시키는 데 도움이 될 수 있기 때문이다. 제3장 '평가하기와 사례 개념화하기'에서 살펴본 바와 같이, 일상적인 자기 평가 척도들을 사용하는 것은 치료 성과를 높이는 데 도움이 되는 것으로 밝혀졌으며, 잘 계량화된 치료(measurement-enhanced care)의 기초가 된다.

〈표 4-3〉 간단한 자기보고식 평정 척도

평정 척도	적용	출처	참조
Patient Health Questionnaire-9(PHQ-9)	우울	www.phqscreeners.com	Kroenke et al., 2001
Quick Inventory of Depressive Symptomatology (QIDS-16)	우울	www.ids-qids.org	Rush et al., 2003
Beck Depression Inventory(BDI)	우울	www.pearsonclinical.com	Beck et al., 1961
Generalized Anxiety Disorder 7-Item Scale(GAD-7)	불안	www.phqscreeners.com	Spitzer et al., 2006

Penn State Worry Questionnaire (PSWQ)	불안	at-ease.dva.gov. au/professionals/ files/2012/11/PSWQ. pdf	Meyer et al., 1990
Beck Anxiety Inventory	불안	www. pearsonclinical.com	Beck et al., 1988

Note: Beck Depression/Anxiety Inventory를 제외한 위 표에 있는 모든 평정 척도들은 저작권 지불 없이 임상적으로 사용될 수 있다. 각각의 평정 척도를 사용하기 전에 웹사이트에서 권한 정보를 확인하라.

　치료 회기 시간을 절약하기 위해 어떤 치료자들은 내담자에게 일찍 오도록 하여 대기실에서 자기보고질문지를 서면이나 컴퓨터 또는 전자 노트 패드에 작성하도록 한다. 이러한 평가를 전자 건강 기록에 통합시킴으로써 치료자와 내담자가 치료 결과를 그래픽 디스플레이로 보고 최대 성과를 얻는 데 주의를 기울이도록 할 수 있다.

　증상 점검 외에도 간단한 업데이트 질문지를 실시하여 내담자의 현재 상태에 대한 정확한 정보를 얻고, 치료 진전을 평가하며, 새로운 증상이 없는지 파악하기도 한다. 이러한 증상 점검과 간략한 업데이트는 대개 몇 분밖에 걸리지 않는다. 척도를 실시한 후 내담자를 만나기 전 그 결과를 검토하는 것이다.

　어떤 CBT 치료자들은 증상 점검/간략한 업데이트를 하기 전에 회기에서 다룰 문제를 정하는데, 이 경우 증상 평가는 문제 항목 중에 포함된다. 또 어떤 이들은 회기를 시작하면서 맨 처음 증상 점검을 실시한 후 회기에서 다룰 문제를 정하기도 한다. 이 장 후반부에 제시된 회기 구조화 샘플("CBT 과정의 회기 구조화" 참조)에서는 회기의 첫 순서로 증상 점검/간략한 업데이트를 실시하는 전략을 사용하였다.

회기와 회기 연결하기

대부분의 구조화는 한 회기의 진행에 관한 것이다. 그러나 내담자에게 이전 회기에서 다루었던 문제를 다시 생각나게 하는 질문을 하는 것은 도움이 된다. 기본적인 구조화의 요소들 중 하나인 과제는 회기와 회기를 연결해 주며 핵심 문제 또는 개입에 초점을 유지하도록 하는 역할을 한다. 치료자는 단순히 과제를 점검하는 것이 아니라 이전 회기들의 중요한 방향이 새로운 계획들로 인해 무시되거나 잊히지 않도록 해야 한다. 회기와 회기를 연결하는 한 가지 유용한 방법은 회기 초반에 치료자가 잠시 치료 노트를 검토하고 내담자에게도 자신의 노트를 살펴보게 함으로써 지난 회기에 이어 다뤄야 할 것들을 찾도록 하는 것이다.

피드백 제공하기

어떤 심리치료 유형은 내담자에게 피드백을 제공하는 것을 강조하지 않는다. 그러나 CBT 치료자에게 피드백을 제공하고 요청하는 일은 매우 중요하다. 피드백은 회기를 구조화하고 치료 관계를 형성하며 적절한 격려를 제공해 줄 뿐 아니라 왜곡된 정보 처리를 수정하도록 돕는다. 대개 CBT 치료자는 매 회기마다 여러 차례 피드백을 이끌어 내야 하며 내담자가 제대로 이해하고 있는지를 점검하는 것이 좋다. 보통 내담자는 다음과 같은 질문들을 받는다. "지금까지 오늘 회기는 어떠셨나요?" "계속하기 전에 잠깐 멈추고 우리가 같은 방향으로 가고 있는지 살펴보는 것이 좋겠습니다…… 지금까지 배운 것을 요약해 보겠습니까?" "오늘 치료에서 어떤 부분이 좋았습니까?" "제가 다르게 했으면 좋겠다고 하는 것들에 대해 말해 보겠습니까?" 혹은 "오늘 회기에서 다룬 것들 중 어떤 것들이 중요하다고 생각하시나요?"

또한 치료자는 종종 내담자에게 건설적이고 지지적인 피드백을 제공한다(〈표 4-4〉). 많은 경우 피드백은 회기의 방향을 제시하는 한두 마디의 말이다. 예를 들어, 치료자는 "오늘 회기는 잘 진행되고 있습니다. 그런데 직장에 대한 이야기는 다음 주까지 미루고 딸과의 문제에 대해 초점을 맞춘다면 좋을 것 같은데요."라고 말할 수 있다. 물론 이러한 말 뒤에는 "어떠신가요?"와 같이 내담자에게 피드백을 요청하는 것이 좋다. 피드백을 제공할 때 정확한 정보에 기초한 적절한 격려와 지나치게 긍정적이거나 비판적인 것으로 여겨질 수 있는 말의 차이는 아주 미세한 것일 수 있다. 내담자가 피드백을 잘 수용하고 또한 치료가 원활하게 진행되도록 하는 피드백을 제공하는 데 도움이 되는 제안들은 〈표 4-4〉에 나와 있다.

〈표 4-4〉 인지행동치료의 피드백 제공을 위한 안내

내담자가 문제에 집중하는 데 도움이 되는 피드백을 제공하라. 치료자는 "내 생각에 우리가 주제에서 벗어난 것 같습니다." 또는 "당신이 새로운 문제를 꺼냈는데, 그 이야기를 하기 전에 잠깐 멈춰서 오늘 남은 시간을 어떻게 사용하고 싶은지 생각해 봅시다."라고 말할 수 있다.

치료 회기의 구성, 생산성, 창의성을 높이는 피드백을 제공하라. 치료자는 내담자가 주제에서 벗어났을 때 곧 알아차려야 한다. 그러나 예상치 못한 문제의 타결이나 의외의 사실 또한 고려하는 것이 필요하다.

진심으로 대하라. 내담자를 격려하라. 그러나 너무 지나친 칭찬은 피한다.

강점을 찾아내고 변화의 기회를 제안하는 건설적인 의견을 내도록 노력하라. 내담자로 하여금 치료자가 자신에 대해 부정적인 판단을 하고 있다거나, 내담자의 노력에 대해 못마땅하게 여기고 있다는 피드백을 주지 않도록 조심한다.

치료자는 피드백을 주는 방식으로 치료의 중요한 내용들을 요약할 수 있다. 그러나 치료자가 계속하여 치료의 내용을 요약한다면 지루해질 것이다. 보통 회기당 한두 번 간략하게 요약하는 것으로 충분할 것이다.

피드백을 교수 도구로 사용하라. 치료자는 좋은 코치가 되어 내담자가 언제 중요한 통찰을 얻어야 하는지 알게 하라. "바로 그런 식으로 하면 됩니다." 또는 "과제를 성실하게 한 보람이 있네요."와 같은 말을 통해 내담자의 진척 사항이나 내담자에게 전달하고자 하는 교훈을 강조할 수 있다.

CBT에서 피드백 과정의 중요성은 우울장애의 정보 처리 과정에 대한 광범위한 연구로부터 비롯되었다(Clark et al., 1999). 이들 연구들은 우울장애가 있는 경우 그렇지 않은 경우에 비해 긍정적인 피드백을 간과한다는 증거를 제시하였다.

이러한 정보 처리 편향은 우울을 생성하는(depressogenic) 인지가 지속되는 데 역할을 하는 것으로 나타났다(Clark et al., 1999). 또한 불안장애에 관한 연구에서 불안장애는 경직되고 부적응적인 정보 처리 유형과 관련이 있음이 드러났다(제1장 '인지행동치료의 기본 원리' 참조). 예를 들어, 광장공포증이 있는 경우 가족과 친구들로부터 그가 가진 두려움이 근거가 없는 것이라는 이야기를 수차례 들었음에도 그러한 메시지가 효력을 갖지 못한다.

치료자는 내담자에게 피드백을 줄 때 이러한 연구 결과들을 고려해야 한다. 치료자는 내담자가 우울이나 불안이 높을 경우 일종의 필터를 통해 지각을 하게 되므로 치료자나 다른 사람들의 말이 그 의도대로 들리지 않을 수 있음을 알려 주어야 한다. 또한 치료자는 내담자가 정확한 피드백을 주고받을 수 있도록 도울 수 있다. 특히 치료 관계에서 효과적인 방식의 피드백 과정을 모델링하는 방법은 매우 유용하다.

진행 속도 조정하기

치료자는 어떻게 치료 회기 시간을 가장 잘 사용할 수 있는가? 치료자는 언제 새로운 문제로 넘어가야 하는가? 어떤 주제에 대해 막히거나 진전이 없을 때 얼마 동안 더 그 문제를 다루어야 하는가? 내담자가 현재 문제에 초점을 맞추도록 치료자는 직접적으로 어떤 도움을 주어야 하는가? 치료자가 너무 빠르게 진행하여 내담자가 핵심 개념을 이해하고 기억하는 데 어려움이 있지는 않은가? 이전에 학습한 것을 검토하기 위해 그 주제로 다시 돌아가는 것이 유익한가? 이러한 유형의 질문들은 치료자가 내담자와 좋은 치료적 관계를 유지하면서 최대한의 치료 효과를 가져 올 수 있도록 회기의 진행 속도를 조정하기 위해 생각해 보아야 하는 것들이다.

회기의 진행 속도를 조정하는 능력은 치료에 관한 책을 읽음으로써 배우기는 어렵다. 회기의 구조를 효과적으로 이끄는 치료 개입과 질문을 던지는 타이밍의

미묘한 차이는 반복적인 연습, 역할극, 녹화된 치료 회기에 대해 수퍼비전 받기, 숙련된 치료자들의 비디오 보기 등을 통해 가장 잘 배울 수 있다.

　CBT 회기의 진행 속도를 조정하는 데 있어 기억해야 할 주요 전략은 문제 지향적 혹은 목표 지향적 질문 유형을 효과적으로 사용하는 것이다. 비지시적 혹은 지지적인 치료자는 치료적 대화를 진행할 때 단순히 내담자의 리드에 따른다. 그러나 CBT 치료자의 경우 능동적으로 일련의 질문들을 계획하고 거기에 초점을 맞추는 것이 필요하다. 치료자는 사례 개념화에 기초하여 구체적인 주제들에 대해 생산적인 논의를 할 수 있도록 내담자를 이끌어야 한다. 대개 치료자는 하나의 주제에 대한 치료적 개입이 어느 정도 성과가 있을 때까지, 혹은 그 주제에 대해 행동 계획을 세우거나 후속 과제를 정할 수 있을 때까지 같은 주제를 다룬다. 회기의 진행속도를 적절하게 조정하는 것은 습득하기 가장 어려운 CBT 기법들 중 하나이므로 혼히 일어나는 문제들에 대한 장애물 해결 가이드 2를 제시하였다.

장애물 해결 가이드 2
회기 진행 속도 조정하기에서의 어려움

☑ 치료 시간을 효율적으로 사용하지 못한다. 이야기가 자주 문제에서 벗어나며 회기의 초점이 명확하지 않다. 이에 대한 해결책으로는 ① 잘 조율된 문제를 설정하는데 주의 기울이기, ② 더 많은 피드백 주고받기, ③ 전반적인 치료 목표들을 검토하고 이 목표들에 도달하기 위해 올바른 방향으로 가고 있는지 살펴보기, ④ 수퍼바이저와 함께 녹음된 회기를 검토하여 비효율적인 점들을 찾아 수정하기 등이 있다.

☑ 두세 개의 다른 중요한 문제들은 무시하고 하나의 문제만 다룬다. 어떤 경우에는 전체 회기를 하나의 문제를 다루는 데 사용하는 것이 최선일 수 있다. 이러한 상황에서 다른 문제들은 다음 회기까지 미룰 수 있다. 그러나 일반적으로 내담자

가 제기한 문제들을 다 다루지 못하는 것은 치료자가 치료 시간을 어떻게 쓸 것인가에 대해 미리 생각하고 전략적인 결정을 하지 못했다는 것을 암시한다. 회기를 시작할 때 내담자와 상의하여 각 문제에 대해 치료 시간을 할애하는 것이 좋다. 치료자는 문제들에 대해 분 단위로 시간을 정해 놓을 필요는 없으나 우선 순위에 따라 각 문제에 얼마만큼의 시간이 걸릴지 대략적인 가늠을 해 볼 수 있다.

☑ 치료자는 내담자와 협력적으로 치료 방향을 결정하는 데 어려움을 느낀다. 치료의 진행 속도와 타이밍을 조정하는 것이 치료자의 결정에만 달려 있는 경우다. 치료자는 내담자에게 피드백을 요청하지 않거나, 내담자는 수동적으로 치료자의 결정을 받아들이며 치료자에게 주도권을 주는 데 만족한다. 혹은 내담자가 치료자의 피드백을 받지 않고 끊임없이 이야기를 함으로써 회기의 방향을 통제하기도 한다. 이러한 상황들에서는 치료적 관계의 균형에 문제가 있다. ① 어떤 주제를 선택할 것인가, ② 한 주제에 대해 얼마나 많은 시간과 노력을 할애할 것인가, ③ 언제 다른 주제로 넘어갈 것인가 등에 대해 협력하여 결정하는 것을 강조함으로써, 회기의 흐름과 진행 속도를 향상시키도록 노력하는 것이 필요하다.

☑ 회기가 치료의 진전을 가져올 수 있는 어떠한 활동이나 조치 없이 끝난다. 진행 속도를 잘 조정한 회기들은 보통 내담자의 증상을 완화시키거나, 내담자로 하여금 문제를 다룰 수 있도록 돕거나, 혹은 미래 상황에 대해 준비를 시키는 등 내담자가 변화하는 방향으로 진행된다. 만일 회기가 어떠한 해결이나 진전 없이 끝난다면 치료자는 사례 개념화를 검토하거나 변화를 위한 전략들을 고안해 내야 하며 다음 회기 전에 계획을 세워야 한다. 치료자는 내담자가 회기에서 학습한 것을 훈련하는 과제를 내고 있는가? 그렇지 않다면 변화를 위한 행동 계획을 포함하도록 과제를 수정해야 한다. 또한 내담자에게 그 회기에서 "가져갈" 주요 사항들을 요약하도록 요청할 수 있다. 만일 이때 내담자가 어려움을 느끼거나, 구체적인 사항들을 찾아낼 수 없다면 여기에 좀 더 노력을 기울이

는 것이 필요하다.

☑ 치료자가 변화의 가능성이 보이는 문제를 성급하게 포기한다. 이러한 문제는 CBT 수련
생들이 회기를 진행할 때 흔히 발견된다. 일반적으로 치료 회기의 성과는 많
은 문제를 피상적으로 다루었을 때보다 소수의 문제를 깊이 있게 논의할 때
얻어진다.

☑ 질문을 통해 자연스럽게 치료 회기를 이끌어 가는 치료자의 능력이 부족하다. 어떤 치료
자들은 회기가 자연스럽고 효율적으로 흘러가도록 적절한 질문을 던지는 능
력을 타고난 것처럼 보인다. 그러나 대부분의 경우 CBT의 면접 기술을 숙달
하기 위해서는 연습이 필요하다. 치료자는 자신을 녹화한 테이프를 보고 그
에 대한 수퍼비전을 받아야 한다. 특히 녹화된 회기를 보는 것(혹은 오디오 녹
음을 듣는 것)은 진행 속도를 조정하고 타이밍에 대한 능력을 얻을 수 있는 중
요한 방법이다. 녹화된 회기를 관찰할 때에는 어느 부분에서 질문의 초점을
더욱 분명히 했어야 하는지 찾아내도록 노력해야 한다. 테이프 재생을 멈추
고 여러 가지 다른 대안적 질문에 대해 브레인스토밍을 하는 것이 좋다. 또한
숙련된 CBT 치료자가 진행하는 회기를 관찰하여 가장 효과적인 질문을 하는
방법과 매끄러운 치료 진행에 대한 아이디어를 얻을 수 있다.

과제 부여하기

CBT에서 과제는 여러 가지 목적을 갖는다. 과제의 가장 중요한 기능은 실생활
의 여러 상황에서 일어나는 문제들을 다루기 위한 CBT 역량을 기르는 것이다.
또한 과제는 매 회기 일상적인 문제를 제공해 주고 회기와 회기를 연결하는 역
할을 함으로써 치료의 구조화에 활용된다. 예를 들어, 예상되는 스트레스 사건
(예: 상사와의 만남, 두려운 사회적 상황에 직면하려는 시도, 혹은 친구와의 갈등을 해결
하려는 노력)에 대한 사고 기록지를 완성하는 것이 지난 회기의 과제였다면 이 과
제는 다음 회기에서 다룰 문제가 될 것이다. 비록 내담자가 과제를 완성하지 못

했거나 과제를 하는 데 어려움을 느낀 경우에도 과제에 대해 이야기를 나누는 것이 도움이 된다.

과제가 잘 수행되었을 경우 치료자는 회기 중에 내담자가 학습한 것을 강화시키기 위해 요점들을 검토할 수 있다. 과제를 수행하며 든 생각이나 문제는 다음 회기에서 다룰 새로운 문제로 등장할 수 있다. 과제가 잘 수행되지 못했을 때에는 왜 과제를 하지 않았는지, 혹은 왜 과제가 계획대로 되지 않았는지 그 이유를 탐색하는 것이 도움이 된다. 아마도 치료자가 과제를 명확하게 설명하지 않았거나, 혹은 내담자에게 너무 어렵거나 너무 쉽게 보이는 과제를 내 준 것일 수 있다. 어떤 경우에는 내담자의 문제와 관련이 없어 보이는 과제일 수도 있다.

한 가지 좋은 전략은 내담자가 과제를 수행할 때 경험한 장애물들을 탐색하는 것이다. 내담자가 너무 과제에 부담을 느껴 도저히 과제를 할 시간을 낼 수 없다고 생각한 것은 아닌가? 내담자는 동료나 자녀, 또는 다른 사람들이 그의 과제를 볼까 봐 두려워한 것은 아닌가? 내담자가 너무 지쳐 있어서 운동을 시작할 수 없었던 것은 아닌가? 내담자는 오래전부터 일을 미루는 습관이 있었는가? 학교에서의 이전 경험으로 인해 과제라는 단어가 내담자에게 부정적인 연상을 일으키지는 않았는가? 내담자가 과제를 하지 않은 데는 많은 이유가 있을 수 있다. 만일 치료자가 그 이유를 찾아낼 수 있다면 앞으로 내담자의 과제 수행을 성공적으로 이끌 수 있을 것이다.

CBT에서 과제는 가장 유용한 도구들 중 하나이므로 이 책 여러 부분에서 다루고 있다(예: 장애물 해결 가이드 3은 제6장 '행동 기법 I : 우울한 기분 감소시키기, 에너지수준 높이기, 과제 수행하기, 문제 해결하기'에서 과제를 완수하는 데에서의 어려움들을 다룬다). 이 책 후반부에서 다룬 부적응적인 인지와 행동을 변화시키기 위한 다양한 개입들(예: 사고 기록하기, 증거 검토하기, 행동 계획하기, 노출, 반응 예방)은 과제로 광범위하게 사용된다. 비록 과제를 제시하는 주요 초점이 CBT 기법을 실행에 옮기도록 하는 데 있거나, 내담자가 문제 상황에 대처하도록 돕는 데 있다 하더라도 과제가 CBT 구조화의 중심적인 역할을 담당하는 것을 잊지 말아야 한다.

CBT 과정의 회기 구조화

회기 구조화의 몇몇 요인들은 CBT의 모든 과정에 영향을 미친다. 그러나 대체로 치료 초반의 회기들은 후반의 회기들보다 더 구조화되는 특징이 있다. 치료 초반부에 내담자들은 대개 많은 증상을 보고한다. 또한 이들은 집중하고 기억하는 데 더 많은 어려움을 느끼며, 절망감을 갖기 쉬우나 아직 문제에 대처하기 위한 CBT 기술을 갖고 있지 않다. 치료 후반부에 이르면 구조화가 많이 필요하지 않게 된다. 이는 내담자의 증상들이 많이 해결되었으며, 스스로 CBT 기법들을 사용하는 능력이 생겼을 뿐 아니라, 자신의 치료에 대한 책임감이 증가하였기 때문이다. 앞서 언급하였듯이, CBT의 목표들 중 하나는 치료 종결 즈음 내담자가 스스로 자신의 치료자가 되도록 돕는 것이다.

〈표 4-5〉, 〈표 4-6〉, 〈표 4-7〉은 CBT의 초기, 중기, 후기의 회기 구조화에 대한 틀을 제공하고 있다. 각 회기는 공통적으로 문제 설정하기, 증상 점검하기, 과제 검토하기, 문제에 대한 CBT 작업하기, 새로운 과제 할당하기와 피드백 주고받기를 포함하고 있다. 치료가 마무리를 향해 감에 따라 구조화의 정도와 회기의 내용이 달라지게 된다. 이러한 틀은 일반적인 지침을 제시하는 것으로 치료를 구조화하기 위해 모든 경우에 통용될 수 있는(one-size-fits-all) 시스템을 의미하는 것은 아니다. 그러나 이러한 기본적인 개요는 대부분 내담자의 필요와 특징에 따라 조정될 수 있으므로 치료 목표를 달성하는 데 도움이 되는 구조화를 제공해 줄 수 있다.

〈표 4-5〉 치료 구조화의 개요: 치료 초기

1. 내담자와 인사하기
2. 증상 점검하기
3. 문제 설정하기[a]
4. 이전 회기의 과제 검토하기[b]
5. 문제에 대한 인지행동치료 실시하기

6. 인지모델 교육하기, CBT의 기본 개념과 방법 가르치기

7. 새로운 과제 제시하기

8. 중요한 내용 검토하기, 피드백 주고받기, 회기 마무리하기

Note: 치료 초기의 CBT 작업은 기분의 변화 찾기, 자동적 사고 찾기, 두세 개 칼럼의 사고 기록지 작성하기, 인지적 오류 찾기, 활동 계획하기, 행동 활성화 시행하기 등을 예로 들 수 있다. CBT 초기에는 기본적인 인지모델을 보여 주고 가르치는 것을 강조한다. 피드백은 대개 회기 중 그리고 회기 종료 시 여러 차례 주고받는다.

[a] 어떤 치료자들은 증상을 점검하기 전에 문제를 설정하기도 한다.

[b] 과제는 회기 중 여러 차례 검토되거나 제시되기도 한다.

〈표 4-6〉 치료 구조화의 개요: 치료 중기

1. 내담자와 인사하기

2. 증상 점검하기

3. 문제 설정하기

4. 이전 회기의 과제 검토하기

5. 문제에 대한 CBT 실시하기

6. 새로운 과제 제시하기

7. 중요한 내용 검토하기, 피드백 주고받기, 회기 마무리하기

Note: 치료 중기의 CBT 작업은 자동적 사고와 스키마 찾기, 다섯 개 칼럼의 사고 기록지 작성하기, 두려운 자극에 대한 단계적인 노출 제공하기, 스키마를 변화시키기 위한 초보 또는 중간 수준의 작업 실시하기 등을 예로 들 수 있다. 치료 목표들은 치료 중기 전반에 걸쳐 정기적으로 검토되어야 하나 그렇다고 매 회기 실시하는 것은 아니다. 만일 내담자가 문제를 다룰 수 있는 능력이 향상되었다면 CBT 중기부터 점차적으로 구조화의 정도가 감소한다.

〈표 4-7〉 치료 구조화의 개요: 치료 후기

1. 내담자와 인사하기

2. 증상 점검하기

3. 문제 설정하기

4. 이전 회기의 과제 검토하기

5. 문제에 대한 CBT 실시하기

6. 재발 방지에 관해 다루기, 치료의 종결 준비하기

7. 새로운 과제 제시하기

8. 중요한 내용 검토하기, 피드백 주고받기, 회기 마무리하기

Note: 치료 후기의 CBT 작업은 스키마 찾기와 수정하기, 다섯 개 칼럼의 사고 기록지 작성하기, 문제를 다루기 위한 행동 계획 세우기, 수정된 스키마 연습하기, 노출 프로토콜 완성하기 등을 예로 들 수 있다. 치료 목표들은 치료 후기 전반에 걸쳐 정기적으로 검토된다. 재발을 일으킬 수 있는 잠재적 요소들을 확인하고 인

지행동적 예행연습과 같은 절차를 사용하는 것에 초점을 맞춘다. CBT 후기에는 내담자가 일상생활에서 스스로 CBT 기법을 시행할 수 있게 됨에 따라 구조화의 정도가 감소한다.

훈련 과제 4-1　　CBT 구조화하기

1. 동료 또는 수퍼바이저의 도움을 얻어 CBT 구조화 기법을 연습한다. 다양한 치료 과정에 따라 목표와 문제 정하기를 연습하기 위해 역할극을 사용한다.

2. 상대방에게 문제 설정에 어려움을 겪는 내담자의 역할을 맡아 줄 것을 요청한다. 내담자가 생산적인 문제를 정할 수 있도록 돕기 위한 방안들에 대해 논의한다. 그런 다음 이러한 전략들을 시행해 본다.

3. 피드백을 서로 주고받는 것을 연습하기 위해 역할극을 사용한다. 상대방에게 건설적인 비판을 해 줄 것을 요청한다. 당신은 지지적이고 유용하며 분명한 피드백을 주는가?

4. 과제를 내 주는 것을 예행 연습해 본다. 그런 다음 상대방에게 당신의 기술에 대해 정직한 평가를 해 줄 것을 요청한다. 과제를 내 주는 기술을 향상시키기 위해 그는 어떠한 제안을 하는가?

5. 이 장에서 설명한 구조화 기법을 내담자와 함께 시행해 본다. 당신의 경험을 수퍼바이저나 동료와 함께 이야기해 본다.

심리교육

　CBT 치료자의 효율성을 최대한 높이기 위해서는 가르치는 기술을 연마해야 하는데, 이는 다음과 같은 이유들 때문이다. 첫째, CBT는 내담자가 자신의 생각을 수정하고, 감정을 조절하며, 행동을 생산적으로 변화시키는 기술들을 학습할 수 있다는 것을 전제로 한다. 치료자로서의 성공은 내담자에게 이러한 기술들을 얼마나 잘 가르치느냐에 달려 있다. 둘째, 치료 과정 전반에 걸친 효과적인 심리교육은 내담자에게 재발의 위험을 감소시키는 데 도움이 되는 지식을 갖추도록 해야 한다. 마지막으로, CBT는 내담자 스스로 자신의 치료자가 될 수 있도록 준비시킨다. 치료자는 치료 종결 이후 내담자가 인지행동적 셀프 헬프 기법을 지속적으로 사용할 수 있도록 교육할 필요가 있다. 이러한 교육을 제공하는 몇 가지 방법들이 〈표 4-8〉과 다음에 제시되어 있다.

〈표 4-8〉 심리교육적 기법

미니 레슨(mini-lessons) 제공하기
회기 중 활동 기록하기
치료 노트북 사용하기
도서 추천하기
컴퓨터 활용하기

미니 레슨

치료자는 회기 중에 내담자가 CBT 개념을 이해하도록 돕기 위해 CBT 이론이나 개입에 대해 간략한 설명이나 삽화를 사용하는 경우가 있다. 이러한 미니 레슨은 강의 방식보다는 상호작용이 일어나는 교육 방식이 선호된다. 내담자가 학습 과정에 참여하도록 격려하기 위해 소크라테스식 질문을 사용하기도 한다. 또한 그림이나 다른 학습 보조 도구들이 교육적 경험에 도움이 될 수 있다. 치료자는 종종 기본적인 인지행동모델을 처음 설명할 때 사건, 생각, 감정, 행동 간의 연결을 보여 주는 순환 그림을 사용하곤 한다. 이 방법은 치료자가 내담자의 생활에서 하나의 예를 들어 그림으로 만들었을 때 가장 효과적이다.

Wright 박사는 Kate가 환경적인 촉발요인, 자동적 사고, 감정 그리고 행동 간의 관계를 이해할 수 있도록 돕는다. 그는 그녀의 최근 경험들 중 감정적으로 격양되었던 때를 예로 사용하였다. [그림 4-1]의 도표는 이 치료 회기에서 수행된 교육 작업의 주요 특징을 보여 준다.

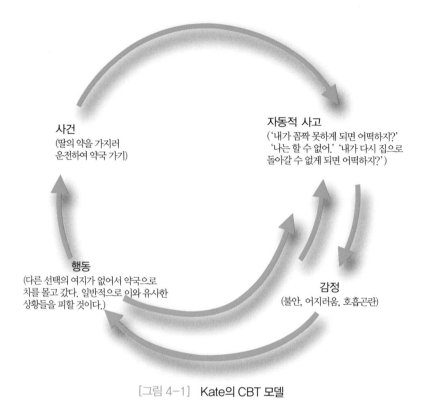

[그림 4-1] Kate의 CBT 모델

활동 기록

내담자에게 CBT 기법들을 교육하는 좋은 방법은 치료 회기에서 실시하는 활동에 대해 설명하고 활동의 구체적인 한 예시를 기록하는 것이다. 그런 다음 그것을 내담자에게 주어 나중에 참고하도록 할 수 있다. 또한 그것을 복사하여 차트를 만들 수도 있다. 내담자는 이러한 기록들을 살펴봄으로써 CBT 기법들을 좀 더 빨리 배우고 기억할 수 있게 된다. 이러한 방법은 CBT 모델 그리기, 사고 기록지 작성하기(제5장 '자동적 사고 다루기'의 [그림 5-1] 참조), 증거 검토하기(제5장의 [그림 5-2] 참조), 또는 대처 카드 만들기(제5장의 [그림 5-5]와 [그림 5-6], [그림 5-7] 참조) 등에 적용될 수 있다.

치료 노트북

치료 회기에서 실시하는 활동, 과제, 회기에서 나눠 주는 인쇄물, 평정 척도, 중요한 통찰에 대한 기록, 그 외 다른 자료들은 치료 노트북에 정리할 수 있다(문서 또는 디지털 형식). 치료 노트북은 학습과 과제 수행에 도움이 되며, 치료 종결 이후에도 수년간 내담자가 CBT 개념을 기억하고 활용하도록 해 준다. 한 예로, 과거 내담자였던 한 남자가 이혼을 한 후 치료자를 만날 예약을 잡기 위해 전화를 한 적이 있다. 치료자는 그를 지난 10년 동안 보지 못하였다. 그러나 그는 자신의 삶에서 일어나는 스트레스를 다루기 위해 CBT를 사용해 왔으며, 이를 위해 늘 치료 노트북을 참고하였다고 말하였다. 그는 비록 이혼으로 힘들어하였으나 CBT 기법들을 활용하여 다시 우울장애에 빠지지 않을 수 있었다. 치료자는 그가 셀프 헬프 CBT 기술을 사용할 수 있으므로 한 번의 추후 회기 이후 더 이상의 치료가 필요하지 않다는 결론을 내렸다.

치료자는 보통 첫 회기나 두 번째 회기 때 치료 노트북에 대해 소개하며 치료 과정 전반에 걸쳐 치료 노트북의 중요성을 강조한다. 치료 노트북의 또 다른 이점은 매 회기마다 치료 노트북을 참고하는 것이 CBT를 구조화하는 데 도움이 된다는 것이다. 또한 치료 노트북은 입원 환자들을 대상으로 한 CBT에서 매우 중요한데, 이는 이러한 치료 노트북을 사용함으로써 개인 치료, 집단 치료, 과제 검토 회기 및 기타 다른 활동들을 효과적으로 정리할 수 있기 때문이다(Wright et al., 1993).

자료

CBT에서는 회기 중에 내담자를 교육하거나 회기 밖에서 내담자를 훈련시키기 위해 종종 셀프 헬프(self-help) 도서, 인쇄물, 또는 인터넷상의 자료들을 사용한다. 보통 치료자들은 내담자에게 적어도 한 권의 셀프 헬프 도서를 추천하며, 치료 시점에 따라 그 책의 어느 부분이 도움이 되는지 알려 준다. 예를 들어, 『Breaking Free From Depression: Pathways to Wellness』(Wright & Basco, 2001)의 처음 두 장에서는 증상을 평가하고 유용한 목표를 세울 수 있는 방법을 소개하고 있다. 이러한 장들은 치료 초기 단계의 내담자들에게 좋은 출발점을 제공한다. 이후에는 치료 과정에 따라 자동적 사고, 핵심 신념, 행동 훈련에 관한 장들을 추천할 수 있을 것이다. 만일 내담자가 약물치료를 받고 있거나 우울장애에 대한 생물학적 치료에 관심을 가지고 있다면 약물에 관한 책들을 추천할수도 있다.

내담자에게 읽어 올 자료를 줄 때에는 치료 단계, 내담자의 교육 수준, 인지적 능력과 심리적 특성, 증상 유형에 따라 적절한 자료를 선택하여야 한다. 또한 자료는 내담자의 특별한 필요에 맞추어 선택해야 한다. 만일 내담자가 시력에 문제가 있다면 큰 활자체가 필요할 것이고, 글을 읽을 수 없는 경우에는 오디오 테이프나 비디오 테이프가 필요할 것이다.

인기 있는 CBT 셀프 헬프 도서로는 『Feeling Good: The New Mood Therapy』 (Burns, 2008), 『Breaking Free From Depression: Pathways to Wellness』 (Wright & McCray, 2011), 『Mind Over Mood: Change How You Feel by Changing the Way You Think』 (Greenberger & Padesky, 2006) 등을 들 수 있다.

불안장애를 가진 사람에게 도움이 되는 책으로는 『Mastery of Your Anxiety and Panic』(Craske & Barlow, 2006)과 『The Anti-Anxiety Workbook』(Antony and Norton, 2009)이 있다. 『Stop Obsessing!: How to Overcome Your Obsessions and Compulsions』(Foa & Wilson, 2001)는 강박충동장애를 위해 널리 사용되는 셀프 헬프 자료이다. 또한 양극성 장애에 유용한 CBT 기법들은 『The Bipolar Workbook: Tools for Controlling Your Mood Swings』(Basco, 2015)에 나와 있다.

Academy of Cognitive Therapy는 치료자들과 내담자들을 위해 교육 자료들을 제공하는 매우 유용한 웹사이트(http://www.academyofct.org)를 가지고 있다. Beck Institute의 웹사이트(http://www.beckinstitute.org)는 CBT 도서들을 추천 및 판매하고 있다.

심리교육의 전문가가 되려면 지식과 임상 경험이 모두 필요하다. 다음의 훈련 과제는 치료자가 내담자에게 좋은 교사와 코치가 되기 위한 것이다.

훈련 과제 4-2　CBT에서의 심리교육

1. CBT의 주요 요인들 중 심리교육이 제공되어야 하는 것들을 최소 다섯 가지 이상 적어 본다(예: 기본적인 인지행동모델, 자동적 사고의 특성). 당신이 내담자에게 전달하기 원하는 중요한 내용들은 어떤 것들인가?
2. a. 당신이 선택한 각 주제에 대해 내담자에게 심리교육을 실시한다고 가정하고 구체적인 아이디어들을 적어 본다.
   b. 각 주제와 관련하여 추천 도서들이나 다른 교육 자료들을 적어 본다.
3. 역할극 기법을 사용하여 심리교육을 연습할 수 있도록 동료 또는 수퍼바이저에게 요청한다. 협력적이고 경험적인 관계를 유지하는 것과 지나친 강의 중심의 교수 방식을 피하는 것에 각별한 주의를 기울인다.

컴퓨터를 활용한 CBT

컴퓨터 프로그램이나 앱이 CBT를 실시하는 데 도움이 되리라는 생각을 해 본 적이 있는가? 전통적인 심리치료는 치료 원칙에 근거하여 내담자를 코치하고, 통찰력을 제공하며, 치료에 따른 진전을 평가하고, 피드백을 주며, CBT 기술을 쌓기 위해 전적으로 치료자에게 의존한다. 그러나 최근 컴퓨터를 활용한 치료에 대한 관심이 증가하고 있다. 많은 연구에 따르면 컴퓨터 프로그램을 사용하여 성공적인 치료에 요구되는 치료자 시간이 유의하게 감소된 것으로 나타나 컴퓨터를 활용한 CBT(Computer-assisted CBT: CCBT)의 효과가 확인되었다(Adelman et al., 2014; Andersson and Cuijpers, 2009; Davies et al., 2014; Newman et al., 2014;

Richards and Richardson, 2012; Thase et al., 2017; Wright, 2004, 2006; Wright et al., 2005). 예를 들어, 멀티미디어 프로그램과 함께 컴퓨터를 활용한 CBT(Good Days Ahead; Wright, 2004; Wright et al., 2005)는 한 연구에서는 절반가량 그리고 또 다른 연구에서는 2/3가량 총 치료자 시간을 줄였음에도 불구하고 일반 CBT와 마찬가지로 약물을 복용하지 않는 내담자들의 우울 증상을 감소시키는 데 효과를 나타냈다. 오히려 컴퓨터를 활용한 CBT가 일반 CBT에 비해 내담자로 하여금 CBT에 관한 지식을 습득하도록 돕는 데는 보다 효과적이었다(Thase et al., 2017; Wright, 2016; Wright et al., 2005).

잘 개발된 CBT 컴퓨터 프로그램들로 인해 심리교육은 광범위한 치료적 경험들을 포함할 수 있게 되었다(Andersson & Cuijpers, 2009, Marks et al., 2009; Thase et al., 2017; Wright, 2004, 2016). Good Days Ahead는 비디오, 오디오 그리고 다양한 상호 연습을 사용하여 내담자로 하여금 우울과 불안을 다루는 데 CBT 원리들을 적용할 수 있도록 돕는다. 또한 프로그램은 사용자의 반응(기분 그래프, 이해력 점수, 자동적 사고와 스키마 목록, 문제에 대처하기 위한 행동 계획 등)을 추적하여 치료자가 치료 진행 과정을 모니터하고 내담자가 컴퓨터 소프트웨어를 사용하도록 가이드한다.

또 다른 두 개의 CBT 멀티미디어 프로그램들에 관한 대조 시험(controlled trial) 연구들이 수행되었으며, 이들 프로그램들은 임상에서 사용되고 있다. 영국에서 개발된 Fear Fighter(Kenwright et al., 2001; Marks et al., 2009)는 주로 불안장애를 위한 행동 기법들을 사용하는 데 초점을 맞추었다. 우울장애를 가진 1차 의료 환자들을 대상으로 개발된 영국의 또 다른 프로그램인 Beating the Blues(Proufoot et al., 2003)는 약물치료 외에 추가적인 효과를 거둔다는 것이 입증되었다. 일반적으로 우울과 불안에 대한 CCBT 연구들 대부분이 지지적인 결과를 보고한 것과는 대조적으로(Adelman et al., 2014; Richardson, 2012; Thase et al., 2017; Wright, 2016), 1차 의료 우울 환자 치료에 Beating the Blues 또는 널리 사용되는 또 다른 프로그램인 Mood Gym(Gilbody et al., 2015)을 추가한 한 연구에서는 어떤 추가적인 유익도 나타나지 않았다.

이러한 연구 결과는 컴퓨터를 활용한 우울 치료에 참여하는 환자들에게 치료자의 적절한 지지를 제공하는 것이 중요함을 보여준다. 이 연구에서는 평균 7분 이하의 기술적인 지원 외에 치료자 시간은 주어지지 않았다(Gilbody et al., 2015). 프로그램을 마친 참여자들의 비율은 매우 낮았는데, Beating the Blues는 18%, Mood Gym은 16%에 그쳤다(Gilbody et al., 2015). 그러나 보통 정도의 치료자 지지를 결합한 Good Days Ahead CCBT 관련 연구들은 프로그램 종결 비율이 약 85%에 달했다(Thase et al., 2017; Wright, 2016; Wright et al., 2005).

CBT에 컴퓨터 기술을 적용한 프로그램들 가운데 가장 흥미로운 것 중 하나는 불안장애 및 관련 진단명들을 위한 노출 치료를 돕기 위해 가상 현실을 사용한 것이다. 고소공포증, 비행에 대한 공포, 광장공포증, 외상 후 스트레스 장애(PTSD) 등 기타 장애를 위한 많은 프로그램들이 개발, 테스트되었다(Morina et al., 2015; Rothbaum et al., 1995, 2000, 2001; Turner & Casey, 2014; Valmaggia et al., 2016). 가상 현실은 유리 엘리베이터를 타거나 비행기를 타는 것 또는 외상 경험들과 같은 상황들에 대해 치료실에서 실제 상황(in vivo) 노출 치료를 할 수 있도록 두려운 상황들을 시뮬레이션하기 위해 사용된다.

즐거운 사건 계획하기, 호흡 훈련, 이완, 사고 기록하기를 포함하여 흔히 사용되는 CBT 연습을 위해 다양한 앱들이 나와 있다(Aguilera & Muench, 2012; Dagöö et al., 2014; Possemato et al., 2016; Van Singer et al., 2015; Watts et al., 2013). 그러나 공황장애를 위한 52개의 CBT 앱들을 종합적으로 검토한 결과 대부분이 충분한 증거를 기초로 하고 있지 않으며 내용의 질에 대한 만족도 또한 낮은 것으로 드러났다(Van Singer et al., 2015). 일반적으로 앱들은 제한적인 CBT 활동을 위해 사용되며, Good Days Ahead, Fear Fighter, Beating the Blues 또는 기타 멀티미디어 CBT 프로그램들과 같은 포괄적인 CCBT 경험들을 제공하지 않는다. 그러나 Watts와 그의 동료들(2013)은 모바일 전달을 위해 문자와 만화를 사용한 우울 프로그램을 성공적으로 개발하였다. 향후 모바일 앱의 내용과 범위는 향상될 것으로 기대해 볼 수 있다.

CBT에서 컴퓨터 기술을 활용함에 있어 치료자는 Health Insurance Portability & Accountability ACT(HIPAA) 규정에 명시된 비밀보장의 문제들과 안전한 암호화의 필요성에 대해 알고 있어야 한다(APA Council on Psychiatry & Law 2014). 상업적인 CCBT 프로그램들은 어떤 개인 건강 정보가 수집, 그리고/또는 저장된다면 자료의 보안을 위한 필요조건들을 충족해야 한다.

치료자로 하여금 내담자를 교육하고 치료하는 것을 돕기 위해 컴퓨터 기술을 사용하는 것은 CBT 분야의 새로운 변화들 중 하나다. 어떤 치료자들은 CCBT가 치료적 관계를 손상시키거나 내담자가 CCBT를 부정적으로 지각할 수도 있다고 말한다. 그럼에도 많은 CCBT 연구는 내담자들이 이에 상당한 호응을 보이고 있다고 보고하였다(Andersson & Cuijpers, 2009; Colby et al., 1989; Johnson et al., 2014; Kim et al., 2014; Thase et al., 2017; Wright, 2016; Wright et al., 2002). 다른 치료 도구들과 마찬가지로 치료자가 컴퓨터 프로그램을 익히고 임상에서의 활용 경험을 쌓는다면 컴퓨터 프로그램을 잘 활용할 수 있을 것이다. 현대 사회의 컴퓨터 사용 증가, 경험적으로 검증된 심리치료의 부족, CCBT의 효과 및 효율성의 증거, 그리고 CBT 프로그램과 앱의 발달은 CBT 영역에서 인간의 노력과 기술을 융합하는 방향으로 이끌 것이라 기대된다.

요약

CBT에서 구조화하기와 교육하기는 상호보완적인 과정들이다. 구조화하기는 치료의 방향을 설정하며 회기 진행이 치료 목표를 향해 가도록 해 준다. 또한 구조화하기는 CBT 기술의 학습을 촉진한다. 심리교육은 주로 CBT의 핵심 개념들을 가르치는 데 중점을 둔다. 또한 심리교육은 매 회기 치료 노트북과 같은 교육 기법을 되풀이하여 사용함으로써 치료의 구조화를 돕기도 한다.

CBT 치료자는 치료 목표와 문제 설정, 증상 점검, 피드백 교환, 과제 할당과 검토, 효과적인 회기 진행 속도 조정을 통해 치료를 구조화한다. 치료자의 또 다른 역할은 좋은 교사나 코치가 되는 것이다. 소크라테스식 기법의 테두리 내에서 치료자는 미니 레슨을 제공하거나, 관련 자료 등을 제안하며, CCBT와 같은 혁신적인 교수 방법을 쓰기도 한다. 이러한 구조화하기와 교육하기 기법들이 치료 회기에 적절하게 통합되어 치료의 정서적, 표현적 요소들을 촉진할 때 바람직한 성과를 거둘 수 있다.

참고문헌

Adelman CB, Panza KE, Bartley CA, et al: A meta-analysis of computerized cognitive-behavioral therapy for the treatment of DSM−5 anxiety disorders. J Clin Psychiatry 75(7): e695-e704, 2014 25093485

Aguilera A, Muench F: There's an app for that: information technology applications for cognitive behavioral practitioners. Behav Ther (N Y N Y) 35(4): 65−73, 2012 25530659

Andersson G, Cuijpers P: Internet-based and other computerized psychological treatments for adult depression: a meta-analysis. Cogn Behav Ther 38(4): 196−205, 2009 20183695

Antony MM, Norton PJ: The Anti-Anxiety Workbook: Proven Strategies to Overcome Worry, Phobias, Panic, and Obsessions. New York, Guilford, 2009

APA Council on Psychiatry & Law: Resource Document on Telepsychiatry and Related Technologies in Clinical Psychiatry. Approved by the Joint Reference Committee. Arlington, VA, American Psychiatric Association, January 2014

Basco MR: The Bipolar Workbook, Second Edition: Tools for Controlling Your Mood Swings. New York, Guilford, 2015

Beck AT, Ward CH, Mendelson M, et al: An inventory for measuring depression. Arch Gen Psychiatry 4:561−571, 1961 13688369

Beck AT, Epstein N, Brown G, Steer RA: An inventory for measuring clinical anxiety: psychometric properties. J Consult Clin Psychol 56(6): 893−897, 1988 3204199

Beck JS: Cognitive Behavior Therapy: Basics and Beyond, 2nd Edition. New York, Guilford, 2011

Brown J: Sissinghurst: Portrait of a Garden. New York, HN Abrams, 1990

Burns DD: Feeling Good: The New Mood Therapy, Revised. New York, Harper-Collins, 2008

Clark DA, Beck AT, Alford BA: Scientific Foundations of Cognitive Theory and Therapy of Depression. New York, Wiley, 1999

Colby KM, Gould RL, Aronson G: Some pros and cons of computer-assisted psychotherapy. J Nerv Ment Dis 177(2): 105–108, 1989 2915214

Craske MG, Barlow DH: Mastery of Your Anxiety and Panic, 4th Edition. Oxford, UK, Oxford University Press, 2006

DagööJ, Asplund RP, Bsenko HA, et al: Cognitive behavior therapy versus interpersonal psychotherapy for social anxiety disorder delivered via smartphone and computer: a randomized controlled trial. J Anxiety Disord 28(4): 410–417, 2014 24731441

Davies EB, Morriss R, Glazebrook C: Computer-delivered and web-based interventions to improve depression, anxiety, and psychological well-being of university students: a systematic review and meta-analysis. J Med Internet Res 16(5): e130, 2014 24836465

Foa EB, Wilson R: Stop Obsessing! How to Overcome Your Obsessions and Compulsions. New York, Bantam Books, 2001

Gilbody S, Littlewood E, Hewitt C, et al; REEACT Team: Computerised cognitive behaviour therapy (cCBT) as treatment for depression in primary care (REEACT trial): large scale pragmatic randomised controlled trial. BMJ 351:h5627, 2015 DOI: 10.1136/bmj.h5627 26559241

Greenberger D, Padesky CA: Mind Over Mood: Change How You Feel by Changing the Way You Think, 2nd Edition. New York, Guilford, 2015

Johnston L, Dear BF, Gandy M, et al: Exploring the efficacy and acceptability of Internet-delivered cognitive behavioural therapy for young adults with anxiety and depression: an open trial. Aust N Z J Psychiatry 48(9): 819–827, 2014 24622977

Kenwright M, Liness S, Marks I: Reducing demands on clinicians by offering computer-aided self-help for phobia/panic: feasibility study. Br J Psychiatry 179:456–459, 2001 11689405

Kim DR, Hantsoo L, Thase ME, et al: Computer-assisted cognitive behavioral therapy for pregnant women with major depressive disorder. J Womens Health (Larchmt) 23(10): 842−848, 2014 25268672

Kroenke K, Spitzer RL, Williams JB: The PHQ−9: validity of a brief depression severity measure. J Gen Intern Med 16(9): 606−613, 2001 11556941

Marks IM, Cuijpers P, Cavanagh K, et al: Meta-analysis of computer-aided psychotherapy: problems and partial solutions. Cogn Behav Ther 38(2): 83−90, 2009 20183689

Meyer TJ, Miller ML, Metzger RL, Borkovec TD: Development and validation of the Penn State Worry Questionnaire. Behav Res Ther 28(6): 487−495, 1990 2076086

Morina N, Ijntema H, Meyerbröker K, Emmelkamp PMG: Can virtual reality exposure therapy gains be generalized to real-life? A meta-analysis of studies applying behavioral assessments. Behav Res Ther 74:18−24, 2015 26355646

Newman MG, Przeworski A, Consoli AJ, Taylor CB: A randomized controlled trial of ecological momentary intervention plus brief group therapy for generalized anxiety disorder. Psychotherapy (Chic) 51(2): 198−206, 2014 24059730

Possemato K, Kuhn E, Johnson E, et al: Using PTSD Coach in primary care with and without clinician support: a pilot randomized controlled trial. Gen Hosp Psychiatry 38:94−98, 2016 26589765

Proudfoot J, Goldberg D, Mann A, et al: Computerized, interactive, multimedia cognitive-behavioural program for anxiety and depression in general practice. Psychol Med 33(2): 217−227, 2003 12622301

Richards D, Richardson T: Computer-based psychological treatments for depression: a systematic review and meta-analysis. Clin Psychol Rev 32(4): 329−342, 2012 22466510

Rothbaum BO, Hodges LF, Kooper R, et al: Effectiveness of computer-generated (virtual reality) graded exposure in the treatment of acrophobia. Am J Psychiatry 152(4): 626−628, 1995 7694917

Rothbaum BO, Hodges L, Smith S, et al: A controlled study of virtual reality exposure therapy for the fear of flying. J Consult Clin Psychol 68(6): 1020−1026, 2000 11142535

Rothbaum BO, Hodges LF, Ready D, et al: Virtual reality exposure therapy for Vietnam veterans with posttraumatic stress disorder. J Clin Psychiatry 62(8): 617–622, 2001 11561934

Rush AJ, Trivedi MH, Ibrahim HM, et al: The 16-Item Quick Inventory of Depressive Symptomatology (QIDS), clinician rating (QIDS-C), and self-report (QIDS-SR): a psychometric evaluation in patients with chronic major depression. Biol Psychiatry 54(5): 573–583, 2003 12946886

Spitzer RL, Kroenke K, Williams JB, Löwe B: A brief measure for assessing generalized anxiety disorder: the GAD–7. Arch Intern Med 166(10): 1092–1097, 2006 16717171

Thase ME, Wright JH, Eells TD, et al: Improving efficiency and reducing cost of psychotherapy for depression: computer-assisted cognitive-behavior therapy versus standard cognitive-behavior therapy. Unpublished paper submitted for publication; data available on request from authors. Philadelphia, PA, January 2017

Turner WA, Casey LM: Outcomes associated with virtual reality in psychological interventions: where are we now? Clin Psychol Rev 34(8): 634–644, 2014 25455627

Valmaggia LR, Latif L, Kempton MJ, Rus-Calafell M: Virtual reality in the psychological treatment for mental health problems: An systematic review of recent evidence. Psychiatry Res 236:189–195, 2016 26795129

Van Singer M, Chatton A, Khazaal Y: Quality of smartphone apps related to panic disorder. Front Psychiatry 6:96, 2015 26236242

Watts S, Mackenzie A, Thomas C, et al: CBT for depression: a pilot RCT comparing mobile phone vs. computer. BMC Psychiatry 13:49, 2013 DOI: 10.1186/1471–244X–13–49 23391304

Wright JH: Computer-assisted cognitive-behavior therapy, in Cognitive-Behavior Therapy. Edited by Wright JH (Review of Psychiatry Series, Vol 23; Oldham JM and Riba MB, series eds). Washington, DC, American Psychiatric Publishing, 2004, pp 55–82

Wright JH: Computer-assisted cognitive-behavior therapy for depression: progress and opportunities. Presented at National Network of Depression Centers Annual Conference, Denver, Colorado, September, 2016

Wright JH, McCray LW: Breaking Free From Depression: Pathways to Wellness. New York, Guilford, 2011

Wright JH, Thase ME, Beck AT, et al (eds): Cognitive Therapy With Inpatients: Developing a Cognitive Milieu. New York, Guilford, 1993

Wright JH, Wright AS, Salmon P, et al: Development and initial testing of a multimedia program for computer-assisted cognitive therapy. Am J Psychother 56(1): 76−86, 2002 11977785

Wright JH, Wright AS, Albano AM, et al: Computer-assisted cognitive therapy for depression: maintaining efficacy while reducing therapist time. Am J Psychiatry 162(6): 1158−1164, 2005 15930065

Wright JH, Turkington D, Kingdon D, Basco MR: Cognitive-Behavior Therapy for Severe Mental Illness. Washington, DC, American Psychiatric Publishing, 2009

Wright JH, Sudak DM, Turkington D, Thase ME: High-Yield Cognitive-Behavior Therapy for Brief Sessions: An Illustrated Guide. Washington, DC, American Psychiatric Publishing, 2010

Wright JH, Wright AS, Beck AT: Good Days Ahead. Moraga, CA, Empower Interactive, 2016

제5장 자동적 사고 다루기

부적응적인 자동적 사고를 찾아내어 변화시키기 위해 고안된 기법들은 인지행동치료의 핵심이다. 인지행동치료(CBT)의 가장 중요한 기본 개념들 중 하나는 정신병적 장애에는 독특한 패턴의 자동적 사고가 있으며, 이러한 사고방식을 변화시킴으로써 증상을 현저히 감소시킬 수 있다는 것이다. 따라서 CBT 치료자들은 종종 치료 회기의 상당 부분을 자동적 사고를 다루는 일에 할애한다.

자동적 사고에 대한 인지행동적 접근은 두 단계로 되어 있다. 첫째, 치료자는 내담자로 하여금 자동적 사고를 찾도록 돕는다. 그런 다음 부정적인 자동적 사고를 수정하고 내담자의 사고를 좀 더 적응적인 방향으로 돌리기 위한 기법들을 학습하는 것으로 이어진다. 실제 임상에서는 이 두 단계가 분명히 구분되어 있지 않은 경우가 많다. 자동적 사고를 찾아 변화시키는 일은 합리적인 사고방식이 발달하는 점진적인 과정이기 때문이다. 자동적 사고를 찾아 변화시키기 위해 흔히 사용되는 방법들은 〈표 5-1〉과 〈표 5-2〉에 제시되어 있다.

〈표 5-1〉 자동적 사고를 찾기 위한 방법들

감정의 변화 인식하기
심리교육
안내에 따른 발견(guided discovery)
사고 기록하기
심상(imagery) 활동

역할극 활동
체크리스트 사용

〈표 5-2〉 자동적 사고를 수정하기 위한 방법들

소크라테스식 질문하기
증거 점검하기
인지적 오류 찾기
생각의 변화 기록지 사용하기
합리적인 대안 만들기
파국적 사고에서 벗어나기(decatastrophizing)
재귀인(reattribution)
인지적 예행연습(rehearsal)
대처 카드 사용하기

자동적 사고 찾기

감정의 변화 인식하기

CBT 초기 단계에서 치료자는 내담자가 자동적 사고의 개념을 이해하고 자동적 사고를 찾을 수 있도록 도와야 한다. 대개 치료자는 첫 번째 회기 혹은 초반부 회기에 내담자가 강렬한 감정적 반응을 일으키는 자동적 사고들을 보일 때 자동적 사고를 소개한다. 중요한 것은 내담자가 어떤 감정을 나타낼 때 이는 중요한 자동적 사고가 방금 일어났다는 신호라는 점이다. 노련한 치료자는 이러한 감정의 변화를 이용하여 중요한 자동적 사고를 찾아내며 내담자에게 기본적인 인지행동모델에 대해 교육한다.

특히 감정의 변화는 대개 감정이 실린 즉각적이고 매우 개인적인 생각들을 만들어 내기 때문에 자동적 사고를 밝히는 데 매우 유용하다. Beck(1989)에 따르면 "감정은 인지에 이르는 지름길"이다. 이는 중요한 감정 표현과 연결되어 있는 사고 패턴이 내담자의 가장 중요한 자동적 사고와 스키마를 끌어낼 수 있는 풍부한 기회를 제공하기 때문이다. 감정의 변화를 중시하는 또 다른 이유는 감정이 기억에 미치는 영향 때문이다. 감정이 개입되게 되면 사건에 대한 기억이 증대되는 경향이 있기 때문에(Wright & Salmon, 1990) 감정을 자극하는 치료적 개입은 내담자가 자동적 사고의 개념을 이해하고 활용하는 데 도움을 줄 수 있다.

심리교육

제4장 '구조화하기와 교육하기'에서 기술한 교육 기법들은 내담자가 자동적 사고를 찾도록 돕는 중요한 파트가 될 수 있다. 대개 치료자들은 치료 초기에 자동적 사고의 특성과 함께 자동적 사고가 감정과 행동에 어떻게 영향을 미치는지에 관해 간략히 설명한다. 특히 내담자가 감정의 변화를 보인 후 이러한 설명을 하거나, 혹은 치료 회기 중 드러난 내담자의 특정 사고의 흐름과 관련하여 설명할 때 가장 효과적이다.

안내에 따른 발견

안내에 따른 발견(guided discovery)은 치료 회기에서 자동적 사고를 찾기 위해 가장 자주 사용되는 기법이다. 다음 사례는 안내에 따른 발견 기법으로 질문하는 것을 보여 준다.

사례 예시

Anna는 우울장애가 있는 60세 여성으로 자신이 딸이나 남편과 멀어진 것처럼 느낀다고 말하였다. 그녀는 슬프고 외로웠으며 좌절감을 느꼈다. 그녀는 교사직에서 은퇴한 이후 가족과 좋은 시간을 보내기를 희망했었다. 그러나 지금 그녀는 '아무도 더 이상 나를 필요로 하지 않아……. 나는 남은 인생에서 뭘 해야 할지 모르겠어.'라고 생각한다.

치료자: 따님과의 문제가 당신을 화나게 한다고 했는데, 최근에 일어났던 일 중에 기억나는 것이 있습니까?

Anna : 네, 어제 난 세 번이나 딸에게 전화를 걸었어요. 그런데 밤 10시까지도 아무 연락을 받지 못했어요. 그 아이는 내가 하루 종일 전화를 해서 짜증이 난 것처럼 보였어요.

치료자: 그녀가 뭐라고 말했지요?

Anna : "어머니는 내가 하루 종일 일과 아이들 때문에 얼마나 바쁜지 모르세요? 내가 모든 걸 손 놓고 바로 어머니께 전화를 드릴 수는 없어요." 뭐 그런 말들이요.

치료자: 따님이 그런 말을 하는 것을 들었을 때 마음속에서 어떤 생각이 들었죠?

Anna : '얘는 더 이상 나를 필요로 하지 않는구나……. 얘는 신경도 안 쓰는구나……. 나는 그저 성가신 존재야.'

치료자: 그때 마음속에 떠올랐던 다른 생각들은 더 없었나요?

Anna : 내 자신이 정말 싫어졌어요. 저는 제가 정말 하찮다고 생각했어요. 더 이상 아무도 나를 필요로 하지 않는다고요. 이제 남은 인생을 어떻게 보내야 할지 모르겠어요.

그 외 자동적 사고를 다루는 전략들은 다음과 같은 것들이다. 이러한 지침들이 절대적인 것은 아니나 안내에 따른 발견을 사용하여 자동적 사고를 찾는 데 도움이 될 수 있다.

안내에 따른 발견을 사용하여 자동적 사고 찾기: 성공적인 전략들

☑ 감정을 자극하는 질문들을 계속하라. 슬픔, 걱정, 또는 분노와 같은 감정들은 그 주제가 내담자에게 중요하다는 신호임을 기억해야 한다. 감정이 실린 인지는 치료자가 올바른 방향으로 가고 있다는 신호가 될 수 있다.

☑ 구체적이 되라. 자동적 사고를 찾는 질문들은 거의 대부분 어떤 구체적인 상황을 대상으로 이루어질 때 보다 효과적이다. 일반적인 주제에 대한 대화는 종종 대략적인 생각이나 산만한 생각을 보고하도록 이끌기 때문에 효과적인 치

료 개입에 필요한 세부 사항들을 얻기 어렵다. 중요한 자동적 사고를 찾는 데 도움이 되는 구체적인 상황의 예들은 다음과 같다. ① '나는 지난 월요일 취업을 위한 면접을 보았다.' ② '나는 이웃 파티에 가려고 했지만 너무 떨려 갈 수 없었다.' ③ '나는 여자친구에게 차여서 너무 비참하다.'

☑ **먼 과거 대신 최근 사건에 초점을 맞춰라.** 만일 내담자가 오래된 외상 후 스트레스 장애나 성격장애 혹은 만성적인 증상이 있을 경우 먼 과거에 일어났던 사건들에 대해 질문하는 것이 때때로 중요하다. 그러나 대개 최근에 일어났던 사건들에 대해 질문하는 것이 실제 그 상황에서 떠올랐던 자동적 사고에 접근할 수 있을 뿐 아니라 자동적 사고를 변화시키기가 좀 더 용이하다는 이점이 있다.

☑ **한 가지 주제에 대해 끈기 있게 질문하라.** 여러 다른 주제로 옮겨 다니는 것을 피하라. 여러 상황에서 나타나는 사고들을 탐색하는 것보다 하나의 상황에서 나타나는 일련의 자동적 사고들을 찾아내는 것이 더 중요하다. 만일 내담자가 한 가지 문제에 대해 자동적 사고를 잘 찾을 수 있다면, 다른 중요한 문제들에 대해서도 스스로 자동적 사고를 찾을 수 있는 가능성이 높다.

☑ **더 깊이 들어가라.** 흔히 내담자들은 그냥 몇 가지 자동적 사고를 말하거나 혹은 단지 피상적인 생각을 말하는 데 그친다. 이때 치료자는 내담자가 이야기를 충분히 할 수 있도록 추가적인 질문을 할 수 있다. 추가적인 질문을 할 때에는 내담자가 재촉받는다는 느낌을 받지 않도록 조심해야 한다. 치료자는 다음과 같은 질문들을 사용할 수 있다. "그 상황에서 어떤 다른 생각들이 들었습니까?" "이것에 대해 조금 더 이야기해 봅시다. 괜찮은가요?" "마음속에 스치고 지나간 다른 생각들을 기억해 낼 수 있습니까?"

만일 이러한 유형의 간단한 질문으로 자동적 사고를 찾을 수 없을 경우 치료자는 소크라테스식 질문을 사용해 볼 수 있다.

내담자: Georgette이 시카고로 이사할 것이라는 것을 들었을 때 너무 괴로웠어요. 그

녀는 저의 유일한 진짜 친구이거든요.

치료자: 그녀가 이사하는 것에 대해 들었던 또 다른 생각들은 없었나요?

내담자: 아뇨, 난 단지 그녀가 정말 보고 싶을 거예요.

치료자는 내담자가 매우 슬퍼하고 있음을 알아차리고 이면에 더 강렬한 자동적 사고가 있다고 생각하였다.

치료자: 나는 당신이 또 다른 생각을 했을 것 같다는 생각이 드네요. 그녀가 떠날 거라는 말을 들었을 때, 당신 마음속에 당신 자신에 대해 어떤 생각들이 떠올랐나요? 그 안 좋은 소식을 안 바로 다음 당신 자신에 대해 어떤 생각을 했는지 알고 싶습니다.

내담자: (잠깐 멈춘 후) 난 친구를 잘 사귀지 못한다고요……. 난 그녀 같은 친구는 결코 만나지 못할 거야……. 내 인생은 나아지지 않을 거야.

치료자: 만일 그러한 생각들이 사실이라면, 당신이 결국 어떻게 된다는 거지요?

내담자: 혼자라는 거지요……. 나는 아무런 희망이 없다고 생각해요. 절대 아무것도 바뀌지 않을 거예요.

☑ **공감 기술을 사용하라.** 치료자는 자신이 내담자와 동일한 상황에 있다고 상상해 본다. 치료자는 마치 자신이 내담자의 머릿속에 들어가 그가 생각하는 대로 생각해 보려고 해 보라. 이것을 통해 다양한 상황에서 흔히 나타나는 사고들을 이해하는 능력을 기를 수 있을 뿐 아니라, 내담자들의 중요한 자동적 사고를 더욱 능숙하게 알아차릴 수 있게 될 것이다.

☑ **검열되지 않은 자동적 사고들에 대해 질문하라.** 내담자는 스스로 생각하기에 불쾌하거나 치료자가 탐탁해 하지 않을 거라 여기는 있는 그대로의 생각들을 감추거나 수정하려는 경향이 있을 수 있다. 즉각적이고 강렬한 자동적 사고들을 밝히기 위해서는 이에 관해 함께 이야기를 나누는 것이 도움이 된다. 이때 치료자는 때로 자극적인 용어들이나 비속어가 가미된 그러한 생각들을 보고하

지 않으려는 성향이 지극히 자연스러운 일임을 알려 줄 수 있다. 또한 내담자는 자신이 어떤 생각을 하느냐에 의해 판단을 받지 않는다는 점을 확실히 알 필요가 있다. 치료자는 최선의 도움을 주기 위해 내담자의 거짓 없고 일차적인 자동적 사고들을 듣기 원한다. 스스로에게 또는 다른 사람들에게 화가 나 있는 내담자는 특히 자신의 자동적 사고들을 검열하기 쉽다. 한 예로, 난폭 운전의 문제가 있는 내담자를 생각해 보자. 이 내담자를 돕는 일은 그의 갑작스러운 분노 폭발에 기름을 붓는 사고들을 찾아낼 수 있느냐에 전적으로 달려 있다.

☑ **사례 개념화를 기초로 치료 방향을 정하라.** 치료 초기 단계의 사례 개념화라 할지라도 질문의 방향을 결정하는 데 귀중한 도움을 제공한다. 증상을 일으키는 촉발 요인 혹은 스트레스 요인을 안다면 이야기의 주제를 잡는 데 용이할 것이다. 내담자의 증상, 강점, 취약성, 배경사를 평가함으로써 치료자는 내담자 개개인의 특성에 맞추어 질문을 할 수 있다. 사례 개념화의 가장 유용한 면 중 하나는 차별화된 진단에 있다. 만일 공황장애가 의심될 경우, 치료자는 신체적 상해나 통제력 상실에 대한 파국적 예측과 관련이 있는 자동적 사고를 밝히는 데 초점을 둘 것이다. 우울 증상을 보이는 내담자의 경우, 치료자는 대개 낮은 자존감, 환경에 대한 부정적인 관점, 절망감 등에 관해 질문을 던질 것이다. 조증이나 경조증의 경우, 치료자는 다른 사람에 대한 비난, 개인적인 책임에 대한 부인, 과장된 자동적 사고를 하는 경향에 근거하여 질문할 필요가 있을 것이다. CBT 치료자들은 주요 정신병적 장애들의 인지행동모델들을 충분히 이해하고 있어야 한다(제3장 '평가하기와 사례 개념화하기'와 제10장 '만성, 중증, 혹은 복합 장애 치료하기' 참조). 이러한 정보들은 안내에 따른 발견을 사용하여 자동적 사고를 찾으려 할 때 훌륭한 지침이 될 것이다.

Sudak 박사는 Brian이 촉발 사건(예: 사교 모임을 회피한 후 혼자 차 안에 있는 것)과 자동적 사고(예: "나는 절대로 이 사람들과 어울릴 수 없어……. 나는 절대로 그들무리 중에 한 명이 되지 못할 거야.") 그리고 자신이 느끼는 극도의 슬픈 감정 간의 관계를 이해하는 데 도움이 되는 질문을 던졌다. Sudak 박사와 Brian은 이러한 부정적 사고들이 치료의 주요 목표가 되어야 한다는 데 동의하였다.

사고 기록하기

자동적 사고를 종이 혹은 컴퓨터나 스마트폰을 사용하여 기록하는 것은 흔히 사용하는 가장 유용한 CBT 기술들 중 하나다. 내담자는 자동적 사고를 기록하는 과정에서 중요한 인지에 주의를 기울이게 될 뿐 아니라 체계적인 방법으로 자동적 사고를 찾는 연습을 할 수 있다. 또한 자동적 사고를 기록하는 과정에서 내담자는 종종 사고 패턴의 타당성에 대해 따져 보기도 한다. 때로 내담자는 종이 위에 기록된 생각들을 보며 스스로 부적응적인 사고를 수정하려는 노력을 할 수도 있다. 더욱이 생각을 기록하는 것은 자동적 사고를 수정하기 위한 치료자의 구체적인 개입의 좋은 출발점이 될 수 있다(이 장 후반부의 '사고 변화 기록지' 참조).

대개 치료 초기에는 내담자가 자동적 사고를 학습하기 쉬운 단순한 방식으로 생각 기록하기를 실시한다. 인지적 오류를 명명하고 증거를 검토하며 합리적인 대안들을 만들어 내는 것과 같은(이 장 후반부의 '사고 변화 기록지' 참조) 좀 더 세분화된 방식은 보통 내담자가 자동적 사고를 찾는 데 자신감이 생긴 후에 실시한다. 치료를 시작할 때 흔히 사용되는 한 가지 방법은 내담자가 두 개 또는 세 개의 칼럼을 사용하여 처음에는 치료 회기에서 그리고 나중에는 과제로 자신의 생각을 기록하도록 하는 것이다. 두 개의 칼럼으로 된 사고 기록지에는 사건과 자동적 사고(혹은 자동적 사고와 감정)를, 세 개의 칼럼으로 된 사고 기록지에는 사건, 자동적 사고, 감정을 기록하게 된다. [그림 5-1]은 이 장 '안내에 따른 발견'에 나온 우울장애를 가진 60세 여성 Anna의 사고 기록지다.

사건	자동적 사고	감정
남편은 금요일 밤에 나와 영화를 보러 가는 대신 포커를 하기로 결정하였다.	'나는 내 자신이 진저리가 나. 그가 자기 친구들과 그렇게 많은 시간을 보내고 싶어 하는 건 당연해. 그가 아직 나를 떠나지 않은 게 이상하지.'	슬픔, 외로움
월요일 아침이다. 나는 아무 할 일도 없고 갈 데도 없다.	'난 소리를 지를 것 같아. 내 인생은 견딜 수가 없어. 퇴직을 하다니 어리석은 짓이었어.'	슬픔, 긴장, 분노
교회의 한 여자가 내가 퇴직을 해서 학생들과 매일 씨름하지 않아도 되니 좋겠다고 말했다.	'만일 내가 얼마나 비참한지 그녀가 알기라도 한다면. 나는 친구가 아무도 없어. 우리 가족은 내가 어떻게 느끼는지 관심이 없어. 나는 정말 바보야.'	분노, 슬픔

[그림 5-1] Anna의 세 개의 칼럼으로 된 사고 기록지

내담자에게 사고를 기록하는 방법을 가르치고 그로 하여금 자동적 사고를 적어 보기 시작하도록 하려는 노력은 종종 별다른 어려움 없이 진행되기도 한다. 그러나 때때로 이 유용한 방법을 사용하는 데 있어 장애물을 만나기도 한다. 내담자는 사고 기록하기 과제를 잘 해 오지 않거나, 그 과정을 잘 이해하지 못할 수도 있으며, 또는 자신의 자동적 사고가 바뀔 수 없다고 여겨 낙담할 수도 있다.

심상

내담자가 자신의 자동적 사고를 상세히 말하기 어려워할 경우 종종 심상 활동이 효과적이다. 이 기술은 내담자가 상상을 통해 중요한 사건을 다시 회상하도록 하여 사건이 일어났을 당시의 생각과 감정을 떠올리도록 돕는 것이다. 치료자는 내담자에게 그때로 되돌아가 자신이 그 상황에 있는 것처럼 상상해 보도록 한다. 치료자는 종종 사건에 대한 기억을 되살리기 위해 심상을 자극하는 질문을 사용하기도 한다.

Brown 박사는 Eric의 사례에서 자동적 사고를 찾기 위해 심상을 사용하였다. Eric은 아버지가 그의 방으로 들어와 취업에 관한 질문을 하자 매우 화가 났다고 말했다. 처음에 Eric은 그 상황에서 일어났던 자동적 사고를 떠올리지 못하였다. 그러나 Brown 박사가 심상을 통해 다시 그 상황으로 들어가 보도록 권유했고 Eric은 곧 자신의 자동적 사고(예: "그것에 관해서 내가 할 수 있는 일은 없어…… 나는 부족한 사람이야……. 나는 평생 이렇게 느낄 거야.")를 발견할 수 있었다.

심상을 설명하고 촉진하는 치료자의 능력은 내담자가 이 경험에 얼마나 몰두할 수 있는가를 좌우한다. 예를 들어, 심상에 대해 거의 아무런 준비 없이 기계적인 말(예: "아버지가 방에 들어오셨던 그때로 돌아가 생각해 보십시오. 그리고 당신 마음속에 무엇이 스치고 지나갔는지 말해 보십시오.")로 이끈 경우와 기억을 상기시키는 코칭과 질문으로 이끈 경우는 큰 차이가 있을 것이다. 심상의 효과를 높이기 위한 전략들은 〈표 5-3〉에 제시되어 있다.

〈표 5-3〉 내담자가 심상을 사용하도록 어떻게 도울 것인가?

1. 기법에 대해 설명한다.
2. 지지적이고 격려하는 음성 톤을 사용한다. 치료자의 목소리와 질문 방식은 내담자에게 이 경험이 안전하고 도움이 될 것이라는 메시지를 전달해야 한다.
3. 내담자로 하여금 그 사건 이전에 무슨 생각을 하고 있었는지 기억해 보도록 한다. "무엇 때문에 그 사건이 일어났습니까?" "그 상황이 일어나려고 할 때 당신 마음속에 어떤 생각이 들었나요?" "그러한 일이 시작되기 전에 당신은 어떻게 느꼈습니까?"
4. 사건을 떠올리는 데 도움이 되는 질문을 한다. 예를 들어, "누가 거기에 있었습니까?" "다른 사람들은 어떤 것 같았습니까?" "주변 환경은 어땠습니까?" "그때 기억나는 어떤 소리나 냄새가 있었습니까?" "당신은 무슨 옷을 입고 있었습니까?" "그 밖에 그 장면에 대해 무엇을 그려 볼 수 있겠습니까?"와 같은 것들이다.
5. 내담자가 어떤 장면을 묘사할 때 치료자는 심상을 강화시키고 자동적 사고를 기억하는 데 도움이 되는 질문을 사용한다.
6. 자동적 사고를 유도하는 자신의 감정의 변화에 대해 인식하는 것이 얼마나 중요한지 강조하기 위해 심상 연습을 한다.

역할극

역할극(role play)은 치료자가 내담자의 인생에서 어떤 한 사람(상사, 배우자, 부모, 자녀)의 역할을 맡아 자동적 사고를 자극하는 상호작용을 시뮬레이션해 보는 것이다. 또한 거꾸로 치료자가 내담자의 역할을 맡고 내담자가 다른 사람의 역할을 맡을 수도 있다. 역할극은 세팅과 도구 등의 특별한 노력이 필요하므로 안내에 따른 발견이나 심상과 같은 다른 기법들에 비해 자주 사용되지는 않는다. 또한 이러한 접근을 사용할 때에는 역할극이 치료적 관계 그리고 내담자와 치료자 간의 경계에 미치는 영향을 고려해야 한다. 다음은 역할극을 시도하기 전에 치료자가 유념해야 할 몇 가지 질문들이다.

☑ 내담자의 인생의 중요 인물과 이 특정 장면을 역할극으로 시도하는 것은 치료적 관계에 어떤 영향을 미칠 것인가? 예를 들어, 치료자가 내담자를 학대하는 아버지 역할을 할 경우 얻는 이점이 치료자를 부정적인 시각에서 보게 되거나 치료자를 아버지와 동일시할 가능성 등의 불리한 점보다 클 것인가? 역할극이 치료적 관계에 긍정적인 영향을 미칠 것인가? 치료자가 이 역할을 맡았을 때 내담자는 여전히 치료자를 지지적이라고 지각할 수 있을 것인가?

☑ 내담자는 역할극이 끝난 후 효과적인 치료적 관계로 다시 돌아올 수 있을 정도의 현실 검증 능력을 가지고 있는가? 만일 내담자가 경계선 성격장애와 같은 중요한 성격적 문제를 가지고 있거나, 심한 학대를 경험한 경우, 혹은 정신병적 특성을 가지고 있다면 역할극을 적용하는 데 주의를 기울여야 한다. 그러나 경험이 풍부한 CBT 치료자들은 이러한 조건에서도 효과적으로 역할극을 사용할 수 있다. 초보 CBT 치료자들의 경우에는 주로 급성 우울장애나 불안장애와 같은 문제들을 가진 내담자를 대상으로 역할극을 사용하는 것이 좋다. 대개 그러한 내담자들은 이러한 역할극 경험을 자신들의 생각을 좀 더 이해하기 위한 시도로 여긴다.

☑ 이 역할극은 오래 지속된 관계의 문제들을 다룰 것인가, 혹은 좀 더 한정된 사건에 초점을 맞출 것인가? 일반적으로 치료 초기의 역할극에서는 '지금-여기(here-and-now)'의 사건들을 다루는 것이 가장 효과적이다. 내담자와 치료자는 현재의 특정 상황에 대한 역할극을 어느 정도 경험한 후에 감정이 실린 주제들(예: 부모에게 거절당하거나 사랑을 받지 못했다는 감정)과 관련이 있는 자동적 사고들을 탐색하기 위해 역할극을 사용할 수 있다.

이러한 유의 사항들에도 불구하고 역할극은 자동적 사고를 찾는 데 매우 유용할 뿐 아니라, 대개의 내담자들은 역할극을 통해 보이는 치료자의 관심에 대해 긍정적으로 받아들인다. 이 장 후반부에서는 자동적 사고를 수정하는 데 역할극이 어떻게 사용되는지에 대해 논의할 것이다(이 장 후반부의 '합리적인 대안 만들기' 참조). 또한 역할극을 사용하여 CBT를 학습하는 것에 대해서도 다룰 기회가 있을 것이다. 역할극은 CBT 수련생들이 CBT 기법을 연습하는 훌륭한 방법이 될 수 있다. 역할극을 통해 다양한 치료적 상호작용들이 여러 가지 방식으로 시뮬레이션될 수 있는데, 언제든 중단하거나 다시 시작할 수 있으며, 함께 논의하고 리허설해 볼 수도 있다. 더욱이 훈련 과정에서 치료자는 내담자의 역할을 맡음으로써 내담자가 CBT 과정에서 경험하는 것들에 대해 알 수 있다. 치료자는 다음과 같은 훈련 과제를 통해 사고를 찾기 위한 역할극 및 다른 CBT 기술들을 연습할 수 있다.

훈련 과제 5-1   자동적 사고 찾기

1. 자동적 사고를 찾는 연습을 할 수 있도록 수퍼바이저 또는 동료에게 도움을 요청한다. 당신은 치료자의 역할을, 상대방은 내담자의 역할을 맡아 역할극을 연습한다. 그런 다음에는 서로 역할을 바꾸어 해 본다.
2. 자동적 사고를 끌어내기 위해 감정의 변화를 사용한다.

3. 이 장 앞부분에서 설명한 안내에 따른 발견의 원리들을 시행해 본다. 예를 들어, 특정 상황에 초점을 맞추고, 질문의 방향을 잡기 위해 사례 개념화를 구성하며, 추가적인 자동적 사고를 끌어내기 위해 더 깊이 들어가 본다.

4. "내담자"가 자동적 사고를 찾기 어려워하는 경우 그 상황에 대해 심상을 사용해 본다. 장면을 구성하고 사건에 대한 기억을 되살리는 데 도움이 되는 질문들을 해 본다.

5. 역할극 안에서 역할극을 해 본다. 이를 위해 역할극 기법에 대해 "내담자"를 교육한 다음 역할극을 사용하여 자동적 사고를 끌어내는 시나리오를 구성한다.

6. 이러한 기법들을 연습한 다음 실제 내담자들과 실제 시행해 본다.

자동적 사고 체크리스트

가장 널리 연구된 자동적 사고 체크리스트는 Hollon과 Kendall(1980)이 만든 Automatic Thoughts Questionnaire(ATQ)이다. 이 질문지는 주로 경험적 연구에서 치료에 따른 자동적 사고의 변화를 측정하기 위해 사용되었다. 그러나 임상 현장에서 내담자가 자신의 인지를 찾아내지 못할 경우에도 이것을 사용할 수 있다. ATQ는 30개의 문항(예: '나는 도움이 안 돼.', '나는 이것을 더 이상 참을 수 없어.', '나는 어느 것도 끝낼 수 없어.'), 0('전혀 그렇지 않다.')에서 4('항상 그렇다.')까지의 5점 척도로 평정된다.

컴퓨터 프로그램 Good Days Ahead(Wright et al., 2016)는 자동적 사고에 대한 광범위한 모듈을 가지고 내담자에게 자동적 사고를 찾아내고 변화시키는 방법을 교육한다. Good Days Ahead 프로그램의 한 항목에서는 개인의 부정적인 자동적 사고와 그에 대한 긍정적 사고의 목록을 제시하고 있다. 이 프로그램의 사용자들은 일반적인 자동적 사고 목록에서 자동적 사고를 가져올 수 있으며, 또한 자신이 찾은 다른 자동적 사고들도 추가할 수 있다. Good Days Ahead의 자동적 사고 체크리스트는 〈표 5-4〉에 나와 있으며, https://www.appi.org/ wright에서도 확인할 수 있다.

〈표 5-4〉 자동적 사고 체크리스트

지난 2주간 당신이 가졌던 부정적인 자동적 사고에 표시하시오.

_____ 나는 좀 더 잘해야 한다.

_____ 그/그녀는 날 이해하지 못한다.

_____ 나는 그/그녀를 실망시켰다.

_____ 나는 더 이상 재미있는 게 없다.

_____ 난 왜 이렇게 약하지?

_____ 나는 늘 일을 망친다.

_____ 내 인생은 시시하다.

_____ 나는 그것을 감당할 수 없다.

_____ 나는 실패할 것이다.

_____ 그것은 나한테 너무 심한 일이다.

_____ 나는 장래성이 별로 없다.

_____ 상황이 어쩔 수 없다.

_____ 나는 포기하고 싶다.

_____ 분명 뭔가 나쁜 일이 일어날 것이다.

_____ 나에게 뭔가 잘못된 것이 있다.

출처: Adapted with permission from Wright JH, Wright AS, Beck AT: *Good Days Ahead: The Multimedia Program for Cognitive Therapy*. Louisville, KY, Mindstreet, 2004. Available at http://www.appi. org/pdf/wright.

자동적 사고 수정하기

소크라테스식 질문

CBT 치료자가 되기 위한 수련에서 사고 기록하기, 증거 검토하기, 대처 카드 혹은 다른 CBT 기법들을 다루느라 소크라테스식 질문하기를 간과하기 쉽다. 그러나 소크라테스식 질문은 자동적 사고를 바꾸는 기법들 중 첫 번째다. 왜냐하면 소크라테스식 질문 과정은 역기능적 사고를 변화시키는 데 중추적인 역할을 하기 때문이다. 소크라테스식 질문은 다른 구조화된 치료 개입들보다 배우거나 적용하기가 어려운 것은 사실이나 자동적 사고를 수정하는 매우 효과적인 기법임에는 틀림이 없다. 소크라테스식 질문의 이점은 치료적 관계를 강화하며, 내담자의 질문 능력을 증진시키고, 중요한 인지와 행동을 이해할 수 있도록 이끌 뿐 아니라 내담자의 적극적인 치료 참여를 촉진한다.

소크라테스식 질문을 위한 기법들은 제1장 '인지행동치료의 기본 원리'와 제2장 '치료적 관계: 협력적 경험주의 작업'에서 설명하고 있다. 다음은 자동적 사고를 수정하기 위해 소크라테스식 질문을 사용할 때 유념해야 할 것들이다.

☑ 변화의 가능성을 보여 주는 질문을 하라. 좋은 소크라테스식 질문은 종종 내담자에게 가능성을 열어 준다. 기본적인 CBT 모델('생각은 감정과 행동에 영향을 미친다.')을 사용하여 내담자로 하여금 생각을 변화시키는 것이 어떻게 고통스러운 감정을 감소시키고 대처 능력을 향상시키는지 볼 수 있도록 돕는 질문을 하는 것이 좋다.

☑ 성과를 얻을 수 있는 질문을 하라. 소크라테스식 질문은 완고하고 부적응적인 사고의 패턴을 깨고 내담자에게 합리적이고 생산적인 대안들을 보여 줄 수 있을 때 가장 효과적이다. 새로운 통찰력이 생기고 사고의 변화가 일어나면 이는 긍정적인 감정의 변화로 이어진다(예: 불안하거나 우울한 감정이 개선된다). 만약 소크라테스식 질문이 어떤 감정적, 행동적 성과를 가져오지 않는다면, 한 걸음 물러나 사례 개념화를 점검하거나 전략을 수정하는 것이 필요하다.

☑ 내담자를 학습 과정에 참여하도록 이끄는 질문을 하라. 소크라테스식 질문의 목표 중 하나는 내담자가 '생각에 대해 생각하기(thinking about thinking)'에 익숙해지도록 돕는 것이다. 치료자의 질문은 내담자의 호기심을 자극하고 내담자가 새로운 관점을 보도록 격려해야 한다. 소크라테스식 질문은 내담자가 스스로에게 던질 수 있는 질문들의 본보기가 되어야 한다.

☑ **내담자에게 도움이 되는 수준에서 질문을 던지라.** 내담자의 인지 기능, 증상에 따른 고통, 집중할 수 있는 능력을 고려하여 내담자를 압도하거나 위협하지 않으면서도 충분한 도전을 제공하는 질문들을 하라. 효과적인 소크라테스식 질문은 내담자가 자신의 인지 능력에 대해 바보 같다거나 어리석다고 느끼도록 이끌지 않는다. 치료자는 내담자가 대답할 가능성이 높은 질문을 해야 한다.

☑ **정해진 결론으로 이끄는 질문들은 피하라.** 소크라테스식 질문은 치료자가 모든 해답을 알고 있어서 내담자를 자신과 동일한 결론으로 이끌기 위한 것처럼 사용되어서는 안 된다. 소크라테스식 질문은 내담자의 유연하고 창의적인 사고 능력을 향상시키기 위해 사용되어야 한다. 물론 치료자는 소크라테스식 질문이 어떤 방향으로 가야 하며, 소크라테스식 질문을 통해 무엇을 얻고자 하는 것인가에 대해 생각하여야 하나 가능한 한 내담자의 사고 능력을 존중하는 방식으로 질문을 해야 한다. 되도록이면 내담자 스스로가 질문에 답을 할 수 있도록 하는 것이 좋다.

☑ **되도록이면 선다형의 질문을 사용하지 말라.** 일반적으로 효과적인 소크라테스식 질문은 개방형이다. 이 경우 여러 가지 답이 가능할 뿐 아니라 답을 제시하는 순서도 다양할 수 있다. 비록 예-아니오 질문이나 혹은 선다형 질문이 효과적인 경우도 있으나 대부분의 소크라테스식 질문은 다양한 응답을 위한 여지를 남겨 두어야 한다.

증거 점검하기

증거 점검하기(examining the evidence) 전략은 내담자가 자신의 자동적 사고를 수정하도록 돕는 효과적인 기법이다. 이 기법은 자동적 사고의 타당성을 지지하는 증거들과 타당성에 반하는 증거들을 목록으로 만들어 증거들을 평가한 후 새로이 발견한 증거에 일치하도록 사고를 변화시키는 것이다. 다음 사례는 증거 점검하기를 이용하여 자동적 사고를 변화시키는 과정이다.

Sudak 박사는 Brian이 새로운 곳에 적응하는 것에 대한 자신의 사고의 타당성을 어떻게 점검할 수 있는지 보여 준다. Brian의 첫 번째 워크시트는 [그림 5-2]에 나타나 있다.

자동적 사고: 나는 절대로 적응하지 못할 거야.

자동적 사고를 지지하는 근거:

1. 나는 모든 사람들과 너무 다르다.

2. 여기에 온 지 3개월이 지났지만, 아무것도 변한 것이 없다.

3. 상황은 점점 더 악화되고 있다.

자동적 사고에 반하는 증거:

1. 나는 Jack과 함께 몇 가지 프로젝트를 진행했다. 우리는 함께 일을 잘 하며, 몇 가지 공통점이 있다.

2. 나는 내 아파트에 있는 몇몇 사람들에게 인사한다.

3. 필라델피아에 오기 전에, 나는 크로스컨트리 경주를 하고 합창단에서 노래하는 친구들이 있었다.

4. 나는 고향 친구들과 계속 연락하면서 지낸다.

인지적 오류: 과잉일반화

대안적 사고: 나는 혼자 힘으로 이사하고 삶을 구축해 본 경험이 별로 없다. 이러한 상황에서 외로워하는 것은 정상적이다. 이사를 간 내 친구들도 비슷한 문제를 겪었을지도 모른다.

[그림 5-2] 증거 점검하기 워크시트

치료자는 치료 초기에 최소한 한 번 내담자로 하여금 워크시트에 증거 목록들을 적어 보도록 함으로써 증거 점검하기를 시행해 볼 것을 추천한다. 또한 증거 점검하기는 훌륭한 과제가 될 수 있다.

훈련 과제 5-2 증거 점검하기

1. 증거 점검하기 기술을 쌓기 위해 동료와 역할극 연습을 해 본다.

2. 증거를 점검할 때 워크시트를 사용하여 자동적 사고를 지지하는 증거들과 반하는 증거들을 적어 본다.

3. 그런 다음 실제 내담자와 증거 점검하기 기법을 시행한 후 수퍼바이저와 이야기를 나눈다.

인지적 오류 찾기

혼히 만나게 되는 인지적 오류(cognitive errors)들의 정의와 예시들은 제1장 '인지행동치료의 기본 원리'에 나와 있다. 치료자는 내담자가 자신의 인지적 오류를 찾을 수 있도록 돕기 위해 먼저 사고에 있어서 이런 문제들의 특성과 유형에 대해 교육해야 한다. 일반 대중을 대상으로 한『Breaking Free From Depression: Pathways to Wellness』(Wright & McCray, 2011), 『Feeling Good』(Burns, 2008), 또는『Mind Over Mood』(Greenberger & Padesky, 2015)와 같은 책들을 읽도록 하거나, Good Days Ahead(Wright et al., 2016)와 같은 인지치료 컴퓨터 프로그램을 활용하도록 하는 것이 인지적 오류를 이해하는 효과적인 방법들이다. 치료자는 치료 회기에서 인지적 오류를 설명할 수도 있으나 내담자가 이러한 개념을 충분히 이해하기 위해서는 대개 위에서 언급한 것과 같은 다른 학습 경험들이 필요하다. 또한 치료 회기에서 내담자에게 인지적 오류를 설명하는 것은 시간이 걸릴 뿐 아니라 다른 중요한 주제나 문제로부터 벗어나는 결과를 가져오기도 한다. 따라서 치료자는 보통 치료 회기 중 이러한 논리적 오류의 분명한 예가 나타날 때 인지적 오류에 대해 간략하게 설명한 다음 과제를 내 주어 내담자의 학습을 돕는다. 치료자는 제1장 '인지행동치료의 기본 원리'에 나와 있는 인지적 오류들의 정의를 복사하여 내담자에게 나눠 줄 수 있다. 다음의 사례는 내담자로 하여금 인지적 오류를 찾도록 가르치는 과정을 보여 준다.

사례 예시

양극성 장애를 가진 30세 Max는 여자친구 Rita와 말다툼을 하던 중 분노가 폭발했다고 보고하였다. 그녀는 Max에게 전화하여 회사에 일이 생겨 Max와 저녁 먹기로 한 데이트에 한 시간 정도 늦을 것이라고 말했다. 7시에 예약이 되어 있었으나 Rita는 9시가 다 되어서야 그의 집에 도착했다. 그때 Max는 매우 화가 나 있었다. 그는 "30분 동안 그녀에게 소리를 지르고 난 다음 혼자 바에 갔어요."라고 말하였다.

치료자는 치료 회기에서 Max가 인지적 오류들이 더해진 많은 부적응적인 자동적 사고들을 가지고 있음을 알아차렸다.

치료자: 그 상황으로 돌아가 그때 당신의 마음속에 스쳐 간 자동적 사고들을 말해 보겠습니까? 당신이 왜 그렇게 화가 났는지 이해하기 위해서 지금 그 생각들을 소리 내어 말해 보세요.

Max : 제 여자친구는 자기 자신과 그 대단한 직장에만 신경을 써요. 나에 대해서는 전혀 생각하지 않아요. 이런 관계는 잘될 리가 없어요. 그녀는 나를 바보로 만든다니까요!

치료자: 오늘 아침 당신은 죄책감을 느꼈고, 또 그녀가 늦은 것에 대해 과민하게 반응했다는 생각이 들었다고 말했었죠. 또 당신은 그녀를 사랑하고 있고 관계가 잘되길 바란다고 말했어요. 제 생각에는 당신이 그 상황에서 어떤 생각을 했는지 살펴보는 것이 도움이 될 것 같네요. 당신은 그녀의 행동에 대해 극단적으로 생각한 것 같습니다.

Max : 네, 제가 정말 흥분했었어요. 때때로 저는 그렇게 극단으로 치달아요.

치료자: 당신은 생각을 극단적으로 한 것처럼 보이네요. 이것을 '흑백논리적(all-or-nothing) 사고' 혹은 '절대적(absolute) 사고'라고 합니다. 예를 들어, 당신의 자동적 사고, '그녀는 나에 대해 전혀 신경을 쓰지 않아.'는 매우 절대적이어서 그녀가 당신을 어떻게 대하는지에 대한 다른 정보들을 생각할 수 없도록 만듭니다. 이러한 생각이 당신으로 하여금 어떻게 느끼고 어떠한 행동을 하도록 만들었나요?

Max : 저는 매우 화가 나서 그녀에게 정말 상처 주는 말들을 했어요. 만약 제가 이런 행동을 계속한다면 관계를 망치고 말 거예요.

그런 다음 치료자는 인지적 오류의 개념과 함께 그러한 오류들을 찾아냄으로써 어떻게 Max가 그의 감정과 행동을 좀 더 잘 다룰 수 있을지 설명하였다.

치료자: 자, 제가 인지적 오류들에 대해서 이야기를 했는데 제가 자료를 드릴 테니 다

음 회기 전에 이것들에 대해 읽어 오겠습니까? 또 사고 기록지에서 이러한 인지적 오류들을 찾아볼 수도 있습니다.

Max : 네, 좋은 생각 같아요.

치료자는 다양한 방법을 사용하여 내담자가 인지적 오류를 찾아 논리적인 왜곡의 빈도와 강도를 줄일 수 있도록 도울 수 있다. 다음에 다루게 될 '사고 변화 기록지'([그림 5-3])는 특정 자동적 사고의 인지적 오류들을 찾는 데 사용될 수 있다. 또한 인지적 오류들은 증거 검토하기와 재앙화에서 벗어나기(이 장 후반부에 자세히 다룸)와 같은 다른 개입에서도 찾아낼 수 있다. 많은 내담자에게 인지적 오류를 찾아 명명하는 일은 인지치료 기술들을 익히는 데 있어 어려운 부분 중 하나다. 이러한 사고의 오류는 오랜 기간 동안 되풀이되어 왔기 때문에 정보 처리의 자동적인 부분으로 굳어진 경우가 많다. 따라서 치료자는 반복적으로 내담자가 이것에 주의를 기울이도록 해야 하며, 다양한 방법을 통해 보다 균형 있고 논리적인 방식으로 사고하도록 연습시켜야 한다.

때때로 내담자는 인지적 오류를 찾을 때 어려움을 겪을 수 있다. 이는 다양한 오류들에 대한 정의들을 이해하는 것이 어렵거나 오류의 여러 유형이 상당 부분 서로 중복되는 경우가 있을 수 있기 때문이다. 그러므로 내담자에게 인지적 오류를 찾는 일이 시간이 걸릴 수 있다는 점을 미리 설명하는 것이 좋다. 치료자는 내담자에게 매번 정확히 오류를 명명하거나(예: 증거 무시하기와 과잉 일반화를 구별하는 것) 자동적 사고와 관련이 있는 모든 인지적인 오류들을 찾는 것(많은 자동적 사고는 하나 이상의 인지적 오류 유형을 가지고 있음)이 중요한 것이 아님을 말해 주어야 한다. 치료자는 내담자에게 CBT의 인지적 오류 부분을 정확하게 습득하는 것에 대해 걱정하지 않아도 된다는 메시지를 전달하도록 한다. 인지적 오류를 인식하는 작업은 내담자로 하여금 보다 논리적으로 사고하고 자신의 문제에 더 잘 대처하도록 하는 데 유용하다.

사고 변화 기록지

CBT의 핵심 요인인 자기 점검(self-monitoring)은 다섯 개의 칼럼으로 된 사고 기록지나 내담자의 자동적 사고를 변화시키기 위해 고안된 그와 유사한 사고 기록 방법들을 통해 가능하다. Beck과 그의 동료들(1979)이 『Cognitive Therapy of Depression』에서 추천한 다섯 개의 칼럼으로 된 사고 변화 기록지(Thought Change Record: TCR)는 CBT에서 널리 사용되고 있다. TCR은 내담자로 하여금 ① 자신의 자동적 사고를 찾고, ② 이 장에서 설명한 다른 여러 기법(예: 증거 점검하기, 인지적 오류 찾기, 합리적인 대안 만들기)을 적용하고, ③ 자신의 사고를 수정함으로써 나타나는 긍정적인 결과를 관찰할 수 있도록 되어 있다. 내담자는 보통 정기적으로 과제로 TCR을 작성하며, 회기에 그것을 가져온다. 때때로 내담자는 사고를 변화시키기 위해 스스로 TCR을 사용할 수 있다. 어떤 경우에 내담자는 합리적인 대안들을 만들어 내는 데 실패한다. 내담자가 치료 회기 밖에서 TCR을 얼마나 성공적으로 사용할 수 있느냐와 상관없이 TCR은 종종 치료 회기에서 함께 이야기를 나눌 수 있는 다양한 자료들을 제공한다. 나아가 TCR은 자동적 사고를 수정하기 위한 치료 개입의 출발점이 되기도 한다.

보통 TCR 기법에서 자동적 사고를 찾기 위해 사용되는 세 개의 칼럼으로 된 기록지에 두 개의 칼럼 '합리적인 생각'과 '결과'가 추가되기도 한다. 내담자는 첫 번째 칼럼에 자동적 사고를 일으키는 사건이나 사건에 대한 기억을 기록한다. 두 번째 칼럼은 자동적 사고와 자동적 사고가 일어났을 때 그것을 믿는 정도를 기록하는 데 사용된다. 세 번째 칼럼에는 감정을 기록한다.

내담자가 자신의 자동적 사고를 믿는 정도(0~100%까지의 척도)와 자동적 사고와 관련하여 내담자가 느끼는 감정의 정도를 평가하는 것(1~100%까지의 척도)은 사고를 변화시키는 과정에서 매우 중요한 부분이다. 흔히 치료 초기 단계에서 내담자들은 자신의 자동적 사고를 100% 혹은 100%에 가깝게 믿는다고 평가한다. 그러나 대개의 경우 TCR의 나머지 칸들을 다 작성하고 자신의 사고를 바꾸기 위한 여러 가지 기법을 적용한 후에는 자신의 자동적 사고를 믿는 정도가 급격히 감소할 뿐 아니라, 그러한 사고와 관련이 있는 감정적인 문제들도 완화된다. 내담자들은 TCR에서 이러한 변화들을 관찰하게 되면 적극적으로 CBT 기법들을 연습하고 일상생활에서 그것들을 활용할 수 있게 된다.

또한 내담자가 자동적 사고를 어느 정도 믿고 있는지 평가하는 것은 치료자에게 자동적 사고를 바꾸는 것에 대한 내담자의 반응(순응 아니면 저항)을 가늠하는 중요한 단서를 제공해 줄 수 있다. 모순되는 증거에도 불구하고 내담자가 자신의 자동적 사고를 굳게 믿는 경우에는 뿌리 깊은 스키마나 몸에 밴 행동 패턴을 다룰 필요가 있으며, 재귀인, 역할극, 인지적 예행연습과 같은 기법들을 사용하는 등 보다 적극적인 노력을 기울일 필요가 있다. 또한 지속적으로 불쾌한 감정이나 신체적 긴장을 일으키는 생각들은 보다 집중적인 CBT 개입을 하여야 할 것이다.

네 번째 칼럼인 '합리적인 반응'은 TCR의 핵심이다. 이 칼럼은 부적응적인 자동적 사고에 대한 합리적인 대안들을 기록하고 수정된 사고를 어느 정도 믿는지 평가하기 위해 사용된다. 합리적인 대안들은 이 장에서 이야기한 다양한 기법을 사용하여 만들어 내게 된다. 그러나 종종 TCR만으로도 내담자에게 대안들을 생각해 보게 하고 보다 합리적인 사고방식을 발달시키도록 자극할 수 있다. 몇몇 CBT 치료자들은 TCR의 네 번째 칼럼에 자동적 사고에서 찾은 인지적 오류를 기록하도록 하여 논리적인 오류의 분석을 통해 합리적인 사고를 촉진해야 한다고 말한다. 그러나 이러한 과정이 내담자에게 지나치게 부담을 주거나 지금 당장 도움이 되지 않는다고 생각된다면 인지적 오류를 명명하는 것을 하지 않거나 나중으로 미룰 수 있다.

TCR의 마지막 다섯 번째 칼럼에는 자동적 사고의 변화가 가져온 성과를 기록한다. 일반적으로 이 칼럼에는 세 번째 칼럼에 기록한 감정을 적고 이를 0~100%까지의 척도를 사용해 감정의 정도를 다시 평가하도록 한다. 또한 마지막 칼럼은 행동의 변화를 관찰하거나 상황에 대처하기 위해 세운 계획을 기록하는 데 사용될 수 있다. 대부분의 경우 이 칼럼에는 긍정적인 변화가 기록될 것이다. 그러나 이 칼럼에 거의 혹은 아무런 진전을 적을 수 없는 경우에는 이러한 정보를 사용하여 장애물들을 찾아내고 그것들을 극복하기 위한 방법들을 계획할 수 있다.

[그림 5-3]은 제1장 '인지행동치료의 기본 원리'에 등장한 Richard(사회불안이 있는 내담자)가 치료 회기 중 작성한 TCR이다. 이 예시에서 Richard는 이웃 파티에 가려고 할 때 그의 머릿속에 많은 부정적인 자동적 사고가 떠올랐다. Richard는 대개 초대를 받는 즉시 거절하거나 마지막 순간에 핑계를 만들어 모임에 가는 것을 회피해 왔으나 이제는 두려움을 극복하기 위해 CBT 원리를 적용하려고 노력하고 있다. Richard는 자신의 자동적 사고들에 대해 합리적인 대안들을 만들어 냈으며 불안에 대처하기 위한 기술들을 습득하기 시작하였다(제7장 '행동 기법 II: 불안 감소시키기와 회피 패턴 바꾸기' 참조).

상황	a. 불쾌한 감정을 유발한 실제 사건 혹은 b. 불쾌한 감정을 유발하는 꼬리를 무는 생각들 혹은 c. 불쾌한 생리적 감각을 기록하시오.
	이웃 파티에 가기 위해 준비하던 중이었다.
자동적 사고	a. 감정에 앞서 일어난 자동적 사고를 기록하시오. b. 자동적 사고를 믿는 정도를 평가하시오. 0~100%
	1. '나는 무슨 말을 해야 할지 모를 거야.' (90%) 2. '난 거기에 어울리지 않는 것처럼 보일 거야.'(75%) 3. '난 당황해서 당장 그 자리를 떠나고 싶어질 거야.'
감정	a. 슬픔, 불안, 분노 등을 구체적으로 기록하시오. b. 감정의 정도를 평가하시오. 0~100%
	불안(80%) 긴장(70%)

	a. 인지적 오류를 찾으시오.
	b. 자동적 사고에 대한 합리적인 대안을 기록하시오.
	c. 합리적 반응을 믿는 정도를 평가하시오.
	0~100%
합리적 반응	1. 증거 무시하기, 과장하기: '나는 신문과 라디오를 통해 최근 뉴스들을 많이 알고 있어. 나는 대화를 잘할 수 있도록 연습했어. 나는 이야깃거리를 가지고 있으니 말을 시작하기만 하면 돼.'(90%)
	2. 과장하기, 과잉일반화하기, 개인화하기: '나는 좀 과장이 심해. 내가 약간 긴장한 듯 보일지는 모르지만 사람들은 내가 어떻게 보이는가 보다 자신들의 일에 더 관심이 있을 거야. 나는 잘 대처할 수 있어.'(90%)
	3. 결론으로 점프하기, 파국화하기: '나는 긴장이 되겠지만 그것을 참고 두려움을 직면할 필요가 있어. 나는 이미 파티에서 어떻게 행동할지 연습했어. 따라서 나는 바로 자리를 뜨거나 파티에 가지 않기 위해 핑계를 댈 필요가 없어.'(80%)
	a. 이후의 감정을 기록하고 그 정도를 평가하시오.
	0~100%
	b. 행동의 변화를 기록하시오.
결과	불안(40%)
	긴장(40%)
	'나는 파티에 가서 한 시간 이상 머물렀다. 떨리기는 했지만 그런대로 괜찮았다.'

[그림 5-3] Richard의 사고 변화 기록지(TCR)

출처: Adapted from Beck AT, Rush AJ, Shaw BF, et al.: *Cognitive Therapy of Depression*. New York, Guilford, 1979, pp. 164-165. Reprinted with permission of Guilford Press. Available at: https://www. appi.org/wright.

훈련 과제 5-3 　사고변화 기록지 활용하기

1. TCR 양식을 복사한다.

2. 자신의 삶에서 불안, 슬픔, 분노 혹은 다른 불쾌한 감정을 일으킨 사건이나 상황을 찾는다.

3. 자동적 사고, 감정, 합리적 사고 그리고 결과를 찾아 TCR을 작성한다.

4. 치료 회기에서 최소한 한 명의 내담자에게 TCR 기법을 소개한다. 내담자에게 과제로 TCR을 작성해 오도록 한 후 다음 회기에서 그것을 검토한다.

5. 만일 내담자가 TCR을 작성하는 데 문제가 있거나 기대한 만큼의 진전이 없다면 이것에 대한 해결책을 찾아본다.

합리적인 대안 만들기

　내담자들에게 논리적인 사고를 하도록 가르칠 때 CBT는 '긍정적인 사고의 힘'이 아니라는 점을 강조하는 것은 중요하다. 부정적인 사고를 비현실적인 긍정적 사고로 대신하려는 시도는 대개 실패하게 되어 있는데, 특히 내담자가 실제 상실이나 외상을 경험하였거나 혹은 불리한 결과가 나타나기 쉬운 문제를 가지고 있는 경우에 더욱 그러하다. 내담자는 실적이 부진하여 직장을 잃었을 수도 있으며, 중요한 관계가 깨지는 경험을 하였거나, 혹은 심각한 신체 질환을 가지고 있을 수도 있다. 그러한 상황에서는 문제를 그럴듯하게 얼버무리거나, 개인의 결점을 무시하거나, 혹은 실제 위험 가능성을 최소화하는 것은 현실적이지 않다. 대신 치료자는 내담자가 가장 합리적인 방식으로 상황을 보고 적응적으로 대처해 나가도록 도와야 한다.

　치료자는 내담자가 논리적인 사고를 하도록 코치할 때 다음의 항목들을 고려할 수 있다.

☑ **다양한 관점을 탐색할 것.** 우울 및 다른 정신장애들은 종종 사고의 초점을 자기비난과 불안을 일으키는 생각으로 좁아지게 하며 좀 더 적응적이고 합리적인 대안들은 차단시킨다. 내담자가 이러한 경향을 극복하도록 하기 위해 치료자는 내담자에게 다른 관점에서 자기 자신을 상상해 보도록 요청할 수 있다. 내담자는 성급하게 결론으로 점프하는 것을 피하고 모든 증거를 탐색하는 과학자나 탐정과 같이 사고하도록 시도할 수 있다. 또 다른 전략은 내담자가 자신을 믿을 만한 친구나 가족 구성원의 입장에 두어 보도록 하는 것이다. 이 사람은 내담자에 대해 무엇이라고 말할 것인가? 또한 내담자는 비슷한 상황에 처한 또 다른 사람에게 조언을 해 주는 것을 상상해 볼 수 있다. 내담자는 자신에게 정확하고 긍정적인 대안들을 보도록 도움을 주는 훌륭한 코치를 상상해 볼 수도 있다. 이러한 전략들은 내담자가 현재 사고의 틀에서 벗어나 보다 합리적이고 적응적이며 건설적인 다양한 관점을 고려할 수 있도록 격려한다.

☑ **브레인스토밍(brainstorming).** 브레인스토밍은 다양한 가능성을 얻기 위해 내담자의 창의성을 열어놓는 것임을 설명한다. 브레인스토밍의 성과를 얻기 위해 치료자는 내담자의 사고 과정에서 "네, 그러나(yes, but)"를 중단하도록 격려해야 한다. 먼저 내담자에게 실행 가능성이 있는지 혹은 올바른 방향으로 가고 있는지 여부는 고려하지 않고 가능한 한 많은 아이디어를 목록으로 만들도록 한다. 그런 다음 내담자는 그것들 중 어느 것이 논리적인 대안들인지 보기 위해 가능성들을 선별한다. 브레인스토밍은 내담자가 자신의 좁은 시야를 벗어나 이전에는 인식하지 못하고 지나친 다른 대안들을 볼 수 있도록 돕는다.

☑ **현재의 시간 틀에서부터 움직일 것.** 내담자로 하여금 우울하거나 불안하기 전 또는 자신의 증상이 나아졌을 때 자신이 어떠했는지 떠올리도록 돕는다. 만일 내담자가 성공을 경험했거나 긍정적 감정들이 샘솟았던 장면들을 기억할 수 있다면(예: 학교를 졸업한 것, 좋은 관계를 맺었던 경험, 아이를 낳은 것, 상을 받거나 새로운 직장에 들어간 것) 현재의 문제들로 인해 잊어버린 적응적인 사고들을 끌어낼 수 있을 것이다. "이전의 당신이라면 현재 우울한 당신이 무시하고

있는 어떠한 대안들을 제시할 것인가?" "이전의 당신이라면 당신에게 어떠한 충고를 하겠는가?" 혹은 "당신이 더 이상 우울하지 않다면 그 상황을 어떻게 바라볼 것인가?"와 같은 질문을 한다.

☑ **다른 사람들에게 그들의 의견을 물을 것.** 우울, 불안, 혹은 그 외 다른 문제를 가진 사람들은 종종 다른 사람들의 제안이나 피드백 없이 결론을 내리거나 자신의 내면으로 향하는 일이 많다. 비록 다른 사람들에게 의견을 묻는 것에는 위험 부담이 따르지만, 믿을 만한 친구, 가족 또는 동료와의 신중한 대화는 내담자 로 하여금 정확한 관점을 얻도록 도울 수 있다. 생산적인 대화를 촉진하기 위 해서 치료자는 위험 부담은 낮추면서 성공 가능성은 높이는 방식으로 다른 사 람들과 함께 자신의 생각을 점검할 수 있도록 내담자를 코치할 수 있다. "이 사람이 당신에게 진실을 말할 것이며, 진실을 말하고 난 후에도 여전히 당신 을 지지하리라는 것을 얼마나 믿을 수 있는가?" "이 사람에게 피드백을 요청 하는 것은 어떠한 위험 부담이 있는가?" 또는 "만일 실망스러운 답변을 듣는 다면 어떻게 대처할 수 있는가?"와 같은 질문을 해 보라. 또한 치료자는 내담 자가 효과적인 질문들을 하도록 준비시키기 위해 미리 예상 가능한 시나리오 를 가지고 역할극을 진행하기도 한다. 내담자는 자신에게 도움이 되는 동시 에 진실을 깨닫도록 이끄는 질문을 하는 법을 배워야 한다.

다음의 예에서 Brown 박사는 내담자 Eric이 합리적인 대안들을 생각해 내도 록 돕는다. Eric은 음식점 앞에 차를 세우고, 요리사 면접을 보러 가야 할지를 고 민하던 상황을 떠올렸다. Eric은 이와 관련된 사건, 자동적 사고 그리고 감정을 적은 사고 변화 기록지를 숙제로 완성하여 Brown 박사에게 보여 주었다. Eric은 사고 변화 기록지에 적힌 부정적인 자동적 사고에서 "내가 왜 노력해야 하지?"를 치료 회기의 목표로 선택했다. Brown 박사는 Eric이 그의 자기 패배적 인식에 대한 자동적 사고의 대안을 찾는 것을 돕기 위해 교묘한 질문을 한다. Brown 박 사의 끈기와 인내심으로 인해 Eric은 자신의 부적응적인 자동적 사고에 대응하는 구체적인 대안적 사고를 찾게 될 것이다.

훈련 과제 5-4　　합리적인 대안 찾기

1. 역할극 연습을 통해 소크라테스식 질문하기와 증거 점검하기 그리고 합리적인 대안 찾기를 연습한다. '내담자'의 마음을 여는 방법에 대해 창의적인 시도를 해 본다.

2. 다음은 내담자 중 한 명과 합리적인 대안 찾기를 해 본다. 적절한 소크라테스식 질문을 하는 것에 초점을 둔다. 내담자에게 상황을 바라보는 다양한 방법을 찾는 데 있어 마치 과학자나 탐정과 같이 사고하도록 격려한다. 또는 내담자에게 브레인스토밍 기법을 가르친다. 치료자의 목표는 내담자가 좁은 시야(tunnel vision)에서 벗어나기 위한 기법들을 배울 수 있도록 돕는 것이다.

3. 가능하다면 이러한 대화들을 비디오에 녹화하거나 오디오에 녹음하여 수퍼바이저와 함께 검토한다. 합리적인 대안을 찾는 CBT 전문가가 되는 가장 좋은 방법들 중 하나는 자신과 내담자의 대화 방식에 대해 피드백을 받으며 효과적인 소크라테스식 질문을 하는 방법에 대해 제안을 듣는 것이다.

재앙화에서 벗어나기

　미래에 대해 파국적인 예측을 하는 것은 우울과 불안을 가진 사람들에게 매우 흔하게 나타난다. 대개 이러한 예측은 흔히 이들 장애에서 관찰되는 오류에 의해 영향을 받은 것이기는 하지만, 때로 이러한 두려움들은 근거가 있는 경우도 있다. 따라서 재앙화에서 벗어나는 과정이 언제나 파국적인 두려움을 부정하는 시도인 것은 아니다. 대신 치료자는 두려운 상황이 실제 일어났을 경우 내담자가 그것에 대처할 수 있도록 내담자를 도와야 한다.

사례 예시

52세의 Terry는 우울장애를 가지고 있으며, 재혼한 아내가 자신을 떠날지 모른다는 것에 대해 커다란 불안을 호소하였다. 치료자는 그들의 관계가 위태로워 보였기 때문에 **최악의 상황 시나리오**(worst-case scenario) 기법을 사용하여 Terry가 재앙화에서 벗어나 상황에 좀 더 잘 대처할 수 있도록 돕기로 결정하였다.

Terry : 내 생각에 그녀는 나와의 관계를 끝내려는 것 같아요. 나는 다시 버림을 받으면 견딜 수 없을 겁니다.

치료자: 당신은 매우 걱정스럽고 또 화가 난 것 같군요. 당신과 아내가 헤어지지 않을 가능성은 어느 정도라고 생각합니까?

Terry : 50 대 50이요.

치료자: 당신은 두 사람이 헤어질 가능성을 매우 높다고 보고 있기 때문에 만약 당신 아내가 이혼을 신청한다면 어떠한 일이 일어날 것인지 미리 생각해 보는 것이 도움이 될 것 같군요. 당신이 상상할 수 있는 최악의 결과는 무엇입니까?

Terry : 내 인생은 망가질 거예요……. 두 번이나 실패한 사람이니 미래가 없어요……. 제 아내는 제게 전부예요.

치료자: 만일 당신의 결혼 생활이 이혼으로 끝나게 된다면 매우 힘들겠지요. 하지만 당신이 어떻게 대처해 나갈 수 있을지 살펴봅시다. 먼저 당신의 예상을 점검해 봅시다. 당신은 당신 인생이 망가질 것이라고 말했습니다. 그것이 사실인지 알 수 있는 증거가 있나요?

Terry : 아마 제가 완전히 망가지지는 않을 겁니다.

치료자: 당신 인생의 어떤 부분들이 망가지지는 않을까요?

Terry : 내 아이들은 나를 여전히 사랑할 거예요. 그리고 나의 형제들은 나를 포기하지 않을 겁니다. 사실 그들 중 몇몇은 내가 이혼하는 것이 더 낫다고 생각해요.

치료자: 또 당신 인생의 다른 어떤 부분들이 괜찮을 것 같습니까?

Terry : 내 직장이요. 내가 너무 우울해져서 일을 못하게 되지 않는 한 그럴 겁니다. 저는 제 친구들과 테니스도 계속 칠 수 있을 겁니다. 아시다시피 테니스는 제게 스트레스를 해소할 수 있는 출구예요.

치료자는 Terry가 자신의 절대적이고 파국적인 사고들을 수정할 수 있도록 돕기 위해 질문을 계속하였다. 대화의 마지막 즈음 Terry는 이혼에 대해 새로운 관점을 가지게 되었다.

치료자: 계속하기 전에, 만일 이혼을 해야만 하는 경우가 생긴다면 당신이 어떻게 반응할지에 대해 배운 것을 정리해 볼 수 있습니까?

Terry : 그건 큰 충격일 거예요. 저는 그러한 상황이 일어나지 않기를 바랍니다. 하지만 나는 잃은 것만을 생각하는 대신 내가 가지고 있는 다른 모든 것을 보려고 노력할 겁니다. 저는 여전히 건강하고 나머지 가족들이 있어요. 저는 좋은 직장이 있고 몇 명의 가까운 친구들도 있습니다. 그녀는 제 인생의 커다란 부분이었지만 전부는 아니에요. 인생은 계속될 거예요. 어쩌면 길게 봤을 때 제 형이 말했던 것처럼 더 잘된 일일지도 모르죠.

그런 다음 치료자는 Terry와 함께 실제 이혼하게 될 경우에 대비한 대처 방안들을 함께 세워 보았다(이 장 후반부의 '대처 카드' 부분 참조).

또한 재앙화에서 벗어나기 기법은 불안장애를 가진 내담자들에게 도움이 되는 중요한 기법이다. 예를 들어, 사회불안을 가진 사람들은 흔히 자신들이 불안해하거나 사회적으로 무능한 것이 드러날까 봐, 또한 다른 사람들이 그것을 알게 되는 것이 너무 고통스러워 견딜 수 없을까 봐 두려워한다. 치료자는 사회불안에서 나타나는 파국적 예측을 감소시키기 위해 다음과 같은 유형의 질문들을 시도해 볼 수 있다. "당신이 파티에 간다고 가정했을 때 일어날 수 있는 최악의 일은 무엇입니까?" "할 말이 별로 없다는 것이 왜 두려운가요?" "당신은 최소한 15분 동안 이것을 견딜 수 있습니까?" "파티에서 불안을 느끼는 것과 다른 힘든 일들, 예를 들어 심각한 질환이 있거나 직장을 잃은 일을 비교하면 어떻습니까?" 이러한 질문들은 내담자로 하여금 끔찍한 결과가 일어날 것이며 거기에 대처할 수 없을 것이라는 자신의 예측이 정확한 것이 아님을 보도록 해 준다.

재귀인

제1장 '인지행동치료의 기본 원리'에서 우울장애의 귀인 편향성에 대한 연구 결과들을 살펴보았다. 귀인은 사람들이 삶의 여러 사건에 부여하는 의미다. 왜곡된 귀인의 세 가지 측면을 간략하게 요약하면 다음과 같다.

☑ **내적 대 외적.** 우울한 사람들은 부정적인 결과에 대해 책임이나 비난을 내면화하는 경향이 있는 반면, 우울하지 않은 사람들은 균형 잡힌 귀인을 하거나 외부로 귀인한다.

☑ **일반적 대 구체적.** 우울장애에서 나타나는 귀인은 특정한 결점, 비난, 혹은 문제에 국한되기보다 포괄적이고 일반적인 경향을 보인다. 일반화된 귀인의 예로 '그 자동차 접촉 사고 때문에 결국 내 인생의 모든 것이 내리막길로 가게 될 거야.'를 들 수 있다.

☑ **불변적 대 가변적.** 우울한 사람들은 변화의 가능성이 아주 없거나 거의 없다고 예측한다. 예를 들어, '나는 결코 다시 사랑을 찾을 수 없을 거야.'라고 말한다. 그러나 이와 반대로 우울하지 않은 사람들은 '이것 역시 지나갈 거야.'라고 생각하기 쉽다.

내담자는 다양한 기법을 통해 자신의 삶의 중요한 사건들에 대해 보다 건강한 귀인을 할 수 있다. 이 장에서 다루었던 소크라테스식 질문하기, TCR, 증거 점검하기와 같은 다른 기법들도 사용할 수 있다. 그러나 치료자는 재귀인의 개념을 간략하게 설명한 다음 종이에 귀인의 여러 차원을 설명하는 그래프를 그리는 것이 일반적이다([그림 5-4]). 그런 다음 치료자는 내담자로 하여금 자신의 귀인 양식을 탐색하고 변화시킬 수 있도록 돕는 질문을 던진다.

사례 예시

54세의 여성 Sandy는 결혼한 딸 Maryruth가 바람을 피운 사건이 발각된 것 때문에 힘들어하였다. 그녀는 지나치게 자기 자신을 비난하였으며, Maryruth가 자신의 전 인생을 망치고 있다고 믿었다. 또 그녀는 Maryruth의 미래가 매우 희망이 없다고 생각하였다. 치료자는 Sandy의 내면화된 귀인들을 수정하는 데 초점을 맞추어 질문을 시작하였다. [그림 5-4]는 Sandy의 응답들을 기록하기 위해 사용되었다.

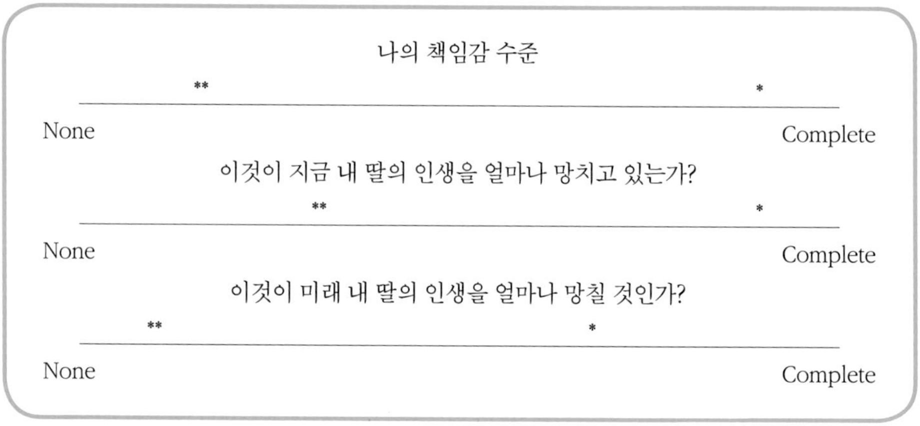

나의 책임감 수준

```
                **                                        *
_____
None                                                Complete
```
이것이 지금 내 딸의 인생을 얼마나 망치고 있는가?
```
                **                                        *
_____
None                                                Complete
```
이것이 미래 내 딸의 인생을 얼마나 망칠 것인가?
```
        **                                    *
_____
None                                                Complete
```

---

* 내가 오늘 생각한 것
** 상황에 대한 건강한 관점

[그림 5-4]   Sandy의 귀인 척도

치료자: 당신은 딸의 문제에 대해 지금 얼마나 당신 자신을 비난하고 있지요?

Sandy : 아주 많아요. 아마 약 80% 정도 되는 것 같아요. 나는 딸이 그 대학을 가겠다고 했을 때 반대했어야 했어요. 그 아이는 거기서 바람이 난 거고, 그때 이후에 자제를 못한 거예요. 나는 그 아이가 Jim과 결혼하는 것이 좋은 생각이 아니라는 걸 알고 있었어요. 나는 Jim에 대한 내 생각을 딸에게 말했어야 했어요. 그 둘은 비슷한 점이 없었지요.

치료자: 당신이 스스로에게 하고 있는 이러한 모든 비난은 나중에 확인해 보도록 하고, 지금은 먼저 당신이 그 문제에 대해 어느 정도 책임이 있다고 생각하는지 그래프에 표시해 보겠습니까?

Sandy는 약 90% 수준에 표시를 하였다.

치료자: 좋아요. 자, 이제 어느 정도의 비난이 건강한 수준일지 생각해 보도록 합시다.
　　　　그래프의 어디쯤이 적합하다고 생각합니까?
Sandy : 저는 제가 스스로를 지나치게 많이 비난한다는 걸 알아요. 하지만 그래도 제
　　　　가 딸에게 도움을 주어야 하고 어느 정도 책임감을 가져야 한다고 생각해요.
　　　　한 25% 정도가 적당할 것 같은데요.

Sandy는 약 25% 수준에 표시를 하였다.

　치료자는 Sandy가 여전히 그 상황에 대해 자신에게 너무 많은 책임을 지우고 있다
고 생각했으나 이 시점에서는 그것을 다루지 않았다. 그들은 계속하여 귀인의 다른 차
원들에 대해 그래프([그림 5-4] 참조)를 만든 다음 원하는 방향으로 귀인을 수정하기
위한 방법들에 대해 이야기하기 시작했다.

　귀인을 수정하는 기법들 중 하나는 부정적인 결과에 기여할 가능성이 있는 다
양한 요인에 대해 브레인스토밍하도록 하는 것이다. 내담자는 종종 자신의 결점
에만 초점을 맞추는 좁은 시야를 가지고 있으므로 다양한 관점을 생각해 보도록
격려하는 질문들은 도움이 될 수 있다. 예를 들어, "그 상황에 영향을 미칠 수 있
는 다른 사람들에 대해서는 어떻게 생각하나요? 친척들이나 그의 친구들은요?"
"운이나 운명에 대해서는 어떻게 생각합니까?" "유전적인 것이 관련이 있을까
요?"와 같은 것들을 들 수 있다. 이러한 유형의 질문들을 거친 후 치료자는 때때
로 파이 그래프를 사용하여 내담자가 상황에 대해 다양한 차원의 관점을 갖도록
돕는다. [그림 5-5]는 Sandy가 딸의 문제로 인해 자신을 비난하는 귀인에 대해
구성해 본 파이 그래프다.

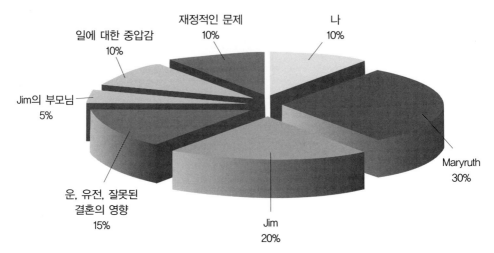

재정적인 문제
10%

나
10%

일에 대한 중압감
10%

Jim의 부모님
5%

운, 유전, 잘못된
결혼의 영향
15%

Jim
20%

Maryruth
30%

[그림 5-5] Sandy의 파이 그래프: 재귀인의 긍정적인 효과

훈련 과제 5-5　　재앙화에서 벗어나기와 재귀인하기

1. 자동적 사고들을 수정하기 위해 재앙화에서 벗어나기와 재귀인하기를 사용할 수 있는 상황을 정하여 상대방과 함께 역할극을 해 보기로 한다.
2. 그런 다음 순서대로 각각의 기법들을 실시해 본다.
3. 재앙화에서 벗어나기 연습을 할 때에는 왜곡된 예측들을 수정하는 데 초점을 둔다. 또한 일어날 수 있는 좋지 않은 결과에 대해 '내담자'가 대처할 수 있도록 준비를 시키는 것도 필요하다.
4. 다음은 재귀인 개입에 적절한 자동적 사고를 선택한다. 귀인의 편향성을 설명한 다음 그래프([그림 5-4])나 파이 그래프([그림 5-5])를 사용하여 '내담자'가 보다 건강한 귀인을 할 수 있도록 돕는다.
5. 마지막 단계는 실제 내담자와 이 두 가지 절차를 시행해 보고 수퍼바이저와 이야기를 나누는 것이다.

인지적 예행연습

중요한 회의나 과제가 있을 때 미리 무엇을 말할지 생각해 본 적이 있는가? 성공할 가능성을 높이기 위해 생각과 행동을 리허설해 본 적이 있는가? 사람들은 일상생활에서 분명 이러한 전략을 사용한다. 마찬가지로 이러한 전략은 내담자가 치료 회기에서 배운 것을 실제 상황으로 가져갈 수 있도록 하는 데 도움이 된다.

내담자에게 이러한 기법을 설명할 때 종종 활강 스키 선수와 같은 운동선수들의 예를 들 수 있다. 이들은 경쟁적인 상황에서 일어날 수 있는 문제들을 머릿속으로 그려 보고 미리 코스를 준비한다. 스키 선수는 심상을 사용하여 다양한 상황에서 자신이 어떻게 반응할지 생각해 볼 수 있다. 만일 얼음 파편을 치거나 강한 바람이 불기 시작했다면 어떻게 대처할 것인가? 그는 아마도 자신의 불안을 가라앉히고 경기에 집중하기 위해 긍정적인 마음을 유지하도록 자신을 코치할 것이다.

대개 인지적 예행연습은 내담자가 자동적 사고를 수정하는 다른 기법들에 대한 기초 작업이 어느 정도 진행된 후 치료 회기에서 다루어진다. 이를 통해 내담자는 스트레스 상황에서 이전에 배운 모든 것들을 사용하여 적응적인 반응을 할 수 있도록 준비된다. 인지적 예행연습을 시행하는 한 가지 방법은 내담자에게 다음의 단계들을 따르도록 하는 것이다. ① 미리 상황의 처음부터 끝까지를 생각해 본다. ② 일어날 수 있는 자동적 사고와 행동을 찾아본다. ③ TCR을 기록하거나 다른 CBT 개입을 사용하여 자동적 사고를 수정한다. ④ 마음속으로 좀 더 적응적인 사고와 행동을 예행연습한다. ⑤ 새로운 전략을 시행해 본다.

물론 내담자에게 목표 성취의 가능성을 높이는 기법들을 코치하는 것이 도움이 된다. 소크라테스식 질문을 통해 다양한 관점들을 보게 하거나, 미니 강의를 활용한 개입을 통해 기술을 가르치거나, 가능한 해결책을 테스트하는 실험을 해 볼 수도 있다. 그러나 종종 가장 유용한 기법은 실제 상황에서 새로운 계획을 시도해 보기 전에 치료 회기에서 예행연습을 실시하는 것이다.

대처 카드

치료자는 대처 카드를 사용하여 내담자가 치료 회기에서 배운 주요 CBT 개입들을 연습하도록 도울 수 있다. 내담자는 색인 카드(3×5인치) 혹은 그보다 작은 크기의 카드(명함 크기)에 중요한 사건이나 상황에 대처하기 위한 지시 사항들을 기록한다. 또는 스마트폰이나 다른 기기를 사용하여 대처전략들을 기록할 수도 있다. 먼저 구체적인 상황이나 문제를 정한 다음 대처 카드에 간략하게 대처 전략의 요점을 적는 것이 가장 효과적이다. 〈표 5-5〉는 내담자가 효과적인 대처 카드를 만들 수 있도록 하기 위한 주의 사항들이다.

〈표 5-5〉 대처 카드를 활용할 때 주의할 점

1. 내담자에게 중요한 상황을 선택한다.
2. 대처 카드 만들기를 치료 개입의 목표로 정한다.
3. 내담자가 대처 카드를 사용하는 전략을 시행할 준비가 되어 있는지 평가한다. 너무 조급하게 많은 것을 하려고 하지 말라. 할 수 있는 과제에서부터 시작하는 것이 좋다. 어려운 문제들을 다루는 것은 내담자가 그러한 도전들에 대해 준비될 때까지 미루는 것이 좋다.
4. 상황 및 문제를 해결해 나가는 단계들을 구체적으로 정의한다.
5. 지시 사항은 요점만 기록한다. 기억하기 쉬운 지시 사항이 가장 오래 남기 쉽다.
6. 실제 성공할 가능성이 높은 전략들을 제안한다.
7. 실생활에서 대처 카드를 자주 활용하도록 권한다.

Kate는 적응적인 생각들을 대처 카드에 기록한 다음 그것을 지갑에 넣고 다니며 회사 동료와 함께 큰 다리를 건너 새로 이전한 사무실로 가기 위해 운전을 하기 전에 자주 꺼내 보도록 계획을 세웠다([그림 5-6]).

상황: 다리를 건너 동료와 함께 새 사무실로 간다.

대처 전략:

나는 나의 아버지와 다르다. 그는 흡연자였으며, 당뇨병이 있었다.

흉부외과 전문의는 내게 심정지가 올 가능성은 전혀 없다고 말했다.

이것이 힘들더라도 나는 할 수 있다.

나는 나를 돕기 위해 몇몇 기술들을 연습할 수 있다.

[그림 5-6] Kate의 대처 카드

훈련 과제 5-6   인지적 예행연습과 대처카드

1. 일상생활에서 미리 연습을 해 본다면 보다 효과적으로 대처할 수 있는 하나의 상황을 찾는다. 이제 마음속으로 그 상황에서 일어날 수 있는 자동적 사고, 감정, 합리적 사고, 적응적 행동들을 떠올린다. 그런 다음 가장 적응적인 방식으로 생각하고 행동하도록 연습한다.

2. 실시한 인지적 예행연습 중 중요한 사항들을 골라 대처 카드에 기록한다. 〈표 5-5〉에 나와 있는 대처 카드 작성 방법을 따른다. 그 상황을 가장 잘 다룰 수 있도록 이끄는 구체적인 요점들을 기록한다.

3. 최소한 한 명 이상의 내담자와 인지적 예행연습을 해 본다. 내담자가 미리 마음속으로 떠올려 본다면 더 잘 대처할 수 있을 하나의 상황을 선택한다. 또한 예행연습을 통해 증상의 악화나 재발의 위험을 줄일 수 있는 경우를 고르도록 한다. 예를 들어, 직장에 복귀하는 문제, 친척의 건강에 대한 좋지 않은 소식, 혹은 중요한 타인으로부터 비난을 받는 경우 등이 해당될 수 있다.

4. 내담자와 함께 적어도 세 개의 대처 카드를 기록한다. 내담자가 이러한 대처 전략들을 시행해 보도록 과제를 내 주어 대처 카드의 활용을 격려한다.

    대처카드의 또 다른 예시는 양극성 장애로 인해 여자친구와의 관계에서 강한 분노를 보고했던 Max의 경우이다([그림 5-7]). 그의 분노를 좀 더 효과적으로 다루기 위해 이후 행동 기법들에 관한 장들에서 소개한 추가적인 개입들이 시행되었다.

상황: 내 여자 친구가 약속에 늦게 오거나, 나를 배려하지 않는다는 생각이 드는 이들을 한다.

대처 전략:

　나의 극단적인 사고를 찾는다. 특히 내가 '결코-아니다' 혹은 '항상'과 같은 절대적인 단어들을 사용할 때 주의한다.

　소리를 지르거나 고함을 치기 전에 그 상황에서 한 걸음 뒤로 물러나 나의 생각을 점검한다.

　우리 관계의 긍정적인 부분에 대해 생각한다. 나는 그녀가 분명히 나를 사랑한다고 생각한다. 우리가 함께한 지 4년이 되었다. 그리고 나는 우리 관계가 잘 되기를 바란다.

　만이 내가 화가 나기 시작하면 '타임아웃'을 한다. 흥분을 가라앉히기 위해 잠시 쉬어야겠다고 말한다. 잠깐 산책을 하거나 다른 방으로 간다.

[그림 5-7] Max의 대처 카드

요약

　CBT는 자동적 사고를 찾아 변화시키는 데 초점을 두는데, 이는 이러한 사고들이 감정과 행동에 커다란 영향을 미치기 때문이다. 자동적 사고를 다루는 초기 단계에서 치료자는 내담자에게 이러한 개인적이고, 종종 통제되지 않은 사고의 흐름에 대해 교육하며, 자신의 내적인 대화에 귀 기울이도록 돕는다. 안내에 따른 발견은 자동적 사고를 발견하기 위해 사용되는 가장 중요한 기법이다. 그러나 다른 많은 기법을 통해서도 자동적 사고를 찾는 것이 가능하다. 내담자는 감정의 변화를 인식함으로써 자동적 사고가 자신의 감정에 미치는 영향을 알 수 있다. 자동적 사고를 이끌어 낼 수 있는 다른 중요한 기법들로는 사고 기록하기, 심상, 역할극, 체크리스트의 활용 등을 들 수 있다.

　내담자가 자동적 사고를 찾는 방법을 학습한 후에는 이러한 사고를 수정하는 데 치료의 초점이 맞춰진다. 효과적인 소크라테스식 질문하기는 이러한 변화 과정의 기초가 된다. 사고 변화 기록지 또한 내담자가 보다 논리적이고 적응적인 사고방식을 갖도록 돕기 위해 CBT에서 널리 사용된다. 그 밖에 치료자는 증거 점검하기, 재앙화에서 벗어나기, 재귀인, 인지적 예행연습, 대처 카드와 같은 여러 유용한 기법을 사용하여 자동적 사고를 수정할 수 있다. CBT가 초기 단계에서 후기 단계로 진행됨에 따라 내담자는 자동적 사고를 수정하는 기술을 익혀 스스로 증상을 완화시키고, 삶의 스트레스에 더 잘 대처하며, 재발의 가능성을 감소시킬 수 있게 된다.

참고문헌

Beck AT: Cognitive therapy and research: a 25-year retrospective. Paper presented at the World Congress of Cognitive Therapy, Oxford, UK, June 28-July 2, 1989

Beck AT, Rush AJ, Shaw BF, et al: Cognitive Therapy of Depression. New York, Guilford, 1979

Burns DD: Feeling Good: The New Mood Therapy, Revised. New York, Harper-Collins, 2008

Greenberger D, Padesky CA: Mind Over Mood: Change How You Feel by Changing the Way You Think, 2nd Edition. New York, Guilford, 2015

Hollon SD, Kendall PC: Cognitive self-statements in depression: development of an automatic thoughts questionnaire. Cognit Ther Res 4:383−395, 1980

Wright JH, McCray LW: Breaking Free From Depression: Pathways to Wellness. New York, Guilford, 2011

Wright JH, Salmon P: Learning and memory in depression, in Depression: New Directions in Research, Theory, and Practice. Edited by McCann D, Endler NS. Toronto, ON, Wall & Thompson, 1990, pp 211−236

Wright JH, Wright AS, Beck AT: Good Days Ahead. Moraga, CA, Empower Interactive, 2016

제6장 행동 기법 I: 우울한 기분 감소시키기, 에너지 수준 높이기, 과제 수행하기, 문제 해결하기

낮은 에너지, 활동에 대한 즐거움 감소, 과제 수행이나 문제 해결의 어려움은 우울장애를 가진 사람들이 흔히 호소하는 것들이다. 이러한 활동 수준의 감소는 종종 증상을 악화시킨다. 즐거운 활동이나 생산적인 활동에 대한 참여가 감소하면 이로 인해 더욱 흥미를 상실하거나, 슬픔 및 절망감, 무기력이 증가하고, 자존감이 낮아지는 악순환이 일어날 수 있다. 이는 즐거운 활동이나 보상을 가져오는 활동에 참여를 어렵게 하며 우울 증상을 악화시킨다. 결과적으로 자신은 즐거움을 경험할 수 없으며 과제를 수행하거나 문제를 해결할 수 없다는 결론을 내리게 된다. 심각한 우울장애 내담자들은 희망을 잃고 변화를 위한 어떠한 노력도 하지 않게 된다.

우울장애 및 기타 정신적 장애를 치료하기 위한 인지행동적 기법에는 활동 수준의 감소 패턴이나 에너지의 저하, 즐거움의 상실, 과제 수행 능력의 감소를 변화시키기 위한 구체적인 개입들이 포함된다. 이 장에서는 이러한 유형의 어려움을 겪고 있는 내담자에게 유용한 행동적 치료 개입들을 설명할 것이다. 여기에 설명된 기법들은 우울장애 치료에서 가장 자주 사용되는 것들이지만 불안장애, 섭식장애, 성격장애의 경우에도 성공적으로 활용될 수 있다(제10장 '만성, 중증, 혹은 복합 장애 등 치료하기' 참조).

행동 기법을 시행할 때, 즐거운 또는 보상을 가져오는 활동에 참여하는 것이 우울한 기분을 나아지게 하고 성취감을 경험하는 것과 관련이 있음을 기억하는

것이 중요하다. 마찬가지로 부정적인 자동적 사고나 스키마를 수정하는 것은 적
응적인 행동을 촉진할 수 있다. 따라서 치료자는 치료 목표를 달성하기 위해 대
개 행동적 기법들과 인지적 기법들을 함께 사용한다. 이 장에서 제시된 사례들
은 행동적 개입과 인지적 개입이 종종 어떻게 상호 증진을 가져오며, 또한 치료
자가 임상에서 이러한 기법들을 어떻게 조합하는지 보여 준다.

행동 활성화라는 용어는 내담자에게 다시 활력을 주고 긍정적인 변화를 일으
키도록 돕기 위해 고안된 기법들을 설명하는 데 사용될 수 있다. 이러한 기법들
은 간단한 한두 단계의 행동·계획에서부터 체계적인 단계에 따른 과제 수행 절
차에 이르기까지 다양하다.

행동의 활성화 계획

실용적인 행동의 활성화 계획(behavioral activation plan)은 내담자에게 긍정적인
변화 과정에 참여하도록 이끌며 희망을 불어넣는다. 치료자는 내담자로 하여금
기분이 나아지도록 만드는 한두 가지의 활동을 고르도록 한 다음 그 활동을 행
동에 옮길 수 있도록 실제적인 계획을 세우는 것을 돕는다. 대개 행동의 활성화
는 보다 세부적인 행동 분석이나 복잡한 개입(예: 활동 계획하기, 인지적 재구성)을
실시하기 전 초반부 회기에 사용된다. 그러나 기법은 치료의 다른 단계들에서도
간단한 행동 활성화 계획이 유용하게 적용될 수 있다. 다음의 예는 치료 초기에
행동의 활성화를 사용하여 어떻게 내담자를 빠르게 생산적인 활동에 참여시킬
수 있는지 보여 준다.

---

1. 일주일 동안 몸에 좋은 음식을 사기 위해 식료품점에 간다.
2. 자신이 갈 것 같은 (예를 들어, 일요일 아침 10시) 특정 시간 계획한다.
3. 집에 돌아오는 길에 자신이 좋아하는 제과점에 들러 자신에게 보상한다.

[그림 6-1] Meredith의 행동 활성화 계획

사례 예시

　30세 여성인 Meredith는 임신 6개월째인 임산부로 우울을 경험하고 있다. 그녀의 증상들은 우울이 시작된 임신 2개월째 이래로 중등도의 수준을 보이고 있다. 그녀의 첫 우울 에피소드(과거의 유일한 에피소드)는 대학교를 다닐 때 경험하였다. 그 당시 그녀는 설트랄린을 복용했으며 얼마 동안 지지적인 상담을 받았다. 약물치료는 도움이 된 것처럼 보였으나, 지금 그녀는 임신 때문에 약을 복용하기를 원하지 않는다.

　그녀는 고급 음식점 서빙하는 일을 하며 가능한 한 오래 일을 계속하기를 희망하고 있다. 그녀의 준학사 학위는 정보 기술이었으나, 이 분야에서는 일을 구할 수 없었다. 현재 그녀는 혼자 살고 있으며, 그녀의 가족은 가까이에서 살고 있다. 비록 그녀는 우울했던 어머니로부터 많은 지지를 받지는 못했으나, 결혼하여 두 자녀를 둔 그녀의 오빠는 매우 지지적이다. 또한 그녀는 두 명의 가까운 친구들이 있는데, 하나는 어릴 적 친구이고 다른 하나는 직장에서 사귄 친구이다. 그녀의 임신은 계획된 것이 아니었지만 그녀는 항상 가족을 갖기를 원했다. 그녀는 아이에 대해 긍정적인 감정을 가지고 있었으나, 자신이 좋은 엄마가 되리라는 기대를 하지 않았으므로 종종 스스로를 비난하곤 하였다. 또한 그녀는 자신이 정크 푸드를 먹고 건강한 식단을 유지하지 못하는 것에 대해 자책하였다. Meredith는 아이를 위해 아이 아버지와 친구로 남기를 원했으나, 그와 연애 관계를 다시 시작하는 것은 원치 않았다.

　Meredith는 그 밖에 다른 정신과적 병력을 보고하고 있지 않다. 어떤 자살 생각이나 자살 행동도 없었다. 그녀는 신체적 질환도 가지고 있지 않으며, 약간의 등 통증, 속 쓰림, 에너지 감소 외에 임신 상태도 양호한 편이다.

　Meredith와 Wichmann 박사는 Meredith가 다시 좀 더 활동적이 되도록 돕는 데 초점을 맞추었다. 그들은 함께 행동 활성화 계획을 만들었다([그림 6-1]). 다음에 나오는 대화는 Wichmann 박사가 어떻게 개입을 시행했는지를 보여 준다.

Wichmann 박사: 만일 이번 주에 당신의 기분을 좀 나아지게 하는 데 도움이 되는 한 가지를 한다면, 그게 무엇이라고 생각하나요?

Meredith: 제 생각에는 건강하게 챙겨 먹기를 원하는 것 같아요.

Wichmann 박사: 건강하게 챙겨 먹는다고 말했는데 그게 무슨 뜻인지 말해 보겠습니까?

Meredith: 저는 패스트 푸드를 완전히 끊고 싶어요. 좀 더 제대로 된 식사를 하고 싶어요. 그냥 건강한 음식을 먹었으면 좋겠어요.

Wichmann 박사: 당신이 말한 이 생각들은 모두 매우 중요한 것들입니다······. 저는 당신이 말한 이 모든 것을 한꺼번에 시작하기에는 너무 많을 수 있지 않나 하는 생각이 드네요. 좀 더 작은, 더 구체적인 목표들을 세울 수 있을까요?

Meredith: 제 생각에 제가 적어도 식료품점에 가야 한다는 거예요.

Wichmann 박사: 좋습니다. 요즈음 식료품점에 가지 않았나요?

Meredith: 네, 최근에는요. 그냥 직장에서 음식을 좀 가져오거나 집에 올 때 패스트 푸드를 사러 가요.

Wichmann 박사: 아, 네. 제 생각에는 식료품점에 가는 것이 그냥 건강하게 챙겨 먹기보다 좀 더 쉽게 실행에 옮길 수 있는 목표인 것 같습니다. 식료품점에 가는 것을 어렵게 만드는 방해물들은 어떤 것이 있을까요?

Meredith는 중등도의 우울 증상으로 인해 행복감이나 즐거움을 주는 활동에 참여하는 데 어려움을 보이기 때문에 Wichmann 박사는 신중하게 그가 수행하기에 너무 어려운 행동 활성화 계획은 피하고자 하였다. 이 사례에서 Meredith는 자신이 생각하기에 유용한 활동을 골랐으나, Wichmann 박사는 좀 덜 모호한 활동을 계획하도록 제안하였다. Meredith가 활동 계획을 성공적으로 수행할 수 있도록 돕기 위해 몇 가지 다른 전략들이 사용되었다. Wichmann 박사는 그녀에게 활동 계획을 실행에 옮기는 데 장애물이 될 수 있는 것이 무엇인지 묻고, 그 장애물을 다루기 위해 문제 해결을 사용하였다. 또한 Wichmann 박사는 그녀에게 활동을 수행하기 위해 구체적인 날짜와 시간을 정하도록 하였다. 마지막으로, Wichmann 박사는 행동 활성화 계획을 세우는 데 함께 협력하였다. Wichmann 박사는 Meredith에게 무엇을 할지 단순히 활동을 말해 주기보다 Meredith의 이전 경험들에 기초하여 그녀에게 제안해 보도록 하였다.

내담자는 대개 치료를 시작할 때 변화가 일어나는 것에 대해 관심을 가지고 있다. 내담자는 긍정적인 방향으로 변화하기 원하며 그것을 위해 어떻게 발을 내딛어야 하는지 알고 싶어 한다. 따라서 치료자가 초반 회기들에 내담자에게 즉각적인 행동 활성화를 제안할 때 내담자들은 대부분 이러한 제안을 환영하며, 이것을 치료자와 함께 앞으로 더 큰 문제들을 해결해 나갈 수 있다는 신호로 받아들인다. 행동의 활성화 계획은 복잡한 기법은 아니나 내담자의 위축이나 게으름 등의 패턴을 변화시키는 데 도움이 된다. 또한 이 기법은 내담자에게 변화가 일어날 수 있음을 보여 준다. 이러한 개입 유형은 치료 후반기나 만성적 문제에 대한 치료에서도 효과적으로 사용될 수 있다. <표 6-1>의 제안들은 효과적인 행동 활성화 계획을 시행하는 데 유용하다.

〈표 6-1〉 행동의 활성화를 사용할 때 주의할 점

1. 행동의 활성화를 사용하기 전에 먼저 협력적인 관계를 맺는다. 말보다 마차를 앞세워서는 안 된다. 치료자와 내담자 간의 바람직한 협력 없이 행동의 활성화를 실시하려는 시도는 실패할 것이다. 내담자가 어떤 과제를 수행하는 까닭은 그가 치료자와 함께 노력해 보기를 원하기 때문이기도 하다. 또한 내담자는 어떻게 변화가 일어나는지 이해할 수 있어야 한다.

2. 내담자로 하여금 결정을 내리도록 한다. 치료자가 내담자에게 도움이 되는 행동을 안내할 수는 있으나 가능한 한 내담자가 행동계획을 만들도록 제안하거나 내담자가 선택을 하도록 한다.

3. 내담자가 변할 준비가 되었는지 판단하는 것이 필요하다. 치료자는 내담자에게 행동의 활성화를 제안하기 전에 내담자가 이것을 할 만한 동기 부여가 되어 있는지 평가해야 한다. 만일 내담자가 지금 당장 무엇을 해 보는 데 관심이 없거나 행동을 취할 준비가 되어 있지 않다면 나중으로 미뤄야 한다. 만일 내담자가 긍정적인 방향으로 변화하는 것에 대해 거리낌이 없다면 행동의 활성화를 실시해 볼 수 있는 좋은 기회이다.

4. 행동의 활성화를 위해 내담자를 준비시킨다. 행동의 활성화에 도움이 되는 소크라테스식 질문이나 다른 CBT 개입들을 사용한다. 치료자는 내담자에게 행동을 취함으로써 얻는 유익에 대한 질문이나 무엇을 해 보고자 하는 동기를 부추기는 질문을 던지도록 한다. 예를 들어, "이것을 한다면 당신 기분이 어떨까요?"와 같은 것들이다. 만일 내담자가 긍정적인 대답을 할 경우, 또한 그 행동이 어느 정도 효과를 가져올 가능성이 있는 경우 내담자는 그 행동을 수행할 것이다.

5. 내담자가 할 수 있는 과제를 계획한다. 활동은 내담자의 에너지 수준과 능력에 맞추어 선택한다. 활동 계획의 세부 사항까지 점검하여 그 활동이 내담자에게 충분한 도전을 제공하는 한편, 너무 큰 부담은 주지 않도록 해야 한다. 만일 필요하다면 계획을 잘 실행하기 위한 방법들에 대해 간단한 코치를 하기도 한다.
6. 행동계획의 이행을 촉진한다. 내담자에게 활동을 완료하기 위한 날짜와 시간을 정하도록 요청한다. 활동 수행에 있어 방해요인을 식별하고 이러한 요인이 있을 경우 환자를 도와 장애물을 해결한다. 과제를 잊지 않기 위해 매번 기록한다.

활동 계획하기

만일 내담자가 지나치게 피곤하거나, 아무 일에도 흥미를 갖지 못하여 기진맥진하거나, 어떤 일을 하더라도 즐겁지 않을 것이라고 믿는다면 활동 계획하기가 도움이 될 수 있다. 이 체계적인 행동 기법은 사람들의 활동 수준을 다시 높이고 삶에 대한 관심을 끌어올리기 위해 CBT에서 빈번하게 사용된다. 활동 계획하기는 중간 정도에서 심한 정도의 우울장애가 있는 내담자들에게 가장 자주 사용된다. 그러나 활동 계획하기는 일과를 짜거나 생산적인 활동에 참여하는 데 어려움이 있는 내담자들의 치료에도 사용될 수 있다. 활동 계획하기는 활동의 평가와 더불어 활동의 숙달 정도와 활동의 즐거움을 늘리는 데 초점을 맞춘다. 이는 다음 Juliana의 사례에서 살펴볼 수 있다.

사례 예시

Juliana는 심한 우울장애를 가지고 있어 활동 계획하기를 시행하기에 적합하였다. 그녀는 22세의 미혼 여성으로 푸에르토리코인이며, CBT 치료를 시작하기 1년 전 자동차 사고로 남자 동생을 잃었다. 동생이 죽은 후 Juliana는 대학을 중단하고 부모님을 위로해 드리기 위해 집으로 돌아갔다. 그러나 그녀의 슬픔은 매우 컸으며 별반 나아지지 않았다. 그녀는 다음 학기에도 복학할 수 없었다. 부모님은 Juliana의 상심을 이해하고 억지로 다시 대학으로 돌아가라거나 직장을 잡으라고 하지 않았다. Juliana 의 친구들은 그녀의 동생이 죽은 후 몇 달 동안 그녀를 도우려고 애를 썼다. 그러나 그 녀가 계속해서 함께 밖에 나가 저녁을 먹자는 제안을 거절하고 전화도 다시 해 주지 않자 결국 친구들은 떠나 버리고 말았다.

그녀의 가족들은 Juliana에게 관심을 가지고 잘 대해 주었다. 그녀가 꼭 일을 해야 하는 것은 아니었기 때문에 그녀가 부담을 가질 만한 일은 없었다. 1년쯤 지난 후 그 녀의 부모님은 그녀가 이제 동생의 죽음으로 인한 슬픔을 많이 극복했다고 생각하였 다. 그러나 그녀의 행동은 뚜렷한 변화를 보였다. 그녀는 혼자 있는 것을 더 좋아했으 며, 자기 내면으로만 파고드는 성향과 같은 심각한 행동들을 나타냈다. Juliana의 부 모님은 그녀가 나아진 것처럼 보였기 때문에 그녀를 집에 두고 직장에 가거나 여행을 가는 것에 대해 별다른 걱정을 하지 않았다. 그러나 어느 날 저녁 직장에서 일찍 돌아온 그녀의 어머니는 Juliana가 옷장에 목을 매려고 하고 있는 것을 발견하였다.

Juliana는 단기간 입원하여 약물치료를 시작한 후에 상태가 나아져 퇴원을 하였으 며, 이후 CBT 치료자에게 의뢰되었다. 그녀의 증상은 심각한 수준이었으므로 치료자 는 치료의 첫 단계로 Juliana의 활동 수준을 증가시키는 것에 중점을 두었다. 치료자 는 그녀의 활동 수준을 높임으로써 그녀가 친구들의 지지를 얻고, 자신의 외모에 대해 더 낫게 느끼며, 사회적 기술을 길러 전반적으로 이전처럼 자신에 대해 좀 더 나은 감 정을 느끼도록 돕고자 하였다. 치료자는 먼저 그녀의 현재 활동 수준과 즐거움을 주 는 경험들, 잘할 수 있다고 여기는 것들에 대해 평가하였다.

활동 평가

우울한 내담자들은 긍정적인 경험들을 충분히 보고하지 않으며, 부정적인 지 각을 강조하고, 성공보다는 실패에 더욱 초점을 맞추는 경향이 있다. 따라서 이 들의 자기 보고는 지난 회기부터 그다음 회기 중 하루 혹은 일주일 동안 기록한 활동 일지에 비추어 볼 때 정확하지 않을 가능성이 있다. 또한 활동 평가 혹은 활동 모니터링은 즐거운(또는 보상을 주는) 활동들의 참여 패턴과 그에 따른 기분 변화를 살펴보기 위해 사용될 수 있다. 특정 활동과 자신의 기분 간의 관계를 인식한 내담자는 기분을 나아지게 하고 우울의 정도를 낮추기 위해 추가적인 활동에 참여하기가 좀 더 쉬울 것이다.

[그림 6-2]에 나와 있는 활동 계획 양식은 내담자에게 과제로 내 주기 전 먼저 회기에서 다루어 내담자가 충분히 이해하였는지 확인하고 사용법을 연습하는

주별 활동 계획

지시 사항: 매시간 당신의 활동을 기록한 다음 그 활동에 대해 당신이 경험한 성취감(m)과 즐거움(P)의 정도를 각각 0~10까지의 척도에서 평가한다. 0점은 당신이 어떠한 성취감이나 즐거움을 경험하지 못했음을 의미하며, 10점은 최대한의 성취감이나 즐거움을 경험하였음을 의미한다.

	일	월	화	수	목	금	토
8:00AM							
9:00AM							
10:00AM							
11:00AM							
12:00PM							
1:00PM							
2:00PM							
3:00PM							
4:00PM							
5:00PM							
6:00PM							
7:00PM							
8:00PM							
9:00PM							

[그림 6-2] 주별 활동 계획 양식

주별 활동 계획

지시 사항: 매시간 당신의 활동을 기록한 다음 그 활동에 대해 당신이 경험한 성취감(m)과 즐거움(P)의 정도를 각각 0~10까지의 척도에서 평가한다. 0점은 당신이 어떠한 성취감이나 즐거움을 경험하지 못했음을 의미하며, 10점은 최대한의 성취감이나 즐거움을 경험하였음을 의미한다.

	일	월	화	수	목	금	토
8:00AM	기상(m-2) 옷 입기(p-0)				기상(m-3) 옷 입기(p-1)		
9:00AM	부모님과 교회 가기(m-3, p-4)				개와 산책하기(m-5, p-7)		
10:00AM		기상(m-3) 옷 입기(p-1)	기상(m-3) 옷 입기(p-1)	기상(m-3) 옷 입기(p-1)	치료(m-7, p-6)		기상(m-2) 옷 입기(p-1)
11:00AM		개와 산책하기(m-4) 아침식사(p-6)	개와 산책하기(m-4, p-5)	개와 산책하기(m-4, p-5)		기상(m-3) 옷 입기(p-1)	개와 산책하기(m-4) 아침식사(p-5)
12:00PM	부모님과 점심식사하기(m-4, p-2)					개와 산책하기(m-5, p-6)	방 청소(m-6, p-3)
1:00PM			점심식사(m-2, p-2)	점심식사(m-2, p-2)			손빨래(m-7, p-4)
2:00PM	신문 읽기(m-4, p-2)	우편물 취합(m-3, p-1)	우편물 취합(m-3, p-1)	우편물 취합(m-3, p-1)	우편물 취합(m-4, p-2)	우편물 취합(m-4, p-3)	
3:00PM	잡지 읽기(m-4, p-4)						
4:00PM		Oprah 보기(m-1, p-3)	Oprah 보기(m-1, p-3)	Oprah 보기(m-1, p-3)	Oprah 보기(m-1, p-3)	저녁 장보기(m-6, p-2)	
5:00PM						개와 산책하기(m-5, p-7)	개와 산책하기(m-5, p-7)
6:00PM	개와 산책하기(m-4, p-5)	부모님과 저녁식사하기(m-2, p-4)	부모님과 저녁식사하기(m-3, p-4)	부모님과 저녁식사하기(m-3, p-4)	부모님과 저녁식사하기(m-3, p-4)	혼자 저녁식사하기(m-5, p-3)	직접 요리하여 혼자 저녁식사하기(m-5, p-4)
7:00PM	부모님과 저녁식사하기(m-2, p-4)	개와 산책하기(m-4, p-6)	개와 산책하기(m-4, p-6)	개와 산책하기(m-4, p-5)	개와 산책하기(m-5, p-7)		
8:00PM	어머니와 TV 보기(m-2, p-4)	전화 걸기(m-8, p-5)		어머니와 TV 보기(m-2, p-5)		혼자 TV 보기(m-2, p-2)	혼자 TV 보기(m-2, p-3)
9:00PM							

[그림 6-3] Juliana의 활동 점검하기

것이 필요하다. 치료자는 현재 치료 회기일부터 시작해 다음 회기 전까지 내담자에게 각 시간 블록에 내담자의 활동을 기록하도록 한다. 치료자는 내담자에게 어떤 일이든 상관없이 자신이 실제 했던 활동들을 적도록 격려한다. 예를 들어, 목욕하기, 옷 입기, 먹기, 여행하기, 다른 사람들과 전화하거나 직접 만나 이야기 하기, TV 보기, 잠자기 등이 이에 해당된다. 만일 내담자가 에너지가 없거나 집 중하는 데 심각한 문제가 있을 경우에는 하루 혹은 하루 중 일부의 계획을 세우 도록 하는 것이 가장 좋다. 입원한 내담자의 경우 종종 주별 활동 계획 대신 일 별 활동 계획을 사용하기도 한다(Wright et al., 1993).

주별 혹은 일별 활동 계획에 기록한 활동들의 영향을 알아보기 위해 치료자 는 내담자에게 각 활동에 대해 내담자가 경험한 즐거움의 정도와 각 활동의 숙 달 정도 혹은 각 활동과 관련하여 경험한 성취감의 정도를 평가하도록 한다. 이 때 0~5 혹은 0~10 척도를 사용할 수 있다(Beck et al., 1979, 1995; Wright et al., 2014). 0~10 척도에서 성취감 정도 0은 그 활동이 아무런 성취감도 주지 못했 음을 가리키는 반면, 10은 가장 큰 성취감을 주었음을 가리킨다. 내담자에게 이 들 척도들을 사용하는 법을 코치할 때, 아무런 즐거움/성취감을 느끼지 못하는, 중간 정도의 즐거움/성취감을 느끼는, 그리고 큰 즐거움/성취감을 느끼는 각각 의 활동들의 구체적인 예를 들어 보도록 하는 것이 도움이 된다. 어떤 내담자들 은 설거지를 하거나 커피 한 잔을 준비하는 것과 같은 간단한 일들은 별로 중요 하다고 생각하지 않으므로 낮은 점수를 줄 것이다. 그럴 경우 치료자는 내담자 가 일상 활동에 참여하는 것의 중요성을 깨닫도록 도와야 한다. 구체적인 활동 을 평가할 때 종종 사용되는 또 다른 전략은 내담자가 각 활동에 참여하면서 또 는 하루를 마칠 때 0~10척도를 사용하여 자신의 기분 수준을 평가하도록 하는 것이다. 이러한 기분 평가는 내담자로 하여금 특정 활동이 자신의 기분 변화와 관련이 있는지 좀 더 알아차릴 수 있도록 돕는다.

내담자는 작은 일에 대해서도 자신에게 점수를 주도록 애써야 하는데, 이는 대 개의 경우 작은 일들이 쌓여 변화를 만들기 때문이다. 어떤 간단한 일들은 높은 성취감 점수를 받기도 한다. 예를 들어, 얼마 동안 우울로 인해 움직이지 않았던 내담자에게는 아침 식사를 준비하는 일이 커다란 변화가 될 수 있으므로 8이나 9를 받기도 한다. Juliana의 활동 모니터링의 예는 [그림 6-3]에 제시되어 있다. 전화했던 사람들에게 다시 전화를 해 주는 일은 그녀에게는 중요한 성과였는데, 왜냐하면 그것이 그녀가 여러 달 동안 회피해 온 일이었기 때문이다. 그러므로 그녀는 사람들에게 다시 전화를 해 주었을 때 자신에게 0~10점 척도에서 성취감 8을 주었다. 과거에는 Juliana가 다시 전화를 하는 일이 그리 어렵지 않았으므로 성취감 4를 주는 것에 그쳤을 것이다.

  우울 증상이 중간 정도에서 심한 정도에 해당하는 내담자들은 다음 두 가지 이유로 인해 즐거움을 낮게 평가한다. ① 이들은 보통 대부분의 사람들이 매우 즐거운 일이라고 생각하는 활동들에 거의 참여하지 않는다. ② 기쁨이나 즐거움을 경험하는 능력이 대개 둔감해져 있다. 우울하지 않을 때는 내담자를 웃거나 미소 짓게 만드는 사건이 단지 머리로만 재미있다고 생각된다면 그 사건은 낮은 즐거움 점수를 받게 될 것이다. 이런 경우, 치료자는 우울이 나아질 때까지 즐거움을 느끼는 것에 대해 좀 더 현실적인 기대를 찾도록 하는 것이 도움이 된다. 어떤 활동에 실망하여 즐거움의 정도를 0으로 평가하기보다 즐거운 또는 긍정적인 감정을 약간이라도 경험했다면 적어도 1~3 정도로 평가하도록 격려하는 것이 좋다.

  Juliana는 부모님과 저녁 식사를 하는 것에 대해 즐거움 1점을 주는 데 그쳤다. 그녀는 저녁 식사 중 어떤 점이 즐거웠냐는 질문에 어머니와 함께 있다는 편안함, 버터와 삶은 감자 그리고 어릴 때 좋아하던 바나나 푸딩이 디저트로 나온 것 등을 이야기하였다. 치료자가 왜 세 가지나 좋은 점이 있었는데 1점 밖에 주지 않았는지 묻자 그녀는 다시 생각하더니 4점으로 점수를 올렸다. 그녀는 가족과 식사할 때 동생의 빈자리를 떠올렸기 때문에 대개의 경우 기분이 가라앉았다. 그러나 가족과의 식사에 대해 긍정적인 점들을 생각해 보았을 때 그 일은 즐거운 일처럼 여겨졌다. 이런 식으로

Juliana는 계획표상의 다른 활동들의 즐거움 점수들도 다시 올려 평가하였다.

〈표 6-2〉의 질문들은 즐거움 또는 보상을 주는 활동들을 늘리고 기분을 나아지게 할 목적으로 내담자의 활동 수준을 평가하고 변화시키기 위한 것들이다. 내담자와 함께 활동 계획을 검토할 때, 내담자가 즐거운/보상을 주는 활동들의 역할에 대해 깨닫도록 돕고 또 자신의 행동을 변화시키기 위한 제안들을 하도록 격려하기 위해 치료자는 〈표 6-2〉의 질문들을 사용하여 협력적으로 접근하는 것이 중요하다.

Juliana의 활동 모니터링 결과 그녀는 자신이 야외 활동을 하거나 친구들에게 (전화를 거는 등) 연락을 취하려고 할 때 가장 큰 즐거움을 느끼는 것을 발견했다. 그녀는 자신의 개를 산책시키는 것에 가장 높은 즐거움 점수를 주었다. 이와 반대로 아무 할일 없이 집에 혼자 있는 것에 가장 낮은 점수를 주었다는 것을 알게 되었다. 그녀는 생산적인 활동을 거의 하지 않았기 때문에 대개 성취감 점수는 매우 낮았다. 활동의 숙달 정도를 평가한 것을 살펴 볼 때, Juliana는 그녀의 인생이 아무 의미가 없다고 불평하였다. 그녀는 집안일에 대해 거의 책임을 지지 않았으며 더 이상 학교도 나가지 않았다. 그녀는 직장에 다니지 않았으며 친구들과도 연락을 끊었을 뿐 아니라 앞으로 자신의 인생에 관심을 가지게 될 것이라는 기대도 하지 않았다. 따라서 그녀는 목적의식이나 성취감을 줄 수 있는 활동들을 찾는 것이 필요하였다.

〈표 6-2〉 활동 점검하기

내담자가 즐거움을 경험하는 뚜렷한 때가 있는가?
어떤 종류의 활동들이 내담자에게 즐거움을 주는 것처럼 보이는가?
이러한 즐거운 활동들은 다른 때에도 반복될 수 있는가?
어떤 활동들이 내담자에게 성취감을 주는 것처럼 보이는가?
이러한 유형의 활동들은 다른 때에도 계획할 수 있는가?

하루 중 성취감이나 즐거움이 낮게 나타나는 때가 있는가?

그렇다면 그러한 활동 패턴을 바꾸기 위해 무엇을 할 수 있는가?

내담자는 다른 사람들과 함께 하는 활동들에 대해 더 높은 평가를 하는 경향이 있는가? 그렇다면 사회적 관계를 늘릴 수 있는가?

내담자가 과거에 했던 활동들 중에 지금은 전혀 하지 않거나 잘 하지 않는 활동은 무엇이 있는가? 이러한 활동들에 대한 관심이 다시 생기도록 할 수 있는 방법이 있는가?

내담자의 관심을 끌 만한 어떤 활동들(예: 운동, 음악, 종교 활동, 예술, 독서, 자원봉사, 요리)이 있는가? 내담자는 주별 계획에 새로운 혹은 다른 활동들을 추가하는 것에 대해 거리낌이 없는가?

Meredith와 Wichmann 박사는 세 번째 회기 동안 활동 모니터링 과제를 검토했다. Meredith는 계획된 식료품점 가는 활동을 마치고 감정등급을 기록했다. 회기 중 과제를 검토하는 과정에서 자신이 이 활동을 통해 통달감과 즐거움을 느꼈음을 보았고, 이 활동이 자신에게 얼마나 큰 기쁨을 주었는지를 보며 놀라워했다. 비록 식료품점에 가는 것이 다소 힘들다는 것을 알았지만, 활동 후 그녀의 기분은 분명히 좋아졌다. Meredith와 Wichmann 박사는 기쁨을 주는 활동들에 대한 또 다른 패턴들을 점검하며 그녀의 감정 등급에 어떤 영향을 미치는지 검토했다. 마침내, Wichmann 박사는 메러디스에게 새로운 활동에 참여할 생각이 있는지 물었다.

성취감과 즐거움 증가시키기

만일 내담자가 일상생활에서 성취감이나 즐거움을 경험하는 데 문제가 있다고 판단된다면 치료자는 회기와 회기 중간에 내담자가 자신에 대해 좋게 느낄 수 있는 활동들을 계획할 수 있다. 먼저 내담자의 이전 경험에 기초하여 즐거운 활동들의 목록을 만드는 것부터 시작하는 것이 좋다. 또한 내담자가 활동 점검하기에서 높은 즐거움 점수를 받은 활동들을 포함시키고 싶어 할 수도 있다. 그런 다음 시도해 볼 만한 가치가 있는 새로운 활동들을 얻기 위해 내담자와 브레인스토밍을 해 볼 수도 있다(〈표 6-2〉의 질문들 참조).

어떤 내담자는 활동 계획을 검토한 후에도 혹은 이전 경험에 대해 질문을 받았을 때에도 즐거운 활동을 찾는 데 어려움을 보이기도 한다. 이러한 내담자에게 Pleasant and Events Schedule(Macphillamy & Lewinsohn, 1982; www.healthnetsolutions.com/dsp/PleasantEventsSchedule.pdf)와 같은 질문지를 사용하여 즐거운 활동들의 목록을 검토해 보는 것이 도움이 된다. 내담자가 몇 가지 활동들을 찾아내면, 내담자와 치료자는 협력하여 내담자의 일상에 어떤 활동들을 추가할 것인가를 결정한다.

다음은 성취감을 가져올 수 있는 활동 유형들을 찾기 위해 활동 모니터링을 활용해 볼 수 있다. 예를 들어, Juliana의 활동 계획([그림 6-3] 참조)을 보면 자신이 먹을 저녁을 준비할 때와 자신에 관한 자질구레한 일들을 할 때 성취감 점수가 높았다. 치료자는 안내된 발견을 사용하여 내담자에게 성취감 점수가 높은 현재의 활동들을 계속하도록 하거나, 현재의 활동들을 변화시킴으로써 더욱 내담자의 기분이 나아질 수 있음을 깨닫도록 돕는다. 만일 내담자가 어떤 목표를 가지고 있다면 그 목표를 달성하기 위한 노력들도 활동 계획에 추가할 수 있다.

활동 계획을 작성한 다음 내담자에게 활동 수준을 변화시키는 것과 계획한 활동에 참여하는 것의 성공 가능성에 대해 예측해 보도록 할 수 있다. 치료자는 내담자가 계획한 활동 계획을 수행하는 데 방해가 되는 요인들이 있는지 물어본다. 치료자는 내담자와 함께 예상되는 장애물을 극복하기 위한 전략을 세우는 것이 좋다. 그런 다음 치료자는 내담자에게 다음 주 동안 새로운 활동 계획을 시행해 보도록 하고 각 활동에 대해 성취감과 즐거움의 정도를 평가하도록 한다. 다음 회기에서는 활동 계획을 검토하고 필요하다면 수정할 수 있다. 보통 활동 계획하기는 치료 초반부에 사용되며, 내담자가 자발적으로 즐거움이나 성취 지향적인 활동을 시작할 수 있을 때 중단할 수 있다. 그러나 때때로 흥미 상실이나 효과적인 행동 계획을 세우기 어려운 경우, 혹은 지연행동 등의 문제가 지속될 때에는 치료 후반부에 때때로 활동 계획하기를 사용하기도 한다.

| 훈련 과제 6-1 | 활동 계획하기 |

1. 자신의 적어도 하루 활동 계획을 작성하고 성취감과 즐거움의 정도를 평가해 본다.

2. 동료와의 역할극을 통해 활동 계획하기를 소개해 본다.

3. 내담자를 대상으로 활동 계획하기를 사용해 본다.

활동 계획하기의 어려움 다루기

사례 예시

    75세 노인 Charles는 그가 63세 때 암으로 아내를 잃었다. 아내가 죽기 전에 부부는 함께 여행을 많이 다니고, 크루즈 여행도 했으며, 영화나 공연도 보러 다녔다. 그의 아내가 죽은 후 그는 매우 상심했으나, 자동차 딜러 판매 매니저 일에 매달렸다. 그는 여전히 아내를 매우 그리워했지만 아내가 떠난 후 심한 우울을 경험하지는 않았다.

    그는 40대에 자동차 산업 매니저 일을 잃은 다음 우울을 경험한 전력이 한 번 있다. 그 당시 그는 차를 판매하는 일을 계속했지만 점차 일을 줄여 나갔고, 자동차 대리점에서 서 있는 것이 어려워지면서 73세에 완전히 은퇴했다. 무릎과 발의 관절염으로 인해 한두 시간 일을 한 후에는 매우 고통이 심했기 때문이다.

    은퇴 후 Charles는 우울해지기 시작했다. 그의 친구들 대부분은 대리점의 동료들이었다. 그는 처음 몇 달간은 그들과 연락을 했으나 그는 자신이 그냥 "늙은이"이며 그들에게 짐이 될 뿐이라고 느꼈다. 그래서 그는 대리점을 방문하거나 이전에 그랬듯이 일이 끝난 후 함께 어울리는 일을 그만두었다. 그는 기운을 잃고, 과거 그가 좋아했던 일들(목공, 영화 보기)을 더 이상 하지 않았다. 한 달에 한번쯤 그는 주말에 네 시간을 운전하여 아들 집을 방문하곤 했으나 이제는 그것도 그만두었다. 또한 그는 가족과 친구들을 위해 요리를 하곤 했던 이전과 달리 규칙적으로 잘 식사를 하지 않았으며 음식을 준비하는 일도 하지 않았다. Charles는 다른 사람들과 어울리려고 하지 않았는데, 그는 나가는 게 너무 힘들다고 생각해서 초대를 거절했다.

치료자인 Chapman 박사는 Charles에게 하루 동안 활동 계획을 사용해 그의 활동들을 모니터하고 기록하는 과제를 내 주었다. 또한 그들은 친구와 함께 저녁을 먹으러 나가거나, 목공일을 하는 것과 같은 긍정적인 활동들에 대해 이야기했다. Chapman 박사는 Charles가 하루 동안 기록한 활동 계획을 검토했다. 그의 활동 계획에는 활동에 대한 즐거움의 정도를 매긴 것들은 있었으나 성취감에 대한 정도를 매긴 것은 하나도 없었다. Charles에게 활동에 대한 성취감의 정도를 매기는 것이 어려웠는지 묻자, Charles는 성취감과 거의 관계가 없는 식사하기와 같은 활동들을 평가하는 목적을 모르겠다고 말하였다.

전반적으로, Charles는 낮은 수준의 활동 패턴을 보였으며, 변화를 가져오기 위한 활동 계획하기의 중요성에 대해 대단치 않게 여겼다. 따라서 Chapman 박사는 추가적인 활동에 참여하는 것과 어떤 새로운 활동에도 참여하지 않는 것(또는 행동을 바꾸지 않는 것)의 손실과 이점을 포함한 의사 결정 균형 워크시트(decisional balance worksheet; [그림 6-4])를 소개하였다.

이것을 시행한 후 Chapman 박사는 Charles에게 그의 행동을 바꾸는 것의 이점과 단점에 대한 그의 생각을 질문하였다. Charles는 그의 행동을 바꾸는 것의 이점을 깨닫고 다음 주 그의 친구에게 연락하기로 결정했다. 또한 그는 과제로 하루 동안 각 활동의 즐거움과 성취감의 정도를 평가한 활동 계획을 해 오는 데 동의하였다.

	찬성/이익	손실/반대
행동 바꾸기	1. 친구와의 교제하기 2. 물건 정리하기 3. 집을 청소하기	1. 친구가 바쁘거나 내 전화에 응답하지 않을 수도 있음 2. 나는 청소하고 정리하는 노력 때문에 더 피곤해질 것임
그대로 있기	1. 노력이 덜 필요함 2. 사람을 만나 왜 피하고 다녔는지 설명할 필요가 없음	1. 우울하고 외로울 것임 2. 아무것도 성취하지 못할 것임 3. 내가 사람들을 무시하면 결국 나를 포기할 것임

[그림 6-4] Charles의 의사 결정 균형 워크시트

장애물 해결 가이드 3은 과제를 해 오지 않는 것에 대한 지침과 제안들을 제시하고 있다. 과제를 해 오지 않는 문제를 다룰 때 중요한 것은 치료자가 내담자를 탓하거나 내담자에게 "비순응적"이라는 꼬리표를 붙이는 등 판단적이지 않아야 한다는 것이다. 과제 이행에 대해 이야기를 나눌 때 치료자는 장애물 해결 3의 지침들을 따라 협력적이고 문제 해결적 접근을 함과 동시에 치료자가 지지적이고 이해심이 많으며 공감능력이 있다면 더욱 도움이 될 것이다.

장애물 해결 가이드 3

과제 이행의 어려움

☑ 내담자가 과제를 해야 하는 이유에 대해 이해하지 못한다. 충분한 시간을 들여 과제의 중요성에 대해 다시 설명한다. 오해가 있다면 분명히 설명해 준다. 과제를 사용해 어떤 이점을 얻을 수 있는지 예를 들어 설명한다.

☑ 내담자가 과제는 도움이 된다고 생각하지 않는다. 과제에 대한 내담자의 반응을 살펴본다. 과제는 중요한 내용을 담고 있으며, 또한 할 만한 수준인가? 만일 도움이 될 만한 과제를 제안하고 있지 않다면, 한 걸음 물러나 치료 계획을 다시 살펴보는 것이 필요하다. 또한 매 회기마다 이런 회기의 과제들을 꼭 확인하는 것이 중요하다. 그렇게 하지 않는다면, 내담자는 과제가 매우 중요한 것이라고 생각하지 않을 것이다.

☑ 과제가 내담자에게 가능해 보이지 않았다. 치료자는 심한 우울로 에너지가 낮은 내담자에게 읽을 분량이 너무 많은 과제, 일주일 동안의 활동 계획, 또는 많은 노력이 필요한 과제를 주지 않도록 신중해야 한다. 과제는 내담자의 능력, 동기, 그리고 상황적 요인들에 맞춰 현실적으로 재조정해야 한다.

☑ 내담자가 과제를 다 이해하지 못했거나, 과제의 일부를 잊어버렸거나, 또는 활동에 집중하는 데 어려움을 보였다. 과제는 구체적이고 명확하게 설명되었나? 내담자는 과제를 기록하는가? 우울한 내담자의 경우 집중과 이해의 문제가 있을 수 있으므

로 잘 이해가 되는지에 대한 피드백을 요청하는 것이 좋다. 회기 마지막에 기억해야 할 주요 요점들에 관해 질문을 하는 것이 도움이 된다. 또한 내담자에게 과제로 하기로 계획한 단계들을 반복해 보도록 요청할 수 있다. 포스트잇, 모바일 기기의 프롬프트, 혹은 과제를 기억하고 수행하는데 도움이 되는 일별 스케줄과 같은 기억 보조 도구들을 사용할 수도 있다.

☑ 내담자가 과제를 이행할 가능성을 평가하지 않았다. 만일 내담자가 할 것 같지 않은 과제를 제안할 때에는 처음부터 성공 확률을 따져 보고 조정하는 것이 필요하다. 치료자는 과제를 내 줄 때(또는 다시 내 줄 때) 내담자가 실제로 그 과제를 할 가능성을 평가해 보라. 80%? 10%? 만약 내담자가 과제를 하지 않을 것 같다고 말한다면, 그렇게 생각한 이유들에 대해 문제를 해결하고 대안이 되는 과제를 내 줄 수 있다.

☑ 내담자가 일방적으로 과제에 대해 또는 특정 과제에 대해 부정적인 생각을 가지고 있다. 대부분 성인 내담자들은 과제라는 용어를 사용하는 것에 대해 부정적인 생각을 갖지 않을 것이다. 그들은 스스로 문제에 좀 더 잘 대처하도록 돕기 위해 치료자가 과제를 내는 것으로 이해할 것이다. 그러나 내담자가 학생이거나 학교 경험에 대해 부정적인 시각을 가지고 있는 경우, 과제라는 용어 대신 다른 용어를 사용하는 것이 도움이 될 수 있다. 치료자는 과제를 행동 계획이나 셀프 헬프 연습으로 부를 수 있다. 또한 치료자가 과제를 일방적으로 지시하는 것으로 여기지 않도록 과제를 만들 때 내담자와 협력하는 것이 중요하다. 내담자가 과제를 정하는 데 참여한다면 좀 더 과제를 이행할 가능성이 높을 것이다. 가능한 한 자주 내담자가 특정 과제를 제안하도록 하는 것이 필요하다.

과제에 관한 부적응적 사고들의 예시는 다음과 같다. "나는 학교에서 결코 잘한 적이 없어……. 난 이것을 할 수 없어" "과제는 완벽하게 해야 해. 아니면 아예 안 하든가" "나는 어느 것도 제대로 할 수 없어……. 왜 내가 해 봐야 하지?" 내담자가 과제에 대해 이러한 유형의 반응을 보일 때, 치료자는 사고 기록지, 증거 점검하기, 또는 다른 CBT 기법들을 사용하여 생각을 수정하는 작업을 할 수 있다.

　또 다른 유용한 전략은 과제 불이행을 흔히 일어나는 일로 간주하는 것이다. 치료자는 내담자와 함께 사람들에게 그러한 문제가 얼마나 흔한지 이야기를 나누고, 내담자에게 과제를 완벽하게 하는 것을 기대하는 것이 아님을 설명한다. 만일 내담자에게 그러한 어려움이 있다면 치료자는 내담자를 이해하고 그 경험을 또 다른 학습의 기회로 사용하도록 도울 것임을 말하라.

☑ 바쁜 스케줄, 가족의 지지 부족 혹은 상황적 스트레스 요인들과 같은 장애물들이 반복적으로 내담자로 하여금 과제를 수행하지 못하도록 방해한다. 치료자는 이러한 장애물들을 해결하는 데 시간을 써야 한다. 치료자는 좀 더 현실적인 또는 성취할 만한 목표들에 초점을 맞출 수 있는가? 치료자는 이러한 장애물들의 영향을 덜 받는 활동들을 찾을 수 있는가? 내담자가 과제를 끝까지 수행할 수 있도록 친구들이나 다른 사람들의 지지를 얻을 수 있는가? 이러한 방안들이 별 도움이 되지 않는다면, 치료자는 내담자가 회기 중에 과제를 수행하도록 할 수 있다. 치료자는 인지행동적 예행연습을 활용하여 극복해야 할 장애물들을 찾아내고, 과제를 이행하기 위한 역량을 기르도록 할 수 있다.

☑ 내담자는 오래된 지연행동 패턴을 가지고 있어 과제를 수행하는 데 어려움이 있다. 만일 지연행동이 만성적인 문제라면, 치료자는 내담자가 좀 더 적극적이고 생산적이 되도록 돕기 위해 핵심적인 CBT 기법들을 적용할 수 있다. 예를 들어, 지연행동과 연관이 있는 사고들을 찾아 수정하는 것이다(예: "어쨌든 난 일을 망치고 말 거야, 그런데 왜 해야 하지…… 그건 너무 어려울 거야…… 내가 이전에 해보려고 했지만 실패했었어…… 다른 사람들은 모두 척척 해내는데."). 치료자는 일상적인 활동들을 준비하고 계획하는 것과 같은 내담자의 기본적인 행동들을 평가한 다음, 내담자가 과제를 수행할 수 있도록 현실적인 계획을 세우는 것을 도와야 한다. 과제를 사용하여 지연행동 습관을 고칠 기회로 삼는 것이다. 한 예로, 내담자에게 이 장 다음 절에서 다룰 단계적으로 과제 부여하기 기법을 코치할 수 있다.

단계적으로 과제 부여하기

단계적으로 과제 부여하기(Graded Task Assignments: GTA)는 압도적인, 다루기 힘든, 또는 복잡한 과제를 좀 더 쉽게 성취할 수 있는 작은 과제들로 쪼갬으로써 좀 더 실현 가능토록 만드는 기법이다. GTA는 활동 계획하기와 함께 사용하여 성취감을 높일 수 있으며, 특히 내담자의 자질구레한 일들(예: 가사일 혹은 정원일)이 밀려 있을 때, 내담자가 마감일이 임박한 일들(예: 청구서를 지불하거나 세금을 내는 것)을 미루고 있을 때, 혹은 내담자가 이루기 원하는 목표가 복잡한 것이어서 오랜 시간에 걸친 노력이 필요할 경우[예: 체력을 단련하는 일, General Educational Development(GED) 자격증이나 대학의 학위를 따는 일, 이혼을 청구하는 일에 유용하다. 만일 내담자가 어떤 과제를 너무 크고 복잡한 것으로 인식하여 행동을 취하지 못하는 경우라면 GTA가 해답이 될 수 있다.

먼저 GTA를 시행하기 위해서는 내담자가 특정 과제를 어떻게 지각하고 있는지 알아야 한다. 치료자는 GTA를 시작하기 전 내담자의 부정적인 자동적 사고들을 듣고 그 타당성을 평가하는 것이 필요하다. 내담자는 자신의 파국적인 사고와 흑백논리적 사고에 의해 과제를 시작하기 어려울 수 있다. 치료자는 행동 기법을 시행하기 전 내담자에게 수정된 사고들을 적어 보고 이러한 인지적 분석을 검토해 보도록 할 수 있다. 치료자는 내담자에게 부정적인 생각들이 다시 떠오를 때마다 수정된 사고들을 적은 것을 보고 기억이 나도록 한다. 다음 Robert의 예는 행동을 취하는 것에 대한 자동적 사고를 끌어내는 것이 얼마나 중요한지를 보여 준다.

사례 예시

치료자: 세금을 신고하는 일에 대해 생각할 때 마음속에 어떤 생각이 들지요?

Robert: 아무 생각도 안 나요. 어디에서부터 시작해야 할지 모르겠어요.

치료자: 자, 지금 당신이 집에 있고, TV에서 세금에 관한 광고를 보고 있다고 상상해

봅시다. 당신은 무슨 생각을 하고 있지요?

Robert: 목에 긴장이 느껴져요. 채널을 돌리고 싶어요.

치료자: 무엇이 떠올라서 채널을 바꾸려는 건가요?

Robert: 세금을 신고해야 한다는 건 알고 있어요. 작년에는 세금을 신고하지 않았어요. 제가 올해 신고를 하게 되면 IRS(Internal Revenue Service)가 추적을 하게 될 거예요. 저는 어떻게 시작해야 할지 모르겠어요. 양식을 가지고 있지도 않아요. 다른 사람에게 도움을 요청할 수도 없는 것이 그러려면 작년에 제가 세금을 신고하지 않은 걸 말해야 하잖아요. 그건 너무 창피할 거예요. 지금 너무 힘들어요.

치료자: 그러면 세금을 신고해야 한다는 것이 생각날 때 무척 걱정이 되겠군요.

Robert: 맞아요.

치료자: 걱정이 많을 때는 그 일을 시작할 마음이 생기나요?

Robert: 하고 싶지 않아요. 다음 날로 미뤄요.

치료자: 만일 당신이 세금 신고를 하는 것과 같은 스트레스를 처리할 수 있는 능력이 있다고 생각한다면 그 문제를 해결하기 위한 노력을 시작하고 싶어 할까요?

Robert: 그 문제에 대해 뭔가를 해야 하겠죠.

치료자: 만일 그 문제를 해결할 수 있는 더 쉬운 길이 있다면 어떻게 될까요?

Robert: 그 문제가 더 쉬워진다면 제가 할 수 있을 것 같습니다. 그런데 그 문제는 어려운 일이에요.

치료자: 도움이 되는 방법이 있는 것 같은데요.

　Robert가 세금을 신고하는 문제에 대해 압도된 까닭은 어디서부터 시작해야 할지 분명하지 않았기 때문인 것도 있다. 또한 그는 다른 사람들에게 도움을 구할 경우 그들이 보일 반응들에 대해 여러 가지 가정을 하였다. 치료자는 Robert와 함께 자신은 도움을 요청할 수 없다는 그의 신념을 수정하는 것에서 시작하였다. 그런 다음 치료자와 Robert는 세금 신고하는 일을 작은 과제들로 쪼개고 그 과제들을 수행하기 위한 계획을 세웠다.

GTA의 행동적 요소는 어떤 큰 과제를 여러 부분으로 나누고 그것들을 논리적인 순서로 배열하는 것이다. 대개 한 과제를 다루는 방법들은 여러 가지이므로 종종 구체적인 행동 계획을 세우기 전에 여러 가지 가능한 접근들을 논의해 보는 것이 도움이 된다.

Robert는 세금 문제를 도와줄 누군가를 찾는 것부터 시작하는 것이 가장 좋을 것이라고 생각하였다. 그의 여동생 Celeste는 다른 누군가에게 도움을 요청하기 전에 Robert가 먼저 자료들을 정리하고 세금 신고 양식을 준비하는 것이 좋겠다고 생각하였다. 그의 어머니 Brenda는 먼저 IRS에 전화를 걸어 작년 세금 신고서를 먼저 내는 것이 더 나을지 물어보는 것이 좋겠다고 제안하였다. Robert는 이러한 것들을 치료자와 상의한 다음 그의 생각대로 다른 사람에게 도움을 구해 보기로 결정하였다. 그는 이 일로 압도되어서 스스로 무언가 할 수 있을 거라고 생각하지 않았다. 그래서 그는 첫 번째 단계로 Celeste에게 도움을 청해 보기로 하였다.

다음 단계들은 집에 있는 자료들을 찾아보는 것, IRS 웹사이트에서 해당 양식을 다운로드하는 것, 양식을 작성하기 위해 Celeste와 만나 양식을 작성하기 시작할 계획을 세우는 것, 양식 작성을 마치는 것 그리고 IRS에 전화를 걸어 작년 세금에 대해 이야기해 보는 것 등이다. 그는 이 일들의 순서를 어떻게 해야 할지 잘 몰랐을 뿐 아니라, 그가 해야 하는 다른 일들도 있을 수 있다고 생각했기 때문에, Celeste에게 이 일들의 순서를 어떻게 해야 할지, 또 다른 해야 할 일들이 있는지 물어보았다.

다음 회기에서 내담자가 진전이 있다고 보고하면 치료자는 내담자의 노력을 칭찬해 주고 그러한 내담자의 행동이 스스로에 대해 어떻게 느끼게끔 하였는지 물어보아야 한다. 치료자는 다시 한 번 행동의 긍정적인 변화가 어떻게 감정을 변화시키고 자존감을 높이며 차후 노력에 대해 낙관적이 되도록 하였는지를 설명함으로써 인지행동모델을 강화시키는 것이 필요하다. 또한 내담자에게 다음 단계를 해 보고 싶은지에 대해 묻고, 필요하다면 내담자의 부정적인 사고를 찾아 수정한다. 어떤 내담자들은 GTA로 처음 몇 개의 과제들을 해 본 후에는 치료자의 도움 없이 다른 과제들을 해 나갈 수 있게 되는 경우도 있다. 반면, 어떤 내담자들은 계속하여 치료자의 코칭이 필요한 경우도 있다. 내담자의 에너지와 동기 부여가 정상 수준으로 돌아오면, 활동을 시작하기 위해 더 이상 GTA가 필요하지 않게 된다.

GTA가 성공적이지 않은 때도 있다. 흔히 단계가 내담자에게 너무 복잡하거나, 내담자가 가지고 있는 에너지보다 더 많은 에너지를 필요로 하는 경우에 그러하다. 이러한 경우 치료자는 과제를 더 작은 하위 과제들로 쪼개야만 한다. 치료자는 하위 과제의 복잡한 정도와 범위를 내담자의 에너지 수준과 사용가능한 시간에 맞출 필요가 있다. GTA가 실패하는 또 다른 이유는 행동을 취하지 못하도록 방해하는 부정적인 자동적 사고들이 매우 많기 때문이다. 과제가 어려울 경우에는 처음에 하는 시도들이 완전히 성공적이지 않을 수 있다. 흑백논리적 사고를 하기 쉬운 내담자는 그러한 진전에 대해 자신에게 점수를 주지 않고 그것을 실패로 여길 수 있다. 치료자는 GTA를 계획할 때 각 단계가 내담자의 능력을 벗어나지 않도록 주의해야 한다. 확실치 않은 경우에는 수행하기 너무 어려운 과제보다는 너무 쉬운 과제가 오히려 더 낫다.

행동 예행연습

내담자는 치료 회기 밖에서 수행할 행동 계획을 먼저 치료 회기에서 예행연습해 볼 수 있다. 이는 ① 내담자가 행동 계획을 실시하는 이유에 대해 이해하고 있는지 평가하고, ② 활동을 수행할 수 있는 내담자의 능력과 동기를 점검하고, ③ 행동 기술을 연습하고, ④ 내담자의 행동기술에 대해 피드백을 주며, ⑤ 일어날 수 있는 방해물들을 찾아 다루고, ⑥ 행동 계획이 긍정적인 결과를 가져오도록 내담자를 코치할 수 있는 기회를 제공한다.

CBT에서 행동 예행연습은 많이 사용되는 기법들 중 하나다. 예를 들어, 불안을 감소시키기 위한 호흡 훈련, 공황이나 회피를 극복하기 위한 노출 훈련, 혹은 강박적인 의식을 중지시키기 위한 전략들을 연습해 볼 수 있다(제7장 '행동 기법 Ⅱ: 불안 감소시키기와 회피 패턴 바꾸기' 참조). 또한 약물 요법을 충실히 따르도록 만드는 행동들도 치료 회기에서 연습해 볼 수 있다(예: 약을 처방하는 의사와 효과적으로 의사소통하기, 복잡한 약물 요법 관리하기, 약 먹는 것을 잊지 않도록 하는 방안 시행하기). 행동 예행연습을 사용하는 또 다른 경우는 문제 해결 훈련(훈련 과제 6-2 참조)에서 세운 계획을 역할극으로 해 보거나, 사회불안을 다루는 기술들(예: 일상적인 대화를 나누는 법)을 연습할 때다.

훈련 과제 6-2   과제 수행하기

1. 동료와의 역할극에서 도전적인 혹은 어려운 과제를 목표로 정한다.
2. 먼저 과제를 수행하기 위한 계획을 세우기 위해 단계적인 과제 부여 기법을 사용한다.
3. 그런 다음 그 계획을 시행하는 데 필요한 기술들을 익히거나, 일어날 수 있는 문제점들을 찾기 위해 행동 예행연습을 사용한다.
4. 또 다른 행동 예행연습을 역할극으로 해 본다.

문제 해결

문제를 해결하는 데 어려움이 있는 경우는 수행(performance)에 결함이 있거나 혹은 능력(skill)에 결함이 있을 때다. 수행에 결함이 있는 경우는 적절한 문제 해결 능력은 가지고 있으나-우울, 불안, 극도의 스트레스, 혹은 무기력 등으로 인해-그러한 능력을 사용할 수 없는 경우가 해당된다. 이와는 대조적으로 능력에 결함이 있는 경우는 문제의 본질을 분석할 수 없으며 따라서 문제를 해결할 수 있는 합리적인 아이디어들을 찾아내지 못하는 때다. 이러한 능력에 결함이 있는 사람들은 종종 일상생활의 많은 영역에서 문제를 해결하는 데 어려움을 갖는다. 이들은 과거에 문제를 해결하는 데 실패했거나 그 문제를 더욱 악화시켰던 방안들을 반복적으로 선택한다. 수행에 결함이 있는 사람들은 그들이 가지고 있는 능력을 사용하지 못하도록 하는 요인들을 찾아 수정함으로써 도움을 받을 수 있다. 그러나 능력의 결함을 가진 내담자들의 경우 문제 해결 기법의 기초 훈련이 필요하다.

〈표 6-3〉 효과적인 문제 해결의 장애물들

인지적 장애	집중력 저하, 느린 사고, 의사 결정 능력 저하
감정적 부담	압도된 느낌, 불쾌, 불안
인지적 왜곡	부정적인 자동적 사고, 인지적 오류(예: 파국화, 흑백논리적 사고, 과장), 절망감, 자기 비난
회피	미루는 버릇, 건망증
사회적 요인	타인들의 모순된 조언, 비난, 지지 부족
실제적인 문제	불충분한 시간, 제한된 자원, 통제할 수 없는 문제
전략적 요인	완벽한 해결책을 찾으려고 노력함, 여러 관련 문제를 동시에 해결하기 위해 하나의 포괄적인 해결책을 찾음

문제 해결 수행의 결함 다루기

흔히 효과적인 문제 해결을 방해하는 요인들은 〈표 6-3〉에 제시되어 있다. 이 표에는 정신 질환이나 신체 질환의 증상들과 관련이 있는 장애물들이 나와 있다. 예를 들어, 우울은 종종 집중력을 떨어뜨리며 문제를 해결하는 데 필요한 인지 기능을 방해한다. 다른 장애물들로는 내담자가 문제들(예: 금전적, 지적, 혹은 신체적 제한)을 적절하게 다루기 위한 자원을 가지고 있지 않거나, 내담자가 실현 불가능한 이상적인 또는 완벽한 해결책을 찾는 경우이다.

인지적 장애

주의 집중 시간이 짧고 집중력이 떨어져 문제에 초점을 맞출 수 없을 때에는 자극 통제 방법이 필요하다. 자극 통제 절차는 물리적인 환경을 조정하여 목표 달성을 방해하는 자극을 제한하거나 피하는 한편, 목표 달성을 촉진할 수 있는 환경적 요인들을 찾아 활성화시키는 것이다. 만일 집중력이 문제라면 외부 환경으로부터의 소음은 내담자를 산만하게 만들 수 있는 반면, 조용한 환경은 과제 수행을 촉진할 수 있다.

사례 예시

Jonathan은 청구서들을 지불할 수 없을 거라는 염려 때문에 잠을 제대로 자지 못하였다. 그는 직장에서도 돈 문제를 걱정하느라 집중할 수 없는 데다 자주 두통이 일어났다. 그가 이 문제를 해결하기 위해서는 어떤 청구서를 지불해야 하는지, 어느 것은 미룰 수 있는지, 지불 기한이 언제인지, 지불해야 할 총액은 얼마인지 따져 봐야 했다. 그는 저녁 식사 후 식탁에 앉아 청구서들을 가지고 씨름했으나 제대로 집중할 수가 없었다. 치료자가 그때 상황이 어땠었는지 물어보았을 때 Jonathan은 그의 아내가 설거지하는 소리로 매우 시끄러웠다고 대답하였다. TV는 켜져 있었고 아이들은 코미디를 보며 배꼽을 쥐고 웃고 있었다. 그는 아이들이 조용히 하길 바랐지만 아이들이 아직 어리다는 걸 알고 있었다. 그는 아이들의 웃음소리가 싫지만은 않았다. 치료자는 Jonathan의 주변 환경이 그가 집중하고 문제를 해결하는 데 도움이 되지 않는다는 결론을 내렸다.

Jonathan은 외부의 시각적, 청각적 자극들이 없는 일할 장소가 필요하였다. 그가 청구서들을 분류하려면 충분한 물리적 공간, 종이와 연필 그리고 계산기와 같은 도구들, 과제를 수행하는 데 드는 시간과 에너지가 필요하였다. 그의 집은 작은 데다 이 일을 할 조용한 장소가 없고 그는 밤에 피곤한 경우가 많았기 때문에 주 중에는 이러한 조건들을 마련하는 것이 어려웠다. 치료자는 Jonathan에게 자극 통제의 원리를 설명한 후 Jonathan은 토요일 아침 일찍 청구서 문제를 처리하는 것이 좋겠다는 결론을 내렸다. 그는 아이들이 깨기 전 그리고 아내가 아침 식사준비를 시작하기 전 시간을 선택하였다.

감정적 부담

감정의 강도를 줄이려는 노력도 문제 해결을 촉진할 수 있다. 다음 섹션 '인지적 오류'에서 설명할 인지적 재구조화 기법은 주의를 분산시키거나 고통스러운 감정을 줄이기 위해 사용되는 주요 문제 해결 기술이다. 그 외에도 이완 훈련, 기도, 명상, 음악 듣기, 신체 운동, 마사지, 요가 혹은 일시적인 안녕감을 가져오는 자기 돌봄(self-care) 행동 등도 사용할 수 있다. 또한 산책하기, 온욕하기, 좋아하는 음식 먹기, 또는 정원에 앉아 있기 등을 할 수도 있다. 내담자는 감정이 진정되었을 때 문제를 다룰 수 있게 된다. 만일 내담자가 다시 감정에 압도되었을 때에는 긴장을 줄이기 위해 잠시 휴식을 취해야 한다.

인지적 오류

문제 해결을 위해 인지적 재구조화 기법(제5장 '자동적 사고 다루기' 참조)을 사용할 때 중요한 것은 내담자에게 치료 회기에서 배운 것을 어떻게 실생활의 상황으로 가져갈 수 있는지를 가르치는 것이다. 내담자는 치료 회기에서 부정적인 자동적 사고를 찾는 법과 인지적 왜곡을 수정하는 법을 배운 후, 이러한 지식들을 적용하여 자신의 환경상의 문제를 개념화하고 대처하기 시작한다. 인지적 재구조화의 유용함은 인지적 오류를 찾아 수정하는 기법을 적용하는 데서 잘 나타난다. 우울장애를 가진 내담자는 문제의 심각성을 과장하거나, 그 문제에 대처하는 자신의 힘이나 자원을 과소평가하기도 하며, 상황에 대해 과도한 비난을 감수하거나(예: 개인화), 국한된 의미를 갖는 하나의 문제에 포괄적인 의미를 부여하기도 한다. 만일 내담자가 이러한 인지적 오류들을 찾아 수정할 수 있다면 그는 자신이 직면한 어려움과 그것을 해결하기 위한 기회들에 대해 좀 더 명확한 그림을 그릴 수 있을 것이다.

회피

이 장에서 설명한 기법들('활동 계획하기'와 '단계적으로 과제 부여하기' 참조)은 회피(avoidance)를 극복하는 데 효과적으로 사용될 수 있다. 제7장 '행동 기법 II: 불안 감소시키기와 회피 패턴 바꾸기'에서는 불안장애와 관련이 있는 회피 문제에 대처하는 다른 행동 기법들을 다루고 있다. 이러한 행동 기법들은 무기력이나 두려움을 극복하고, 점진적 혹은 단계적으로 행동을 취하도록 이끄는 체계적인 계획을 구성하는 것이다.

사회적 요인

중요한 타인들로부터 조언을 구할 때 종종 도움이 되는 다양한 제안을 얻을 수 있다. 그러나 어떤 조언들은 서로 모순되거나 비효과적이거나 해로울 수도 있다. 내담자가 받은 조언들을 분별하도록 돕기 위해, 치료자는 내담자에게 자신의 아이디어들뿐 아니라 타인들이 제공한 각각의 제안에 대해 찬반양론의 득실을 분석해 보도록 할 수 있다. 그런 다음 최대의 이점과 최소의 손실을 제공하는 해결책을 마련할 수 있을 것이다. 만일 내담자가 타인의 조언을 받아들이지 않았을 때 그가 실망하게 된다면, 이는 낮은 자존감을 가진 우유부단한 내담자에게 또 다른 문제가 될 수 있다. 그러므로 치료자는 내담자가 이러한 성향의 타인과 효과적으로 의사소통할 수 있는 기술들을 코치해 주는 것이 필요하다.

문제 해결의 가장 어려운 장애물들은 ① 사회적 지지의 부족, ② 가족 구성원, 친구 혹은 타인들의 비난과 타박 그리고 ③ 문제 해결을 방해하는 타인들의 적극적인 노력을 들 수 있다. 맨 나중에 제시한 장애물의 예로는 이혼 소송에서 중재를 거절하고 가능한 한 내담자에게 많은 고통을 주려고 결심한 듯이 보이는 그의 배우자, 치료를 받게 하여 도움을 주려는 어머니의 노력에도 불구하고 계속하여 불법 약물을 복용하는 아동, 부하 직원에게 매우 비판적이며, 그의 기대를 충족시키기 위한 어떤 건설적인 아이디어도 주지 않으려는 상사 등을 들 수 있다. 이러한 유형의 문제들은 쉽게 풀 수 있는 것들이 아니다. 그러므로 문제 해결 전략은 변화가 일어날 수 있는 가능성, 그 문제를 다루기 위해 내담자가 가지고 있는 자원들 그리고 이전에 시도되지 않았던 대안적인 아이디어들에 대해 실질적인 평가를 하는 것이 필요하다. 때로 전문가의 조언이 필요할 수도 있다. 또한 내담자는 책을 읽거나, 비디오를 보거나, 지지 집단에 참석하거나, 고용인들을 위한 프로그램의 상담자와 상의하거나, 혹은 그 상황을 어떻게 다루어야 할지에 대한 아이디어를 얻기 위해 다른 방법들을 사용해 볼 수도 있다.

실제적인 문제

우울 에피소드가 길어지면 내담자의 기능이 저하되기 시작하는데, 특히 직장 생활을 유지하기 어려울 만큼 증상이 심해지는 경우 내담자는 대개 심각한 실제적인 문제들을 갖게 된다. 오래 지나지 않아 내담자는 금전적인 어려움을 겪을 수 있다. 보험이 없어 의료 문제에서 도움을 받지 못하거나, 집세나 대출금을 지불하지 못하는 경우도 있다. 이러한 절박한 상황에서 내담자가 느끼는 절망감은 치료자를 낙심시킬 수 있다. 만일 치료자가 내담자의 절망감에 의해 영향을 받기 시작하면 객관적이고 창의적으로 문제를 해결할 수 있는 능력을 잃어버리게 된다. 그러므로 문제를 해결할 수 있는 자원을 거의 가지고 있지 않은 내담자를 대할 때, 치료자는 그러한 절망적인 상황에 대해 자신이 가지고 있는 부정적인 생각을 살펴보는 것이 중요하다.

만일 치료자가 해결책을 찾을 수 있다는 낙관적인 생각을 가지고 있을 때 내담자가 견딜 수 있도록 도울 수 있을 것이다. 치료자는 내담자가 문제를 직면하기 위해 아이디어를 브레인스토밍하도록 도와야 한다. 아이디어가 쉽게 나오지 않는다면 내담자에게 과거 그가 우울하지 않았을 때라면 이 문제를 해결하기 위해 무엇을 했을 것인지 질문해 볼 수 있다. 또는 사려 깊고 지지적인 충고자라면 이 문제를 해결하기 위해 무엇을 제안할 것인지 내담자에게 질문해 볼 수도 있다. 치료자는 내담자는 떠오른 해결 방안들을 쉽게 무시해 버리지 않아야 한다. 치료자는 브레인스토밍이 끝날 때까지 계속하여 떠오르는 내담자의 아이디어들을 적은 다음 아이디어들의 가능성에 대해 평가를 해야 한다.

우울한 사람들은 종종 자신의 괴로움에 빠져 스스로가 혼자라고 느낀다. 그들은 도움을 줄 수 있는 사람들이 있다는 사실을 잊어버린다. 대부분의 내담자는 이러한 상황에 있는 다른 사람들을 돕는 것에 동의할 것이다. 내담자가 생각해 낸 해결책 가운데 가족, 친구, 신앙 공동체, 혹은 사회복지 기관의 도움을 받는 것이 없다면, 치료자는 내담자가 이러한 가능성들에 대해 고려해 보도록 격려해야 한다. 종종 부끄러움이나 자존심 때문에 도움을 구하는 것이 어려울 수 있다. 그러나 상황이 절박한 경우에는 내담자가 독립적인 문제 해결 방식을 고집하지 않는 것이 필요하다.

전략적 요인

우울하거나 불안할 때에는 분명해 보이는 해결책들을 고려하지 않는 경우가 있는데, 이는 그 해결책들이 너무 간단해 보이기 때문이다. 또한 이들은 완벽한 해결책이나 성공을 보장받은 해결책들을 찾기도 한다. 때때로 여러 문제를 동시에 해결할 수 있는 마법 같은 해결책들을 찾는 경우도 있다.

사례 예시

Olivia는 직장을 잃고 새 일을 찾고 있었다. 그녀에게는 초등학생인 두 자녀가 있다. 이들 세 사람은 그녀의 할머니와 함께 살았는데 최근 할머니의 건강이 악화되었다. Olivia는 자녀를 부양하기 위해 돈을 벌어야 했다. 그러나 직장은 그녀가 급한 경우에 뛰어갈 수 있도록 아이들의 학교와 가까운 곳이어야 했으며, 점심시간에 잠깐 따로 시간을 내어 할머니를 들여다볼 수 있도록 배려해 주는 상사가 있는 곳이어야 했다. Olivia는 할머니를 돌보기 위해 방문 도우미를 고용하는 것을 원치 않았다. 또한 그녀는 아이들을 사설 탁아소보다 방과 후 프로그램에 보내는 것을 선호하였다. 학교 근처에 직장을 잡는다면 프로그램이 끝나는 시간에 아이들을 만나는 것이 가능할 것이다. 남편은 직장에서 퇴근을 일찍 하는 편이지만, Olivia는 그가 아이들을 시간에 맞추어 데려올 수 있을지 의심스러웠다. Olivia는 기술을 가지고 있어서 집에서 조금 떨어진 도시에 직장을 구할 수 있을 것이다. 그녀는 여동생에게 부탁하여 할머니를 돌보아 달라고 할 수도 있지만, 사실 자신이 그 일을 해야 한다고 믿었다. 왜냐하면 그녀가 어려울 때 할머니께서 많이 도와주셨기 때문이었다. 이러한 모든 일을 생각하는 동안 Olivia는 진이 빠졌다. 결국 그녀는 구직 광고 읽는 것을 그만두고 집안일에 매달렸다.

Olivia의 문제와 같은 딜레마의 해답은 그녀의 문제 해결 전략을 바꾸는 것이다. 하나의 커다란 해결책을 찾으려고 하는 대신, 문제들을 분류하여 가능한 한 많은 부분을 해결할 수 있는 방안을 찾도록 할 수 있다. 치료자는 그녀가 과거에 사용했던 문제 해결 기술들을 말해 보도록 하고, 중요한 자원과 지지를 찾도록 해야 한다. 또한 그녀로 하여금 계획을 단순화시키거나, 한 번에 한 가지씩 해 나가도록 코치해야 한다.

문제 해결 능력의 결함 다루기

문제 해결 능력은 보통 아동기 때 학습된다. 이후 문제 해결 능력은 초기 성인기를 거치며 인생의 변화와 심리사회적 스트레스 요인들과 씨름하며 단련된다. 좋은 역할 모델이 있는 경우, 그가 체계적으로 문제를 다루고 해결책을 만들어 내는 것을 보며 배울 수 있다. 만일 내담자가 효과적으로 문제를 해결할 수 있었던 초기의 인생 경험이 있다면 미래의 어려움들을 다루는 데 필요한 자기 확신과 능력을 기를 수 있을 것이다. 그러나 불행히도 내담자들은 효과적인 문제 해결 능력을 습득하지 못한 경우가 많은데, 이는 아마도 효과적이지 못한 역할 모델을 가지고 있거나, 부모가 대신 문제를 해결해 주었거나, 혹은 성장기의 심한 우울로 인해 이러한 능력을 기르지 못했기 때문일 것이다. 내담자가 효과적으로 문제를 개념화하고 다루어 본 경험이 없다면, CBT를 사용하여 문제 해결을 위한 기본 기술들을 가르칠 수 있다.

이러한 기술을 습득하도록 돕는 유용한 방법 중 하나는 치료 회기에서 문제 해결 전략들을 모델링하는 것이다. 예를 들어, 〈표 6-4〉의 단계들은 내담자가 자신의 문제 목록에서 하나의 문제를 다루기 위해 계획을 세울 수 있도록 돕기 위한 것이다. 이들 단계들은 내담자로 하여금 자신의 생각을 정리하고, 객관적인 방식으로 문제에 접근하며, 문제 해결에 이르는 과정을 볼 수 있도록 돕는다.

〈표 6-4〉 문제 해결 단계

1. 문제들을 선별한다.
2. 목표를 고른다.
3. 문제를 정확하게 정의한다.
4. 해결책들을 찾아본다.
5. 가장 합리적인 해결책을 선택한다.
6. 계획을 시행한다.
7. 결과를 평가한다. 필요한 경우 다시 앞의 단계들을 반복한다.

☑ 여유를 가지고 문제들을 선별한다. 치료 회기에서 내담자가 자신의 심리사회적 어려움들을 이야기할 때 이 주제에서 저 주제로 이리저리 바뀌는 경우가 종종 있다. 한 가지 문제를 이야기할 때 또 다른 문제가 생각나는 것이다. 내담자는 모두 다 똑같이 긴급하고 스트레스가 많은 것처럼 보이는 여러 문제를 뒤죽박죽된 채로 늘어놓는다. 내담자의 이야기에는 문제 상황, 관련된 사람들, 문제 뒤에 숨어 있는 깊은 의미, 미래에 미칠 영향 등이 복잡하게 얽혀 있다. 내담자가 이런 식으로 문제들을 보고한다면 이러한 문제들을 해결하는 일은 요원해 보인다.

첫 번째 할 일은 치분하게 문제들의 가짓수와 중요성 그리고 문제를 해결해야 하는 긴급성을 명확히 하는 것이다. 치료자는 내담자에게 치료 노트북에 이러한 문제들을 적어 보라고 할 수 있다. 내담자가 문제들을 적은 후에는 필기한 목록을 다시 읽어 보게 함으로써 요약을 하도록 한다. 치료자는 이렇게 많은 어려움에 직면해 있는 것이 얼마나 힘든 일일지에 대해 내담자에게 공감을 표현한다. 그런 다음 문제 해결 과정의 다음 단계로 진행하게 된다.

☑ **하나의 목표를 고른다.** 내담자에게 문제들의 우선순위를 매겨 문제 목록을 다시 구성하도록 한다. 예를 들어, 이미 해결되었거나 현재 드러나지 않은 문제들을 목록에서 지우도록 한다. 다음은 내담자가 통제할 수 없거나, 다른 사람들의 문제라서 내담자가 해결할 수 없는 문제들은 삭제하도록 한다. 또한 남은 항목들을 가까운 미래에 다루어야 하는 문제들과 해결이 얼마간 늦춰질 수 있는 문제들로 구별해 보도록 한다. 그런 다음 내담자에게 가장 긴급한 문제가 무엇인지 생각해 보게 하고, 문제의 중요성이나 긴급성에 따라 우선순위를 매겨 보도록 한다. 마지막으로, 맨 위의 세 개의 항목들 중 하나를 선택하여 첫 번째 치료 목표로 삼는다.

☑ **문제를 명확하게 정의한다.** 문제를 명확하게 말할 수 있을 때 구체적인 해결책들을 찾기 쉽다. 치료자는 내담자에게 제4장 '구조화하기와 교육하기'에서 설명한 목표 및 문제 선정의 원리들을 가르침으로써 문제를 정확하게 정의할 수 있도록 돕는다. 또한 내담자가 가지고 있는 문제의 정의를 좀 더 명확하게 하기 위해 질문을 사용하는 것도 도움이 된다. 예를 들면, "이 문제를 다루는 데 있어 진전이 있음을 알려면 이 문제를 어떻게 정의하는 것이 좋겠습니까?" "다른 사람들이 지금 당신이 가지고 있는 문제를 정확히 알 수 있도록 몇 단어로 말해 본다면 어떻게 말할 수 있습니까?" "이 문제에는 많은 다양한 이슈가 관련되어 있는 것처럼 보입니다……. 가장 중요한 이슈에 초점을 맞춘다면 그것을 어떻게 정의할 수 있겠습니까?" 등과 같은 것들이 있다.

☑ **가능한 해결책들을 찾아본다.** 대개 어떤 주어진 문제를 풀 수 있는 방법은 매우 다양하다. 사람들은 때때로 처음 떠오른 해결책이 그 문제에 대처할 수 있는 유일한 방법이라고 믿는다. 그러나 그러한 해결책이 실용적이거나, 효과적이거나, 또는 시행 가능한 해결책이 아닐 수도 있다. 내담자들은 새로운 방향의 해결책을 찾지 못하고 허둥대다 문제를 해결하려는 시도를 아예 포기하기

도 한다. 치료자는 내담자가 창의적으로 해결책을 찾을 수 있도록 도와야 한다. 예를 들어, 브레인스토밍 기법을 사용하거나 창의성을 자극하는 소크라테스식 질문들을 해 볼 수 있다. 내담자들은 ① 다른 사람들의 도움 활용하기, ② 책, 인터넷, 지역 사회 자원 등을 사용해 조사하기, ③ 계획의 시행을 연기하기, ④ 문제를 해결하는 것이 아니라 문제와 함께 사는 법 배우기 등과 같은 아이디어들을 생각해 볼 수 있다. 치료자도 제안을 할 수 있으나 내담자가 여러 가능성을 제시한 이후에 하는 것이 좋다.

☑ 가장 합리적인 해결책을 선택한다. 비현실적이거나 유용하지 않은, 현재 상태에서 쉽게 시행할 수 없는, 혹은 더 많은 문제를 일으킬 수 있다고 생각한 해결책들은 제외한다. 치료자는 내담자에게 가장 성공할 가능성이 높으며 기꺼이 시도해 볼 수 있는 해결책이 무엇인지 고르도록 한다. 때때로 내담자들은 치료자가 판단하기에 실패하기 쉬운 해결책을 선택한다. 그럴 경우 치료자는 자신의 의견을 말함으로써 내담자를 단념시키는 대신, 내담자에게 한두 개의 다른 가능성들을 더 고르도록 한 다음 각각의 이익과 손실을 평가해 보도록 하는 것이 좋다. 해결책들을 서로 비교해 보면 대개의 경우 가장 적절한 해결책이 무엇인지 뚜렷해지게 된다. 나중을 위해 처음 해결책들의 목록은 가지고 있는 것이 좋다.

☑ 계획을 시행한다. 해결책이 정해지면 성공 가능성을 높이기 위해 내담자에게 계획을 시행할 날짜와 시간을 고르도록 한다. 내담자에게 문제 해결 기술을 코치하기 위해 역할극이나 예행연습 기법들을 사용할 수 있다. 또한 성공을 방해할 수 있는 환경에 대해 질문하여 문제를 분석하고, 문제가 일어날 경우 대처할 방안을 마련해 두어야 한다.

☑ 결과를 평가한다. 필요하다면 앞의 단계들을 반복한다. 계획을 잘 세웠음에도 불구하고 해결책이 실패하는 경우가 종종 있다. 그런 경우 충분히 고려하지 않은 숨어 있는 환경 요인이나 문제 요인이 있을 수 있다. 내담자가 계획을 행동으로 옮기는 데 어려움이 있는 경우, 문제를 해결하려는 자신의 노력에 대

한 내담자의 자동적 사고를 평가하고 왜곡된 것을 수정하도록 도와야 한다. 또한 더 기술 훈련이 필요한지 알아보기 위해 어떤 방식으로 계획이 시행되었는지 검토하는 것이 필요하다.

때때로 어떤 치료자는 회기 중에 자기 자신이 문제 해결을 사용함으로써 내담자를 돕기도 한다. 그러나 이것을 너무 자주 하게 될 때, 내담자의 문제에 대한 효과적인 또는 합리적인 해결책을 찾을 수 있다 하더라도 내담자 스스로 문제 해결 기술을 학습하고 사용하도록 교육하거나 코칭하기에는 효과적이지 않다. 내담자는 효과적인 문제 해결 기술들을 배우고 적용하여 단지 현재의 문제뿐 아니라 미래에도 문제 해결 기술을 적용할 수 있어야 한다.

요약

내담자가 활동 수준의 감소로 인한 우울한 기분이나 관심의 부족, 낮은 에너지, 과제 수행의 실패 등의 문제를 가지고 있다면 행동 기법은 내담자의 건강한 기능을 회복시키는 데 도움을 줄 수 있다. 가장 쉬운 기법으로 행동의 활성화 계획을 들 수 있다. 행동의 활성화 계획은 치료자와 내담자가 기분이나 자아존중감을 향상시키기 쉬운 한두 개의 구체적인 활동을 선택하는 간단한 훈련으로 즉시 시행할 수 있는 것이다. 행동을 기록하고 계획하는 좀 더 체계적인 기법인 활동 계획하기는 종종 내담자가 중간 정도에서 심한 정도의 에너지 및 흥미 감소를 경험할 때 매우 유용하다. 또 다른 행동 기법인 단계적인 과제 부여는 내담자로 하여금 어려운 또는 도전적인 과제를 다루도록 돕거나, 지연행동과 회피 패턴을 변화시키기 위해 단계별 계획을 구성하도록 돕는 것이다.

CBT에서 행동 예행연습은 내담자가 행동 계획을 세우고, 기술을 쌓으며, 일어날 수 있는 방해물들을 미리 찾아내도록 하기 위해 흔히 사용된다. 기법은 치료 회기에서 행동 기법들을 연습한 다음 과제로 그 계획을 수행해 보는 것이다. 문제 해결하기는 내담자가 스트레스 요인들에 대처하도록 돕는 또 다른 중요한 행동 기법이다. 어떤 내담자들은 이미 바람직한 기본적인 문제 해결 능력을 갖고 있어 단지 이러한 능력을 사용하는 데 방해가 되는 장애물들을 극복하도록 돕기만 하면 되는 반면, 어떤 내담자들은 효과적인 문제 해결의 원리들에 대해 배워야 한다. 이 장에서 설명한 행동 기법들은 내담자의 활동 수준, 기분, 문제를 다루는 효율성, 그리고 미래에 대한 희망에 긍정적인 영향을 미칠 수 있다.

참고문헌

Beck AT, Rush AJ, Shaw BF, et al: Cognitive Therapy of Depression. New York, Guilford, 1979

Beck AT, Greenberg RL, Beck J: Coping With Depression. Bala Cynwyd, PA, Beck Institute for Cognitive Therapy and Research, 1995

MacPhillamy DJ, Lewinsohn PM: The Pleasant Events Schedule: studies on reliability, validity, and scale intercorrelations. J Consult Clin Psychol 50:363–380, 1982

Wright JH, Thase ME, Beck AT, et al (eds): Cognitive Therapy With Inpatients: Developing a Cognitive Milieu. New York, Guilford, 1993

Wright JH, Thase ME, Beck AT: Cognitive-behavior therapy, in The American Psychiatric Publishing Textbook of Psychiatry, 6th Edition. Edited by Hales RE, Yudofsky SC, Roberts L. Washington, DC, American Psychiatric Publishing, 2014, pp 1119–1160

제7장   행동 기법 II: 불안 감소시키기와 회피 패턴 바꾸기

불안장애의 인지적, 행동적 특성들—사물이나 상황에 대한 비현실적인 두려움, 위험에 대한 과대평가, 두려운 자극에 대처하는 능력에 대한 과소평가, 회피 패턴의 반복—은 제1장 '인지행동치료의 기본 원리'에서 간략히 다루었다. 이 장에서는 불안장애를 위한 행동 기법들의 이론적 배경을 설명하고, 공포증, 공황장애, 강박장애(OCD)와 같은 문제들을 극복하기 위한 구체적인 방법들에 대해 논의할 것이다. 특히 이 장에서는 불안장애, 외상 후 스트레스 장애(PTSD), 그리고 강박장애에 사용될 수 있는 일반적인 원리들과 기법들에 초점을 맞출 것이다.

불안장애 및 관련 질환에 대한 행동적 분석

일반적으로 CBT에서 불안장애, PTSD, 그리고 OCD를 위해 사용되는 행동 기법들은 행동치료의 초기 발달에 영향을 미쳤던 학습 이론 모델에서 처음 시작되었다(제1장 '인지행동치료의 기본 원리' 참조). 행동치료와 인지치료가 점차 발달함에 따라 이 두 접근은 포괄적인 인지행동적 접근으로 통합되었다. 불안장애 및 관련 질환들에 대한 행동 기법들의 근거를 설명하기 위해 먼저 간략하게 이들 개입들의 학습 이론의 기본 개념들을 살펴볼 것이다. 불안장애에 대한 CBT의 이론적, 경험적 기초에 대해 더 깊이 살펴보기 원한다면 Clark와 Beck(2010)의

『Cognitive Therapy of Anxiety Disorders: Science and Practice』를 참고할 수 있다.

불안장애를 가진 내담자들은 대개 위협적인 자극에 노출되었을 때 신체적인 각성 증상과 함께 주관적인 강렬한 두려움을 보고한다. 예를 들어, 고소공포증이 있는 사람이 높은 사다리를 오른다고 예상할 경우 그는 불안을 일으키는 자동적 사고들(예: '나는 기절할 거야……. 나는 쓰러질 거야……. 나는 참을 수 없어……. 나는 지금 당장 내려가야 돼.')과 강렬한 감정 및 생리적 활성화(예: 불안, 땀이 남, 빠른 심장 박동, 빠른 호흡, 축축함)가 일어날 것이다.

대개 불안장애를 가진 사람들은 두려운 자극에 대한 감정적, 생리적 반응들을 매우 혐오하므로 이러한 상황을 다시 경험하는 것을 피하기 위해서는 무엇이든 하려고 할 것이다. 예를 들어, 단순공포증을 가진 사람들은 높은 곳, 밀폐된 공간, 엘리베이터, 혹은 불안을 일으키는 다른 요인들을 피하려고 할 것이다. 사회불안을 가진 사람들은 사회적 압력에 노출된다고 느끼는 사건이나 장소를 피하려고 할 것이다. 광장공포증과 공황장애를 가진 사람들은 두려움을 일으키는 상황을 경험하지 않도록 매우 조심할 것이다. PTSD를 가진 사람들은 외상적 경험들을 생각나게 하는 상황들로부터 자기 자신을 격리시키려고 노력할 것이다(예: 운전하는 것 그만두기, 직장에 복귀하지 않는 것, 혹은 데이트나 친밀한 대인 관계를 피하는 것).

사람들은 회피를 통해 감정적인 안도를 느끼게 되는 보상을 받으므로 그러한 회피 행동은 동일한 또는 유사한 상황을 만났을 때 다시 일어나기 쉽다. 예를 들어, 사회불안을 가진 사람이 파티에 가지 않기로 결정한 다음 즉시 불안이 감소되었을 때 그의 회피 행동은 강화된다. 그러므로 그는 다음에 사회적 상황에 대한 또 다른 초대를 받았을 때 불안을 통제할 방법으로 회피 패턴을 계속할 가능성이 크다. 그가 매번 사회적 상황을 회피할 때마다 그의 공포증적 행동과 사회적 수행에 대한 역기능적 인지는 점점 더 강화되고 그의 증상은 점점 더 심해질 것이다.

한 예로, Kate는 운전해서 다리를 건너는 것에 대해 강한 불안과 두려움을 느꼈다. 치료자는 회피행동으로 인해 그녀의 두려움이 계속된다는 것을 알고 그녀에게 그녀 자신을 두려운 상황에 노출시키는 행동 기법을 사용하도록 격려하였다.

회피가 강화를 가져오는 또 다른 예는 OCD에서 관찰된다. OCD를 가진 내담자는 강박적인 사고가 일어날 때 그것을 멈추기 위해 종종 강박적인 의식(ritual)을 사용한다. 이러한 강박 행동으로 강박적 사고를 방해할 때(즉, 회피할 때) 불안이 감소된다. 그러므로 강박 행동은 혐오하는 강박적 사고를 약화시키거나 없애 주므로 대처 전략으로 강화된다. 이러한 강화로 인해 다음에 강박적 사고가 일어났을 때 강박 의식이 반복되기 쉽다.

요약하면, 불안장애에 대한 CBT 모델의 주요 특성들은 다음과 같다. ① 대상 또는 상황에 대한 비현실적 두려움, ② 두려운 자극에 대한 회피 패턴은 자신이 그 대상을 직면할 수 없거나 그 상황에 대처할 수 없다는 내담자의 믿음을 강화시킨다. ③ 내담자가 불안을 극복하기 위해서는 반드시 회피 패턴을 깨야 한다.

불안장애에서 일어나는 인지적 과정에 관한 연구들(제1장 '인지행동치료의 기본 원리' 참조)과 불안에 대한 인지 기법의 발달은 몇 가지 중요한 측면에서 행동 모델을 발전시켰다. 첫째, 많은 연구가 불안장애를 가진 사람들의 자동적 사고가 비논리적인 추론의 특성을 나타낸다고 보고하였다(예: 상황의 위험 정도를 과장함, 자신의 대처 능력을 과소평가함, 그 상황에 처함으로써 생기는 안 좋은 결과에 대해 파국적인 예측을 함). 둘째, 발달적 측면에서 보았을 때 두려움을 일으키는 인지는 부모나 다른 영향력 있는 사람들의 가르침을 포함하여 많은 인생 경험에 의해 발달한다. 이러한 인생 경험들은 위험 및 긴급 상황에 대처하는 자신의 능력에 대한 핵심 신념들을 형성한다. 마지막으로, 많은 불안장애(특히 일반화된 불안장애, 공황장애)와 관련 질환들의 경우 조건 자극과 회피의 패턴을 야기하는 하나의 두려운 자극을 추적하는 것이 불가능하다. 그러므로 불안장애와 OCD에 대한 CBT는 성장기 동안의 학습 경험 효과, 자동적 사고와 핵심 신념의 영향, 그 외 영향을 미칠 가능성이 있는 요소들[예: 제3장 '평가하기와 사례 개념화하기'에서 논의한 생리심리사회적(biopsychosocial) 모든 요소를 포함한 보다 복잡한 공식이 필요하다. 이 장에서는 전반적인 CBT 모델의 행동적 요인들을 설명하는 데 초점을 맞추고 있다. 불안장애에 대한 인지적 개입은 제1장 '인지행동치료의 기본 원리', 제5장 '자동적 사고 다루기', 제8장 '스키마 수정하기'에 자세히 나와 있다.

행동치료 기법의 개요

가장 흔히 사용되는 두 가지 행동 절차는 상호 억제(reciprocal inhibition)와 노출(exposure)이다. 상호 억제는 내담자로 하여금 불쾌한 반응을 상쇄하는 긍정적인 혹은 건강한 감정을 경험하도록 함으로써 감정적인 각성을 줄이는 과정을 말한다. 보통 상호 억제를 실시하는 방법은 수의적인 근육 조직의 깊은 이완 상태를 유도하여 강렬한 불안이나 각성과 공존할 수 없는 진정된 상태가 되게 하는 것이다. 이러한 기법을 정기적으로 연습할 때 두려움과 회피를 일으키는 자극의 힘은 감소하거나 사라질 수 있다.

노출 기법은 다양한 방식으로 작동한다. 대처 전략으로 노출을 사용할 경우 회피와는 상반된 결과를 낳게 된다. 만일 내담자가 의도적으로 자신을 스트레스 자극에 노출시킨다면 두려움을 경험하게 될 것이다. 그러나 생리적인 각성은 높은 수준에서 무한정 유지될 수 없기 때문에 대개 두려움은 시간의 제한을 받는다. 내담자는 피로를 느끼게 되고 각성을 일으키는 새로운 요인이 없을 때 그 상황에 적응하기 시작할 것이다. 예를 들어, 만일 고소공포증이 있는 내담자를 높은 건물 꼭대기 층에 데려가 창밖을 내다보게 한다면 그는 매우 무서워하며 공황 상태에 빠질 수도 있을 것이다. 그러나 마침내는 두려운 반응이 감소하고 정상적인 항상성의 상태로 돌아올 것이다. 반복적인 노출을 하게 되면 두려운 상황에 대한 생리적인 반응이 감소하여 내담자 스스로 그 자극을 대면하고 다룰 수 있다고 여기게 된다.

　인지적 재구조화 기법들은 이완 반응을 활성화하고 노출에 대한 개입의 참여를 촉진함으로써 스트레스 자극과 두려운 반응을 분리하는 과정을 도울 수 있다. 부정적인 생각을 감소시키거나 없애는 기법들은 긴장 수준을 낮춤으로써 내담자가 신체적, 감정적으로 이완을 느끼도록 돕는다.

　자극과 불안 반응을 분리시키는 데 도움이 되는 또 다른 인지적 재구조화 기법으로 '재앙화에서 벗어나기(decatastrophizing)'가 있다. 재앙화에서 벗어나기는 내담자로 하여금 ① 자극에 노출 시 일어날 것으로 예상한 파국적인 결과가 실제 일어날 가능성을 체계적으로 평가하고, ② 그러한 결과가 일어날 확률을 줄이기 위한 계획을 세우며, ③ 그러한 결과가 일어날 경우 그것에 대처하는 전략을 세우도록 해 준다. 재앙화에서 벗어나기는 이 장 뒷부분에서 좀 더 자세히 다룰 것이다('단계 3: 기본적인 기술 훈련').

불안 증상을 위한 행동적 개입의 순서

　불안장애, PTSD, 또는 OCD 등을 위한 행동 개입의 순서는 대개 유사하다. 먼저 치료자는 증상, 불안을 일으키는 요인들 그리고 현재 내담자가 사용하고 있는 대처 전략들을 평가한다. 그런 다음 치료 과정을 이끌기 위해 구체적인 치료 목표를 정한다. 다음으로 내담자에게 불안장애의 특징적인 사고, 감정, 행동을 다루는 기본적인 기술들을 가르친다. 마지막으로, 이러한 기술들을 사용하여 내담자가 불안을 일으키는 상황에 단계적으로 노출될 수 있도록 돕는다.

단계 1: 증상, 불안을 일으키는 요인 및 대처 전략 평가하기

　불안장애를 평가할 때에는 ① 불안 반응을 일으키는 요인으로 작용하는 사건

(혹은 사건에 대한 기억, 생각의 흐름), ② 두려운 자극에 대한 과잉 반응과 관련이 있는 자동적 사고, 인지적 오류, 근본적인 스키마, ③ 감정적, 생리적 반응, ④ 공황 증상이나 회피와 같은 습관적인 행동들을 분명하게 기술하는 것이 중요하다. 그러므로 사례 개념화와 치료 계획을 세울 때 기본적인 인지행동모델의 모든 요인을 평가하고 고려해야 한다. CBT에서 사용하는 일반적인 평가 방법들은 제3장 '평가하기와 사례 개념화하기'에서 다루었다. 평가의 주요 형식은 핵심 증상들, 불안을 일으키는 요인들, 그리고 분명히 드러난 인지와 행동을 발견하기 위해 꼼꼼하게 진행을 하는 것이다.

또한 전문적인 진단과 평정 척도들도 불안장애를 가진 내담자들과의 작업을 평가하는 데 유용하다. 자기 보고 척도들[예: Generalized Anxiety Disorder 7-Iteam Scale([GAD-7; Spitzer et al., 2006), Beck Anxiety Inventory(BAI; Beck et al., 1998); Penn State Worry Questionnaire(PSWQ; Meyer et al., 1990)]과 임상 평정 척도들[예: Yale-Brown Obsessive Compulsive Scale(Y-BOCS; Goodman et al., 1989)]은 불안이나 OCD 증상의 심각성을 측정하기 위해 사용될 수 있다. 이들 척도들에 관한 자료는 〈표 7-1〉에 제시되어 있다.

제5장 '자동적 사고 다루기'에서 설명한 사고 변화 기록지는 불안을 일으키는 상황을 평가하는 유용한 도구로 사용될 수 있는데, 이는 불안을 일으키는 사건과 그러한 사건과 연관된 자동적 사고들을 기록하는 틀을 제공하기 때문이다. 노출 개입을 준비하기 위해서는 불안을 일으키는 장소, 상황, 사람들을 찾아내는 것이 중요하다. 치료자는 인지적 오류를 찾아낸 후 적절한 인지적 재구조화 개입을 구성할 수 있다. 또 다른 유용한 전략은 내담자로 하여금 불안을 일으키는 것들을 기록하고, 그에 대한 반응의 강도를 0~100 척도(100은 가장 극단적인 감정을 가리킴)에서 평가하도록 하는 것이다. 이러한 유형의 척도는 기초 평가뿐 아니라 치료 목표 달성에 대한 진전을 평가하는 경우에도 사용될 수 있다.

불안 반응의 행동적 요인을 평가하는 일은 회피 반응을 찾아내는 것을 넘어 내담자가 불안을 극복하기 위해 취하는 대처 행동들을 상세히 분석하는 것도 포함

된다. 예를 들어, 건전한 대처 전략들(예: 문제 해결하기, 유머 사용하기, 명상하기)
은 강화시키거나 좀 더 강조할 수 있다. 그러나 불안장애를 가진 내담자들은 종
종 안전 행동(safety behavior) – 노골적인 회피 패턴은 아니지만 불안 반응이 지속
되도록 하는 행동 – 을 취한다. 예를 들면, 사회불안 내담자가 억지로 파티에 갈
수는 있으나, 그는 불안에 대처하기 위해 곧바로 테이블로 가서 평소 먹는 것보
다 더 많은 음식을 급히 먹거나, 친구가 이야기를 다 하도록 친구 옆에만 붙어 있
거나, 사람들로부터 떨어져 있기 위해 화장실에 더 자주 가거나 하는 등의 행동
을 나타낸다. 비록 그는 파티에 참석하기는 하였으나 일종의 회피 패턴인 안전
행동을 하고 있는 것이다. 이 내담자가 경험하고 있는 사회불안과 같은 문제들
을 성공적으로 극복하도록 돕기 위해, 치료자는 부적응적이건 적응적이건 간에
내담자의 대처 전략들에 대해 모두 알아야 한다. 또한 그는 내담자로 하여금 자
신의 모든 회피 행동들을 깨닫고 두려운 상황에 자신을 노출시켜 그 상황을 직
면하고 다루는 경험을 할 수 있도록 치료 개입을 구성해야 한다.

특히 중요한 유형의 안전 행동은 내담자의 가족 구성원이나 친구, 또는 다른
사람들이 내담자를 도울 때 일어난다. 때때로 다른 사람들의 지지는 불안을 극
복하는 데 매우 유용할 수 있다. 그러나 도움을 주려는 시도가 오히려 회피 행
동을 보상하거나 강화시켜 불안 증상이 계속되도록 할 위험도 있다. 예를 들어,
Kate의 가족이나 동료들이 계속하여 그녀를 직장에 태워다 준다면, 그녀는 자신
의 회피 행동을 직접 다루지 못하게 되므로 운전을 해서 다리를 건너는 자신의
문제를 극복하기 어려워진다. 또한 그녀는 가족이나 동료들과 시간을 더 보낼
수 있게 되기 때문에 도움을 계속 받도록 정적 강화될 수 있다.

치료자가 불안 증상에 대한 치료 개입을 계획할 때 환경적인 사건들도 고려할
필요가 있다. 만일 불안을 강화시키는 모든 요인을 고려하지 않는다면, 미처 알
아채지 못한 미묘한 안전 행동이나 의도치 않게 회피를 부추기는 역할을 하는
가족 구성원이나 친구에 의해 내담자를 두려움에서 벗어나게 하려는 치료자의
노력이 쉽게 수포로 돌아갈 수 있다.

〈표 7-1〉 불안장애 및 증상들을 측정하기

평가척도	적용	출처	참조
Generalized Anxiety Disorder 7-Item Scale	불안	www.phqscreeners.com	Spitzer et al., 2006
Beck Anxiety Inventory	불안	www.pearsonclinical.com	Beck et al., 1988
Penn State Worry Questionnaire	불안	http://at-ease.dva. gov.au/professionals/ files/2012/11/PSWQ.pdf	Meyer et al., 1990
Yale-Brown Obsessive Compulsive Scale	강박장애	https://psychologytools. com/yale-brownobsessive- compulsivescale	Goodman et al., 1989

단계 2: 치료 목표 찾기

한 내담자가 여러 가지 다양한 불안을 나타내는 것은 흔한 일이다. 이러한 경우 먼저 가장 쉽게 달성할 수 있는 하나의 증상이나 목표를 정해 내담자가 성공에 대한 자신감을 가질 수 있도록 하는 것이 가장 좋다. 또한 하나의 두려운 상황을 다루는 경험을 통해 얻은 교훈은 종종 일반화되어 다른 불안에 대해서도 효과적으로 대처할 수 있는 전략을 제공해 주기도 한다.

때때로 내담자들은 가장 어려운 문제들을 먼저 다루려고 하는데, 이는 그 문제가 자신에게 가장 중요하기 때문이거나, 혹은 그 문제가 상황상 빨리 해결되어야 하는 것들이기 때문이다(예: 내담자가 직장이 없고 돈이 떨어져 가는 상황에서 구직 면접에 대한 불안). 만일 내담자가 그 문제를 효과적으로 다루기 위해서 경험이 좀 더 필요하다고 판단될 경우에는 문제를 여러 개로 나누어 생각해 볼 수 있다. 제6장 '행동 기법 I: 우울한 기분 감소시키기, 에너지 수준 높이기, 과제 수행하기, 문제 해결하기'에서 설명한 '단계적으로 과제 부여하기'와 유사한 방식으로 문제 중에서 먼저 주의를 기울일 부분을 목표로 정하는 것이다. 먼저 가장 어려운 상황을 다룰 것인지, 아니면 단계적으로 노출 치료를 실시할 것인지에 관계 없이, 다음에서 설명할 기본적인 기술 훈련은 내담자의 불안을 극복하는 도구로 사용될 수 있다.

단계 3: 기본적인 기술 훈련

치료자는 CBT의 몇몇 핵심 기술들을 사용하여 불안장애를 가진 내담자가 노출에 기반한 개입에 성공적으로 참여하도록 도울 수 있다. 여기에서는 다음의 다섯 가지 기법들을 설명할 것이다. 이완 훈련, 생각 중단하기, 주의 돌리기, 재앙화에서 벗어나기, 그리고 호흡 훈련.

이완 훈련

이완 훈련의 목적은 내담자가 이완 반응 – 정신적, 신체적으로 동요가 없는 상태 – 을 학습하도록 돕는 것이다. 근육 이완은 이완 반응을 가져오는 주요 기제들 중 하나다. 내담자는 체계적으로 몸 전체 근육 조직의 긴장을 완화시키는 법을 배운다. 대개 근육의 긴장이 감소함에 따라 불안의 감정도 감소한다. 내담자에게 근육 이완을 교육하기 위해 흔히 사용되는 방법은 〈표 7-2〉에 요약되어 있는 단계들을 따르도록 하는 것이다. 근육 이완을 촉진하기 위한 녹음이나 앱과 같은 자료들은 온라인에서 찾아볼 수 있다. 이들 자료들은 내용과 질 면에서 매우 다양하므로 치료자가 내담자의 필요에 가장 적합한 것을 몇 가지 골라 확인해 볼 것을 권장한다. 먼저 불안에 대한 앱 목록을 검토하는 것으로 시작할 수 있다(예: www.healthline.com 참조). 또한 어떤 치료자들은 이완을 유도하는 지시문을 내담자에게 읽어 주거나, 내담자에게 이러한 지시문이 들어 있는 오디오테이프를 듣도록 하는 것이 도움이 된다고 말한다. Basco(출간 예정)는 이완을 유도하기 위해 내담자에게 읽어 줄 지시문의 한 예를 제시하고 있다.

훈련 과제 7-1   이완 훈련

1. 스스로에게 〈표 7-1〉에 나오는 이완 훈련의 지시 사항을 적용해 본다. 깊은 근육 이완 상태에 들어가도록 시도해 본다.

2. 그런 다음 불안 증상을 가진 내담자 한 명 혹은 여러 명을 대상으로 이완을 유도하는 과정을 실시해 본다.

〈표 7-2〉 이완 훈련 기법

1. 내담자에게 이완 훈련의 원리를 설명한다. 이완을 유도하기 전에 내담자에게 이완 훈련을 사용하는 이유와 전반적인 기법에 대해 간략하게 설명한다.

2. 내담자에게 자신의 근육 긴장 수준과 불안을 평가하도록 가르친다. 이때 0~100 척도를 사용한다(0은 긴장이나 불안이 전혀 없는 것을 가리키며, 100은 최대한의 긴장이나 불안을 가리킨다).

3. 내담자에게 근육 긴장의 범위를 탐색하도록 한다. 이완 훈련의 목적은 주로 근육의 긴장을 감소시키는 것이므로 내담자에게 한쪽 주먹을 최대 수준(100)까지 꽉 쥐도록 한 다음, 0의 수준 혹은 할 수 있는 한 가장 낮은 긴장 수준까지 완전히 이완시켜 보도록 한다. 이러한 훈련을 통해 내담자는 자신의 근육 긴장 상태에 대해 자의적인 통제를 할 수 있다는 것을 알게 된다. 그런 다음 한 손을 최대한 조이는 동시에 다른 한 손은 최대한 이완시키도록 해야 한다.

4. 내담자에게 근육의 긴장을 감소시키는 방법을 가르친다. 손에서부터 시작하여 내담자가 완전한 이완 상태(0 또는 0에 가까운)에 이르도록 돕는다. CBT에서 사용되는 주요 방법들로는 ① 긴장을 모니터하고 자신에게 근육을 이완시키도록 지시함으로써 근육에 대해 의식적인 통제를 발휘하거나, ② 이완시키고자 하는 근육을 최대한 스트레칭하거나, ③ 팽팽한 근육을 진정시키고 이완시키기 위해 부드럽게 마사지하거나, ④ 진정시키는 심상을 활용하는 것 등이 있다.

5. 내담자를 도와 체계적으로 몸의 주요 근육 부위를 이완시키도록 한다. 내담자의 손이 깊은 이완 상태에 다다른 후에는 한 번에 한 부위씩 이완이 온 몸에 퍼져 나가도록 한다. 보통 순서는 손, 아래쪽 팔, 위쪽 팔, 어깨, 목, 머리, 눈, 얼굴, 가슴, 등, 배, 엉덩이, 위쪽 다리, 아래쪽 다리, 발, 발가락의 순이다. 그러나 치료자에 따라 어떤 순서로도 진행할 수 있다. 이 단계에서는 4단계의 방법들 중 도움이 되는 것을 반복할 수 있다. 내담자는 종종 스트레칭을 통해 특히 주의를 기울여야 하는 긴장된 근육 부위가 어디인지 알 수 있다.

6. 이완에 도움이 되는 심상을 떠올리도록 제안한다. 치료자가 제안하는 (혹은 내담자가 떠올린) 심상들은 걱정스러운 생각으로부터 주의를 돌리도록 함으로써 내담자가 이완 반응에 도달하도록 돕는다. "당신의 긴장이 마치 천천히 녹는 얼음처럼 다 녹아서 손가락 끝에서 흘러 바닥에 떨어지도록 해 보시오." 이러한 심상들을 제안할 때에는 조용하고 진정시키는 목소리를 사용한다.

7. 내담자가 이완을 유도하는 기법을 정기적으로 연습하도록 한다. 보통 내담자가 심도 깊은 이완 기법을 익히는 데에는 상당한 연습이 필요하다. 그러므로 내담자에게 이완 훈련을 과제로 내 주는 것이 좋다. 이완이 불안장애를 위한 치료 계획의 일부인 경우에는 다음 회기에서 내담자가 어떠한 진전을 보이는지 점검하는 것이 중요하다.

생각 중단하기

생각 중단하기는 부정적인 사고를 분석하는 대부분의 인지적 개입과 다르다. 생각 중단하기의 목표는 부정적인 사고 과정을 중단하고 좀 더 긍정적이고 적응적인 사고로 대체하는 것이다. 생각 중단하기는 공포증이나 공황장애와 같은 불안장애를 가진 내담자들에게 유용하다. 그러나 OCD 내담자들에 관한 연구들은 내담자가 강박적인 생각을 억제하려고 의식적으로 노력할 때 강박적인 생각의 강도가 강해졌음을 보고하였다(Abramowitz et al., 2003; Purdon, 2004; Rassin & Diepstraten, 2003; Tolin et al., 2002). 그러므로 생각 중단하기가 내담자의 걱정스러운 생각들을 감소시키는 데 도움이 되지 않을 경우에는 다른 기법들을 시도해 볼 수 있다. 생각 중단하기의 일반적인 절차는 다음과 같다.

1. 역기능적 사고 과정이 일어나고 있다는 것을 인식한다.
2. 사고 과정을 중단시키기 위해 '자기-지시(self-instruction)'를 내린다. 내담자가 불안을 일으키는 생각의 내용으로부터 의식적으로 사고를 옮기는 결정을 내릴 수 있다면 이 기법이 유용할 것이다. 어떤 사람들은 스스로에게 "멈춰!" 혹은 "그런 식으로 생각지 마!"라고 말하는 것이 도움이 된다. 그러한 지시는 속으로 이야기하거나 크게 소리를 내어 할 수 있다.
3. 즐거운 혹은 이완시키는 장면을 상상해 본다. 예를 들어, 방학, 스포츠, 음악에 관한 기억, 유쾌한 사람의 얼굴, 혹은 이전에 본 사진이나 그림 등을 들 수 있다. 긍정적인 심상은 깊은 근육 이완에 의해, 그리고 그 심상과 관련이 있는 하루 중의 시간, 날씨, 소리와 같은 세부 사항들이 추가됨으로써 확장될 수 있다.

치료자는 회기에서 내담자에게 먼저 걱정스러운 생각을 떠올리게 한 다음 생각 중단하기 전략을 시행해 보게 함으로써 각 단계를 리허설해 보도록 해야 한다. 내담자에게 자신의 경험에 대한 피드백을 물어본 다음 필요한 경우 절차를 조정한다. 예를 들어, 긍정적인 심상을 만들거나 유지하기 어렵다면 다른 장면을 선택하거나, 그 심상이 좀 더 생생해지도록 수정할 수 있다.

주의 돌리기

앞서 '생각 중단하기'에서 설명한 심상 기법은 흔히 사용되는 CBT의 '주의 돌리기(distraction)' 기법이다. 또한 심상은 호흡 훈련(이 장 뒤에 나오는 '호흡 훈련' 섹션 참조)을 포함한 다른 행동 개입의 효과를 증대시키기 위해서도 사용될 수 있다. 치료자는 심상을 사용할 때 내담자로 하여금 몇 개의 긍정적이고 진정시키는 장면들을 떠올리도록 함으로써 최소한 일시적이나마 불안을 일으키는 생각의 강도를 약화시키도록 돕는다. 내담자가 거슬리거나 걱정스러운 생각의 영향을 줄이기 위해 주의 돌리기를 사용하도록 돕는 많은 방법이 있다. 흔히 사용하는 주의 돌리기 기법들로는 책 읽기, 영화 보러 가기, 취미 생활하기, 소품 만들기, 친구들과 어울리기, 인터넷으로 시간 보내기 등이 있다. 치료자는 주의를 돌리기 위한 활동이 두려운 상황을 피하기 위해 안전 행동으로 사용되거나, 또는 이 장 뒷부분에서 다른 노출 기반 기법들을 피하기 위한 것은 아닌지 조심스럽게 살펴보아야 한다. 주의 돌리기를 효과적으로 사용한다면 자동적 사고의 강도나 빈도가 감소하고 신체적 긴장과 감정적 고통이 줄어들기 때문에 오히려 내담자가 노출이나 다른 행동 기법들에 참여하기 쉬워질 수 있다. 몇몇 연구들은 주의 돌리기가 생각 중단하기보다 강박장애를 가진 내담자의 강박적인 사고를 감소시키는 데 더 유용하다고 밝혔다(Abramowitz et al., 2003; Rassin & Diepstraten, 2003).

재앙화에서 벗어나기

'재앙화에서 벗어나기(decatastrophizing)' 기법을 사용하는 일반적인 원리들은 제5장 '자동적 사고 다루기'에 나와 있다. 다음 예시에서 Wright 박사는 Kate가 운전해서 다리를 건널 때 기절할 것에 대해 갖는 두려움을 다루고 있다. 다음 대화는 파국적 예측을 수정하기 위한 개입 단계들의 예를 보여 준다. 역기능적 인지를 수정하려는 노력은 많은 내담자에게 불안을 극복하기 위한 행동 기법들을 사용할 수 있도록 하는 데 도움이 된다.

Kate: 글쎄요. 저는 제가 기절할까 봐 운전을 하고 싶지 않아요.

Wright 박사: 그런 생각이 반복해서 드나요?

Kate: 아주 많이요.

Wright 박사: 네……. 자, 그 생각을 한번 살펴봅시다. 그 생각이 계속 들게 될지, 또는 그 생각이 얼마나 정확한지 확인을 해 보죠. 운전을 꽤 오랫동안 해 오셨지요? 때때로 불안을 느끼기는 하셨지만.

Kate: 네.

Wright 박사: 지금 연세가 어떻게 되시죠? 50대 초반 52세이신 걸로 알고 있습니다만. 몇 살에 운전을 시작하셨지요?

Kate: 16, 17살 즈음에요.

Wright 박사: 좋아요. 그럼 운전을 36년을 해 오신 거네요?

Kate: (웃으며) 네.

Wright 박사: 그리고 이런 생각이 든다고 하셨는데……. 당신이 실제 기절을 할 가능성은 어느 정도 된다고 생각하시나요?

Kate: 가능성이요?…… 90% 정도인 것 같아요.

Wright 박사: 아, 당신이 기절할 것이라는 것이 90% 확실하다는 거지요?

Kate: 글쎄요, 그런 것 같아요.

Wright 박사: 당신의 오랜 운전 경력으로 돌아가서, 36년이라고 하셨죠?…… 대략 36년 동안 하루에 몇 번 운전을 하셨나요? 그냥 평균적으로 볼 때요.

Kate: 음, 아마도 매일 한두 번쯤이요.

Wright 박사: 그럼 그걸 모두 더해 보면, 당신이 16살 이래로 실제 운전을 한 횟수가 얼마나 될까요?

Kate: (한숨을 쉬며) 글쎄요. 수천 번은 될 거예요.

Wright 박사: 맞아요. 적어도 10,000번은 될 겁니다. 하루에 두 번 운전을 했다면 20,000번 이상일 거구요. 그 20,000번 이상 운전을 하는 동안 기절을 한 적이 있었습니까?

Kate: 아니요.

Wright 박사: 한 번도 기절한 적이 없었다고요?

Kate: 없었어요……. 그런데 기절을 할 것 같은 느낌이 들어요.

Wright 박사: 그런 느낌이 드는 것이지, 실제 그런 일이 일어나지는 않았어요. 아까 이 일이 일어날 가능성이 90%라고 하셨었는데, 실제 일어난 확률은 0%이네요. 어떻게 생각하세요? 좀 더 정확하게 다시 예상을 해 볼 수 있을까요?

Kate: 음…… 제 말은, 선생님이 맞아요(고개를 끄덕이며). 저는 오랫동안 운전을 해 왔는데…… 전 종종 제가 기절할 것 같다고 느꼈어요.

Wright 박사: 네.

Kate: 그렇지만 저는 기절하지 않았어요.

Wright 박사: 그럼 진짜 위험한 일이 일어날 확률은 어느 정도인 것 같으세요?

Kate: 음…… 아마도 5% 정도.

Wright 박사: 5%요? 와…… 다시 생각을 해 보니 90%에서 5%로 낮아졌네요.

Kate: (웃으며) 좀 당황스럽네요.

Wright 박사: 그런데 아직 5%이네요. 실제 그 일을 경험한 것은 0% 인데도요.

Kate: 네.

Wright 박사: 오늘 우리가 여기서 다룬 것은 당신처럼 불안 문제를 가진 많은 사람에게 일어나는 일입니다. 그들의 뇌가 신호를 보내는 방식 때문일 수도 있고, 혹은 그들이 겪은 경험 때문일 수도 있어요. 그들은 안 좋은 일이 일어날 위험 정도를 과대평가하게 됩니다. 그래서 그들은 운전을 하거나, 엘리베이터를 타거나, 그들이 두려워하는 것이 무엇이든 그것에 대해 생각할 때, 불안 문제를 갖지 않은 사람보다 그 일에 대해 훨씬 더 크게 생각하게 되는 거지요. 그런데 당신은 아직 5%라고 생각하고 있어서 이것을 좀 더 다뤄야 할 것 같네요.

Kate: (고개를 끄덕이며) 네.

Wright 박사: 여기에서 요점은 나쁜 일들이 일어날 가능성이 전혀 없다는 것을 말하는 것이 아니고, 만일 우리가 그 위험 가능성에 대해 좀 더 현실적이 된다면, 그 불안을 다루는 데 도움이 될 것이라는 겁니다.

Kate: 네, 알겠어요.

다음은 내담자의 파국적인 예측을 줄이기 위해 사용할 수 있는 절차들이다.

1. 재앙적인 사건이나 결과가 일어날 가능성을 평가한다. 내담자에게 자신의 신념을 0%(전혀 일어나지 않는다)에서 100%(반드시 일어난다)까지의 척도로 평가해 보도록 하고, 나중과 비교해 보기 위해 내담자가 말한 것을 기록해 둔다.

2. 파국적인 사건이 일어날 것이라는 가능성을 지지하는 증거들과 그러한 가능성에 반하는 증거들을 평가한다. 내담자가 자신의 두려움과 실제 사실을 구별하도록 돕기 위해 내담자가 사용하는 인지적 오류를 모니터하고 소크라테스식 질문을 사용한다.

3. 증거 목록들을 검토한 후 내담자에게 파국적인 사건이 일어날 가능성을 다시 평가하도록 한다. 대개의 경우 1단계에서 처음 평가한 것보다 그 가능성이 낮아진다. 만일 파국적인 사건이 일어날 가능성을 더 높게 평가하였다면(그 걱정을 더욱 믿게 되었다면), 그러한 결과가 나타날 것을 뒷받침하는 2단계의 증거들에 대해 질문한다. 필요하다면 제5장 '자동적 사고 다루기'의 인지적 재구조화 기법을 적용한다.

4. 파국적인 사건이 일어날 가능성을 줄이기 위한 전략들을 브레인스토밍함으로써 행동 계획을 세운다. 내담자에게 두려워하는 결과가 나타나는 것을 막기 위해, 혹은 좀 더 나은 결과를 얻기 위해 취할 수 있는 행동들을 적어 보게 한

다. 예를 들어, Kate가 운전 중에 어지럼증을 느낀다면 사용할 수 있는 행동 계획을 세울 수 있다. 그녀는 이 장 뒤에서 다룰 진정 호흡 연습을 사용하거나, 기분이 나아질 때까지 길 옆에 차를 잠시 세울 수 있다.

5. 만일 파국적인 사건이 일어날 경우 그것에 대처하기 위한 계획을 세운다. Kate의 사례에서 운전 중 정신을 잃는 것은 진정 큰 재앙이다. 다행히도 어떤 전조 없이 이것이 일어날 가능성은 매우 작다. 좀 더 일어날 가능성이 있는 "재앙적인 일"에 대해 두려움을 가지고 있는 내담자의 경우(예: 사회불안이 있는 내담자가 파티에서 당황하여 무슨 말을 해야 할지 모르는 것, 중요한 사업 회의 중에 공황 발작이 일어나 회의실에서 나가야만 하는 것), "최악의 사례 시나리오(worst-case scenario)"를 상상하고, 이 두려운 상황을 성공적으로 다루기 위한 계획을 세우는 것이 매우 유용할 수 있다.

6. 파국적인 결과가 일어날 가능성을 다시 평가해 본다. 이것을 처음의 평가와 비교해 보고 차이점에 대해 이야기를 나눈다.

7. 이런 방식으로 함께 재앙적 사고에 관해 이야기 나눈 것에 대한 내담자의 피드백을 들어 보고 내담자에게 재앙화에서 벗어나기의 중요성을 강화시킨다.

호흡 훈련

'호흡 훈련(breathing retraining)'은 종종 공황장애를 치료하기 위해 사용되는데, 이는 불규칙한 호흡과 과호흡이 공황 발작에서 나타나는 빈번한 증상이기 때문이다. 과호흡은 보통 PCO_2(혈중 이산화탄소 양)을 감소시킨다(Meuret et al., 2008). 비록 호흡과 PCO_2 수준을 조절하는 기법들의 명확성에 대해 논란이 있으나, 여러 연구는 호흡 훈련의 효과성을 입증했으며(Kim et al., 2012; Meuret et al., 2008, 2010), 이 기법은 여전히 공황장애에 대한 주요 CBT접근으로 사용되고 있다.

공황 발작을 대상으로 하는 호흡 훈련에서 흔히 사용되는 전략은 과호흡과 공황의 경험을 시뮬레이션 하는 것으로 시작한다. 치료자는 과호흡을 시범으로 보여 준 다음, 내담자에게 호흡을 감소시키기 전에 호흡을 늘리도록 요청한다. 치료자는 내담자에게 공황 발작의 호흡 경험을 반복하기 위해 짧은 시간 동안(최대한 1분 30초) 호흡을 빠르고 깊게 하도록 지시한다. 다음 단계에서는 내담자에게 호흡을 정상적으로 통제할 수 있을 때까지 천천히 호흡해 보도록 한다. 공황장애를 가진 대부분의 내담자는 이러한 훈련이 거의 공황 발작의 느낌과 비슷하다고 보고한다. 따라서 이러한 훈련은 과호흡을 할 때 일어나는 생리적인 현상을 설명해 줌으로써 일어날 결과에 대한 파국적인 두려움을 완화시키는 데 도움이 된다.

치료자는 내담자의 호흡을 늦추기 위해 호흡을 세거나, 호흡 시간을 재기 위해 시계의 초침을 사용하거나, 불안한 생각을 진정시키기 위해 긍정적인 심상을 사용하는 등의 기법들을 가르침으로써 내담자가 자신의 호흡을 통제하는 법을 배우도록 돕는다. 그러나 지나치게 깊은 호흡을 지시하지 않도록 조심해야 한다. 그러한 호흡 패턴은 과호흡이 계속되게 함으로써 공황증상을 악화시킬 수 있다. 호흡 훈련은 회기에서 실시해 본 다음 내담자에게 과제로 내 줄 수 있다. 내담자가 자신 있게 이 기법을 사용할 수 있을 때까지 매일 연습하는 것이 좋다. 또한 내담자에게 불안을 일으키는 상황에서 이 기법을 사용해 보도록 한다. 단, 치료자는 내담자에게 이 기법을 완전히 익힐 때까지 불안을 통제할 수 있다는 기대는 아직 이름을 알려주어야 한다.

훈련 과제 7-2   호흡 훈련

1. 동료와 함께 역할극을 통해 호흡 훈련을 연습해 본다.
2. 먼저 과호흡을 해 본 다음 1분당 약 15회의 호흡을 할 때까지 천천히 호흡을 해 본다.
3. 불안을 줄이고 호흡 훈련을 촉진하기 위해 심상을 사용하여 연습해 본다.

단계 4: 노출

불안을 일으키는 자극에 노출시키는 것은 불안장애, PTSD, 그리고 OCD에 대한 CBT의 가장 중요한 단계다. 치료자는 회피에 의해 일어나는 강화 사이클을 거스르기 위해 내담자로 하여금 '단계 3: 기본적인 기술 훈련'에서 설명한 인지적 재구조화와 이완 기법을 사용하여 스트레스 상황을 직면하도록 돕는다. 단순 공포증과 같은 어떤 불안 증상들은 홍수(flooding) 기법(예: 치료자는 내담자로 하여금 두려워하는 자극을 직접 대면하도록 격려하며 스스로 그 상황에 대처하는 행동의 모델이 된다)을 사용하여 한 회기에 치료되는 경우도 있으나, 대부분의 노출 치료는 체계적인 둔감화(systematic densensitization) 기법을 사용한다. 이러한 과정은 두려운 자극들의 단계 분류표를 만든 다음 이것을 사용하여 한 번에 한 단계씩 불안을 극복하기 위한 점진적인 노출 프로토콜을 구성하는 것을 포함한다. 이 장의 나머지 부분에서는 노출 치료와 관련 기법들의 구체적인 세부 사항들을 다룰 것이다.

단계적 노출을 위한 단계 분류표 만들기

체계적인 둔감화 혹은 단계적 노출의 성공 여부는 종종 단계 분류표를 얼마나 잘 만들었느냐에 달려 있다. 효과적인 단계 분류표를 만들기 위한 제안들은 〈표 7-3〉에 나와 있다.

Wright 박사는 Kate가 운전하여 다리를 건너는 것과 불안을 일으키는 다른 운전 활동들을 회피하는 문제를 극복하도록 돕기 위해 단계 분류표를 그녀와 함께 만들었다. 먼저 그는 단계 분류표를 만드는 근거에 대해 설명한 다음, 0~100의 괴로움 척도에서 Kate가 매우 낮게 평가한 몇 개의 항목들을 찾아냈다. 그런 다음 그들은 괴로움 척도 90~100에 해당하는 몇 개의 운전 활동들을 확인한 후, 노출 치료의 목표들로 이루어진 단계 분류표를 완성하였다([그림 7-1] 참조).

〈표 7-3〉 단계적 노출을 위한 단계 분류표 만들기

1. **구체적으로 작성한다.** 내담자가 단계 분류표 각 단계의 자극에 대해 명확한 설명을 적도록 돕는다. 지나치게 일반적인 혹은 분명치 않은 단계들의 예로 '운전하는 것 다시 배우기', '파티에 가는 것 두려워하지 않기', '사람들 사이에서 편안하게 느끼기' 등을 들 수 있다. 구체적이고 명확한 단계들의 예로는 '일주일에 적어도 세 번 모퉁이 가게까지 두 블럭 운전하기', '이웃 파티에서 20분 보내기', '일요일 아침 사람들이 거의 없을 때 10분 동안 쇼핑 센터에 가기' 등이 있다. 구체적인 단계들은 치료자와 내담자가 단계 분류표를 따라 진행하는 데 도움이 된다.

2. **각 단계에 대해 어려움의 정도 혹은 예상되는 불안의 정도를 평가한다.** 0~100의 척도(100은 가장 큰 어려움 혹은 불안을 가리킴)를 사용한다. 이러한 평가 점수는 매 회기 노출을 위한 단계를 정하거나, 내담자가 느끼는 불안의 변화를 측정하는 데 사용될 수 있다. 내담자가 단계 분류표의 각 단계를 성공적으로 통과할 때 그가 느끼는 어려움 혹은 불안의 정도는 크게 줄어들게 된다.

3. **어려움의 정도에 따라 다양한 단계로 구성된 단계 분류표를 만든다.** 내담자가 매우 낮은 어려움(5~20점)에서 매우 높은 어려움(80~100점)의 정도에 따라 다양한 단계(보통 8~12개)를 목록으로 만들도록 코치한다. 어려움의 전 범위에 걸친 단계를 나열하려고 시도한다. 만일 내담자가 높은 점수대의 단계들만 이야기하고 중간 점수대의 단계들을 생각해 내지 못한다면 치료자는 내담자가 좀 더 점진적이고 포괄적인 목록을 만들도록 도와야 한다.

4. **각 단계는 협력하여 선정한다.** 다른 인지행동치료 기법들과 마찬가지로 치료자와 내담자는 한 팀으로 협력하여 노출 치료 단계들의 순서를 정한다.

행동	괴로움 등급
동네에서 차를 몰고 다니기	10
현 사무실까지 차로 3마일을 가기	20
직장 동료들을 위해 차를 몰고 점심을 사러 가기	35
남편과 함께 고속도로 달리기(눈을 감고)	35
냇가 위의 작은 다리를 운전해서 건너기	40
남편과 함께 고속도로를 달리기(눈을 뜨고)	50
집 근처에 있는 작은 다리를 운전해서 건너기	60
일요일 아침에 혼자 고속도로를 운전하기(교통량이 많지 않을 때)	70
혼잡한 시간대에 혼자 고속도로를 운전하기	85
새 사무실로 큰 다리를 운전하여 건너기(맑은 날)	90
새 사무실로 큰 다리를 운전하여 건너기(비 오는 날)	100

[그림 7-1] Kate 노출 단계

내담자로 하여금 불안에 대한 CBT 모델을 잘 이해하고 노출 치료의 참여를 촉진하기 위해 종종 인지적 기법들을 사용하여 단계 분류표의 항목들을 평가하도록 할 수 있다. Wright 박사는 그녀가 3마일을 운전해서 현재 직장에 가는 것에 상대적으로 낮은 점수인 20을 주었다는 데 주목하였다. 이와는 대조적으로, 그녀는 그보다 더 짧은 거리이지만 자주 운전하지 않는 곳에 가는 것에 더 높은 점수를 주었다. 그는 소크라테스식 질문을 사용하여 Kate로 하여금 반복적인 경험이 불안 수준을 떨어뜨리는 한편, 회피는 종종 불안을 증가시킨다는 것을 깨닫도록 도왔다. 그들은 노출 기법의 중요성을 강화하기 위해 이러한 통찰을 사용하였다.

Wright 박사는 Kate에게 현재 단계 분류표의 '맨 위 단계보다 더 위에 있는' 가장 큰 불안(불안이 너무 심해서 0~100 척도로도 평가할 수 없는)을 일으킬 노출 활동을 예상해 보도록 하였다. Kate는 잠시 생각한 다음 그녀의 동생 차를 몰고 큰 다리를 운전해서 건너는 것으로 0~100 척도에서 140 정도쯤 된다고 대답하였다. 내담자에게 단계 분류표의 '맨 위 단계보다 더 위에 있는' 가장 큰 불안을 일으키는 활동이 무엇인지 묻는 전략은 다음과 같은 이점을 갖는다. ① 단계 분류표의 다른 항목들에 대한 평가 점수들이 하향 조정되어 내담자가 이 문제들을 좀 더 다루기 쉬운 것들로 보게 된다. ② 극단적인 두려움을 일으키는 경험을 찾아냄으로써 내담자로 하여금 단계 분류표의 불안을 덜 일으키는 다른 항목들에 대해 생각해 보도록 이끈다. ③ 단계 분류표의 '맨 위 단계보다 더 위에 있는' 항목을 노출 활동 목록에 추가하여 궁극적으로 내담자가 두려워하는 자극에 온전히 직면할 수 있도록 도울 수 있다. 장애물 해결 가이드 4는 노출에 기반한 치료를 성공적으로 수행하는 데 방해가 되는 것들을 극복하기 위한 제안들을 담고 있다.

장애물 해결 가이드 4
노출 치료에서의 어려움들

☑ 내담자가 회기 약속에 오지 않거나 약속 잡는 것을 피한다. 내담자의 불안과 회피 행동

때문에 치료 회기에 정기적으로 참석하는 것에 어려움이 있는가? 이러한 문제는 광장공포증으로 인해 제한된 "안전 지대"를 벗어나는 것에 어려움이 있는 사람들에게서 볼 수 있다. 이렇듯 내담자가 치료에 오기 어려운 경우 임시적인 해결방안은 전화, 이메일, 또는 원격 의료 시스템으로 회기를 진행하는 것이다. 물론 CBT 기법을 사용하여 내담자가 직접 회기에 참석 할 수 있도록 도와야 한다. 그렇지 않으면 앞서 말한 대안적인 참여 방법들이 지속되는 회피 패턴의 일부가 될 수 있다. 또 다른 방안은 치료적 관계를 다시 평가해 보고 내담자에 대한 치료를 잘 준비하고 있는지 살펴보는 것이다. 치료자는 협력적인 관계를 만드는 데 충분한 관심을 기울이고 있는가? 치료자는 노출 치료의 근거에 대해 충분히 설명했는가?

고려해 볼 수 있는 다른 방안들은 다음과 같다. ① 노출 치료에 대한 역기능적 인지들을 찾아내어 수정한다(예: "그것은 내가 감당하기에 너무 힘들어……. 나는 불안을 견딜 수 없을 거야……. 아무 소용 없어, 나는 절대 변하지 않을 거야."). ② 동기 강화 상담(motivational interviewing)을 활용하여 내담자의 치료에 대한 참여를 촉진한다. ③ 가족 구성원이나 친구가 내담자를 치료 회기에 데려다주는 것과 같은 안전 행동을 임시로 사용한다.

☑ 내담자가 반복해서 노출 관련 과제를 해 오지 않는다. 내담자가 노출 과제를 해 오지 않을 때, 치료자는 "내가 이 내담자에게 가장 적절한 수준에서 과제를 내 주고 있는가?"를 스스로에게 질문하는 것이 좋다. 아마도 치료자는 너무 빨리 진행하고 있거나, 내담자를 너무 밀어붙이고 있는 것일 수 있다. 또는 치료자가 너무 느리게 진행하고 있는 것일 가능성도 있다. 치료자는 단계 분류표를 다시 조정해야 할지도 모른다. 더 작은 단계들을 찾아내거나, 혹은 의미있고 실행 가능한 단계들로 구성하는 것이다.

만일 내담자가 과제를 해 오지 않는다면, 그와 이 문제에 관해 이야기를 나눠야 한다. 치료자는 내담자에게 노출에 참여하는 데 방해가 되는 것들에 대해 질문할 수 있다. 그런 다음 이러한 방해물들을 극복하기 위한 방안들을 찾도록 도울 수 있다. 예를 들면, 내담자는 "나는 일 때문에 너무 바빠요. 그리고 집에 왔을 때 가족들과 시간을 보내야 해요."라고 말한다. 이 내담자를 위한 해결책은 남편의 지지를 얻어 다음 회기에 오기 전 20분의 시간을 내 노출 활동을 할 수 있는 일정을 짜는 것이 될 수 있다.

또한 회기 약속에 오지 않거나 피하는 문제에 대한 전략들은 과제를 해 오지 않는 것에도 적용될 수 있다. 집에서 노출 활동을 하는 데 어려움이 있는 내담자는 과제 수행을 촉진하기 위해 치료자와 짧은 전화 약속을 잡을 수 있다.

☑ 내담자가 단계 분류표를 만드는 데 어려움이 있다. 만일 내담자가 노출 치료를 위한 일련의 단계들을 상세히 설명할 수 없다면, 치료자는 몇 가지 전략들을 시도해 볼 수 있다.

치료자는 브레인스토밍을 제안함으로써 내담자의 상상력을 끌어올려 떠오르는 어떤 생각이든(비록 피상적이거나, 실행하기 어렵거나, 또는 너무 쉬운 것처럼 보이는 것이라 하더라도) 적어 보도록 한다. 때때로 그러한 생각들은 단계 분류표에 들어갈 유용한 활동들의 출발점이 되기도 한다.

또 다른 전략은 치료자가 주도적으로 창의적인 제안들을 하는 것이다. 치료자가 제안을 할 때에는 내담자의 관심과 참여를 높이기 위해 질문 형식으로 하는 것이 좋다.

세 번째 방법은 단계 분류표의 관련 활동들을 찾아내기 위해 내담자가 이미 찾아낸 항목들을 사용하는 것이다. 예를 들어, 광장공포증을 가진 내담자가 그의 단계 분류표 항목으로 식료품점에서 쇼핑하는 것을 찾아냈다고 가정해 보자. 치료자는 만일 가게에 사람들이 거의 없는 일요일 아침 오전 7시에 쇼핑을 한다면 사람들이 북적이는 토요일 오후 1시에 쇼핑할 때와 비교해 볼 때 척도에서 몇 점에 해당하는지 질문할 수 있다. 다른 방법으로는 가족이나 친구와 함께 갈 때와 혼자 갈 때, 또는 몇 개 안되는 물건들을 사느라 짧은 시간 동안 쇼핑하는 것과 쇼핑 카트를 가득 채우도록 30분 이상 쇼핑하는 것과 같이 상황을 상세히 설명하여 구분하는 것이다.

☑ 내담자가 불안을 일으키는 자극에 노출되는 상황을 구성하는 데 어려움이 있다. 만일 내담자가 붐비는 장소, 사회적 행사, 또는 운전과 같이 일상생활에서의 흔한 경험들에 어려움을 갖고 있다면, 그가 불안을 일으키는 자극에 노출되는 상황들은 대개 쉽게 구성할 수 있다. 그러나 단계 분류표의 불안을 일으키는 자극들이 흔한 것이 아니거나, 좀 더 도전적인 것일 때, 치료자는 자극을 제시하기 위해 비디오와 컴퓨터 도구들을 활용할 수 있다. 혈액 공포증이 있는 내담자는 실제 노출(이 장 뒷 부분에서 다룸)에 대한 준비 과정으로 점점 더 혈액이 선명하게 묘사되는 장면들이 등장하는 인터넷의 비디오들을 볼 수 있다(예: 현미경 아래의 혈액 세포들, 작게 베인 상처에서 나는 한 방울의 피, 깊게 베인 상처로 인한 출혈, 심장 절개 수술). 비행에 대한 두려움이 있는 내담자의 경우, 실제 비행기에 탑승할 수 있도록 준비시키기 위해 점차 사실적인 비행 경험 비디오들을 보게 할 수 있다.

가상 현실(Virtual Reality: VR)을 활용한 노출 치료는 치료실이나 가정에서 노출 경험을 제공하는 훌륭한 방법이 될 수 있다. 비행에 대한 두려움, 고소공포증, 발표에 대한 두려움, 전쟁과 관련이 있는 PTSD, 그리고 기타 불안으로 인한 회피 문제들을 위한 VR 프로그램들이 개발되었다. VR 프로그램들은 제4장 '구조화하기와 교육하기'에 나와 있다.

☑ 내담자가 필요한 기술을 가지고 있지 못하다. 오래된 회피 패턴으로 인해 많은 내담자는 두려운 상황에서 수행에 필요한 기술들을 익히지 못했을 수 있다. 발표 불안이 있는 사람은 효과적인 프레젠테이션을 하는 방법을 배우는 경험을 충분히 하지 못했을 수 있다. 사회불안을 가진 내담자는 파티나 다른 모임에서 이야기를 나누는 기술들을 익히지 못했을 가능성이 높다. 고소공포증이 있는 사람의 경우, 안전하게 사다리를 사용하거나, 혹은 가파른 트레일을 하이킹하는 법에 대해 잘 모를 수 있다. 내담자가 필요한 기술을 가지고 있지 않다면, 치료자는 도서(예: 대화를 나누는 법에 관한 책), 수업(예: 리더십 훈련이나 발표 수업), 또는 온라인 자료들(예: 낯선 사람들과 효과적인 대화를 시작하고 이끌어 가는

비디오)을 제공해 줄 수 있다. 또한 치료자는 치료 회기에서 역할극을 통해 기술을 쌓도록 훈련시킬 수 있다(예: 구직 인터뷰 참석하기, 직장회의에서 분명하게 말하기, 사회적 행사에 다른 사람 초대하기).

☑ **내담자가 진전을 보이지 않는다.** 진전이 매우 느리거나 전혀 보이지 않을 때, 앞서 기술한 많은 방법이 도움이 될 수 있다. 여기 다음 두 가지 전략들은 노출 치료 과정에서 일어날 수 있는 정체기를 극복하도록 도울 수 있다.

첫째, 치료자는 좀 더 깊게 안전 행동을 찾아보는 것이 좋다. 내담자는 괴로움을 감소시키는 안전 행동을 사용하고 있기 때문에 치료에 대한 동기가 낮은가? 치료자는 노출 치료에서 다뤄야 하는 안전 행동들을 찾아내지 못했는가? 치료자는 회기 중 내담자에게 회피 행동을 해 보도록 요청하여 내담자가 두려운 상황을 어떻게 다루는지 정확히 파악한다. 치료자는 앞으로의 진전에 열쇠를 제공할 수 있는 중요한 안전 행동들을 놓쳤을 수 있다. 또한 치료자는 내담자에게 노출 활동을 상상해 보고 적어 보도록 함으로써(다음 절 '가상 노출'에서 설명한 대로) 내담자의 행동에 대해 좀 더 포괄적으로 또한 미묘한 차이를 이해할 수 있을 것이다.

둘째, 치료자는 내담자가 노출 과제를 수행하도록 너무 많은 부담을 준 것은 아닌지 평가해 보는 것이 필요하다. 만일 치료자가 기대를 거의 하지 않고 과도하게 지지적인 태도를 보인다면(예: 과제를 수행하는 어려움에 대해 지나치게 동정을 표하는 것, 과제를 검토하고 문제 해결책을 찾는 것에 대해 낙관적이지 않거나 에너지가 없는 것, 내담자가 현재의 스트레스에 대해 환기하도록 하려고 치료자가 회기에서 습관적으로 노출 작업을 중단하는 것), 그는 자신도 모르게 치료의 진전을 방해하고 있는 것일 수 있다. 대개 오래된 회피 행동을 보이는 내담자는 노출 치료로 나아가기 위해 치료자의 확실한 격려와 약간의 압력이 필요하다. 그렇지 않으면 내담자는 자신의 회피 패턴을 계속할 것이다.

노출 치료에 대해 가장 효과적인 수준의 기대를 갖는 것은 불안과 OCD를 대상으로 CBT를 진행하는 데 있어 치료자가 배워야 할 핵심 기술들 중 하나다.

가상 노출

노출의 두 유형으로 가상 노출(imaginal exposure)과 실제 노출(in vivo exposure)을 들 수 있다. 단계적 노출을 위해 심상을 사용할 때 치료자는 내담자에게 그 장면에 몰두하여 자신이 어떻게 반응하는지를 상상해 보도록 한다. 대개 가상 노출은 먼저 회기에서 진행되며, 과제로 이어진다. 치료자는 내담자가 불안과 관련이 있는 자극을 가능한 한 생생하게 경험할 수 있도록 단서들을 제공한다. 다음은 사고 이후 PTSD를 보이는 내담자 Raul을 돕기 위해 가상 노출 기법을 사용한 경우다.

사례 예시

Raul은 동료가 실수로 스위치를 키자 수리 중이던 장비에서 약 15피트 아래로 떨어지는 사고를 당했다. 그는 금이 간 갈비뼈와 다리가 다 나은 후에도 작업 환경에 대한 두려움과 플래시백, 악몽으로 인해 직장에 복귀할 수 없었다. 그는 높이 올라가거나 위험한 수리 작업과 관련이 없는 다른 일을 하기로 하였다. 그러나 작업장에 들어가는 생각만 해도 그는 심한 불안을 느꼈다.

Raul의 치료자는 작업 상황에 대한 단계적 노출을 위해 Raul이 단계 분류표를 만들도록 도왔다. 그들은 가상 노출을 시작한 다음, Raul의 감독관의 도움을 받아 직장에 복귀하기 위한 단계적인 접근을 시도하는 실제 노출 계획을 세웠다. 다음은 회기 중 실시한 가상 노출 치료 과정의 일부이다.

치료자: 여기 치료 회기에서 처음 어떤 단계들을 보여 주기 원하나요?

Raul : 공장 문을 통과해서 작업을 시작하기 위해 서명을 하는 것을 한번 해 보지요.

치료자: 좋습니다. 차를 주차한 다음 당신의 모습을 떠올려 보세요. 당신은 주차장에 세워 놓은 차 안에 앉아 있습니다. 무엇이 보이나요? 지금 기분은 어떤가요? 당신은 지금 무슨 생각을 하고 있습니까?

Raul　: 저는 운전대를 꽉 쥐고, 고개를 아래로 숙인 채 공장을 보고 있지 않아요. 나는 제가 이걸 감당할 수 없다고 생각하고 있어요……. 뭔가 다른 안 좋은 일이 일어날 거예요……. 나는 너무 심하게 떨어서 바보 같아 보일 거예요…….

치료자: 당신이 거기 차 안에 앉아 있을 때 무엇을 할 것이라고 생각하나요?

Raul　: 방향을 돌려 집으로 돌아가는 거요.

치료자: 마음을 진정시키고 공장 안으로 들어가기 위해서 무엇을 할 수 있을까요?

Raul　: 편하게 숨을 쉬고, 스스로에게 무서운 생각들을 그만두라고 말하는 거요. 나 자신에게 그곳에서 15년 동안 일하면서 단 한 번 사고가 난 것이라는 사실을 일깨우는 것도요. 그 사고는 내가 안전 장비를 사용하지 않았고 그 사람이 내가 작업 중이라는 것을 몰랐기 때문에 일어났어요. 내가 새로 하게 된 일은 품질 관리에 관한 거라 나는 그냥 실험실에 앉아서 작동 점검만 하면 돼요. 다칠 확률은 매우 낮아요.

치료자: 자, 이제 당신이 차에서 나와서, 문을 통과하고, 작업을 시작하기 위해 서명을 하는 것을 상상해 볼 수 있겠어요?

Raul　: 네, 하고 싶어요.

　치료자는 계속하여 Raul이 공장 주변을 둘러보는 상상을 하도록 도움으로써 그가 두려워하는 장면들을 보고 받아들이고, 좀 더 긴 시간동안 그 장면들을 경험할 수 있으며, 그의 새로운 작업 환경인 품질 관리 실험실에 가 볼 수 있도록 하였다. 마침내 Raul은 실제 노출을 사용하여 작업장에서 일어난 사고로 야기된 PTSD로부터 완전히 회복될 수 있었다.

　가상 노출은 특히 외상에 대한 생각과 관련된 자극들을 회피함으로써 계속하여 불안을 일으키는 외상 후 스트레스 장애의 치료에 유용하다. 또한 심상은 OCD를 위한 노출 치료에 유용하다. 치료 회기에서 강박적인 사고를 떠오르게 한 다음 증거 조사하기와 같은 인지적 기법들과(또는) 이완 혹은 주의 돌리기와 같은 행동 기법들을 사용하여 진정시킬 수 있다. 또한 강박 행동을 다루기 위한 노출과 반응 예방 계획을 처음 실시할 때 심상을 사용함으로써 내담자가 이러한 행동을 그만둘 수 있도록 도울 수 있다. OCD 치료 전문가인 Elizabeth Hembree 박사는 오염에 대한 두려움으로 인해 병에 걸리게 만든다고 믿는 물건들을 회피하는 Mia를 대상으로 치료를 진행하였다. Mia는 이전 회기에 실시했던 가상 노출과정을 녹음한 것을 들었다. 그런 다음 문의 손잡이를 만지고 손을 씻지 않는 것과 같은 몇 가지를 실제 노출 훈련에서 진행하였다. 또한 이 회기에서 Mia는 개목걸이(그녀가 생각하기에 개의 털, 침, 배설물로 심하게 오염된 물건인)에 대해 가상 노출 스크립트를 준비했다.

가상 노출이 어떻게 매우 강렬한 감정과 생리적 반응을 일으키는지 주목할 필요가 있다. Mia가 상상 속에서 스크립트를 실행하는 강렬한 경험을 한 후, Hembree 박사는 그 내용을 반복하였다. 그런 다음 Mia는 다시 한번 그 심상에 몰두하였다. 그들은 그 과정을 여러 번 반복함으로써 그 자극에 습관화되어 장갑을 끼거나 손을 씻는 것과 같은 그녀의 일상적인 회피 행동을 예방하고자 하였다.

많은 OCD 내담자의 회피나 강박 행동을 변화시키기 위해 장기적인 가상 또는 실제 노출이 요구된다. 심리학자들이나 다른 심리치료자들은 효과적인 노출 치료를 제공하기 위해 50분 이상 진행되는 회기를 사용하기도 한다. 그러나 정신과의사들은 90분 이상의 회기를 진행하는 경우는 드물다. 이 책의 저자들은 OCD에 대해 종종 더 짧은 노출 회기들과 약물치료를 함께 사용한다[전통적인 "분"보다 짧은 회기를 사용하는 것에 대한 자세한 사항들은 『High-Yield Cognitive-Behavior Therapy for Brief Sessions: An Illustrated Guide』(Wright et al., 2010 참조)]. 어떤 사례들에서는 20~25분 회기들을 진행하고 과제를 내 주는 것이 좋은 성과를 가져오기도 하였다. 그러나 더 긴 회기들을 계획하거나, 필요할 경우 다른 치료자들에게 의뢰하는 것도 고려할 수 있다.

만일 내담자가 실제 삶의 상황에서 두려운 자극을 직면할 수 있다면 노출 치료가 가장 효과적이기 때문에, 가능할 때마다 내담자를 실제 노출에 참여시키는 것이 바람직하다. Raul의 불안을 치료하는 사례 예시는 심상을 사용하여 그를 실제 작업 현장에 노출시키기 위한 준비 과정을 보여 준다. 심상을 사용하여 내담자가 실제 노출로 옮겨 갈 수 있도록 돕는 다른 예들로는 비행에 대한 두려움 다루기(예: 치료실에서 가상 연습을 실시한 후 실제 비행기 여행을 해 보는 것), 광장공포증(예: 심상을 사용하여 쇼핑몰에 가는 단계들을 연습한 후 실제로 그 단계들을 실시해 보는 것) 등을 들 수 있다.

실제 노출

'실제 노출(in vivo exposure)'은 내담자가 두려움을 일으키는 자극에 직접 대면하는 것이다. 치료실 환경의 자원에 따라 회기 중에 실제 노출을 시행하는 것이 가능할 수도 있다. 높은 곳, 엘리베이터, 또는 어떤 사회적 상황에 대한 두려움은 다시 만들어 낼 수 있다. 회기 중에 실제 노출을 시행하게 되면 치료자는 내담자가 노출 경험을 하는 동안 함께할 수 있다. 실제 노출 시 치료자가 내담자와 함께 있을 경우 이점과 단점이 모두 존재한다. 긍정적인 요인들로는 치료자가 다음과 같은 기회들을 가질 수 있다는 것이다. ① 효과적인 불안을 다루는 기법들의 본보기를 보일 수 있다. ② 내담자로 하여금 두려움을 직면하도록 격려할 수 있다. ③ 적시에 심리교육을 제공할 수 있다. ④ 내담자의 파국적인 인지를 수정할 수 있다. ⑤ 건설적인 피드백을 제공할 수 있다. 그러나 치료자가 함께 하게 되면 위협적인 상황이 더 안전하게 보일 수 있는데, 마치 친구나 가족구성원이 함께 있을 때 불안 수준이 감소하는 것과 같다. 그러므로 치료자의 행동이 회피 패턴을 촉진하지 않도록 주의를 기울여야 한다. 이러한 노출 과정은 내담자가 회기 밖에서 스스로 노출을 시행할 수 있도록 하기 위한 훈련 과정으로 볼 수 있다.

회기에서 실제 노출을 진행한 후 내담자는 과제로 노출 연습을 계속해야 한다. Hembree 박사는 Mia에게 매일 한 시간씩 개목걸이를 만지고, 그것을 손목에 두르고, 그것을 사용하여 그녀의 집에 있는 다른 물건들을 "오염시키면서" 시간을 보내도록 하였다. 치료자는 실제 노출을 과제로 내 준 후 다음 회기에서 내담자에게 결과를 보고하도록 해야 한다. 치료자는 내담자에게 자신의 예측과 실제 결과를 비교해 보도록 한다. 만일 상황이 예측했던 것보다 덜 위협적이며, 상황을 더 잘 다룰 수 있었다면, 이것이 그녀의 불안을 다루기 위한 앞으로의 노력에 대해 무엇을 말해 주는 것인지 내담자에게 물어 본다. 만일 상황이 예상했던 것보다 더 어려웠거나 혹은 계획했던 것보다 상황을 잘 다룰 수 없었다면, 다음에는 더 쉬운 단계를 선택하거나 두려움을 통제하기 위해 사용했던 기법들을 검토해 볼 수 있다. 대처 전략을 적용하는 데 어려움이 있었다면 회기에서 그것을 연습할 수 있다. 만일 예상치 못했던 장애물이 상황을 더욱 복잡하게 만들었다면, 치료자는 내담자가 이러한 문제들을 극복하기 위한 방법을 찾을 수 있도록 돕는다.

반응 예방

반응 예방(response prevention)은 내담자의 장애를 유지시키는 행동들을 중지하도록 돕기 위해 사용되는 기법들을 가리키는 일반적인 용어다. 불안장애, PTSD, 그리고 OCD를 위한 CBT에서 노출과 반응 예방은 보통 함께 사용된다. 예를 들어, Mia는 반복적으로 "오염된" 물건들을 만지고 손을 씻지 않았다. 반응 예방은 수를 세거나 반복적인 행동(예: 집을 떠나기 전 전등 스위치를 16번 키고 끄기, 의식 순서에 따라 20분 동안 샤워하기)을 하는 것과 같은 OCD 의식(ritual)을 다루는 CBT의 중요한 파트이다. 치료자는 내담자를 격려하여 의식을 단계적으로 줄이기 위한 계획을 세우도록 한다. 이때 내담자는 전체 의식을 시행하지 못하기 때문에 얼마간의 불안을 경험하게 된다. OCD 치료에서 반응 예방 개입은 의식을 행하는 장소를 떠나거나(예: 손을 한 번 씻은 후에 세면대 떠나기), 또는 다른 대안적인 행동을 하지 않는 데 동의하는 것과 같이 간단하게 시행될 수 있다. 내담자는 집을 점검하는 행동에 대해 처음 한 번 집을 점검한 뒤에는 다시 점검해야 한다는 느낌이 들더라도 집을 떠나 일정 기간 집으로 다시 돌아오지 않기로 동의할 수 있다. 보통 반응 예방 기법은 치료자가 일방적으로 지시하는 것보다 협력적으로 진행하였을 때 가장 효과가 높다. 내담자와 치료자는 반응 예방의 구체적인 목표를 함께 결정한 다음, 내담자는 그러한 계획에 따르기 위한 자신의 노력을 기록한다.

보상

긍정적인 강화는 보상(rewards)을 받은 행동이 다시 일어날 가능성을 높인다. 따라서 노출 계획을 세울 때 두려운 상황에 다가가는 것과 같은 적응적인 행동을 격려하는 데 있어 긍정적인 강화의 역할을 고려하는 것이 도움이 된다. 가족 구성원들과 친구들은 내담자가 노출 목표를 성취한 것에 대해 칭찬을 하고 보상이나 인센티브를 제공할 수 있다. 예를 들어, 노출 과정에서 중요한 성과를 거둔 것을 축하하기 위해 내담자와 함께 저녁 식사를 하러 나가는 것을 들 수 있다. 또한 내담자는 두려움과 싸운 자신의 성과에 대해 자기 자신에게 보상을 할 수도 있는데, 보상은 내담자가 즐거워하거나 긍정적으로 생각하는 것이라면 무엇이든 좋다. 보상의 크기는 성과의 크기에 따라 적절해야 한다. 음식(예: 좋아하는 아이스크림 먹기)과 같은 작은 보상들은 두려움에 대면하는 초기나 중기 단계들에서 사용된다. 더 큰 보상(예: 특별한 것을 사는 것, 여행을 가는 것)의 경우는 더 큰 장애물을 극복하였을 때에 계획할 수 있다.

훈련 과제 7-3   노출 치료

---

1. 동료에게 불안장애를 가진 내담자 역할을 맡도록 하여 같이 역할극을 해 보거나, 혹은 자신의 불안을 일으키는 물건이나 상황에 대해 이 훈련을 실시해 본다.

2. 〈표 7-3〉의 정보들을 사용하여 내담자가 두려워하는 특정 상황에 대한 노출을 위해 단계 분류표를 작성한다.

3. 낮은 정도의 어려움에서 높은 정도의 어려움까지 적어도 여덟 개의 단계들을 구성한다.

4. 노출 치료를 위한 첫 번째 목표를 선정한다.

5. 실제 노출을 준비하기 위해 가상 노출을 사용한다.

6. 노출 계획을 시행하는 데 일어날 수 있는 문제들을 찾아보고, 이러한 어려움들을 극복하기 위한 기법들에 대해 내담자를(또는 자기 자신을) 코치한다.

7. 이러한 핵심 행동 기법을 익힐 때까지 노출 치료 기법을 계속 연습한다.

요약

　불안장애, PTSD, 그리고 OCD에 대한 인지행동적 기법들은 이러한 증상들을 가진 내담자가 어떤 대상 혹은 상황에 대해 비현실적인 두려움을 가지며, 두려운 자극에 대해 지나친 불안이나 생리적 활성화로 반응하고, 또한 불쾌한 감정 반응으로부터 도피하기 위해 불안을 일으키는 자극을 회피하는 행동을 보인다는 개념에 기초한다. 내담자는 불안을 일으키는 상황을 회피할 때마다 자신이 그 상황에 대처할 수 없다는 증거들을 더 갖게 된다. 그러나 회피 패턴이 깨질 수 있다면, 내담자는 자신이 그 상황을 다룰 수 있다는 것을 배우게 될 것이다.

　이 장에서 다룬 행동적 개입들은 주로 회피를 중지하는 것에 초점이 맞추어져 있다. 내담자들은 감정적인 각성을 줄이고, 불안을 증가시키는 역기능적 인지들을 완화시키며, 두려운 상황들에 단계적으로 자신을 노출시키는 법을 배우게 된다.

불안장애 및 관련 질환들에 대한 행동적 개입의 일반적인 모형은 다음 네 단계의 과정들로 되어 있다. ① 증상, 불안을 일으키는 요인들, 대처 방법들에 대해 평가하기, ② 치료 목표들을 찾아 우선순위 정하기, ③ 불안을 다루는 기본적인 기술들에 대해 코치하기, ④ 불안 반응이 현저히 감소하거나 없어질 때까지 스트레스 자극에 노출시키기 등이다. 치료자는 먼저 내담자가 이러한 기법들을 치료 회기에서 연습하도록 한 다음 이를 과제로 내 주어 치료 효과를 일상생활로 확장시키도록 한다.

참고문헌

Abramowitz JS, Whiteside S, Kalsy SA, Tolin DF: Thought control strategies in obsessive-compulsive disorder: a replication and extension. Behav Res Ther 41(5): 529–540, 2003 12711262

Beck AT, Epstein N, Brown G, Steer RA: An inventory for measuring clinical anxiety: psychometric properties. J Consult Clin Psychol 56(6): 893–897, 1988 3204199

Clark DA, Beck AT: Cognitive Therapy of Anxiety Disorders: Science and Practice. New York, Guilford, 2010

Goodman WK, Price LH, Rasmussen SA, et al: The Yale-Brown Obsessive Compulsive Scale, I: development, use, and reliability. Arch Gen Psychiatry 46(11): 1006–1011, 1989 2684084

Kim S, Wollburg E, Roth WT: Opposing breathing therapies for panic disorder: a randomized controlled trial of lowering vs raising end-tidal P(CO2). J Clin Psychiatry 73(7): 931–939, 2012 22901344

Meuret AE, Wilhelm FH, Ritz T, Roth WT: Feedback of end-tidal pCO2 as a therapeutic approach for panic disorders. J Psychiatr Res 42(7): 560–568, 2008 17681544

Meuret AE, Rosenfield D, Seidel A, et al: Respiratory and cognitive mediators of treatment change in panic disorder: evidence for intervention specificity. J Cons Clin Psychol 78(5): 691–704, 2010 20873904

Meyer TJ, Miller ML, Metzger RL, Borkovec TD: Development and validation of the Penn State Worry Questionnaire. Behav Res Ther 28(6): 487–495, 1990 2076086

Purdon C: Empirical investigations of thought suppression in OCD. J Behav Ther Exp Psychiatry 35(2): 121−136, 2004 15210374

Rassin E, Diepstraten P: How to suppress obsessive thoughts. Behav Res Ther 41(1): 97−103, 2003 12488122

Spitzer RL, Kroenke K, Williams JB, Löwe B: A brief measure for assessing generalized anxiety disorder: the GAD−7. Arch Intern Med 166(10): 1092−1097, 2006 16717171

Tolin DF, Abramowitz JS, Przeworski A, Foa EB: Thought suppression in obsessive-compulsive disorder. Behav Res Ther 40(11): 1255−1274, 2002 12384322

Wright JH, Sudak D, Turkington D, Thase ME: High-Yield Cognitive-Behavior Therapy for Brief Sessions: An Illustrated Guide. Arlington, VA, American Psychiatric Publishing, 2010

제8장 스키마 수정하기

치료자는 내담자의 스키마(schema)를 변화시키려 할 때 내담자의 자기 개념과 생활 방식의 근본을 다루게 된다. 스키마는 정보 처리의 기본 규칙들이 들어 있는 핵심 신념이다. 스키마는 ① 환경으로부터의 정보를 걸러 주고, ② 의사 결정을 내리며, ③ 행동 패턴으로 이끄는 틀을 제공한다. 스키마는 인생의 중요한 사건, 외상, 성공 경험 및 기타 발달에 중요한 영향들뿐 아니라 부모, 교사, 또래 및 중요한 타인들과의 상호작용에 의해 형성된다. 유전적 특질 또한 기질, 지능, 특정 능력 또는 능력의 결함(예: 운동 신경, 체형, 매력, 음악적 재능, 문제 해결 능력) 그리고 정신적, 신체적 질환에 대한 생물학적 취약성에 기여함으로써 스키마 발달에 영향을 미친다.

치료자가 내담자의 근본적인 스키마들을 이해하는 것이 중요한 몇 가지 이유가 있다. 첫째, 인지행동치료(CBT)의 기본 이론―스트레스 특이 체질 가설(stress-diathesis hypothesis)―에 따르면, 부적응적인 핵심 신념은 평상시에는 겉으로 잘 드러나지 않아 별다른 부정적인 영향을 미치지 않으나, 스트레스 사건에 의해 자극을 받게 되면 질병 에피소드 중의 사고와 행동을 강력하게 통제하게 된다(Clark et al., 1999). 그러므로 역기능적 스키마를 수정하기 위한 노력은 ① 현재의 증상을 완화시키고, ② 미래의 스트레스 요인들에 대한 저항을 높이는 긍정적인 이점이 있다. 특히 CBT는 재발 위험을 줄이는 데 커다란 효과를 갖는 것으로 나타났다(Evans et al., 1992; Jarrett et al., 2001). CBT의 이러한 특성이 어떤 기제에 따를 것인지 정확히 밝혀지지는 않았으나 스키마를 수정하는 것과 관련이 있는 것으로 추정된다.

치료 개입의 초점을 핵심 신념에 두는 또 다른 이유는 대개 내담자들이 다양한 유형의 스키마를 가지고 있기 때문이다. 매우 심각한 증상이나 깊은 절망감을 가진 내담자들조차도 대처에 도움이 되는 적응적인 스키마를 가지고 있다. 따라서 비록 질병 에피소드 중에 부적응적인 스키마가 압도하는 것처럼 보인다 하더라도, 긍정적인 방향의 신념들을 찾아내어 강화시키는 것이 큰 도움이 될 수 있다. 그러므로 내담자의 기본적인 인지 구조의 적응적인 부분을 탐색하고 개발하는 일은 중요하다.

성격에 관한 인지행동적 이론에서는 핵심 신념을 조사함으로써 자기 개념, 성격 유형, 습관적인 행동 패턴을 가장 잘 이해할 수 있다고 보았다(Beck & Freeman, 1990). 예를 들어, 강박적 성격 특성을 가진 내담자는 '내가 통제를 할 수 있어야 한다.', '어떤 일을 제대로 하려면 내가 직접 해야 한다.'와 같은 스키마들을 마음 깊숙이 가지고 있을 수 있다. 이 내담자는 이러한 신념들과 일치하는 행동 목록(예: 완고함, 다른 사람들에 대해 통제하려는 성향, 권위를 위임하는 것을 어려워함)을 가지고 있을 가능성이 높다. 의존성과 관련이 있는 스키마들(예: '내가 살아남기 위해서는 다른 사람들이 필요해.', '난 약해…… 내 힘으로는 해낼 수 없어.')을 가진 내담자는 다른 사람들에게 매달리거나, 대인 관계에서 자기주장을 제대로 하지 못한다. 이와 대조적으로 좀 더 적응적인 스키마들-'나는 상황을 이해할 수 있어.', '나는 스트레스를 다룰 수 있어.', '나는 도전하는 것을 좋아해.'-은 문제 해결을 위한 효과적인 행동들과 밀접한 관계가 있다.

우울과 불안에 대한 CBT는 보통 성격의 변화보다는 증상의 완화를 목적으로 한다. 그럼에도 불구하고 치료자는 내담자의 성격에 기여하는 핵심 신념들과 보상적인 행동 전략들을 분석함으로써 심층적인 사례 개념화를 세우고, 내담자의 취약점과 강점을 모두 고려한 치료 개입을 계획할 수 있다. 또한 우울과 불안을 가진 어떤 내담자들의 경우 개인적 성장을 포함하는 치료 목표를 세우기도 한다. 내담자는 좀 더 유연해지고 싶어하거나, 과도한 의존 패턴을 깨고 싶어 하거나, 오래된 자아존중감의 문제를 극복하고 싶어 하기도 한다. 이때 이러한 치료 목표들을 성취하는 데 방해가 되는 스키마들을 찾아 수정하는 것이 치료 과정에 유용하다.

〈표 8-1〉 스키마를 찾는 방법

다양한 질문 기법 사용하기
심리교육 실시하기
자동적 사고의 패턴 찾기
생활사 점검하기
스키마 목록 사용하기
개인적인 스키마 목록 작성하기

제10장 '만성, 중증, 혹은 복합 장애 치료하기'에서는 성격장애에 대한 CBT를 간략하게 설명하고 있다. 성격장애들에 대한 CBT를 더 알기 원한다면 Beck과 그의 동료들(2014) 그리고 Young과 그의 동료들(2003)의 우수한 도서들을 추천할 수 있다. 또한 스키마에 초점을 둔 CBT 기법들은『Reinventing Your Life』(Young & Klosko, 1994)에 셀프 헬프 양식으로 나와 있다. 이 장에서는 우울과 불안을 가진 내담자들의 스키마를 찾는 일과 이러한 핵심 신념들(〈표 8-1〉)을 수정하기 위해 CBT를 사용하는 방법에 초점을 맞추었다.

스키마 찾기

질문 기법 사용하기

자동적 사고를 찾는 데 사용되는 안내에 따른 발견, 심상, 역할극 및 다른 질문 기법들은 스키마를 찾는 데도 사용된다. 그러나 스키마 수준의 인지 과정을 다루기 위해 성공적으로 질문 전략들을 시행하는 것이 좀 더 어려울 수 있다. 스키마는 내담자가 쉽게 찾기 어렵거나, 기본 질문들을 통해 잘 드러나지 않으므로, 치료자는 내담자에게 어떠한 핵심 신념들이 존재하는지에 대한 가설을 세워야 한다. 그런 다음 치료자는 자신이 세운 가설에 근거하여 스키마를 겨냥하는 질문들을 만들 수 있다. 이러한 유형의 안내에 따른 발견은 다음의 예시에 잘 나타나 있다.

회기에서 Brian(앞서 제5장 '자동적 사고 다루기'에 나온)은 직장에서 그를 불안하게 하는 한 사건에 대해 보고하였다. 직장 동료인 Renee는 Brian의 책상으로 와서 그녀와 같이 점심을 먹고 싶은지 물었다. 그는 이러한 초대를 받고 좋아하기보다, 이런 여자친구를 떠올리고 "나는 할 수 없어."라는 자동적 사고가 머릿속에 스쳐 지나갔다. Sudak 박사는 일련의 소크라테스 질문들을 사용하여, 바람핀 전 여자친구와 헤어진 상처뿐 아니라, 그가 어렸을 때 "바람처럼 가 버린" 아버지와의 경험이 그를 "사람들은 믿을 수 없어."라는 결론으로 이끌었다는 것을 Brian이 이해할 수 있도록 도왔다. 그가 관계에서 보이는 현재의 행동 패턴은 이러한 신념과 일치한다. 그는 자신의 주변에 "철옹성" 같은 장벽을 쌓아온 것이다. 이 장에 나오는 Brian의 치료에서 볼 수 있듯이, "사람들을 믿을 수 없다."라는 핵심 신념을 찾는 것은 타인과, 그리고 의미 있는 관계를 형성할 수 있는 자신의 능력에 대한 스키마의 근본적인 변화에 대한 가능성을 열어 놓았다. Sudak 박사의 사례 개념화(제3장, '평가하기와 사례 개념화하기' 참조)가 어떻게 그들을 해로운 핵심 신념으로 인도하는지 주목하라.

기분의 변화는 중대한 스키마가 작동하고 있음을 가리키는 훌륭한 단서가 될 수 있다. 이러한 강력한 감정이 갑작스럽게 나타났을 때가 핵심 신념을 드러내기 위한 질문들을 시작할 수 있는 좋은 시점이다. 심각한 섭식장애로 입원한 젊은 여성인 Allison과 치료자 간의 다음 대화는 부적응적 스키마를 밝히기 위해 기분의 변화를 활용한 또 다른 예를 제공한다.

사례 예시

치료자: 병원에 있는 것이 좀 적응이 되시나요?

Allison: 모두들 친절해요. 대부분의 간호사들도 좋으시고요. (진정이 되고 기분이 좀 나아 보임) 그런데 저녁 식사 카트를 가지고 올 때는 참을 수가 없어요. 왜 그런 음식들을 가져오는 거지요? (기분이 갑자기 매우 불안해짐)

치료자: 당신은 음식 카트에 대해 이야기를 할 때 매우 불안해지는군요. 그 사람들이 여기에 식사를 가져다주는 게 왜 당신을 화나게 하지요?

Allison: 모두 음식을 너무 많이 먹어요. 그리고 음식을 가져다주는 사람은 그냥 음식을 쌓아 놔요. 난 음식을 받기 위해 줄을 서면 제 자신을 멈출 수가 없어요.

치료자: 당신이 음식 카트에서 제공되는 음식을 받으려고 줄을 서 있는 것을 상상해 볼 수 있나요? 당신이 그 줄에 서 있는 것을 한번 머릿 속에 그려 보세요. 당신 마음속에 어떤 생각들이 스쳐 지나가고 있지요?

Allison: 나는 카트에 있는 모든 것을 다 먹을 거야. 나는 완전히 자제력을 잃어버릴 거야.

치료자: 당신은 당신의 행동에 대해 얼마만큼의 자제력을 가지고 있다고 생각하지요?

Allison: 나는 전혀 자제력을 가지고 있지 못해요.

스키마를 드러내기 위한 또 다른 CBT 기법들인 하향 화살 기법(downwards arrow technique)은 점차 더 깊은 수준의 사고를 드러내기 위해 일련의 질문들을 하는 것이다. 첫 번째 질문은 대개 자동적 사고들을 묻는 것이다. 그러나 치료자는 그 밑에 스키마가 있다는 것을 추론하고, 내담자가 자기 자신에 대해 갖고 있는 생각들이 정확한 것이라는 가정하에(이러한 가정은 나중에 테스트되고 수정됨) 일련의 질문들을 구성한다. 일반적으로 대부분의 질문은 다음의 형식을 따른다. "만일 당신 자신에 대해 가지고 있는 이러한 생각이 사실이라면 그것은 당신이 어떻다는 것을 의미합니까?"

하향 화살 기법은 일단 내담자가 부정적인 사고를 실제 사실이라고 가정해야 하므로 건전한 치료적 관계가 형성되기 이전에 시도해서는 안 된다. 또한 이 기법은 어느 정도 내담자가 부적응적인 인지를 성공적으로 수정할 수 있게 된 이후에 실시하여야 한다. 내담자는 이러한 질문의 목적이 수정이 필요한 핵심 신념을 끌어내기 위한 것이며, 문제가 되는 그 스키마의 타당성을 믿게 하려고 하는 것이 아님을 충분히 알고 있어야 한다. 치료자는 친절하고 공감적인 질문의 톤과 함께 때로 과장이나 재치 있는 유머를 사용함으로써 하향 화살 기법의 효과를 높일 수 있다.

사례 예시

Maria는 45세 여성으로 최근에 남편이 외도를 하고 있다는 것을 알게 되었다. 그녀는 이전에 상실을 경험한 이후(결혼 전 남자친구와의 결별, 직장에서 해고된 것), 두 번에 걸쳐 짧은 기간 동안 우울을 경험하였다. 그러나 이번의 우울은 증상이 더 안 좋은 데다, 진정될 기미를 보이지 않고 있다. 비록 그녀는 자살 사고를 가지고 있지 않으나, Patient Health Questionnaire-9(PHQ-9) 점수는 20으로 나타났다(심한 우울). 그녀의 자존감은 남편의 외도와 이혼 제소로 타격을 입었다.

Maria의 치료자는 반복적으로 떠오르는 자동적 사고들의 패턴을 발견하고, Maria의 기저에 있는 스키마, 즉 자기 자신이 다른 사람에게 수용되고 사랑을 받을 만한 사람인가에 대한 스키마들과 관련이 있다고 생각했다. 그는 하향 화살 기법을 사용하여 이 스키마들을 끌어내기로 결정했다. 치료자는 매우 협력적인 질문 양식을 활용하여 Maria로 하여금 관계가 깨짐으로써 활성화된 자신의 핵심 신념을 발견하도록 도왔다. 몇 개의 중요한 질문들과 Maria의 대답들은 [그림 8-1]에 나와 있다.

하향 화살 기법을 능숙하게 사용하기까지는 많은 연습이 필요하다. 만일 치료자가 흔히 나타나는 스키마들에 대해 알고 있다면 질문의 방향을 정하는 데 도움이 될 것이다. 또한 언제 더 앞으로 나아가야 할지 그리고 언제 뒤로 물러서야 할지 안다면 좀 더 효과적으로 이 추론 체인 기법을 사용할 수 있을 것이다. 이때 내담자의 학습에 도움이 되도록 감정적인 톤을 유지하는 것이 중요하다. 그러나 부적응적인 스키마를 발견하는 과정은 종종 고통스러운 감정을 일으킨다.

하향 화살 기법을 사용하는 숙련된 CBT 치료자들은 내담자의 중요한 핵심 신념을 끌어내기 위해 적절한 수준에서 질문을 던지려고 노력한다. 또한 이들은 질문 과정 자체가 치료적인 경험이 되도록 애쓴다. 치료자는 스키마를 찾아내는 훈련이 필요하며, 하향 화살 기법을 사용할 때에는 〈표 8-2〉에 제시된 항목들을 검토하는 것이 좋다.

Maria: 내가 사랑했던 유일한 두 남자가 날 떠났어요……. 내 마음은 찢어졌어요. 나에게 무언가 문제가 있는 게 분명해요.

치료자: 당신에게 무언가 문제가 있다고 말할 때, 우울에서 벗어나기 힘들게 하는 자신에 대한 기본적인 신념이 있는지 궁금합니다. 이에 대한 핵심 신념을 찾는다면, 우리는 무엇을 바꾸어야 할지 알 수 있을 거예요. 자, 그럼 당신의 자동적 사고가 사실이라고 가정해 보죠. 당신의 무엇이 문제일까요?

Maria: 나는 관계를 맺는 데 서툴러요.

치료자: 만일 그게 사실이라면 어떻게 되는 거지요?

Maria: 나는 불행해질 수밖에 없어요. 난 내 곁에 있어 줄 남자를 절대 찾지 못할 거예요.

치료자: 그게 만일 사실이라면요?

Maria: 나는 사랑스럽지 않아요.

[그림 8-1] **하향 화살 기법**

〈표 8-2〉 스키마를 찾는 방법

1. 고통을 일으키는 자동적 사고나 인지의 흐름을 목표로 삼아 질문을 시작한다. 중요한 스키마에서 나온 것처럼 보이는 하나의 자동적 사고를 정한다.
2. 자동적 사고의 기초가 되는 스키마에 대해 가설을 세운다.
3. 내담자에게 하향 화살 기법에 대해 설명해 줌으로써 이러한 질문들을 하는 치료자의 의도를 이해하도록 돕는다.
4. 이 기법을 사용할 때 치료자와 내담자는 반드시 협력해야 한다. 치료자는 CBT의 협력적이고 경험적인 특성을 강조한다.
5. 미리 타이밍과 진행 속도를 예상해 본다. 치료자는 스스로에게 '지금이 이 스키마를 드러내기에 좋은 때인가?', '내담자는 이 핵심 신념을 이해할 준비가 되어 있는가?', '내담자를 이러한 스키마로 이끌기 위해 얼마나 빨리 그리고 얼마나 집중적으로 질문을 해야 하는가?', '이러한 질문을 늦추거나 끝내야 한다고 말해 주는 신호는 무엇인가?'와 같은 질문들을 해 보아야 한다.
6. 스키마를 찾은 후에 무엇을 할 것인지를 미리 생각한다. 스키마를 드러냄으로써 어떤 긍정적인 유익들이 있는가? 핵심 신념이 드러난 후 다음 단계들은 무엇이 될 것인가? 드러난 스키마를 잘 처리할 수 있도록 내담자를 어떻게 도울것인가?
7. 점진적으로 깊은 수준의 인지적 과정을 드러내는 if-then의 질문을 사용한다. 예를 들어, "나는 당신이 여러 번 친구 사귀기가 어렵다고 말하는 것을 들었습니다. 만일 당신이 친구 사귀기가 어려운 것이 사실이라면, 이것은 다른 사람들이 당신을 어떻게 보고 있다는 말이지요? 당신은 당신 자신을 어떻게 보고 있나요?"와 같은 것들이다.
8. 핵심 신념이 드러날 때 치료자는 지지적이고 공감적이어야 한다. 치료자는 내담자에게 스키마에 대해 아는 것이 자아존중감과 문제 대처 능력에 도움이 될 것이라는 사실을 전달한다. CBT는 내담자의 부정적인 핵심 신념이 일부 정확한 것이라 하더라도 내담자가 그것으로 인한 행동적 결과를 완화시키기 위한 기술을 얻도록 하는 데 중점을 둔다.

훈련 과제 8-1 핵심 신념을 위한 질문 기법

1. 특정 상황에서 일어난 자동적 사고에서 시작하여 점점 더 깊은 인지 수준을 드러내는 일련의 질문들을 해 봄으로써 안내에 따른 발견을 연습한다. 한 개 혹은 그 이상의 개인적인 스키마를 찾기 위해 자신에게 하향 화살 기법을 실시해 본다. 가능하다면 긍정적이거나 적응적인 스키마뿐 아니라 부적응적인 영향을 미치는 스키마를 찾아보도록 한다. 노트북에 질문과 대답을 기록한다.
2. 다음은 핵심 신념을 찾기 위해 상대방과 협력하여 안내에 따른 발견과 하향 화살 기법을 역할극으로 해 본다. 또는 이러한 기법들을 치료 회기에서 내담자들과 연

습해 본다.

3. 핵심 신념을 드러내기 위한 질문들을 하는 데 있어 강점과 약점 목록을 만들어 본다. 잘하고 있는 것은 무엇인가? 더 집중적으로 연습해야 하는 것은 무엇인가? 시기적절하게 정확한 사례 개념화를 만들 수 있는가? 내담자에게 희망을 줌과 동시에 고통스러운 핵심 신념에 다가가게 하는 질문을 만들 수 있는가? 적응적인 스키마들을 찾는 데 충분히 주의를 기울이고 있는가? 스키마를 찾기 위한 질문 전략들을 시행할 때 만나는 문제들이 무엇인지 찾아보고, 동료 혹은 수퍼바이저와 가능한 해결책들에 대해 이야기를 나눈다.

내담자에게 스키마에 대해 교육하기

스키마에 대한 심리교육은 대개 앞서 '질문 기법 사용하기'에서 설명한 질문 기법들과 함께 시행된다. 치료자는 내담자가 자신의 스키마를 알고 찾도록 돕기 위해 회기에서 간략한 설명을 하는 것과 더불어 종종 관련 도서나 다른 교육적 경험을 추천한다. 『Mind Over Mood』(Greenberger & Padesky, 2015)에는 내담자가 자신의 가정들과 핵심 신념들을 찾는 방법을 가르치는 훈련이 수록되어 있다. 『Breaking Free From Depressing: Pathways to Wellness』(Wright & McCray, 2011)는 적응적, 부적응적 스키마들의 예들을 담고 있어, 내담자가 자신의 정보 처리 과정의 기본적인 규칙들을 깨닫는 데 도움이 된다.

Good Days Ahead(Wright et al., 2016) 컴퓨터 프로그램은 스키마를 찾아 수정할 수 있도록 고안된 상호작용 형식의 많은 시나리오들로 되어 있다. 특히 컴퓨터를 활용한 CBT는 내담자에게 핵심 신념들에 대해 가르칠 때 유용한데, 이는 멀티미디어 학습 경험을 통해 겉으로 드러나지 않은 인지에 이르는 경로를 알려 줄 수 있기 때문이다. 또한 컴퓨터를 활용한 CBT는 예행연습과 회상을 촉진하는 학습 강화 기법을 사용한다.

자동적 사고의 패턴 찾기

내담자의 자동적 사고에서 되풀이되는 주제가 있다면, 이는 피상적이고, 특정 상황에서 일어나는 이 자동적 사고들 뒤에 핵심 신념이 있음을 가리킨다. 다음은 자동적 사고의 패턴에서 스키마를 발견할 수 있는 몇 가지 좋은 방법들이다.

☑ 치료 회기에서 반복적으로 나타나는 주제를 알아챈다. 안내에 따른 발견이나 다른 질문 기법들을 사용할 때 반복되는 주제들에 귀를 기울인다. 흔히 그러한 주제들을 탐색할 때 종종 핵심 스키마에 이를 수 있다. 예를 들어, 다음과 같은 자동적 사고의 패턴-'Jim은 나를 존중하지 않아……. 우리 애들은 절대 내 말을 듣는 법이 없어……. 직장에서 내가 무엇을 하든 그건 중요하지 않아, 직장 사람들은 항상 나를 투명인간 취급할 거야.'-은 '나는 아무것도 아니야.' 혹은 '나는 존중을 받을 자격이 없어.'와 같은 핵심 신념에서 나올 가능성이 많다.

☑ 치료 회기에서 사고 기록지를 검토한다. 사고 기록지는 스키마를 찾을 수 있는 중요한 단서가 될 수 있다. 각기 다른 날에 작성한 여러 개의 사고 기록지를 비교하여 반복되는 어떤 자동적 사고의 패턴이 있는지 살펴본다. 치료자는 내담자에게 어떤 일관적인 주제들이 있는지 살펴보도록 한다. 그런 다음 안내에 따른 발견이나 하향 화살 기법을 사용하여 관련 핵심 신념들을 끌어낸다.

☑ 내담자에게 사고 기록지를 검토하는 과제를 내 준다. 치료 회기에서 사고 기록지를 검토하고 스키마를 찾는 과정을 설명한 후에 내담자에게 다음 회기까지 사고 기록지를 검토하고 핵심 신념들을 찾아 기록해 오도록 한다. 그러한 과제는 다음과 같은 이점들이 있다. ① 치료 회기에서 드러나지 않은 스키마를 찾을 수 있다. ② 핵심 신념의 강력한 효과에 대해 더 잘 알게 된다. ③ 스스로 스키마를 찾는 기술을 습득할 수 있다.

☑ 자동적 사고 목록(혹은 컴퓨터로 만들어진 목록)을 검토한다. 만일 내담자가 어떤 자동적 사고 질문지를 작성했거나, 흔히 떠오르는 자동적 사고들의 포괄적인 목

록을 기록했다면, 어떤 자동적 사고들이 핵심 신념과 연결되어 있는지 보기 위해 이러한 목록들을 검토해 보는 것이 유용하다. 치료자가 안내에 따른 발견이나 다른 질문 기법들을 통해 스키마를 찾아내기 어렵다면 이러한 대안적인 절차를 사용해 볼 수 있다. 치료자와 내담자 모두 많은 자동적 사고를 검토함으로써 놓치기 쉬운 신념들을 찾아낼 수 있다.

다음 훈련 과제는 자동적 사고의 패턴에서 스키마를 찾아내는 것을 연습하기 위한 것이다. 또한 치료자는 이러한 훈련을 통해 내담자가 자신의 핵심 신념들을 발견할 수 있도록 도울 수 있다.

훈련 과제 8-2   자동적 사고의 패턴에서 스키마 찾기

다음에서 왼쪽 칼럼의 자동적 사고와 오른쪽 칼럼의 스키마를 연결 지어 본다.

자동적 사고	부적응적 스키마
1. "조심하지 않으면 Abby[딸]는 크게 사고가 날 거야……. 개는 얼마나 쉽게 문제가 생길지 아무것도 몰라……. 나는 그 아이가 절대 운전을 배우지 않았으면 좋겠어."	____ A. 나는 실패자야. ____ B. 다른 사람들이 나를 받아들이려면 나는 완벽해야 돼. ____ C. 나는 항상 조심해야 돼. 그렇지 않으면 안 좋은 일이 생길 거야. ____ D. 나는 항상 거절당할 거야. 남자가 없으면 난 아무것도 아니야.
2. "나는 또 일을 망쳤어……. 이 직장은 나에게 너무 힘들어……. 난 더 이상 그들을 속일 수 없어."	
3. "누군가를 만나 보라고 내게 말하지 마……. 잘 안 될 게 뻔해……. 난 혼자인 게 더 나아."	
4. "난 시험에서 실수할 수 없어……. 주말 내내 공부할 가치가 있을 거야……. Jim은 나를 자랑스러워 할거야."	

정답: A: 2; B: 4; C: 1; D: 3.

생활사 검토하기

스키마는 생활 경험에 의해 만들어지기 때문에 스키마를 드러낼 수 있는 한 가지 중요한 방법은 내담자에게 시간을 거슬러 올라가 자신의 부적응적인 혹은 적응적인 신념들을 형성하는 데 영향을 미친 요인들을 기억해 보도록 하는 것이다. 이러한 유형의 회고적인 검토는 안내에 따른 발견, 역할극, 과제를 통해 이루어질 수 있다. 스키마를 찾는 다른 기법들과 마찬가지로 심층적인 사례 개념화는 치료자를 성과를 얻을 수 있는 방향으로 이끌 수 있다. 발달사에 대한 일반적인 검토 대신 과거 중요한 문제들로 드러난 대인 관계, 사건, 혹은 상황들에 초점을 맞추는 것이 필요하다. 예를 들어, 내담자가 또래들과 있는 것이 편하지 않아 사회적 경험들을 피한다고 말했다면, 치료자는 특히 아동기나 청소년기의 기억나는 사회적 상호작용들에 대한 질문들을 던지는 데 중점을 둘 것이다. 이러한 질문들의 목적은 개인적 능력과 다른 사람들의 수용에 대한 스키마들을 끌어내는 것이다.

분명 외상적 사건, 고통스러운 관계, 혹은 신체적, 성격적 결함 등은 스키마 형성에 영향을 미친 발달사에서 대상으로 삼아야 할 것들이다. 그러나 적응적인 신념들의 발달에 영향을 미친 긍정적인 요인들을 잊지 않는 것이 중요하다. 다음의 질문들은 내담자가 스키마 발달에 영향을 미친 삶의 경험들을 찾는 데 도움이 될 수 있다.

☑ 영향을 미친 사람들에 대해 질문한다. "당신의 인생에서 가장 큰 영향을 미친 사람들은 어떤 사람들입니까?" "그 사람들로부터 당신 자신에 대해 무엇을 알게 됐습니까?" "교사나 코치, 친구, 동급생, 혹은 영적 지도자들은 당신의 사고방식에 어떻게 영향을 미쳤습니까?" "당신에게 고통을 주거나 당신을 비난한 사람들이 있습니까?" "당신의 자신감을 북돋아 주거나 격려를 해 준 사람들은 누구입니까?"

☑ 이러한 경험들에 의해 형성된 핵심 신념들에 대해 질문한다. "가족들과 논쟁할 때 당신 자신에 대해 얻은 부정적인 메시지들은 어떤 것들이 있습니까?" "부모님의 이혼은 당신의 자아존중감에 어떠한 영향을 미쳤지요?" "당신의 학교에서 거둔 성공은 어떤 긍정적인 신념들을 만들어 냈나요?" "이혼을 통해 폭력적인 관계를 벗어나게 되면서 당신 자신에 대해 무엇을 알게 되었습니까?"

☑ 내담자에게 중요한 관심사, 일, 종교 활동, 스포츠, 그 외 다른 활동들에 대해 질문한다. "음악에 대한 관심과 재능은 당신 자신에 대한 생각을 어떻게 변화시켰습니까?" "자신이 일을 수행하는 능력에 대해 어떤 핵심 신념들을 가지고 있나요?" "당신의 종교적 신념은 당신 자신에 대한 생각에 어떠한 영향을 미쳤나요?" "예술이나 여행 혹은 취미 생활은 어떤가요? 이러한 활동들이 당신의 자기 개념에 영향을 미쳤습니까?"

☑ 문화적, 사회적 영향에 대해 질문한다. "당신의 문화적 배경은 당신이 세상을 보는 시각에 어떠한 영향을 미쳤습니까?" "소수 민족이라는 배경은 당신의 자기 개념에 어떠한 영향을 미쳤나요?" "작은 마을에서 평생 가족과 친구들 가까이 삶으로 해서 어떠한 신념들이 영향을 받았습니까?"

☑ 교육, 독서, 자신에 대한 성찰에 대해 질문한다. "학교에서 보낸 시간들은 당신의 기본적인 신념들에 어떠한 영향을 미쳤습니까?" "당신 자신에 대한 생각을 바꾸어 놓았다고 여겨지는 책들에는 어떤 것들이 있나요?" "그 책을 읽음으로써 어떤 아이디어들이 생겼습니까?" "삶에 대한 당신의 태도에 변화를 가져온 일들 중 기억나는 것이 있나요?"

☑ 삶을 바꾸어 놓은 경험이 있었는지에 대해 질문한다. "아직 나에게 말하지 않은 당신의 경험들 중에 당신 삶을 바꾸어 놓을 만한 것이 있습니까?" "세상을 보는 새로운 눈을 열어 준 사건이 있었나요?" "그러한 경험을 통해 어떤 태도나 신념들이 생기게 되었습니까?"

스키마 목록 활용하기

흔히 나타나는 핵심 신념들의 목록을 사용하는 것도 내담자로 하여금 자신의 스키마를 발견하는 데 도움이 된다. 이러한 목록으로는 주로 연구를 위해 사용되는 Dysfunctional Attitude Scale(Beck et al., 1991)과 또 다른 매우 상세한 척도인 Young Schema Questionnaire(Young & Brown, 2001; Young et al., 2003)가 있다. 좀 더 간략한 스키마 목록은 컴퓨터 프로그램인 Good Days Ahead에서 찾아볼 수 있다(Wright et al., 2016). 이 스키마 체크리스트는 훈련 과제 8-3에 제시되어 있다.

스키마 목록은 내담자가 자신의 핵심 신념을 찾아내지 못할 때 유용하다. 내담자는 다양한 스키마를 살펴봄으로써 문제를 일으키거나 또는 자아존중감을 형성하도록 영향을 미치는 신념들을 찾아낼 수 있다. 특히 스키마 목록은 적응적인 신념들의 목록을 만들어 낼 때 유용하다. 종종 치료자는 긍정적인 사고 규칙들을 찾는 데는 충분히 주의를 기울이지 않는 경우가 있다. 스키마 목록을 사용하게 되면 치료자는 내담자의 신념 체계를 검토하여 강점과 더불어 성장의 기회들을 찾아낼 수 있다.

내담자가 안내에 따른 발견이나 다른 질문 기법들을 통해 쉽게 핵심 신념들을 찾아내는 경우에도 스키마 목록을 사용하여 더욱 탄탄한 사례 개념화를 만들 수 있다. 대개 내담자들은 치료자가 미처 발견하지 못한 부정적인 스키마와 긍정적인 스키마를 가지고 있는 경우가 많다. 또한 스키마 목록을 작성하는 것에 대한 내담자의 반응은 핵심 신념에 대한 또 다른 중요한 정보를 발견하도록 이끌 수 있다. 때때로 내담자의 스키마가 목록에 없는 경우도 있으나, 목록에 있는 신념들은 내담자의 가장 중요한 가정들과 연관이 있는 일련의 생각들을 끌어내기도 한다.

훈련 과제에는 다음의 각색된 스키마 목록을 사용하는 것이 좋다. 이 목록은 심각한 우울 혹은 불안을 가진 내담자들을 위해 고안된 것이므로 많은 역기능적

나의 스키마 목록

지시 사항: 이 체크리스트를 사용하여 가능한 기본 사고 규칙을 찾아보시오. 당신이 가지고 있다고 생각되는 스키마 옆에 표시하시오.

건강한 스키마	역기능적 스키마
____ 무슨 일이 일어난다 하더라도 나는 어떻게 해서든 대처할 수 있다.	____ 용납받기 위해서 나는 완벽해야 한다.
____ 내가 어떤 일을 열심히 한다면 그것을 잘할 수 있을 것이다.	____ 어떤 일을 한다면 반드시 성공해야 한다.
____ 나는 어려움 가운데에서도 살아남았다.	____ 나는 어리석다.
____ 다른 사람들은 나를 신뢰한다.	____ 그 여자(남자)가 없으면 나는 아무것도 아니다.
____ 나는 믿을 수 있는 사람이다.	____ 나는 사실 그런 괜찮은 사람이 아니다.
____ 사람들은 나를 존중한다.	____ 절대 약점을 보여서는 안 된다.
____ 그들이 나를 이길 수는 있지만 나를 망쳐 놓을 수는 없다.	____ 나는 사랑스럽지 않다.
____ 나는 다른 사람들에 대해 관심을 가지고 있다.	____ 하나를 실수하면 나는 모든 걸 잃어버릴 것이다.
____ 미리 준비하면 대개 더 잘할 수 있다.	____ 나는 절대 다른 사람들과 있을 때 편안할 수 없을 것이다.
____ 나는 존중받을 만하다.	____ 나는 어느 것도 끝까지 마칠 수 없다.
____ 나는 도전하는 것을 좋아한다.	____ 나는 무슨 일을 하든 성공하지 못할 것이다.
____ 나를 위협할 수 있는 것은 많지 않다.	____ 세상은 너무 무서운 곳이다.
____ 나는 똑똑하다.	____ 다른 사람들은 믿을 수 없다.
____ 나는 상황을 이해할 수 있다.	____ 나는 항상 자신에 차 있어야 한다.
____ 나는 친절하다.	____ 나는 매력적이지 않다.
____ 나는 스트레스를 다룰 수 있다.	____ 자신의 감정을 절대 보여서는 안 된다.
____ 힘든 문제일수록 나는 더 강해진다.	____ 다른 사람들은 나를 이용할 것이다.
____ 나는 실수를 통해 더 나은 사람이 될 수 있다.	____ 나는 게으르다.
____ 나는 좋은 배우자(그리고/혹은 부모, 자녀, 친구, 연인)이다.	____ 만일 사람들이 진짜 나를 알게 된다면 나를 좋아하지 않을 것이다.
____ 모든 일이 잘될 것이다.	____ 용납을 받으려면 항상 다른 사람들을 기쁘게 해야 한다.

스키마가 절대적인 용어들을 포함하고 있다. 그러나 다른 많은 내담자의 경우에도 이 목록의 부적응적인 스키마들이 빈번하게 나타났다. 먼저 치료자는 내담자에게 스키마 목록을 작성해 보도록 한 다음, 치료 회기에서 그 반응에 대해 함께 이야기하는 것이 좋다.

개인적인 스키마 목록 기록하기

치료 회기와 과제에서 학습한 것들을 기록하는 것은 CBT 개념들을 기억하고 효과적으로 사용할 수 있도록 하는 중요한 과정이다. 특히 핵심 신념을 다룰 때에는 기록하는 일(펜과 종이 또는 컴퓨터)과 기록한 것을 정기적으로 검토하는 일이 중요하다는 점을 강조해야 한다. 스키마는 종종 일상적인 사고 아래에서 작동하므로 강화되지 않으면 핵심 태도에 대한 인식이 쉽게 사라질 수 있다. 치료 회기에서 핵심 스키마를 찾으려고 많은 노력을 기울였다 하더라도, 내담자는 현재의 환경적인 사건의 중압감 때문에, 혹은 시간이 경과함에 따라 핵심 신념에 대해 '잊어버리는' 것처럼 보인다. 따라서 치료자는 내담자가 계속하여 핵심 신념에 주의를 기울이도록 해야 한다.

내담자에 따른 맞춤형 스키마 목록은 치료자와 내담자가 적응적, 부적응적 핵심 신념들에 대해 얻은 지식을 기록하고 저장하며 강화시킬 수 있는 훌륭한 방법이 될 수 있다. 처음 스키마에 대한 작업을 할 때에는 소수의 스키마만 가지고 시작할 수 있다. 그러나 치료가 진행됨에 따라 더 많은 스키마들이 추가되며, 부적응적인 핵심 신념들은 다음 절 '스키마 수정하기'에서 설명할 기법들을 사용하여 변화하게 된다. 그러므로 개인적인 스키마 목록을 통해 CBT의 전 과정에서 일어나는 내담자의 변화를 쉽게 알 수 있다.

훈련 과제 8-4   개인적인 스키마 목록 만들기

1. 자신의 개인적인 스키마 목록을 만들기 위해 이 장에서 설명한 기법들을 사용한다. 가능한 한 많은 적응적, 부적응적 스키마들을 기록하도록 노력한다.
2. 한 명 혹은 그 이상의 내담자와 함께 개인적인 스키마 목록 만드는 것을 연습한다. 치료 회기에서 정기적으로 그 목록들을 검토하고, 스키마가 변화되는 진전이 일어남에 따라 목록을 수정한다.

스키마 수정하기

치료자는 내담자가 스키마를 찾도록 도운 다음, 사고와 행동의 역기능적 기본 규칙들을 변화시키기 위한 작업을 시작한다. 이때 치료자는 스키마가 내면 깊숙이 놓여 있으며, 내담자가 오랜 기간 사용하면서 강화되었다는 사실을 기억해야 한다. 그러므로 내담자가 혼자 통찰을 얻어 스키마를 극적으로 변화시키는 일은 드물다. 보통 내담자는 이러한 핵심 작동 원리들을 수정하기 위해 신념을 검토하고, 가능한 대안들을 만들며, 실제 상황에서 수정된 스키마를 연습하는 집중적인 과정을 거쳐야 한다(〈표 8-3〉).

소크라테스식 질문하기

내담자는 적절한 '소크라테스식 질문'을 통해 자신의 핵심 신념에서 모순을 발견할 수 있으며, 스키마가 감정과 행동에 미치는 영향을 이해함으로써 변화의 과정을 시작할 수 있다. 소크라테스식 질문하기의 주요 목표들 중 하나는 내담자의 호기심(sense of inquiry)을 자극하여 자신과 세계에 대한 고착된 부적응적인 관점에서 좀 더 호기심이 많고, 유연하며, 성장을 촉진하는 인지 방식으로 변화할 수 있도록 하는 것이다. 다음은 내담자가 자신의 핵심 신념을 수정하도록

도울 수 있는 소크라테스식 질문들을 하기 위한 제안들이다.

<표 8-3> 스키마를 수정하는 기법들

소크라테스식 질문하기
증거 검토하기
이점과 손실 목록 만들기
인지적 연속선 사용하기
대안 만들어 내기
인지적, 행동적 예행연습하기

☑ 사례 개념화를 구성하여 질문의 방향을 정한다. 치료자는 자신이 어느 방향으로 가고 있는지 잘 알고 있어야 한다. 체스의 대가들은 마음속에 미리 많은 말의 움직임을 계획하고 있으며, 상대의 가능한 행동에 반응하기 위한 다양한 전략을 가지고 있다. 치료자는 노련한 체스 선수가 미리 계획을 해 보는 것처럼 행동하는 것이 필요하다. 물론 치료자의 소크라테스식 질문들은 경쟁적이기보다 협력적이어야 할 것이다.

☑ 질문을 통해 내담자가 자신의 사고에서 모순을 발견하도록 돕는다. 보통 내담자들은 다양한 핵심 신념을 가지고 있으며, 이들 중 어떤 것들은 서로 상반된 메시지들을 가지고 있다. Beck(1977)은 그의 사례에서 이혼을 앞두고 있는 내담자에게 질문을 던져 남편 없이는 살 수 없다고 믿는 신념과 결혼 전에 더 행복하고 건강했다는 또 다른 신념 간의 모순을 설명하도록 하였다. 이러한 유형의 질문들은 내담자의 생각에서 획기적인 변화를 가져오게 하며, 변화를 위한 다음 행동 계획에 참여하도록 이끈다.

☑ 내담자로 하여금 적응적인 신념들을 생각해 내도록 격려하는 질문을 한다. 일반적으로 내담자가 긍정적인 스키마를 찾아내는 작업을 하였을 때 적응적인 신념들이 더욱 잘 작동할 수 있다. 치료자는 내담자에게 문제를 다룰 때 사용할 수 있는 건강한 태도나 강점을 가지고 있다고 말해 주기보다 소크라테스식 질문

을 던져 내담자 스스로 자신의 적응적인 핵심 신념을 분명히 알 수 있도록 해야 한다.

☑ 지나치게 내담자를 앞지르는 질문은 피한다. 치료자는 내담자를 이끌 때 내담자가 보았으면 하는 (혹은 했으면 하는) 좋은 계획을 가지고 있다 하더라도, 이미 답을 다 알고 있다는 뉘앙스를 전달하지 않도록 한다. 치료자는 CBT의 협력적이고 경험적인 방식을 유지하는 것이 중요하다. 치료자는 열린 마음으로 내담자의 사고를 따라가야 한다.

☑ 중요한 감정을 활성화시키는 질문들은 학습을 촉진한다. 만일 치료자가 감정적인 각성을 자극하거나 감정적인 고통을 급격히 감소시키는 소크라테스식 질문을 할 수 있다면, 그러한 학습경험은 내담자에게 좀 더 의미 있고 기억에 남을 것이다.

☑ 스키마를 변화시키기 위한 다른 기법들을 시행할 수 있도록 발판이 되는 질문을 한다. 좋은 소크라테스식 질문들은 종종 핵심 신념을 수정하기 위해 좀 더 구체적인 다른 기법들을 실시할 수 있도록 길을 준비해 준다. 소크라테스식 질문들은 내담자가 새로운 것을 배울 수 있도록 이끄는 문의 열쇠와도 같다. 치료자는 내담자에게 효과적인 소크라테스식 질문을 한 후, 다음 섹션에서 다룰 증거 점검하기, 대안적 신념 만들기, 혹은 인지적 연속선 사용하기와 같은 기법들을 시행할 수 있다.

증거 점검하기

제5장 '자동적 사고 다루기'에서는 자동적 사고의 증거들을 검토하는 방법을 설명하였다. 스키마의 증거들을 조사하는 절차도 이와 매우 유사하다. 그러나 부적응적 핵심 신념들은 오래 지속되어 온 데다 종종 부정적인 결과, 비난, 역기능적 관계, 혹은 외상에 의해 강화되어 왔기 때문에 내담자는 자신의 신념이 사실이라는 것을 입증할 만한 많은 증거를 찾아낼 수 있다. 자신이 실패자라고 믿

는 남성은 실직, 결혼 생활의 파경, 혹은 경제적 문제와 같은 부정적인 결과의 예들을 가지고 있는 경우가 많다. 자신이 사랑스럽지 않다고 믿는 여성은 남자들이 자신을 거절한 예들을 하나하나 열거할 것이다. 그러므로 스키마의 증거들을 점검할 때 치료자는 다루기 힘든 문제들이 존재한다는 사실을 인정하고 내담자가 삶에서 느끼는 고통에 공감해야 한다.

증거 점검하기 훈련은 [그림 8-2]의 "나는 사랑스럽지 않아."라는 스키마를 가진 Maria의 치료 사례에 나타나 있다(이 장 '질문 기법 사용하기' 참조). 이 개입의 첫 번째 단계는 Maria를 도와 그 신념을 지지하는 그리고 신념에 반하는 증거를 찾도록 하는 것이다. 그런 다음 치료자는 그녀로 하여금 부적응적 스키마를 지지하는 증거들에서 인지적 오류를 찾아내도록 유도한다. 마지막으로, 치료자는 소크라테스식 질문들을 던져 Maria가 그 신념을 수정하도록 돕는다. 치료자는

변화시키기 원하는 스키마: 나는 사랑스럽지 않아.

이 스키마를 지지하는 증거:	이 스키마에 반하는 증거:
1. 내 남편은 바람을 피우고 나를 떠났다.	1. 두 남자가 날 떠났지만, 두 사람 모두 한동안 나를 사랑했던 것 같다.
2. 내가 사랑했던 유일한 다른 남자도 나를 떠났다. 다시 시도하면 똑같은 상처를 입을 수밖에 없다.	2. 나는 완전히 나 자신을 탓했다. 어쩌면 부분적으로 그들의 잘못이었는지도 모른다.
3. 난 항상 내가 부족하다고 느꼈다.	3. 남편은 여전히 나를 걱정하고 일어난 일에 대해 죄책감을 느낀다고 말한다.
4. 나는 많은 남자와 만나지 못 했다.	4. 다른 많은 사람은 나를 사랑한다(딸, 부모님, 자매들). 나의 조부모님은 나를 매우 사랑하셨다.
	5. 어쩌면 나와 더 잘 맞고 나를 떠나지 않을 남자가 있을지도 모른다. 나는 단 두 번의 경우를 바탕으로 결론을 내린 것이다.

인지적 오류: 증거 무시하기, 과잉 일반화하기, 개인화하기, 흑백논리적 사고
수정된 스키마: 나는 두 번이나 거절당했지만, 내가 사랑스럽지 않다는 뜻은 아니다. 나는 (연인)관계에서 제공할 것이 많다.

[그림 8-2] 스키마의 증거 점검하기: Maria의 예

내담자와 증거 점검하기 기법을 시행할 때, 〈표 8-4〉에 나열된 제안들을 기억해야 한다.

앞서 '질문 기법 사용하기'에 나온 폭식증과 우울장애를 가진 19세 여성 Allison의 치료 사례는 증거 점검하기 개입이 어떻게 특정 행동 목표를 다루는 생산적인 과제로 이어질 수 있는지 보여 준다. 당시 Allison은 우울 수준이 감소

〈표 8-4〉 스키마에 대한 증거 점검하기

1. 증거를 점검하기 전에 절차에 대해 간략히 설명한다.
2. 경험적인 접근법을 사용한다. 내담자로 하여금 스키마의 타당성에 대해 솔직하게 생각해 보도록 한다.
3. 워크시트에 증거들을 기록한다. 처음에는 치료자가 내담자가 제시한 증거들을 기록하는 것이 가장 좋다. 나중에 언제든 가능할 때에 내담자에게 증거를 기록하게 할 수 있다.
4. 워크시트는 치료 회기에서 먼저 작성하도록 한 다음 과제로 내 줄 수 있다. 증거를 찾아내어 기록하는 과정에 내담자가 적극적으로 참여하도록 한다.
5. 종종 스키마의 증거들은 인지적 오류 또는 다른 역기능적 정보 처리에 의해 지지되는 경우가 많다. 치료자는 내담자로 하여금 이러한 인지적 오류들을 찾아낼 수 있도록 돕는다.
6. 내담자가 관계, 수용, 능력, 사회적 기술, 혹은 다른 핵심적 기능과 관련된 반복적인 문제를 가지고 있는 경우, 이러한 정보들을 사용하여 치료 개입 전략을 계획할 수 있다. 예를 들어, 사회적 능력에 대해 부정적인 핵심 신념을 가진 내담자를 위해 회피의 패턴을 변화시키고 사회적 상황에서 필요한 기술들을 가르치는 행동 기법들을 계획할 수 있다.
7. 창의적인 방법으로 부적응적인 핵심 신념에 반하는 증거들을 찾는다. 상황을 다양하게 볼 수 있도록 자극하는 소크라테스식 질문들을 사용한다. 내담자는 자신에 대해 잘 변하지 않는 부정적인 견해를 가지고 있을 수 있으므로 치료자는 에너지와 상상력을 활용하여 내담자가 그에 반하는 증거를 찾을 수 있도록 도와야 한다.
8. 역기능적인 스키마에 반하는 가능한 한 많은 증거를 모은다. 이러한 증거들은 핵심 신념의 오류를 드러낼 뿐 아니라 다른 CBT 개입의 중요한 토대를 제공해 줄 수 있다.
9. 증거 점검하기 기법은 내담자가 구체적으로 핵심 신념을 수정할 수 있는 기반이 된다. 치료자는 내담자와 함께 증거를 점검한 다음 좀 더 건전한 스키마가 되기 위해 어떻게 수정해야 할지를 질문한다. 이러한 아이디어들을 증거 점검하기 워크시트에 적은 후 이 장에서 설명하고 있는 다른 개입들을 실시한다.
10. 내담자가 증거 점검하기를 연습할 수 있도록 과제를 계획한다. 회기 중 작성한 워크시트에 더 많은 증거 추가하기, 인지적 오류 찾기, 대안적인 스키마에 대해 생각하기, 혹은 수정한 신념에 따라 새로운 방식으로 행동하는 행동 과제 제안하기 등을 과제로 내 줄 수 있다.

변화시키기 원하는 스키마: 나는 사랑스럽지 않아.

이 스키마를 지지하는 증거:	이 스키마에 반하는 증거:
1. 부모님은 항상 내가 하는 모든 일에 최고가 될 것을 강요하셨다.	1. 비록 부모님이 높은 기준을 가지고 계시기는 하지만 내가 완벽하지 않다 하더라도 나를 받아 주실 것이라 생각한다.
2. 남자들은 완벽해 보이는 날씬한 여자들을 원한다.	2. 내 친구들 중에는 뚱뚱하지만 남자 친구와 좋은 관계를 가지고 있는 사람들이 있다.
3. 나는 학교에서 1등을 하여 장학금을 받았다. 모두들 내가 훌륭한 학생이라고 말했다.	3. 내가 아는 매우 행복한 사람들 중에는 완벽주의에 사로잡혀 있지 않은 사람들이 있다.
4. 인기가 있으려면 뛰어나야 한다. 누가 그냥 평범한 사람과 친구가 되길 바라겠는가?	4. 완벽하지 않은 사람들도 있는 모습 그대로 인정을 받는 것처럼 보인다. 어떤 사람들은 완벽하지 않은 사람과 관계를 맺을 때 더 편안하게 느끼기도 한다.

스키마를 지지하는 증거 칼럼에서의 인지적 오류: 흑백논리적 사고(all-or-nothing thinking), 과장하기, 증거 무시하기

1. 부모님은 실제 내가 일을 망치거나 목표를 달성하지 못할 때에도 많은 관심과 애정을 보여 주셨다. 그분들은 내가 몸무게에 대해 덜 집착하기를 원하신다.
2. 체중이나 몸매 외에도 나에겐 다른 중요한 것들이 많다. 나는 나의 다른 강점들을 인정해야 한다.
3. 실제로 나는 완벽해지려고 지나치게 열심히 노력하지 않는다면 더 많은 친구를 사귈 수 있을 것이다. 너무 높은 기준을 세우는 것은 사람들을 질리게 할 수 있다.

증거를 점검한 후 스키마를 믿는 정도: 30%

스키마를 수정하기 위한 아이디어들:

1. 나는 더 나은 결과를 얻기 위해 노력할 수 있다. 그러나 완벽하지 않을 때에도 여전히 내 자신을 인정한다.
2. 만일 내가 목표에 도달하는 것에 대해 좀 더 현실적이 된다면 나는 더 행복해지고 인정받는다고 느낄 것이다.

나의 생각을 변화시키고 좀 더 건전한 방식으로 행동하기 위해 할 수 있는 행동들:

1. 어떤 면에서 나는 완벽하지는 않지만 여전히 가치 있는 사람이라는 점을 적어 본다.
2. 나는 의도적으로 완벽주의를 강조하지 않기 위해 노력한다. 운동을 할 때 ① 일주일에 적어도 두 번 운동을 쉬거나, ② 체육관에서 운동을 할 때마다 횟수를 세거나 기록하지 않는다.
3. 나는 공부할 때에도 ① 더 이상 매 숙제를 하는 데 걸린 시간들을 기록하지 않으며, ② 일주일에 적어도 세 번 재미있는 일(영화를 보러 가거나 친구들과 시간을 보내는 일 등)을 위해 휴식을 가지며, ③ 완벽한 점수를 받는 것에서 배우는 것을 즐기는 쪽으로 공부의 방향을 전환한다.

[그림 8-3] 스키마의 증거 점검하기 워크시트: Allison의 예

하여 더 이상 자살에 대한 생각을 하지 않는 상태였다. 그녀는 병원에서 퇴원하여 외래에서 계속 CBT를 받고 있었다. 치료자는 그녀에게 "인정을 받으려면 완벽해야만 돼."라는 스키마에 대해 워크시트를 작성하도록 하였다([그림 8-3]). Allison은 그러한 스키마에 반하는 많은 증거를 찾아내었을 뿐 아니라, 자신의 몇 가지 인지적 오류들도 발견하였다. 그러나 그녀는 여전히 대안적인 핵심 신념을 찾아내는 작업이 더 필요한 것처럼 보였다.

이익과 손실 기록하기

어떤 부적응적인 스키마들은 나름대로의 이점을 가지고 있기 때문에 수년간 유지된다. 비록 스키마가 부정적인 효과를 미친다 하더라도, 내담자로 하여금 계속하여 동일한 역기능적 방식으로 생각하고 행동하도록 이끄는 어떤 이점 또한 가지고 있을 수 있다. Allison의 스키마 "인정받으려면 완벽해야 한다."라는 이러한 유형의 핵심 신념의 좋은 예이다. 그녀의 완벽주의 성향은 그녀를 괴롭혔으나, 때로 이러한 완벽주의적 행동 때문에 성공을 거둔 경우도 있었다. 이러한 이중적인 스키마는 매우 흔하며, 정신병적 증상이 없는 사람의 경우에도 마찬가지다.

이익과 손실을 기록하는 기법을 임상에서 적용할 때 증거 점검하기에서 사용되는 동일한 단계들을 거친다. 첫째, 치료자는 내담자에게 절차에 대해 간략히 설명해 줌으로써 과정이 어떻게 진행되는지 알 수 있도록 한다. 그런 다음 이익과 손실을 기록하도록 하기 위한 일련의 질문들을 한다. 다음은 이러한 분석을 사용하여 좀 더 적응적이고 부담이 덜한 스키마로 수정하는 것을 생각해 본다. 마지막으로, 새로운 행동을 연습하기 위해 과제를 계획하고 시행한다.

스키마의 이익과 손실을 비교하는 것은 몇 가지 이점을 갖는다. 즉, 스키마의 효과에 대한 전체 스펙트럼을 볼 수 있으며, 이러한 다양한 효과를 탐색해 봄으로써 변화를 위한 창의적인 아이디어들을 자극할 수 있다. 물론 스키마의 손실들을 기록함으로써 계속 그 스키마를 가지고 있을 경우의 부정적인 측면들이 부각될 수 있다. 그러나 그 스키마의 이점들에 대해 아는 것 또한 중요하다. 내담자는 긍정적인 강화를 가져오는 부적응적인 스키마 및 그와 관련된 행동들을 포기하기 쉽지 않은데, 수정된 신념이 이러한 이점들을 제공하지 않는 한 그럴 것이다. 수정된 신념 또한 이러한 이점들을 가지고 있다는 것을 알아야 한다.

훈련 과제 8-5   이익과 손실을 모두 가진 스키마 찾기

1. 훈련 과제 8-4의 개인적인 스키마 목록을 검토한다.
2. 한편으로는 이익을 가져오지만 다른 한편으로는 손해를 끼치는 스키마를 찾아본다. 어떤 스키마는 더욱 일을 열심히 하도록 영향을 미치나, 동시에 긴장을 일으키거나 사회생활에 손실을 가져올 수도 있다. 어느 누구도 완전히 적응적인 스키마들만을 갖고 있지는 않으므로, 긍정적인 효과와 부정적인 효과를 모두 가진 스키마를 찾아본다.
3. 이러한 핵심 신념의 이익들과 손실들을 기록한다.

대안적인 스키마들을 만들 때, 치료자는 종종 내담자에게 이전 스키마의 부정적인 효과는 없애거나 크게 줄이는 한편 적어도 몇몇 이점들은 그대로 유지할 수 있으려면 어떻게 해야 할지 생각해 보도록 한다. Allison의 완벽주의에 대한 스키마는 이러한 유형의 개입에 적합하다. 이점과 손실을 기록함으로써 그녀의 핵심 신념을 수정하기 위한 좋은 아이디어들을 얻을 수 있다([그림 8-4]).

변화시키기 원하는 스키마: 인정받기 위해서는 완벽해야 한다.

이러한 스키마의 이점들:	이러한 스키마의 손실들:
1. 나는 항상 학교에서 1등이었다.	1. 완벽주의는 나를 지치게 한다.
2. 나는 계속 날씬했다.	2. 나는 섭식장애를 가지고 있다.
3. 나는 바이올린을 배우기 위해 매우 열심히 노력했고, 주 대표로 오케스트라에 선발되었다.	3. 내가 행복을 느낄 수 있는 유일한 길은 모든 것이 잘되고 있어야만 한다는 것이다.
4. 많은 동급생이 나를 우러러 보았다.	4. 완벽해지려고 노력하는 것이 나를 다른 사람들로부터 멀어지게 만든다. 그들은 내가 그들보다 더 나아지기 위해 노력하는 것이라고 생각해서 나를 좋아하지 않는 것일 수 있다.
5. 나는 대학에 가기 위한 장학금을 받았다.	5. 나는 절대 내 자신에게 만족하지 못한다. 나는 부족하다고 생각한다.
6. 나는 정신과 치료를 받는 것 말고는 다른 어려움에 빠진 적이 없었다.	6. 나는 편하게 쉬거나 즐거울 수가 없다. 나는 매우 우울하고 늘 긴장하고 있으며 불행하다.

이러한 스키마를 수정하기 위한 아이디어들:

1. 나는 최선을 다하기 위해 노력하고자 하는 목표들을 선택할 수 있다. 예를 들어, 나는 계속 공부를 열심히 할 수 있으며 성공적인 커리어를 위한 목표를 세울 수 있다. 그러나 다른 영역들에서는 뒤로 물러설 수도 있다.
2. 반드시 최고가 될 필요는 없으며 그저 즐길 수 있는 관심이나 취미를 개발할 수 있다.
3. 나는 가족이나 친구들과 편하게 쉴 수 있으며, 내가 반드시 크게 성공을 하거나 완벽한 사람이 아니더라도 그들이 나를 인정하기를 희망한다.
4. 만일 내가 성공하기 위해 노력은 하지만 지나치게 완벽주의를 추구하지만 않는다면 다른 사람들이 나를 받아들이기가 훨씬 쉬울 것이다.

[그림 8-4] 이점과 손실 기록하기 워크시트: Allison의 예

인지적 연속선 사용하기

내담자가 스키마를 절대적인 용어들로 표현할 때 보통 자기 자신을 극단적으로 부정적인 관점에서 보는 경우가 많다(예: "나는 실패자야." "나는 사랑스럽지 않아." "나는 어리석어."). 내담자가 이러한 유형들의 스키마들을 가지고 있을 경우,

치료자는 인지적 연속선 기법을 사용하여 내담자가 자신의 신념을 좀 더 넓은 문맥에 놓고 봄으로써 자신의 사고가 극단으로 가지 않도록 할 수 있다.

Sudak 박사는 Brian이 자신의 스키마 "사람들은 믿을 수 없어."를 변화시키도록 돕기 위해 인지적 연속선을 효과적으로 사용하였다. [그림 8-5]와 같은 연속선을 만든 후, Brian은 자신의 신념을 "내가 의지할 수 있는 사람들은 있어…….그렇게 신뢰할 만하지 않은 사람들도 있고."로 수정할 수 있다. Sudak 박사는 좀 더 적응적인 스키마를 확고히 하는 한편 Brian의 외로움과 사회적 고립을 줄이기 위한 행동 과제를 만들었다.

[그림 8-5] 인지적 연속선: 그가 사람들에게 얼마나 의지할 수 있는지에 대한 Brian의 예

대안 만들기

이 장에서 설명하고 있는 핵심 신념을 변화시키는 기법들(예: 소크라테스식 질문하기, 증거 점검하기, 이점과 손실 기록하기)은 종종 내담자로 하여금 대안적인 스키마들을 고려하도록 자극한다. 이러한 핵심적인 개입들은 내담자가 자신의 기본적인 사고 규칙들을 어떻게 수정할 수 있을지 생각하도록 돕는 생산적인 도구가 될 수 있다. 또한 치료자는 자동적 사고의 합리적인 대안들을 찾기 위한 기법들(제5장 '자동적 사고 다루기' 참조)을 핵심 신념을 다루는 데 적용할 수 있다. 예를 들어, 치료자는 내담자가 과학자나 탐정과 같이 사고함으로써 다양한 가능성을 열어 놓도록 격려할 수 있다. 또는 내담자에게 자신이 마치 코치인 것처럼 상상하도록 하여 긍정적이고 합리적인 대안들을 찾아냄으로써 자신의 강점을 키우도록 할 수 있다. 제5장에서 자세히 다룬 브레인스토밍 기법은 특히 내담자가

내면 깊숙이 가지고 있는 스키마에 대한 대안들을 만들어 내는 데 유용하다. 치료자는 핵심 신념을 수정하기 위해 이 기법을 사용할 때 내담자에게 자신의 이전 사고방식에서 한 걸음 물러나 다양한 변화 가능성을 모두 생각해 보도록 한다.

내담자가 대안을 찾을 수 있도록 돕는 또 다른 방법은 스키마의 언어에 주목하는 것이다. 예를 들어, 다음과 같은 핵심 신념들의 표현들을 생각해 보자. '나는 아무런 가치가 없어.', '나는 스포츠를 전혀 하지 못해.' 혹은 '나는 항상 거절당할 거야.' 스키마에서 사용된 절대적인 용어들을 찾아낸 다음 내담자에게 덜 극단적인 단어들을 사용하도록 함으로써 좀 더 건전한 신념(예: '나는 거절당한 경험이 있지만 가족과 몇몇 친구들은 내 옆에 있어 주었어.')을 만들 수 있다. 또한 치료자는 내담자에게 if-then의 문장(예: '만일 사람들이 진짜 나를 알게 된다면 내가 형편없는 사람이라는 것을 알게 되겠지.', '만일 내가 그의 요구를 모두 들어 주지 않는다면 그는 나를 떠날 거야.', '만일 누군가와 가까워지면 그는 내게 상처를 줄 거야.')을 다뤄야 하는 목표로 삼도록 할 수 있다. 내담자에게 완고한 if-then 신념의 제한적인 특징에 대해 알려 줌으로써 좀 더 유연한 규칙들을 만들어 내도록 할 수 있다(예: '누군가와 가까운 관계가 된다는 것은 위험 부담이 있기는 하지만 그렇다고 내가 항상 상처를 받는 것은 아니야.'). 또 다른 기법은 내담자에게 얼마간의 이점을 제공하기는 하나 전반적으로 해로운 영향을 미치는 핵심 신념의 용어들을 살펴보도록 하는 것이다. 하나 혹은 두 개의 단어들을 바꾸어 주는 것만으로도 스키마를 좀 더 적응적이고 덜 해로운 수준으로 조정할 수 있을 것이다(예: "나는 평정심을 잃지 않아야 해."를 "나는 평정심을 잃지 않기를 원해."로 수정하기).

어떤 내담자들은 핵심 신념의 가능한 변화들을 탐색하기 위해 연구, 자기반성(self-reflection), 문화 활동, 수업 그리고 다른 성장 지향적인 경험들을 생산적으로 활용할 수 있다. 현 상태의 사고에 도전하는 영적, 철학적, 혹은 역사적 저서들이 여기에 해당될 수 있다. 영적 활동, 연극, 음악 공연, 시각적 예술, 고무적인 대중 강연, 혹은 야외 활동 등도 자신과 세계를 다양한 방식으로 볼 수 있도록 하는 기회를 제공해 준다. 이러한 유형의 경험들은 특히 인생의 심오한 의미나 목적을 찾는 사람들에게 유용하다. 『Man's Search for Meaning』(Frankl, 1992), 『Full Catastrophe Living』(Kabat-Zinn, 1990), 『The Art of Serenity』(Karasu, 2003), 『The Mindful Way Through Depression』(Williams et al., 2007) 그리고 『Flourish』(Seligman, 2012) 등은 매우 유용한 책들로 알려져 있다.

인지적, 행동적 예행연습

스키마를 변화시키려 할 때 성공 여부를 예측할 수 있는 가장 중요한 세 단어는 연습, 연습 그리고 연습이다. 통찰만 가지고는 견고한 핵심 신념을 뒤집기에 충분치 않으므로, 치료자는 내담자가 수정된 스키마를 실제 상황에서 시도해 보고, 자신의 성취와 장애물들로부터 배우며, 다양하게 행동할 수 있는 기술들을 쌓도록 돕는 전략들을 세워야 할 것이다. 대개 치료 회기 중에 수정한 스키마를 예행 연습해 보기 시작한다. 그런 다음 이러한 연습은 과제를 통해 내담자의 일상생활로 확대된다. 앞서 제5장 '자동적 사고 다루기'와 제6장 '행동 기법 I: 우울한 기분 감소시키기, 에너지 수준 높이기, 과제 수행하기, 문제 해결하기'에서 인지적, 행동적 예행연습의 기본적인 기법들을 다루었다. 다음은 스키마를 변화시키기 위해 어떻게 예행연습 기법을 시행할 것인지를 설명하기 위해 Sudak 박사의 Brian 치료 사례를 사용하였다.

이 장 앞부분에서 Sudak 박사는 Brian이 자신의 핵심 신념인 "사람들은 믿을 수 없어."에 대한 대안들을 만들어 내도록 도왔다. 이제 그녀는 Brian이 좀 더 건전한 스키마를 행동에 옮기도록 하기 위해 치료를 진행하였다. 그동안 Brian은 많은 진전을 나타내어, 동료 Renee에게 위험을 무릅쓰고 데이트를 신청할 준비가 되었다. 그러나 그는 무언가 일이 잘못될까 봐 두려워하였다. Renee는 싫다고 말하거나, 다른 일로 바쁘다고 할 수도 있다. Brian은 Sudak 박사에게 가장 최악의 결과는 Renee가 데이트를 수락한 다음 나중에 데이트를 취소하는 것이라고 말한 후, 그들은 이러한 가능성에 어떻게 대처해야 할지를 함께 연습하였다.

치료자는 수정된 스키마를 연습하기 위해 많은 효과적인 전략을 사용할 수 있다. Sudak 박사는 역할극 연습 사용하여 Brian이 수정된 신념을 시행하는 데 필요한 기술들을 기르도록 도왔다. 흔히 사용되는 다른 기법들로는 심상, 브레인스토밍, 대처 카드 만들기 등이 있다. 〈표 8-5〉에는 수정된 스키마와 이러한 신념들을 시행하기 위한 행동 계획들에 대해 예행연습을 실시할 때 주의할 점들이 나와 있다.

〈표 8-5〉 새로운 스키마를 연습할 때 주의할 점

1. 새로운 혹은 수정된 스키마를 시도하기 위한 계획을 기록한다. 이러한 계획은 수정된 스키마를 행동으로 옮기기 위해 취해야 하는 구체적인 행동들뿐 아니라 수정된 핵심 신념도 기록해야 한다.
2. 치료 회기에서 심상 그리고/또는 역할극을 사용하여 계획한 것을 연습해 본다. 변화를 위한 계획을 방해하는 자동적 사고, 다른 스키마, 혹은 역기능적 행동 패턴들을 찾는다.
3. 장애물들을 극복하기 위한 대처 전략들을 세운다.
4. 구체적인 실제 상황에서 새로운 핵심 신념과 적응적인 행동을 연습하기 위한 과제를 계획한다.
5. 과제가 내담자에게 생산적인 경험이 될 수 있도록 코치한다.
6. 대처 카드에 계획을 기록한다.
7. 다음 회기에서 과제의 결과를 검토하고, 필요한 경우 계획을 조정한다.
8. 내담자가 스키마를 수정하도록 도울 때 '연습, 연습 그리고 연습' 전략을 기억하도록 한다. 스키마를 변화시키기 위한 원리들을 적용할 때 다양한 목표를 선택한다.

성장 지향적 CBT

흔히 스키마를 변화시키는 목표는 증상 완화와 재발 방지에 맞춰져 있으나, 치료는 개인적 의미와 성장을 위해서도 시행될 수 있다. 내담자가 증상 완화에 주된 관심이 있는 경우에도 개인적인 성장을 가져올 수 있는, 혹은 인생의 목적에 대해 깊이 깨닫도록 할 수 있는 핵심 신념들을 찾아보는 것이 유용할 수 있다. 다음은 내담자가 성장 지향적인 방향의 치료를 원하는지 알아볼 수 있는 몇 가지 질문들이다. "당신이 우울을 극복하고 난 후에도 치료에서 다루기 원하는 것들이 있습니까?" "당신이 은퇴한 후에(혹은 당신의 자녀들이 집을 떠난 후에, 혹은 당신이 이혼을 극복하고 난 후에 등) 당신 인생이 어떻게 변할 것인지에 관한 추가적인 목표들이 있습니까?" "당신은 더 이상 일 중독자가 되고 싶지 않다고 말했는데……. 만일 대부분의 시간을 일하지 않는다면 당신 인생에는 어떤 다른 목표들이 있게 될까요?"

우울장애와 폭식증을 가진 젊은 여성 Allison은 완벽주의를 추구하고 통제감을 유지하는 데 너무 집착하여 그녀의 인생에서 의미 있는 많은 것을 놓치고 있었다. 그러나 그녀의 증상들이 나아지기 시작하자 그녀는 앞으로의 인생 경로에 대해 더 넓은 관점을 가질 수 있었다. 이제는 그녀의 역기능적 스키마들에 의해 가려졌던 적응적 신념들이 자라 강화되었다(예: "나는 좋은 친구야." "나는 내 인생에서 다른 사람들을 돕는 것과 같은 무언가를 영향을 미치는 일을 하고 싶어." "나는 자연 속에 있으면서 내 주변의 것들을 감상하는 것을 좋아해.").

때때로 성장 지향적인 스키마들을 만드는 과정은 새로운 영역을 탐험하는 것과도 같다. 아마도 내담자는 항상 무언가가 자신의 인생에서 빠졌다고 생각했거나, 혹은 자신의 인생은 어떤 목적이나 의미 있는 것들이 중심이 되지 못한다고 생각했을 것이다. 혹은 어떤 중요한 상실이 그의 핵심 가치들과 생각들을 뒤흔들어 놓았을 수도 있다. 이러한 상황에서 CBT는 내담자로 하여금 실존적인 질문들과 씨름하고 상실을 넘어서는, 잠재력을 열어 놓는, 혹은 새로운 아이디어들에 전념하는 시도들에 초점을 맞출 수 있다. 일반 대중을 대상으로 한 『Breaking Free From Depression: Pathways to Wellness』(Wright & McCray, 2011)에서는 의미를 찾는 몇 가지 실제적인 방법들이 제시되어 있다. 대부분 Victor Frankl(1992)의 저서에 기초한 이러한 아이디어들은 목적의식을 갖기 원하거나, 핵심 가치에 대한 헌신에 관심이 있는 내담자에게 셀프 헬프 훈련으로 활용해 볼 수 있다.

성장 지향적 CBT에 관한 몇몇 논문들과 저서들은 치료자가 내담자 개인의 새로운 존재를 구성하는(construct) 적응적인 스키마를 갖도록 돕는 접근을 가리켜 **구성주의**(constructivism) 혹은 **구성주의적 인지치료**(constructivist cognitive therapy)라는 용어를 사용하였다(Guidano & Liotti, 1985; Mahoney, 1995; Neimeyer, 1993). 궁극적으로 구성주의적 인지치료는 치료 과정에서 한 개인이 좀 더 나은 개인의 진실성과 안녕감을 향해 변화되는 것을 지향한다. 그러한 변화는 흔히 일어나지 않는다. 그러나 내담자가 증상의 완화 단계를 넘어서 성장 지향적 목표들에 도달하기 위해 계속 노력한다면, 내담자와 치료자 모두에게 매우 만족할 만한 결과를 가져올 수 있을 것이다.

성장 지향적 혹은 구성주의적 인지치료를 위한 CBT 기법들에 대한 상세한 설명은 이 책의 범위를 넘어서는 것이다. 그러나 치료자는 치료를 위한 사례 개념화에서 개인의 성장과 의미라는 차원을 고려해야 할 것이며, 적어도 내담자에게 미래에 대한 길잡이를 제공할 수 있는 적응적인 핵심 신념을 발견하도록 돕는 노력을 기울여야 할 것이다.

훈련 과제 8-6 　 스키마 수정하기

1. 상대방과 함께 역할극을 사용하여 스키마에 대한 증거들을 점검하고, 스키마의 이점들과 손실들을 따져 본다.
2. 다음은 이 장에서 설명한 대안 만들기 기법을 사용해 본다.
3. 수정된 스키마를 실행에 옮기기 위한 계획을 세운다. 이러한 계획에는 내담자가 어떻게 다르게 사고하고 행동할 것인가에 대한 세부적인 것들도 포함시킨다.
4. 그런 다음 내담자와 함께 스키마를 변화시키기 위한 기법들을 시행해 본다.
5. 내담자에게서 적어도 하나의 적응적이며 성장 지향적인 스키마를 이끌어 낸 다음, 이 신념을 실행에 옮기기 위한 계획을 세운다.

요약

핵심 신념을 변화시키는 것은 어려운 과제다. 그러나 스키마를 수정하는 치료 작업은 자아존중감과 행동적 효율성을 향상시킬 수 있다. 스키마는 내면 깊숙한 곳에 있는 사고의 기본 규칙들이므로 치료자는 그것들을 표면으로 끌어내기 위해 정교한 솜씨와 인내심을 가져야 한다. 핵심 신념을 밝히는 데 흔히 사용되는 기법들로는 소크라테스식 질문하기, 자동적 사고 패턴에서 스키마 찾기, 그리고 하향 화살 기법이 있다. 스키마 목록을 기록하는 것은 치료자와 내담자가 변화 과정에 집중하는 데 도움을 줄 수 있다.

CBT 기법들은 내담자가 자신의 부적응적인 스키마에서 벗어나도록 하기 위해 자신의 핵심 신념에서 한 발 뒤로 물러나 그것이 정확한지 점검해 보도록 격려한다. 증거 점검하기, 이익과 손실 기록하기와 같은 기법들은 내담자를 더 넓은 관점으로 이끌어 새로운 스키마가 발달하도록 촉진할 수 있다. 치료 회기에서 혹은 과제를 통해 대안적인 핵심 신념을 찾은 후에는, 실제 상황에서 그것을 시도해 볼 수 있도록 구체적인 계획을 세워야 한다. 수정된 스키마가 이전의 부적응적인 사고 규칙들을 대체하기 위해서는 대개 반복적인 연습이 요구된다. 한편, 성장 지향적 CBT는 어떤 내담자들에게 자기 개념과 안녕감을 증진시키는 적응적인 핵심 신념들을 다룰 기회를 제공해 주기도 한다.

참고문헌

Beck AT: Demonstration of the Cognitive Therapy of Depression: Interview #1 (Patient With a Family Problem) (videotape). Bala Cynwyd, PA, Beck Institute for Cognitive Therapy and Research, 1977

Beck AT, Freeman A: Cognitive Therapy of Personality Disorders. New York, Guilford, 1990

Beck AT, Brown G, Steer RA, et al: Factor analysis of the Dysfunctional Attitude Scale in a clinical population. Psychol Assess 3:478–483, 1991

Beck AT, Davis DD, Freeman A (eds): Cognitive Therapy of Personality Disorders, 3rd Edition. New York, Guilford, 2014

Clark DA, Beck AT, Alford BA: Scientific Foundations of Cognitive Theory and Therapy of Depression. New York, Wiley, 1999

Evans MD, Hollon SD, DeRubeis RJ, et al: Differential relapse following cognitive therapy and pharmacotherapy for depression. Arch Gen Psychiatry 49(10): 802−808, 1992 1417433

Frankl VE: Man's Search for Meaning: An Introduction to Logotherapy. Boston, MA, Beacon Press, 1992

Greenberger D, Padesky CA: Mind Over Mood: Change How You Feel by Changing the Way You Think, 2nd Edition. New York, Guilford, 2015

Guidano VF, Liotti G: A constructivist foundation for cognitive therapy, in Cognition and Psychotherapy. Edited by Mahoney MJ, Freeman A. New York, Plenum, 1985, pp 101−142

Jarrett RB, Kraft D, Doyle J, et al: Preventing recurrent depression using cognitive therapy with and without a continuation phase: a randomized clinical trial. Arch Gen Psychiatry 58(4): 381−388, 2001 11296099

Kabat-Zinn J: Full Catastrophe Living: Using the Wisdom of Your Body and Mind to Face Stress, Pain, and Illness. New York, Hyperion, 1990

Karasu TB: The Art of Serenity: The Path to a Joyful Life in the Best and Worst of Times. New York, Simon & Schuster, 2003

Mahoney MJ (ed): Cognitive and Constructive Psychotherapies: Theory, Research, and Practice. New York, Springer, 1995

Neimeyer RA: Constructivism and the cognitive psychotherapies: some conceptual and strategic contrasts. J Cogn Psychother 7:159−171, 1993

Seligman MEP: Flourish: A Visionary New Understanding of Happiness and Well-Being. New York, Atria Books, 2012

Williams M, Teasdale J, Segal Z, Kabat-Zinn J: The Mindful Way Through Depression: Freeing Yourself From Chronic Unhappiness. New York, Guilford, 2007

Wright JH, McCray LW: Breaking Free From Depression: Pathways to Wellness. New York, Guilford, 2011

Wright JH, Wright AS, Beck AT: Good Days Ahead. Moraga, CA, Empower Interactive, 2016

Young JE, Brown G: Young Schema Questionnaire: Special Edition. New York, Schema Therapy Institute, 2001

Young JE, Klosko JS: Reinventing Your Life: The Breakthrough Program to End Negative Behavior and Feel Great Again. New York, Plume, 1994

Young JE, Klosko JS, Weishaar ME: Schema Therapy: A Practitioner's Guide. New York, Guilford, 2003

제9장 자살 위험을 감소시키기 위한 인지행동치료

만일 내담자가 모든 희망을 포기하고 자신의 미래에서 고통과 절망만 볼 수 있다면, 자살이 합리적인 선택처럼 보일지 모른다. 희망이 없는 사고는 그와 같이 심각한 부정적인 결과들을 초래할 수 있기 때문에, 치료자는 가능한 모든 기술과 창의성을 다해 내담자의 사고의 타당성에 대해 도전해야 한다. 만일 내담자가 이러한 희망이 없는 사고들을 수정하도록 돕는 데 목표를 두지 않는다면, 그러한 신념들을 묵인하게 됨으로써 치료 과정의 기반이 약화될 수 있다. 내담자가 회복이 가능하고 살아야 할 진정한 이유들이 있다고 믿으며, 문제들에 대한 가능한 해결책들을 볼 수 있을 때, 자해를 심각하게 고려하지 않고 극단적인 수준의 우울을 견뎌낼 수 있을 것이다(Wright et al., 2009).

자살 행동을 예방하기 위한 몇몇의 증거 기반 치료들에 대해 무작위로 연구들이 시행되었다. 자살 예방을 위한 인지치료(CT-SP; Brown et al., 2005), 단기 인지행동치료(Rudd et al., 2015; slee et al., 2008), 변증법적 행동치료(Linehan et al., 2006), 그리고 몇 개의 다른 접근들(Bateman & Fonagy, 1999; Guthrie et al., 2001; Hatcher et al., 2011)은 성인의 자살 시도 또는 스스로에 대한 폭력을 예방하는 데 긍정적인 효과를 나타냈다. 예를 들어, 최근 자살을 시도한 내담자들을 대상으로 CT-SP를 실시했을 때, 치료를 받지 않은 경우에 비해 18개월 이내에 다시 자살을 시도할 비율이 50% 감소하였다(Brown et al., 2005). 이 치료의 주요 특징은 절망감과 우울의 심각성을 감소시키는 것뿐 아니라, 직접적으로 자살 행동 예방에 목표를 둔 인지행동 전략들을 적용한 것이다. The Substance Abuse and Mental Health Service Administration의 National Registry of Evidence-Based Programs and Practices는 CT-SP(Brown et al., 2005)가 자살 위험을 감소시키는 유망한 증거 기반 치료임을 확인하였다.

이 장에서는 CT-SP 치료에 기초하여 자살 위험을 감소시키는 인지적, 행동적 핵심 전략들을 설명하였다. 이 전략들은 절망적인 내담자로 하여금 인지행동치료에 참여시키기, 내담자에게 CBT 설명하기, 내담자가 치료에 전념하도록 돕기, 자살 위험 모니터링 및 평가하기, 안전 계획 세우기, 삶의 이유 찾기 및 희망 불어넣기, 그리고 자살 위험을 감소시키고 자살 위기의 재발을 예방하기 위해 다른 인지행동 전략들 적용하는 데 초점을 맞추고 있다.

절망적인 내담자를 CBT에 참여시키기

자살 위험이 높은 많은 내담자는 상황이 나아질 가능성에 대해 희망을 갖지 않으므로 모든 것을 포기하는 것에 대해 생각한다. 비록 CBT 전략들을 사용하여 내담자로 하여금 자신의 절망적인 사고들을 찾고, 이들 사고들에 대해 좀 더 현실적인 반응들을 하도록 도울 수 있으나, 자살 위험이 높은 내담자는 정신과적 치료가 도움이 될 것이라는 가능성에 대해 희망적이지 않을 수 있다. 어떤 내담자들은 "아무것도 소용 없었어."라고 보고하였다. 그들은 이전에 많은 약물치료와 심리치료를 시도했으나, 어느 것도 증상을 완화시키거나 변화를 유지하는 데 성공하지 못했다. 내담자의 무망감을 다루는 한 가지 접근은 치료자가 이들 치료들의 적합성 또는 질에 대해 신중한 검토를 하는 한편, 내담자가 치료에 얼마나 충실하게 따랐는지 살펴보는 것이다. 그런 다음 치료자는 내담자가 이들 치료의 효과에 대해 내린 결론들을 다시 평가하도록 돕는다. 그러나 이러한 접근은 내담자가 인지행동적 기법들을 이해하기 전, 혹은 효과적인 치료적 관계가 만들어지기 전 치료 초기에 사용된다면, 효과적이지 않을 수 있다.

내담자의 염려를 신중하게 경청하고, 치료를 받는 과정에서 내담자가 겪는 분투와 어려움들에 공감하는 것은 종종 도움이 된다. 내담자의 무망감을 깨닫고 인정하는 것이 내담자를 치료 과정에 참여시키는 첫 단계이다. 치료자는 내담자의 이전 치료 경험들을 경청한 후, 과거의 부정적인 치료 경험들이 CBT를 포함한 현재 치료에 대한 부정적인 태도에 기여하는 정도를 평가한다. 내담자에게 이전 치료들의 유용한 측면들과 유용하지 않는 측면들을 이야기할 수 있는 기회를 줌으로써, 치료자는 치료 효과를 높이기 위해 특정 측면들을 강조함으로써 CBT 개입을 조정할 수 있다. 또한 내담자가 치료자에게 이해받고 있다고 느낀다면, 치료자는 무망감이 우울한 사람들이 흔히 경험하는 사고방식이며, CBT의 초점이 이들의 무망감을 다루도록 돕는 것임을 짚어 줄 수 있다.

보통 치료 초기에 무망감을 감소시키는 CBT의 또 다른 요인은 치료의 구조이다. 문제에 압도되어 딜레마로부터 빠져나갈 출구가 없다고 생각하는 내담자의 경우, 현실적인 목표들을 세우고, 문제를 해결하기 위해 계속 나아가며, 목표들을 성취하도록 인도하는 치료자와 함께 작업하는 경험을 갖는 것에 대해 긍정적으로 반응할 것이다.

CBT에 대한 정보 제공하기

CBT의 구조와 과정 그리고 사생활의 제한과 비밀보장에 대해 내담자를 교육하는 것은 자살 문제를 가진 내담자에게 특히 중요하다. 자살 위험이 있는 내담자의 경우, 치료에 대해 희망을 갖지 않거나, 치료를 그만두기 쉬운 경향성을 고려할 때 이러한 이슈들에 대해 정보를 제공하고, 내담자들에게 질문할 기회를 주는 것은 중요하다. 치료자는 CBT의 형식과 구조의 세부적인 것들을 설명할 때, 기분 점검하기, 자살 생각과 행동을 포함한 임상 증상 평가하기, 이전 회기에 대해 요약하기, 우선순위에 따른 문제 정하기, 현재 회기에 대해 요약하기, 셀프 헬프 과제에 대해 협업하기, 그리고 회기의 유용성에 대해 피드백 얻기를 포함한 전형적인 회기 구조에 대해 개요를 제시할 수 있다. 내담자에게 CBT가 어떻게 시행되는지 교육하는 것은 내담자로 하여금 자신의 문제(자살을 원하는 이유를 포함하여)가 사려 깊고 체계적인 방식으로 다뤄질 수 있음을 이해하는 데 도움이 된다.

내담자가 치료에 전념하도록 돕기

초기 CBT 회기들 동안 다뤄야 할 중요한 과제는 내담자가 치료에 전념하도록 하는 것이다. 여기에는 내담자가 일관성 있게 회기에 참석할 것이며, 치료 목표를 달성하기 위해 치료자와 함께 작업을 진행할 것이고, 과제를 수행하며, 자살 위험과 무망감을 좀 더 잘 다루기 위해 기타 치료 과정에 적극적으로 참여할 것에 대한 동의가 포함된다.

내담자의 치료에 대한 동기를 끌어올리는 한 가지 중요한 전략은 치료의 주요 목표가 자살을 예방하는 것임을 분명히 하는 것이다. 이것과 관련하여 치료자는 내담자에게 자살 충동에 따라 행동하지 말 것과 주어진 회기 동안 치료 과정에 모두 참여하도록 요청한다. 이러한 접근의 목적은 내담자로 하여금 일정 기간 동안 치료에 전념하도록 하는 한편, 자살 위험을 감소시키고 자살 시도를 예방하기 위한 구체적인 대처 기술들을 학습하도록 하려는 것이다. 내담자에게는 정해진 회기들이 끝난 후 치료자와 함께 치료 경과를 평가하고, 필요하다면 추후 치료에 대한 계획을 세울 것임을 알린다. 이러한 방법들을 사용하여 CBT 치료 참여에 대한 내담자의 동기를 높였을 때 내담자가 치료를 중단할 가능성이 감소하였다.

자살 위험 모니터링 및 평가하기

자살 위험을 평가하는 것은 위험 수준에 맞춘 효과적인 행동 계획을 세우는 데 필수적인 단계이다. 자살 위험 수준이 낮은 내담자의 경우 외래에서 정기적인 치료를 받게 되며, 자살 위험 수준이 높은 내담자의 경우 내담자의 안전을 위해 좀 더 집중적인 치료, 추가적인 정신 건강 또는 물질 남용 치료, 또는 입원 치료 프로그램과 같은 다른 수준의 돌봄이 요구된다.

자살 충동을 느끼는 내담자는 높은 위험군에 속하기 때문에, 치료자는 치료를 시작할 때 종합적인 자살 위험 평가를 실시해야 할 뿐만 아니라, 이후 CBT의 매 회기에서 자살 위험을 모니터해야 한다. 종합적인 자살 위험 평가에는 내담자의 현재 정신 상태에 대한 직접적인 질문, 자기 보고식 척도 실시, 의료 기록 검토, 내담자의 행동에 대한 임상 관찰, 그리고 가능한 경우 내담자의 가족 구성원이나 친구들과의 접촉이 포함된다. 자살 위험에 대한 평가는 현재 자살 생각의 내용, 빈도, 지속 기간, 심각성에 대한 질문들과 더불어 자살 시도를 포함한 과거의 자살 생각과 행동에 대한 질문들도 포함해야 한다. 자살 계획, 자살 시도 의지, 그리고 잠재적으로 치명적인 수단들에 대한 접근성은 자살 위험 평가의 특히 중요한 요인들이다.

내담자의 임상 질환과 관련이 있는 위험 요소들은 무망감과 절망, 주요 우울이나 기타 기분 장애, 물질 남용이나 의존, 성격장애, 심한 불안, 사회적 고립이나 외로움, 문제 해결 결함, 역기능적 태도(완벽주의 또는 가족이나 타인에 대한 부담과 같은), 매우 충동적인 행동, 살인에 대한 생각, 타인을 향한 공격적 행동, 그리고 만성적인 신체 통증이나 기타 급성 질환 문제들을 들 수 있다. 자살 위험을 증가시킬 수 있는 환경적 스트레스에는 관계의 파탄, 기타 대인 간 상실, 갈등이나 폭력, 법적 문제들, 경제적 어려움, 실직, 감금, 노숙 등이 포함된다. 내담자의 과거사로부터의 위험 요소들에는 신체적 또는 성적 학대와 가족 구성원이나 친구의 자살이 있다.

또한 자살의 위험을 감소시키는 보호 요인들에 관해서도 매우 중요한 일련의 질문들이 이루어져야 한다. 삶의 이유들에 대한 질문들은 자살 위험을 평가하는 데 특히 유용하다. 만일 내담자가 살아야 할 의미 있는 이유들을 찾을 수 없다면, 자살 위험은 매우 높아진다. 이와 반대로, 살아야 할 강력한 이유들을 분명히 말할 수 있는 내담자의 경우 자살 위험은 더 낮아진다. 이 장 뒷부분에서 다루게 될 삶의 이유들을 찾아내는 작업은 자살 위험을 감소시키기 위한 핵심 CBT 기법들 중 하나이다. 다른 보호 요인들로는 희망에 대한 표현, 가족이나 타인에 대한 책임감, 지지적인 사회적 네트워크나 가족, 자살에 반하는 영적 또는 종교적 신념, (고통으로 인한) 죽음에 대한 두려움, 자살이 부도덕하다고 여기는 믿음, 그리고 직장이나 학교 활동 참여가 있다.

Patient Health Questionnaire-9(PHQ-9; www.phqscreeners.com) 혹은 Beck Depression Inventory-Ⅱ(BDI; Beck et al., 1996)와 같은 자기 보고식 척도를 규칙적으로 사용하는 것은 자살 위험을 모니터하는 유용한 방법이다. 이러한 척도들은 CBT 매 회기 시작 전 자살 위험 수준을 모니터하고 우울의 심각성을 평가하기 위해 실시할 수 있다. 그런 다음 자살 생각 혹은 무망감을 나타내는 PHQ-9이나 BDI-Ⅱ의 문항들을 체크한 내담자에 대해서는 자살 위험에 관한 추가적인 평가를 시행할 수 있다.

자살 시도를 했거나, 심각한 자살 생각을 보고한 내담자의 경우, 치료자는 자살 위험에 관해 상세한 내러티브 인터뷰를 하는 것이 필요하다. 내러티브 인터뷰를 통해 내담자는 최근의 자살 위험에 관해 자살 시도에 이르게 하는 사건, 생각, 감정 및 행동의 순서를 포함한 자신의 "이야기"를 말할 수 있게 된다. 또한 내러티브 인터뷰는 CBT 사례 개념화 치료 계획에 필요한 정보를 제공해 줄 뿐 아니라, 치료적 관계를 발전시키는 데 도움이 된다. 내러티브 인터뷰를 시작할 때, 치료자는 "자살 생각이나 행동으로 이끈 일은 무엇입니까?" "무엇이 그러한 위기를 초래했나요?" 등을 질문한다. 인터뷰 도중 내담자를 자신의 이야기의 요점들로부터 벗어나게 만드는 많은 세부 질문은 피하는 것이 좋다. 대신, 치료자는 인터뷰 과정 중에 이해와 공감을 전달하기 위해 간략한 요약을 사용할 수 있다.

안전 계획하기

내러티브 인터뷰를 마친 후, 치료자는 내담자로 하여금 인터뷰 중 확인된 경고 신호들 혹은 촉발 요인들을 깨닫도록 하기 위한 방법으로 안전 계획하기를 소개할 수 있다. 내러티브 인터뷰 동안 얻은 정보들에 대해 신중하게 안내에 따른 발견을 실시함으로써 어떻게 자살 생각이 시작되며, 시간이 경과함에 따라 감소하는지 알게 된다. 안전 계획 개입은 자살 위험이 조수처럼 밀려왔다 밀려가는 특징이 있으므로 위험이 높아진 시기 동안 내담자가 구체적인 기술들을 적용하도록 돕는 것이 자살을 방지할 수 있다는 점에 기초한다. 이러한 전략은 자살 위기 전 혹은 자살 위기 동안의 경고 신호들과 사용할 수 있는 대처 전략들 및 자원들의 목록을 우선순위에 따라 기록하도록 한다(Stanley & Brown, 2012). 이 개입의 의도는 내담자를 도와 그가 자살 충동에 따라 행동하지 않고, 시간이 지남에 따라 자살 생각이 감소하여 좀 더 다루기 쉽도록 하는 데 있다.

안전 계획하기는 자살 시도 성인들을 대상으로 한 CT-SP(Brown et al., 2005), 자살 시도 청소년들을 위한 CBT(Stanley et al., 2009)를 포함한 임상 연구들에서 처음 개발, 시행되었다. 이후 안전 계획은 독립적인 개입으로 발전하여 CBT를 포함한 다른 치료들과 함께 사용되거나 홀로 사용되었다. 안전 계획 개입은 Department of Veterans Affairs(Knox et al., 2012)를 포함하여 많은 건강관리 시스템에서 광범위하게 사용되고 있다. Suicide Prevention Resource Center와 American Foundation for Suicide Prevention은 안전 계획 개입의 효과를 인정하였다.

안전 계획은 내담자와 함께 협력적으로 세운 일련의 구체적인 단계들을 포함한다. 하나의 단계를 끝낸 뒤에도 자살 위험이 감소하지 않는다면, 자살 위험이 좀 더 낮아질 때까지 다음 단계(들)로 나아가야 함을 내담자에게 알려 주게 되어 있다. 내담자가 안전 계획을 세우도록 돕기 위한 간략한 지침은 〈표 9-1〉에 나와 있다. 안전 계획 개입을 사용하도록 훈련할 때, 성공적으로 안전 계획하기를 시행하기 위해서는 단순히 안전 계획 워크시트를 기입하는 것만으로는 충분하지 않다. 추가적인 안전 계획하기 훈련과 다른 자료들은 www.suicidesafetyplan.com에 나와 있다.

사례 예시

David는 20세 공대 4학년생이다. 그의 우울과 불안은 중간 정도의 수준을 나타냈다. 그는 17세 때 우울 에피소드를 경험했다. 그가 고등학생이었을 때 그는 아버지, 어머니, 그리고 여동생과 함께 살았다. 그의 아버지는 토목 엔지니어로 많은 시간을 일하는 데 할애했다. 그의 어머니는 학교 교사였다. David는 아버지가 자신이 학교에서 뛰어나게 잘하기를 요구했으며, 잘하지 못했을 때는 공부를 열심히 하지 않았다거나, 또는 학교 공부를 중요하게 생각하지 않았다고 질책을 받을 것임을 알고 있었다. 그의 어머니는 지지적이었으나, David는 아버지와 논쟁할 때는 어느 편도 들지 않으려고 조심하였다. 그 결과, David는 원하던 성적을 받지 못했을 때, 잘 대처하지 못하였다. 그는 많은 시간 동안 공부했으며, 시험을 치기 전 높은 불안과 수면 문제를 보고하였다.

David는 고등학교를 다닐 때 한번 수학 시험에서 좋지 않은 점수를 받았다. 그는 수치심을 느꼈으며, 자신의 좋지 않은 성격으로 인해 대학에 들어가지 못할 것이라고 예상했다. 그는 희망을 잃고, 아세타미노펜을 과다 복용하였다. 그는 어머니에게 자살 시도에 대해 말한 후, 병원으로 이송되어 입원하였다. 그는 단기간 병원에 있으면서 에시탈로프램 처방과 지지적인 치료를 받았으며, 이는 우울과 자살 사고의 증상들을 감소시키는 데 도움이 되었다.

David는 이제 대학 재학 마지막 해에 다시 우울과 불안으로 힘들어하고 있었다. 그는 캠퍼스에 살고 있으며, 룸메이트는 그의 좋은 친구이다. 또한 그에게는 다른 친구들이 있으며, 그는 노래하는 것과 자원 봉사에 관심을 가져 왔다. 그러나 그는 계속하여 자신이 시험을 잘 볼 수 있을 것인지에 대해 걱정을 하였다. 최근 그는 한 과목 시험에서 낮은 점수를 받아, 다시 무망감을 느끼고 자살을 생각하게 되었다. 그는 죽으려는 의도나 자살을 하려는 구체적인 계획을 세우지는 않았다. 그러나 그는 자신의 상태가 좋지 않음을 깨닫고, 자신의 우울과 불안에 도움이 될, 그리고 자살 생각이 증가할 가능성을 감소시키기 위해 CBT를 받기 원하였다.

〈표 9-1〉 안전 계획하기의 단계들

단계 1. 경고 신호들을 확인한다. 경고 신호들을 확인하는 목적은 내담자로 하여금 언제 위기가 고조되고 있는지 인식함으로써 알린다. 그의 안전 계획에 따라 위험을 줄이기 위한 행동을 취할 수 있도록 돕는 데 있음을 알린다. 만일 경고 신호들이 모호하다면, 내담자가 위기가 시작됐음을 쉽게 인식할 수 있도록 하기 위해 구체적인 경고 신호들이 중요함을 설명한다.

단계 2. 대처 전략들을 개발한다. 내담자에게 자살 생각으로부터 주의를 돌리는 것이 어떻게 위험을 낮추는 데 도움이 될 수 있는 지 설명한다. 치료자는 내담자에게 "만일 당신이 다시 자살이 하고 싶어진다면, 그런 당신의 생각이나 충동에 따라 행동하지 않도록 하기 위해 무엇을 할 수 있습니까?"라고 질문할 수 있다. 내담자가 거부하지 않는다면 최소 세 개의 구체적인 전략들을 찾아볼 수 있다. 또한 이러한 전략들이 안전한지, 괴로움을 증가시키지는 않는지, 그리고 실현 가능한 것인지를 확인해 볼 필요가 있다. 이들 전략들을 사용하는 데 있어 장애물들이 있는지 평가해 보고, 만일 있다면 그것들을 다루기 위해, 혹은 좀 더 실현 가능한 대안적인 대처 전략들을 찾아내기 위해 협력적이고 문제 해결에 중점을 둔 접근을 사용한다.

단계 3. 사회적 접촉과 사회적 상황들을 확인한다. 만일 단계 2가 자살 위험을 낮추지 못한다면, 단계 3으로 가야 함을 내담자에게 설명한다. 치료자는 내담자로 하여금 자신의 문제들로부터 주의를 돌리도록 하는 데 누가 도움이 될 수 있는지, 내담자의 기분을 나아지게 하는 데 누가 도움이 될 수 있는지 찾아보도록 한다. 또한 내담자가 그의 문제들로부터 주의를 돌리도록 하는 데 도움이 되는 사회적 상황들도 찾아본다. 위기 시에 내담자가 다른 사람과 함께 이야기를 나누거나, 혹은 사람들이 있는 곳에 갈 수 있는 가능성에 대해 확인해 본다. 이러한 전략들을 사용하는 데 걸림돌이 있는지 살펴보고, 그것을 해결하기 위한 방안이나 대안들을 찾아본다.

단계 4. 가족 구성원들이나 친구들에게 연락한다. 만일 단계 3이 자살 위험을 낮추지 못한다면, 단계 4로 가야 함을 내담자에게 설명한다. 위기 시에 연락 가능한 가족이나 친구들이 있는지 알아본다. 또한 내담자가 각 사람에게 연락을 취할 수 있는 가능성을 따져 본다. 만일 내담자가 다른 사람들과 연락하는 것에 대해 확신이 없다면, 방해가 되는 것들을 찾아 다루거나, 연락할 수 있는 다른 사람들을 찾아본다.

단계 5. 전문가나 관련 기관에 연락한다. 만일 단계 4가 자살 위험을 낮추지 못한다면, 단계 5로 가야 함을 내담자에게 설명한다. 위기 시에 연락할 수 있는 정신 건강 전문가가 있는지 알아본다. 위기 시에 Suicide Prevention Lifeline(1-800-273-8255)에 연락하거나, 병원이나 응급실에 가는 방법에 대해 내담자에게 설명한다. 내담자가 전문가나 관련 기관, 또는 위기 라인에 연락할 수 있는 가능성을 각각 평가한다. 이때 방해가 되는 것들을 찾아보고, 문제를 해결한다.

단계 6. 안전한 환경을 만든다. 좀 더 안전한 환경을 만드는 것이 자살 충동에 따라 행동하는 위험을 낮추는 데 도움이 된다는 것을 내담자에게 설명한다. 치료자는 내담자에게 총기 접근 여부에 대해 질문한다. 만일 내담자가 다른 치명적일 수 있는 방법들을 찾아낸다면, 그것들에 대한 접근 가능성을 살펴본다. 치료자와 내담자는 협력하여 각각의 치명적인 방법에 대해 좀 더 안전한 환경을 만들 계획을 세움으로써, 이러한 방법을 덜 사용할 수 있도록 한다. 만일 내담자가 이러한 방법들에 대한 접근을 제한하는 것에 관해 주저한다면, 이것에 대한 찬반을 따져 보고, 좀 더 안전한 환경을 만들기 위한 대안적인 방법이 있는지 알아본다. 총기에 관해서는 소유 권한이 있는 가족 구성원이나 친구에게 그것을 치우도록 요청하거나, 혹은 총기와 탄환을 각각 자물쇠로 잠굴 수 있는 안전한 곳에 넣어 두는 것을 생각해 볼 수 있다.

단계 7. 삶의 이유들을 찾아본다. 이 장 '삶의 이유들' 절에 나온 방법들을 사용한다. 내담자와 함께 충분한 시간을 들여 자살을 예방하는 특별히 가치 있는 보호 요인들을 찾아 자세히 이야기 해 본다.

David와 Brown 박사는 최근 낮은 성적을 받아 촉발된 David의 불안과 우울한 기분에 초점을 맞추었다. Brown 박사는 David가 치료에 대해 가지고 있는 기대를 다룬 후, 자살 위험에 대한 포괄적인 평가를 실시하고, 이어 대학 시절 가장 최근의 어려움과 반복되는 자살 사고들에 관해 내러티브 인터뷰를 시행하였다. 그들은 살아야 하는 이유들을 찾는 것을 포함하여 안전 계획을 함께 세웠다. 다음 대화는 안전 계획하기 단계 1(〈표 9-1〉)의 예시이다.

Brown 박사: David, 당신 이야기를 해 줘 고마워요. 아시다시피, 위기는 점점 더 고조된 다음, 다시 낮아지게 됩니다. 오늘 하려고 하는 것들 중 하나는 그러한 위기의 경고 신호들 또는 촉발 요인들을 찾아보는 것입니다. 나는 이것들을 안전 계획에 기록해서 당신이 언제 그 안전 계획을 사용해야 할지 알 수 있도록 했으면 합니다. 자, 당신에게 일어난 경고 신호들은 어떤 것들이 있었나요?

David: 음…… 시험 점수를 들었는데 점수가 좋지 않을 때, 나는 완전히 실패한 사람처럼 느껴졌어요. 저는 최선을 다했는데 원하던 결과를 얻지 못했기 때문에 이러한 생각에 압도된 것 같아요. 도대체 난 뭘 잘하는 거지? 처음 든 생각은 부모님이 너무 실망할까 봐 말씀드릴 수 없다는 거였어요. 난 그 생각에 너무 압도되고 걱정이 됐어요. −그리고 그냥 너무 창피했어요. 일이 이렇게 된 거에요.

Brown 박사: 요약을 잘해 주었네요. 자, 이제 그것들이 무엇인지 구체적으로 적어 봅시다. 첫 번째에 무엇을 써야 할까요?

David: 제가 압도된 느낌이나 불안을 느끼기 시작한 때 같아요.

Brown 박사: 그럼, "압도된 느낌…… 불안"(적는다)

David: 아니면 창피한 거요.

Brown 박사: "창피한"(적는다). 그 밖에 다른 건 뭐가 있지요?

David: 부모님께 말씀드릴 수 없다는 거요. 전 보통 부모님께 뭐든 얘기하는 편이지만…… 나는 입을 닫아야 하고, 그런 일들을 부모님과 나눌 수 없다고 느낄 때요.

Brown 박사: 그럼 "부모님께 말씀 드릴 수 없는 것"(적는다). 그리고 또?

David: 그리고 그냥 다 실패자처럼 느끼는 거요.

Brown 박사: "실패자처럼 느끼는 것"(적는다). 자, 당신은 이런 경고 신호들이 나타날 때마다, 당신의 안전 계획을 봐야 한다는 것을 알게 됩니다. 그것들은 당신이 안전 계획을 사용할 때임을 알려 주는 단서와도 같습니다.

(David가 고개를 끄덕인다.)

Brown 박사: 그럼 첫 번째 이야기하고 싶은 것은 당신이 압도된 느낌, 불안, 부끄러움, 이러한 생각들과 어쩌면 포기하고 싶은 생각이 들 때, 그때가 바로 그 위기로부터 벗어나기 위해 또는 그 위기가 고조되는 것을 막기 위해 몇 가지 전략들을 사용해야 하는 때라는 겁니다. 다음은…… 당신이 문제들로부터 벗어나기 위해, 잠깐 동안만이라도 그 위기로부터 주의를 돌리기 위해 쓸 수 있는 전략들에 대해 브레인스토밍해 볼까요? 이전에 이와 같은 위기를 다루기 위해 했던 일들 중 도움이 됐던 것은 무엇이 있습니까?

이 예시는 치료자와 내담자가 어떻게 협력적으로 안전 계획을 세워 나갈 수 있는지, 그리고 안전 계획을 세울 때 내담자 자신의 말을 사용하는 것이 중요하다는 사실을 보여 준다. 일단 안전 계획이 세워지면, 치료자는 내담자와 함께 각 단계들을 검토하고, 안전 계획을 사용할 가능성에 대해 질문한다. 또한 안전 계획을 어디에 두어 내담자가 위기 시에 사용하기 쉽도록 할 것인지 정해야 한다. 마지막으로, 내담자에게 완성된 안전 계획을 주고, 복사본은 의료 기록에 보관한다. 안전 계획이 위험을 낮추는 데 도움이 되었는지, 그리고 필요하다면 좀 더 도움이 되기 위해 어떻게 수정될 수 있는지를 결정하기 위해 추후 치료 회기에서 안전 계획을 검토할 수 있음을 내담자에게 설명한다.

삶의 이유들

이 장 앞부분에서 자살 위험을 평가하는 한 방법으로 삶의 이유들을 질문하는 것의 중요성을 강조하였다. 또한 삶의 이유들에 대한 질문들은 매우 치료적일 수 있는데, 왜냐하면 그러한 질문들은 자살을 생각하는 내담자의 부정적으로 치우친 희망 없는 사고들을 뚫고 나가, 사랑하는 사람들과의 관계, 영적 또는 종교적 신념 및 가치, 충족되지 않은 목표들과 열망들, 그리고 지속적인 헌신과 같이 삶을 유지시키는 힘들에 대해 생각하도록 문을 열어 주기 때문이다.

Jesse H. Wright는 자살을 시도하여 입원한 내담자들이나 매우 심각한 자살 사고 및 계획을 가진 내담자들과 작업할 때, 보통 첫 회기에서 살아야 하는 이유들의 목록을 만드는 것으로 시작한다. 그는 내담자에게 그 목록을 병실 벽에 붙이도록 하며, 내담자와 이러한 삶의 이유들에 관해 이야기를 나눌 간호사들과 다른 스태프들의 협조를 요청하여 이후 병실을 방문할 때마다 목록이 추가되도록 한다. 만일 내담자가 "내 손주들"과 같은 이유를 말한다면, 치료자는 그 이유의 의미를 강화시키고 세부적인 것들을 보탤 수 있는 질문들을 할 수 있다. "당신의 손주들이 어떻게 당신으로 하여금 자살 생각을 극복하게 만들고…… 살고 싶어 하도록 만든다는 거지요? 만일 당신이 스스로 목숨을 버린다면 당신은 무엇을 잃게 되는 건가요? 당신의 자살은 그들에게 어떤 영향을 미치게 될까요? 당신의 손주들이 왜 당신에게 중요한지 그들에 대해 말해 주세요."

살아야 되는 이유들의 목록은 안전 계획하기의 중요한 부분이다. Brown 박사가 David에게 살아야 할 이유들에 대해 물었을 때, 그의 첫 대답은 "내 가족"이었다. 그때 Brown 박사는 더 많은 성과를 끌어내기 위해 "가족 중 특별히 누구인가요?"라고 질문하였다. David는 말했다. "여동생이요……. 난 그 아이에게 세상 전부와 같아요……. 그 아이는 나를 우러러봅니다…… 난 그걸 잃고 싶지 않아요."그들은 계속하여 살아야 할 다른 이유들을 찾아냈는데, "내 제일 친한 친구", 그리고 "아직 해 보지 못한 많은 일들, 이를 테면 가족을 만나기 위해 중국으로 여행을 가는 것", 그리고 "노래를 부를 때의 기쁨, 난 그것을 포기하고 싶지 않아요." 등이 있었다.

내담자가 살아야 할 어떤 이유도 찾아내지 못하거나, 또는 목록을 만드는 데 어려움이 있을 경우, 치료자는 우울이나 물질 남용으로 인해 모호해진 삶의 이유들을 드러나게 해 줄 예들을 제안할 필요가 있다. 한 예로, 이전에 내담자가 즐겼던 활동들에 대해 질문을 할 수 있다. 또 다른 전략은 내담자가 우울해지기 이전 가지고 있던 살아야 할 이유들에 관해 질문하거나, 또는 만일 우울이나 현재 삶의 문제들이 해결된다면 어떻게 상황을 다르게 볼 것인지 내담자에게 묻는 것이다.

David가 가지고 있는 살아야 할 이유들을 포함하여 그의 안전 계획은 [그림 9-1]에 제시되어 있다.

단계 1. 경고 신호들을 확인한다.
- 압도된 느낌과 불안
- 부끄러움
- 나의 부모님께 말할 수 없는 것
- 실패자처럼 느끼는 것

단계 2. 대처 전략들을 개발한다.
- 혼자 노래하기
- 집을 생각나게 하는 음식 만들기
- 도자기 만들기

단계 3. 사회적 접촉과 사회적 상황들을 확인한다.
- 룸메이트인 Charlie와 함께 시간 보내기

단계 4. 가족 구성원들이나 친구들에게 연락한다.
- 내 가장 친한 친구인 Vanessa에게 전화하기
- 내 동생이나 어머니에게 방문하기

단계 5. 전문가나 관련 기관에 연락한다.
- Brown 박사 사무실 또는 사무실 닫혀 있는 경우 응답 서비스*
- 펜실베니아 대학 응급 정신과 서비스*
- 자살 예방 라이프 라인 1-800-273-TALK(8255)

단계 6. 안전한 환경을 만든다.
- 총기에 접근할 수 없다.
- 내 약을 룸메이트에 주어 그가 매일 내게 먹어야 할 분량을 나누어 주도록 한다.

단계 7. 내가 살아야 할 이유들을 찾아본다.
- 내 가족…… 내 여동생
- 내 가장 친한 친구
- 중국에 여행 가는 것 그리고 내가 아직 하지 못한 다른 일들
- 노래를 부를 때의 즐거움
- 자원봉사
- 내 자신의 가족을 꾸리는 것

[그림 9-1] David의 안전 계획

*Brown 박사와 응급 정신과 서비스의 실제 전화번호를 여기 기입한다.

희망 키트 만들기

또한 치료자는 내담자가 희망 키트를 만들도록 격려한다. 희망 키트는 내담자에게 삶의 이유들을 생각나게 하는 물건들을 모아 놓은 것이다. 희망 키트를 만들기 위해, 내담자는 이전에 찾은 삶의 이유들을 검토한 다음 그림, 편지, 엽서, 기도문, 시, 음악, 천 조각 또는 기타 사물들과 같은 기념품들을 보관할 수 있는 간단한 신발 상자, 봉투, 스크랩북 등을 준비한다. 또한 희망 키트는 컴퓨터, 스마트폰 및 다른 디바이스에서 만들 수도 있다. 희망 키트 작업은 내담자가 매우 즐거워할 뿐 아니라, 자살 생각과 행동을 다루는 데 매우 유용한 CBT 전략들 중 하나이다. 더욱이 내담자는 희망 키트를 만드는 과정에서 전에는 간과했던 삶의 이유들을 찾을 수 있음을 종종 발견한다.

자동적 사고와 핵심 신념 수정하기

자살 위기에 대한 CBT의 또 다른 기본적인 접근은 제5장 '자동적 사고 다루기'와 제8장 '스키마 수정하기'에 나와 있는 기법들을 사용하여 내담자가 자살 위험과 연관이 있는 부정적인 사고와 스키마를 수정하는 기술들을 배우도록 돕는 것이다. 이러한 기법들에 관해서는 이미 이 책 앞부분에서 충분히 설명하였으므로 여기에서 상세히 다루지는 않을 것이다. 자살 위험을 감소시키는 데 특히 유용한 핵심적인 CBT 기법의 한 예는 대처 카드를 사용하는 것이다. 대처 카드에는 내담자가 힘든 시기에 재검토할 수 있는 적응적인 대처 문장들이 적혀 있다. 대처 카드는 회기 중에 만들어 사용하며, 이후 회기들에서 강화되는 경우가 대부분이다. 자살 위기 동안 떠오른 자동적 사고 카드 윗부분에 적고, 좀 더 균형 잡힌 대안적 반응을 그 아래 적는다. 예를 들어, 자살 관련 사고로 "나는 더 이상 참을 수 없어."를 들 수 있다. 이에 대해 좀 더 균형 잡힌 혹은 적응적인 문장은 "나는 지금 매우 힘든 시기를 보내고 있다는 걸 알아. 그러나 이러한 감정들은 오래 가지 않아. 그리고 난 스스로 그 감정들로부터 회복될 수 있어……. 이런 기분이 들 때 나는 내 친구 Larry에게 전화를 걸 수도 있어……. 그는 나를 만나러 와서 내가 문제들로부터 벗어날 수 있도록 도와줄 거야."가 될 것이다.

자살 위험을 감소시키기 위한 행동적 기법

제6장 '행동 기법 Ⅰ: 우울한 기분 감소시키기, 에너지 수준 높이기, 과제 수행하기, 문제 해결하기'와 제7장 '행동 기법 Ⅱ: 불안 감소시키기와 회피 패턴 바꾸기'에 나온 전략들은 치료자가 자살 위기에 있는 내담자와 적합할 때 추가적인 자원을 제공해 줄 수 있다. 예를 들면, 치료자는 내담자를 깊은 무망감에서 끄집어내기 위해 행동 계획을 시작할 수 있다. 만일 내담자가 괴로움을 줄여 주는 행동을 취하기 시작한다면, 또는 약간의 즐거움과 성취감을 보인다면, 미래 얻게 될 것에 대한 희망이 자랄 수 있다. 이완 훈련과 같은 불안 감소 기법은 자살 생각으로부터 주의를 돌리고, 고통스러운 감정들을 덜어 주는 방법으로 사용될 수 있다. 문제 해결 계획은 내담자로 하여금 자살 사고와 관련이 있는 스트레스원에 대처하는 방법들을 찾도록 하는 데 도움이 된다. 이 책 앞부분에서 제시한 인지적, 행동적 기법들과 기타 훈련 경험들은 이 장 다음 절에서 다루게 될 재발을 방지하는 데 효과적으로 쓰일 수 있다.

기술 강화하기와 재발 방지하기

핵심 기술 강화하기

치료를 종결하거나 축소하기 몇 주 전, 치료자는 내담자로 하여금 기록해 둔 노트들을 재검토하고 정리하도록 함으로써 추후 그것들을 쉽게 찾아볼 수 있도록 해야 한다. 만일 내담자가 치료까지 치료 회기에서 기록을 하지 않았다면, 마지막 몇 회기들에서는 치료 노트북이나 희망 키트를 만드는 데 초점을 맞춰야 한다. 치료자와 내담자는 치료에서 학습한 중요한 점들을 함께 검토하고 요약할 수 있다. 때때로 내담자는 쓰지 않으려고 하거나, 잘 쓰지 못하는 경우가 있다. 이러한 경우, 치료자는 내담자가 학습한 기술들을 적은 (또는 녹음한) 개요를 제공할 수 있다.

재발 방지 과제 가이드하기

치료자는 구체적인 기술들을 강화한 다음, 몇 개의 안내에 따른 심상 연습들로 구성된 재발 방지 과제를 소개해야 한다. 이 과제에서 내담자는 과거 자살 위기들과 앞으로 일어날지 모를 위기들을 상상해 본다. 이 개입의 주요 목적은 내담자로 하여금 잠재적인 촉발 요인들과 위기들에 대해 어떻게 대처할 수 있는지 상세한 계획을 세우도록 하는 것이다. 따라서 내담자는 자신의 대처 기술들을 괴로움의 상태에서 적용하기 전 안전한 환경에서 연습할 기회를 갖게 된다. 또한 재발 방지 과제는 구체적인 기술을 "숙달한 뒤에도 계속 연습하도록" 촉진함으로써, 내담자가 위기에 처했을 때 잊지 않고 그 기술을 사용하도록 해 준다. 그뿐만 아니라, 이 과제는 치료의 진전을 평가하는 데 도움이 될 수 있으며, 치료의 빈도를 줄이거나 종결 가능성의 여부에 관해 중요한 정보를 제공한다. 만일 내담자가 재발 방지 과제를 성공적으로 끝내는 데 어려움이 있다면, 좀 더 많은 치료 작업이 필요하며, 내담자가 이러한 기술들을 위기 기간 동안에 적용할 수 있을 때까지 치료 종결이 미뤄져야 한다.

동의와 준비

재발 방지 과제를 실시하기 전, 치료자는 내담자가 고통스러운 기억들과 혐오의 감정들을 경험하는 데 준비가 되도록 해야 한다. 첫째, 치료자는 과제를 실시하는 것에 대해 내담자로부터 구두 동의를 얻는다. 치료자는 내담자에게 이 과제가 불쾌한 감정들을 끌어낼 가능성이 있으나, 치료자가 활동 내내 내담자를 가이드 할 것이고 회기가 끝날 때까지 그러한 감정들이 해결되도록 도울 것임을 알린다. 또한 내담자가 이 과정에 적극적으로 참여하도록 동기를 부여하기 위해, 이 과제를 실시하는 것에 대해 건전한 근거를 제공하는 것이 중요하다. 치료자는 내담자에게 자살 위기를 상상해 보고 그가 경험한 감정적인 혼란을 다시 체험해 보도록 함으로써 내담자가 치료에서 배운 대처 전략들을 시행할 수 있는지 알 수 있게 된다고 설명해 주어야 한다. 이 과제를 실시하는 것의 위험성과 이점에 대해 이야기를 나눈 후, 어떤 내담자는 그것을 하지 않고 싶어 하기도 한다. 이런 경우, 내담자의 의견은 존중된다. 그러나 치료자는 내담자가 학습한 대처 기술들로 미래에 내담자가 이 기술들을 적용하는 방식에 대해 검토할 수 있다.

안내에 따른 심상 순서

치료자는 재발 방지 과제 진행에 대한 내담자의 동의를 얻은 다음, 내담자로 하여금 자살 위기에 이르도록 한 사건의 강렬한 심상을 떠올리게끔 하기 위해 심상 기법을 사용한다(제5장 '자동적 사고 다루기'에 나와 있는). 내담자는 눈을 감고 일어난 사건들의 순서를 치료자에게 소리 내어 말하도록 하며, 위기 당시 떠올랐던 사고들과 감정들을 재경험하도록 한다. 그런 다음 좀 전의 과제와 유사하지만 이번에는 내담자로 하여금 그 사건에 대처하고 자살 위험을 경감시키기 위해 인지적, 행동적 기술들을 사용하여 시나리오를 말하도록 격려한다. 다음으로, 내담자에게 미래의 자살 위기를 상세히 상상해 보고, 활성화된 자살 생각들에 대처하기 위해 치료에서 배운 기술들을 어떻게 적용하는지 말해 보도록 한다. 이러한 안내에 따른 심상 연습을 마친 후, 치료자는 내담자가 그러한 어려운 활동에 성공적으로 참여한 것에 대해 인정해 주고, 이 과제가 미래의 자살 위기를 감소시키는 데 도움이 되었는지에 관해 피드백을 얻는다. 만일 이 과제 도중에 자살 생각이 부각된다면, 치료자는 회기 후반부에 자살 위험을 평가하고, 그것을 다루기 위해 이 장에서 제시한 전략들을 사용한다(예를 들어, 안전 계획 검토하기). 또한 치료자는 내담자가 치료에서 배운 기술들을 특정 상황에 유연하게 적용할 수 있도록 하기 위해 추가적인 위기 시나리오들을 제기할 수 있다. 이 과제를 시행하는 과정에서 종종 자살 위기에 대한 새로운 정보가 드러나기도 한다. 치료적 동맹이 이루어졌을 때 내담자는 그러한 정보가 드러나는 것에 대해 좀 더 안전감을 느낀다.

훈련 과제 9-1   자살 위험을 감소시키기 위해 CBT 기법들 사용하기

1. 동료에게 자살 생각을 가진 내담자 역할을 맡아 역할극을 진행하도록 요청한다. 안전 계획을 세우기 위해 안전 계획하기 워크시트를 사용한다. 좀 더 심층적인 삶의 이유들을 추가할 것과 자살을 시도하는 수단들에 대한 접근을 줄이기 위해 조치를 취한다. 효과적인 계획을 세우는 데 있어 걸림돌이 되는 문제들에 대해 해결책을 찾아본다.

〈표 9-2〉 자살 위험이 높은 내담자와의 작업을 위한 팁

1. 치료자는 자살 위험이 높은 내담자를 치료할 때의 자신의 개인적인 반응들에 대해 알고 있어야 한다. 그러한 반응들에는 다른 사람의 삶에 대해 책임을 지는 것에 대한 압도된 느낌, 두려움, 불편함, 또는 불안, 내담자의 깊은 심리적 고통과 괴로움과 관련짓는 것, 내담자의 복지에 관한 법적 책임을 예상하는 것 등이 포함된다.
2. 자살 위험이 높은 내담자와 작업할 때 그러한 반응들을 경험하는 치료자는 자신의 자동적 사고들과 감정들을 확인하고, 증거 조사하기와 같은 인지행동치료 기법들을 사용하여 자살 위기에 처한 내담자를 치료하는 것에 대해 가능한 합리적이고 효과적으로 사고하도록 해야 한다. 또한 치료자는 제11장 '인지행동치료 역량 기르기'의 '치료자의 피로감 또는 소진'절에서 다룬 긍정적인 대처 행동들을 사용해야 한다.
3. 치료자는 자살이 삶의 문제들에 대해 용인될 수 있는 해결책이 아니라는 신념을 항상 유지해야 한다. 이해심 있고 공감적인 태도는 자살 위험이 높은 내담자의 치료에 필수적이다. 그러나 치료자는 내담자의 무망감에 의해 동요되는 덫에 걸리지 않도록 조심할 필요가 있다.

4. 치료자가 자살 위험이 높은 내담자와 작업할 때, 두려움, 분노, 또는 무망감 등의 반응을 경험한다면, 수퍼바이저나 동료와의 상담이 필요하다. 자살 위기에 있는 내담자를 치료할 때 '막힌' 것과 같은 느낌이 든다면, 그의 좌절감이나 두려움을 내담자에게 전달하기 쉽다. 만일 치료자가 자신의 내담자를 돕는 것에 대해 희망을 갖고 있지 않다면, 내담자가 도움을 받는 것에 대해 희망을 갖게 되리라고 어떻게 기대할 수 있겠는가?

2. 중요한 자살 사고를 가진 한 명 이상의 내담자와 함께 자살 방지를 위해 CBT 기법들을 사용해 본다.

3. 내담자와 재발 방지 과제를 실시해 본다. 자살 사고를 부추기는 미래의 촉발 요인들에 대해 생각해 보고, 내담자가 자신에게 해를 가할 위험을 감소시키기 위한 대처 계획을 세우도록 돕는다.

자살 위험이 높은 내담자를 치료할 때의 어려움 대처하기

고위험 내담자와 작업하는 치료자가 만날 수 있는 문제들 중 하나는 압도된 느낌을 갖거나, 혹은 내담자를 성공적으로 치료하는 것에 대해 희망을 갖지 못하게 되는 것이다. 이러한 문제는 만성적이거나 반복되는 자살 사고 에피소드를 가진 내담자 또는 자살 시도를 되풀이하거나 의도적으로 자신에게 상해를 입히는 내담자와 작업할 때 발생한다. 〈표 9-2〉에는 자살 고위험 내담자와 작업할 때 겪을 수 있는 어려움들에 대처하기 위한 제안들이 나와 있다.

자살 위험이 있는 내담자를 대상으로 CBT를 제공할 때, 가능하다면 팀 접근을 사용할 것을 권고한다. 이때 치료 팀은 보통 치료자, 수퍼바이저, 그리고 사례 관리자나 내담자의 정신건강 서비스 관련 제공 기관들로 구성된다. 사례 관리자는 내담자와 연락을 유지하며 내담자에게 상담 약속에 대해 상기시키며, 정신건강 및 사회 서비스 의뢰를 제공하고, 지지적인 연락 담당자로서 치료자를 돕기 때문에 특히 도움이 된다(Brown et al., 2005). 만일 치료 팀을 활용하는 임상 환경에서 일하는 것이 아니라면, 1차 진료 의사, 성직자 또는 내담자에게 지지와 돌봄의 네트워크를 제공하는 다른 치료자와 같은 전문가들과 정기적으로 의사소통하는 것이 도움이 될 수 있다.

요약

이 장은 어떻게 CBT가 자살 위기에 처한 내담자에게 적용될 수 있는지를 설명한다. 고위험 내담자를 대상으로 한 치료의 혁신적인 측면들은 내담자의 자살 동기에 대한 이해, 스크리닝과 포괄적인 자살 위험 평가 수행, 협력적인 안전 계획 수립, 삶의 이유들 확인, 희망 키트 만들기, 그리고 CBT 기술 강화 및 추후 자살 행동 방지 연습을 포함한다. 치료자는 자살을 생각하는 내담자와의 작업에서 이러한 전략들을 핵심 요소들로 선택할 수 있다.

참고문헌

Bateman A, Fonagy P: Effectiveness of partial hospitalization in the treatment of borderline personality disorder: a randomized controlled trial. Am J Psychiatry 156(10): 1563–1569, 1999 10518167

Beck AT, Steer RA, Brown GK: The Beck Depression Inventory, 2nd Edition. San Antonio, TX, Pearson, 1996

Brown GK, Stanley B: The Safety Plan Intervention (SPI) Checklist. University of Pennsylvania and Columbia University, 2016

Brown GK, Ten Have T, Henriques GR, et al: Cognitive therapy for the prevention of suicide attempts: a randomized controlled trial. JAMA 294(5): 563–570, 2005 16077050

Guthrie E, Kapur N, Mackway-Jones K, et al: Randomised controlled trial of brief psychological intervention after deliberate self poisoning. BMJ 323(7305): 135–138, 2001 11463679

Hatcher S, Sharon C, Parag V, Collins N: Problem-solving therapy for people who present to hospital with self-harm: Zelen randomised controlled trial. Br J Psychiatry 199(4): 310–316, 2011 21816868

Knox KL, Stanley B, Currier GW, et al: An emergency department-based brief intervention for veterans at risk for suicide (SAFE VET). Am J Public Health 102 (suppl 1): S33-S37, 2012 22390597

Linehan MM, Comtois KA, Murray AM, et al: Two-year randomized controlled trial and follow-up of dialectical behavior therapy vs therapy by experts for suicidal behaviors and borderline personality disorder. Arch Gen Psychiatry 63(7): 757–766, 2006 16818865

Rudd MD, Bryan CJ, Wertenberger EG, et al: Brief cognitive-behavioral therapy effects on post-treatment suicide attempts in a military sample: results of a randomized clinical trial with 2-year follow-up. Am J Psychiatry 172(5): 441–449, 2015 25677353

Slee N, Garnefski N, van der Leeden R, et al: Cognitive-behavioural intervention for self-harm: randomised controlled trial. Br J Psychiatry 192(3): 202–211, 2008 18310581

Stanley B, Brown GK: Safety Planning Intervention: a brief intervention to mitigate suicide risk. Cogn Behav Pract 19(2): 256–264, 2012

Stanley B, Brown G, Brent DA, et al: Cognitive-behavioral therapy for suicide prevention (CBT-SP): treatment model, feasibility, and acceptability. J Am Acad Child Adolesc Psychiatry 48(10): 1005–1013, 2009 19730273

Wright JH, Turkington D, Kingdon DG, Basco MR: Cognitive-Behavior Therapy for Severe Mental Illness: An Illustrated Guide. Washington, DC, American Psychiatric Publishing, 2009

제10장 만성, 중증 혹은 복합 장애 치료하기

인지행동치료(CBT)의 초기 훈련－대개 주요 우울장애 혹은 흔한 불안장애들 중 하나를 가진 내담자를 대상으로 CBT를 실시하고 수퍼비전을 받음－이 끝난 후에는 좀 더 복잡한 문제들을 가진 내담자들을 다루는 경험을 쌓는 것이 필요하다. 많은 연구가 만성 우울, 조현병, 양극성 장애, 그리고 성격장애와 같이 난치성 장애들을 가진 내담자를 위한 CBT와 관련 치료모델들의 유용성을 보고하고 있다.

이렇듯 치료가 어려운 질환들을 가진 내담자들을 대상으로 하는 치료는 다음과 같은 몇 가지 공통적인 요소들을 가지고 있다.

- 모든 인지행동모델과 CBT는 적절한 약물치료와 함께 사용할 수 있다.
- 심각성이나 장애의 정도와 관계없이 치료적 관계는 협력적이고 경험적인 태도가 중요하다.
- 과제는 회기에서 다룬 것들과 직접적으로 관련이 있다.
- 문제가 되는 인지, 감정, 혹은 행동을 대상으로 치료 전략을 구성한다.
- 필요한 경우 치료의 진전을 촉진하기 위해 가족 구성원이나 중요한 타인들을 치료 팀에 합류하도록 요청할 수 있다.
- 치료 성과를 평가하고, 내담자의 변화 가능성을 극대화하기 위해 치료 기법들을 조정한다.

이 장에서는 심각한, 만성적 혹은 난치성 정신과적 질환을 가진 내담자를 대상으로 한 CBT와 관련 치료 모델들을 살펴볼 것이다. 특히 이러한 접근들에 대한 경험적 증거들을 나누고, 좀 더 복잡한 또는 장애를 초래하는 질환을 가진 내담자를 치료하는 일반적인 원리들을 제공하는 데 강조점을 두었다.

중증, 재발성, 만성, 난치성 우울장애

우울장애에 대한 전통적인 치료 모델들은 중증 혹은 만성 우울장애가 주로 생물학적 특성에 기인한다고 보고 신체 중심의 치료가 필요하다고 제안하였다(American Psychiatric Association, 1993; Rush & Weissenburger, 1994; Thase & Friedman, 1999). 비록 몇몇 초기 연구들은 중증 우울장애 내담자들이 좀 더 가벼운 수준의 우울을 보이는 우울장애 내담자들에 비해 CBT에 덜 반응한다고 하였으나(Elkin et al., 1989; Thase et al., 1991), 그렇다고 중증 우울장애에 CBT를 사용할 수 없는 것은 아니다. 사실 몇 개의 메타분석 연구 결과들을 살펴보면, 심각한 우울 수준의 내담자들이 항우울제를 사용한 약물치료만큼 CBT에도 반응하기 쉬운 것으로 나타났다(DeRubeis et al., 1999; Weitz et al., 2015). 또한 많은 연구가 약물치료에 CBT를 추가함으로써 중증, 재발성, 난치성 혹은 만성 주요 우울장애를 가진 내담자의 치료성과에 중요한 진전을 나타냈다고 보고하였다(Hollon et al., 2014; Rush et al., 2006; Thase et al., 1997, 2007; Watkins et al., 2011; Wiles et al., 2013; Wong, 2008).

기본적인 인지행동치료

중증 혹은 만성 우울장애를 가진 내담자에게 기본적인 CBT를 수정하여 사용하는 방안들이 제시되었다(Fava et al., 1994; Thase & Howland, 1994; Wright et al., 2009). 이는 처음 A. T. Beck과 그의 동료들(1979)에 의한 흔히 사용하는 CBT 기법들을 만성 중증 우울장애의 치료를 위해 수정한 것이다. 이러한 기법들은 다음의 의견들에 근거한다. ① 난치성 우울을 가진 내담자는 낙담하여 희망을 잃거나 혹은 치료로 인해 소진될 수 있다. ② 만성 우울은 심각한 자살 위험과 관련이 있다. ③ 난치성 우울을 가진 내담자는 대개 사고와 행동이 느리고, 에너지가 낮으며, 즐거움을 상실한 경우가 많다. ④ 불안과 불면증과 같은 증상들은 특별한 주의가 요구된다. ⑤ 만성 우울은 종종 결혼 생활의 갈등, 실직, 혹은 경제적 어려움과 같은 주요 대인 간 또는 사회적 문제들과 빈번하게 연관이 있다. CBT의 목표들은 〈표 10-1〉에 요약되어 있다.

〈표 10-1〉 난치성 우울장애에 대한 CBT의 목표

- 무망감
- 자살 위험 감소
- 흥미상실(anhedonia)
- 낮은 에너지
- 불안
- 부정적인 자동적 사고
- 부적응적인 신념
- 대인 간 문제
- 약물 복용의 중지

제9장 '자살 위험을 감소시키기 위한 인지행동치료'에서 자세히 다룬 CBT 기법들을 사용하여 무망감과 사기 저하를 다루는 것은 만성 우울에 대한 CBT 접근의 핵심적인 요소들이다. 또한 특히 내담자가 매우 우울하여 심각한 흥미 상실과 매우 낮은 에너지를 보일 때, 활동 및 즐거운 사건 계획하기와 같은 행동 전략들에 일찍 초점을 둘 수 있다. 또한 치료자는 부적응적인 사고 패턴을 다루기 위해 인지적 재구조화를 사용할 수 있다. 이때 치료자는 먼저 치료 회기에서 내담자를 도와 이러한 치료 개입을 수행하도록 한 후 과제를 내 주어 연습하도록 함

으로써 이를 집중적으로 다룰 필요가 있다. 또한 문제 해결 기법은 사회적 및 대인 간 어려움들에 목표를 맞출 수 있다.

중증 우울장애 내담자들에 대한 CBT 회기의 진행시기 및 속도는 내담자의 증상 수준과 치료에 참여할 수 있는 능력에 맞추어야 한다. 어떤 내담자들의 경우, 치료자는 치료 초기에 일주일에 두 번 회기를 진행하기도 한다. 만일 집중력이 문제라면 일반적인 45~50분 회기보다 짧은 20~25분 회기를 여러 번 갖는 것이 유용할 수 있다. 짧은 CBT 회기들을 위한 기법들은 『High Yield Cognitive Behavior Therapy for Brief Sessions: An Illustrated Guide』(Wright et al., 2010)에 나와 있다.

웰빙치료

Fava와 그의 동료들(Fava, 2016; Fava & Ruini, 2003; Fava et al., 1997, 1998a, 1998b, 2002)은 만성 우울을 치료하고 재발의 위험을 감소시키기 위한 방법으로 CBT를 변형한 웰빙 치료(Well-Being Therapy; WBT)를 개발하였다. 그들은 웰빙은 쾌락(hedonic)과 가치(eudaimonic)의 두 가지 주요 개념화로 설명하였다(Fava, 2016; Fava & Ruini:, 2003). 쾌락적(hedonic) 관점에서 볼 때, 웰빙은 개인의 삶의 다양한 영역에서의 만족과 함께 행복과 즐거움과 같은 긍정적 감정들과 관련이 있다. 가치 추구(eudaimonic) 관점은 잠재력의 이행과 자기 실현을 성취하는 것과 관계가 있다. 이 두 관점은 WBT에서 연합되며, 치료자는 내담자로 하여금 여섯 개의 핵심 영역들, 즉, 환경에 대한 숙달, 개인적 성장, 삶의 목표, 자율, 자기수용, 그리고 대인관계에서 긍정적인 행동을 취하도록 돕는다.

WBT의 핵심 기법들은 기본적인 CBT와 밀접한 관련이 있다. 예를 들면, 활동 계획하기, 단계적 노출, 그리고 문제 해결과 같은 행동 기법들은 환경에 대한 숙달과 개인적 성장을 기르기 위해 사용된다. 증거 조사하기 또는 다른 인지적 기법들은 좀 더 긍정적인 사고와 감정을 찾아내기 위해 사용된다. 그러나 WBT에는 기본적인 CBT에서 보통 사용되지 않는 특정 기법들이 추가된다. 예를 들면, WBT는 초반부에 내담자에게 웰빙 기록을 작성하도록 요청한다. 이 방법은 기본적인 CBT에서 사용되는 사고 변화 기록과 유사하지만, 그 초점이 괴로움을 일으키는 사고와 감정이 아닌 웰빙 상태를 찾아내는 데 있다. 치료자는 내담자를 코치하여 웰빙의 감정들을 찾아내고, 이러한 경험들을 삶에서 일어나는 사건들과 연결 짓도록 한다. 내담자가 이러한 WBT의 기본적인 기록하기 기술을 익힌 후, 웰빙의 상태를 방해하는 사고나 행동들을 확인하는 웰빙 일기로 넘어가게 된다. 내담자가 웰빙 상태를 방해하는 사고들(예: 부정적인 자동적 사고, 부적응적 핵심 신념) 혹은 행동들(예: 통제나 일에 대한 과도한 치중, 지연행동)을 인식할 수 있을 때, 치료자는 내담자로 하여금 "관찰자"가 되어 웰빙 경험들을 기르고 유지하는 방법들을 제안해 보도록 격려한다.

　내담자가 웰빙의 상태를 확인하고 유지하는 법을 배운 후, WBT의 다음 단계는 여섯 개의 기능 영역들에 대해 다루는 것이다(Fava, 2016). 기본적인 CBT 기법들은 이들 영역에서의 진전을 방해하는 인지나 행동을 수정하기 위한 기본적인 플랫폼이다. 그러나 치료자는 의미와 목적을 찾기 위해 Viktor Frankl(1959)이 말한 기법들이나, 또는 타인과의 긍정적인 관계를 기르기 위한 대인관계 치료 전략들을 포함한 다양한 다른 기법들도 활용할 수 있다. 기본적인 CBT와의 주요 차이점은 WBT가 개인적 성장, 자기 실현 및 목적 의식이 있는 삶을 증진시키는 데 더 주의를 기울인다는 것이다.

인지행동 분석체계

　McCullough(1991, 2001)는 만성 우울장애를 가진 내담자를 대상으로 CBT를 수정한 또 다른 방안들을 제안하였다. 그의 접근인 인지행동 분석 체계(Cognitive Behavioral Andysis System of Psychotherapy: CBASP; McCullough, 2011)는 만성 우울이 있는 경우, 대인간의 문제들을 효과적으로 정의하고 해결하는 데 있어

지속적인 어려움을 갖는다는 견해에 기초하고 있다. CBASP 기법은 내담자에게 역기능적 인지들을 수정하는 것뿐 아니라, 효과적으로 사회적 상황들을 다루는 법을 가르치는 것과 관계가 있다. 그러나 CBASP는 난치성 우울을 위한 CBT 연구들에서 사용된 기본적인 CBT 접근보다 인지적 재구성에 관심을 덜 기울인다(Thase et al., 2007; Watkins et al., 2011; Wiles et al., 2013; Wong, 2008). 만성 우울에 관한 한 대규모 연구는 약물치료와 CBASP를 병행했을 때 추가적인 효과를 나타냈음을 보고하였다(Keller et al., 2000). 반면, 좀 더 복잡한 약물 전략을 사용한 한 연구는 추가적인 효과를 입증하는 데 실패하였다(Kocsis et al.,2009).

마인드풀니스(Mindfulness)에 기반한 인지치료

또 다른 접근인 마인드풀니스에 기반한 인지치료(MBCT)는 재발 방지를 목적으로 John Teasdale, Zindel Segal과 J. Mark Williams가 기본적인 CBT 전략들을 보완하여 개발하였다(Segal et al., 2002; Williams et al., 2007). 재발 방지에 대한 전통적인 접근들과 같이, MBCT 모델은 우울에 취약한 사람들이 자동적 인지 과정들(예: 자동적 부정적 사고 또는 우울한 핵심 신념의 활성화)에 의해 반응하기 쉬움을 주장한다. 기본적인 CBT와는 대조적으로, MBCT의 주요 목표는 내담자에게 이러한 부정적인 인지들을 판단하거나 수정하려고 하지 말고 있는 그대로 관찰하고 수용하도록, 가르치는 것이다(Segal et al., 2002).

Kabat-Zinn(1990)에 의해 대중화된 마인드풀니스에 기반한 스트레스 감소(mindfulness-based stress reduction) 기법들을 토대로, MBCT는 내담자가 우울한 상태와 습관적으로 짝지어진 생각과 감정을 자각하고 수용을 연습하도록 하기 위해 명상과 관련 전략들을 사용하도록 가르친다. 이러한 탈중심화 전략(때때로 메타 인지적 자각을 얻기 위한 방법으로 불림)은 내담자로 하여금 사고와 감정이 자신에 대한 사실에 근거한 진술이 아니라, 마음속에 떠오르는 일시적인 것으로 지각하고 수용하도록 돕는 것이다. 이러한 접근은 우울 증상들을 감소시키거나 예방할 수 있다는 경험적인 증거들로 뒷받침되었다. 마인드풀니스 명상을 연습하는 사람을 대상으로 신경영상법을 사용한 연구들에 따르면, 이러한 접근은 주의 통제 관련 기제들을 향상시키는 것으로 나타났다(예: Ives-Deliperi et al., 2013 참조).

MBCT는 대개 집단으로 진행되는데, 전통적인 집단의 크기(예: 4~6명의 참여자들)에서부터 강당을 가득 메운 참여자들을 대상으로 한 경우까지 그 범위가 다양하다. 우울 재발 방지를 위한 MBCT의 가장 적절한 프로토콜은 보통 8주이며 회기는 1~2시간 동안 진행된다. 어떤 프로그램들은 하루 종일 기초 워크숍으로 치료를 시작하기도 한다. 전통적인 CBT에서와 마찬가지로, MBCT 또한 실제 상황에서 기술들을 연습하기 위해 과제가 중요하다는 점을 강조한다. MBCT 전략들을 연습하는 데 보낸 시간의 양이 치료 성과에 대한 핵심적인 조절 변인이라는 증거들이 등장하고 있다.

우울 재발 방지에 대한 효과와 관련하여, 총 1,258명의 내담자들을 대상으로 한 아홉 개 통제 연구들의 결과들에 대해 메타 분석이 이루어졌다(Kuyken et al., 2016). 연구자들은 MBCT가 MBCT를 받지 않은 경우에 비해 우울 재발의 위험을 유의하게 감소시켰음을 발견하였다. 그럼에도 불구하고, Huijbers 등(2016)이 수행한 대규모 연구 결과, MBCT는 항우울제 중단 이후의 재발 위험을 완전히 정상화 시키지는 못하는 것으로 드러났다. 항우울제를 중단한 내담자는 항우울제를 계속 복용한 경우보다 25% 이상 재발 위험이 큰 것으로 밝혀졌다.

양극성 장애

양극성 장애에 관한 다수의 연구는 다음과 같은 결과들을 보고하였다. ① 소수의 양극성 장애(bipolar disorder) 내담자들만이 약물치료에 반응을 나타내며 긴 소강상태를 보인다. ② 약물 처방에 따르지 않는 것이 재발의 주요 이유다. ③ 스트레스가 질병 에피소드의 가능성을 증가시키는 반면, 사회적 지지는 질환에 도움이 된다. ④ 양극성 장애를 가진 대부분의 내담자는 결혼이나 관계의 어려움, 실직이나 불완전 고용, 명백한 장애, 삶의 질을 떨어뜨리는 다른 문제들로 인한 높은 스트레스에 대처해야 한다. 따라서 양극성 장애 내담자를 위한 CBT와 다른 심리치료들의 잠재적 이점들을 평가할 필요가 있다.

양극성 장애를 위한 CBT의 효과에 관해 전반적인 연구 결과들은 긍정적이다. 비록 한 대규모 연구(Scott et al., 2006)에서는 이전 에피소드의 수가 CBT가 통상적인 치료보다 12회 이하인 내담자들에게만 더 효과적이었으며, 또 다른 연구(Parikh et al., 2012)에서는 CBT가 심리교육보다 더 나은 것이 없었다고 보고하였으나, 대부분의 연구는 CBT가 내담자의 증상들을 감소시키고, 회복에 걸리는 시간을 줄여 주며, 그리고 기능을 향상시키는 이점이 있음을 확인하였다(Gregory, 2010; Isasi et al., 2010; Jones et al., 2015; Lam et al., 2003; Miklowitz et al., 2007a, 2007b; Szentagotai & David, 2010). 예를 들면, Systematic Treatment Enhancement Program for Bipolar Disorder(STEP-BD)연구에 의하면, CBT가 약물치료를 단독으로 사용했을 때에 비해 전반적인 기능, 관계기능, 그리고 삶의 만족도를 더 크게 향상시키는 것으로 나타났다(Miklowitz et al., 2007b). Jones 등(2015)은 CBT가 양극성 장애를 가진 내담자의 회복을 증진하고, 재발을 지연시키는 것으로 보고하였다.

Basco와 Rush(2007)와 Newman 등(2002)은 양극성 장애를 위한 포괄적인 CBT 기법들을 개발하였다. 양극성 장애를 위한 CBT는 기분 안정제(혹은 항정신병 약물)를 처방한 약물치료를 전제로 하며, 심리치료는 치료 효과를 높이거나 보조 역할을 하는 것으로 가정한다. 약물치료를 거부하는 양극성 장애의 우울한 내담자들의 경우 단독으로 CBT를 실시할 수도 있으나, 대부분의 경우 리튬, 디발프로엑스, 혹은 조증에 대한 예방 효과가 입증된 또 다른 기분 안정제나 비전형 항정신병 약물을 함께 사용하는 것이 필요하다.

양극성 장애에 대한 CBT의 목표들은 〈표 10-2〉에 요약되어 있다. 각각의 목표는 아래에서 더 논의하였다.

첫 번째 목표는 양극성 장애에 대한 심리교육(psychoeducation)을 제공하는 것이다. 그러한 심리교육 과정은 내담자에게 ① 양극성 장애의 생물학, ② (치료자가 의사나 간호사인 경우) 양극성 장애에 대한 약물치료, ③ 스트레스가 증상 표현에 미치는 영향, ④ 수면 및 활동의 변화가 웰빙에 미치는 영향, 그리고 ⑤ 우울과 조증의 인지적, 행동적 요소들에 대해 가르치는 것을 포함한다.

〈표 10-2〉 양극성 장애를 위한 CBT의 목표

1. 내담자와 내담자의 가족에게 양극성 장애에 대해 교육한다.
2. 자기 점검을 가르친다.
3. 일상생활에 규칙성을 갖는다.
4. 재발 방지 전략을 개발한다.
5. 약물치료에 충실하도록 돕는다.
6. 인지행동적 개입을 통해 증상을 완화시킨다.
7. 양극성 장애에 대한 장기적인 관리계획을 세운다.

양극성 장애를 위한 CBT의 두 번째 목표는 내담자가 자기 점검(self-monitoring)을 하도록 하는 것이다. 치료 초기에 치료자는 내담자에게 자신의 질환의 몇 가지 징후들(예: 증상, 활동, 기분)을 점검하도록 가르친다. 자기 점검은 다음과 같은 목적들을 가진다. ① 질환의 특징들과 정상적인 기분 및 행동을 구분하도록 돕는다. ② 그 질환이 내담자의 일상생활에 어떻게 영향을 미치는지 평가해 볼 수 있다. ③ 재발 신호에 대한 빠른 경고 시스템을 세울 수 있다. ④ 심리치료 개입의 목표들을 찾아낼 수 있다.

또한 양극성 장애를 가진 내담자는 혼란스럽고 정리가 되지 않은 생활 방식과 수면 곤란의 문제를 가지기 쉬우므로 CBT의 세 번째 목표는 일과표에서 규칙성을 촉진하기 위해 노력하는 것에 초점을 맞춘다. 활동 점검 및 계획은 주 7일의 일관성 있는 취침시간과 기상시간, 규칙적인 식사 및 다른 흔한 활동들의 시간을 정하는 것을 포함한다.

　　재발 방지 전략을 개발하는 것은 양극성 장애를 위한 CBT의 중요한 네 번째 목표다. 재발 방지를 위해 사용되는 한 가지 기법은 내담자별 증상 요약 워크시트를 만들어 내담자가 조증이나 우울의 초기 경고 신호를 보이기 시작할 때 내담자 및 가족들이 관찰할 수 있는 변화들을 명확히 기술하도록 하는 것이다. 이러한 워크시트는 심각한 에피소드가 일어나기 전에 기분이나 행동의 변화를 찾아내는 초기 경고 시스템으로 사용된다. 그런 다음 치료자는 증상이 발전하는 것을 제한하기 위해 내담자로 하여금 구체적인 인지적, 행동적 전략들을 고안해 내도록 돕는다. 예를 들어, 내담자는 빨리 돈을 벌어야 한다는 스키마를 촉구했을 때의 이점과 손실을 따져 보고, 어떤 행동을 취하기 전에 이러한 생각들을 치료자에게 보고하도록 하는 행동 계획을 세울 수 있다.

　　경조증과 조증 증세를 가진 한 내담자의 증상 요약 워크시트는 [그림 10-1]에 제시되어 있다. 이 사례에서 양극성 장애를 가진 33세의 남성 내담자는 조증 사이클이 시작될 때 전형적으로 나타나는 구체적인 변화들을 기록할 수 있었다. 재발 방지를 위해 이 기법 및 다른 CBT 기법들을 사용하는 방법에 대한 상세한 사항들은 Basco와 Rush(2007)의 연구에서 찾아볼 수 있다.

　　양극성 장애를 위한 CBT의 다섯 번째 목표는 특히 중요한데, 내담자가 약물치료에 충실하도록 돕는 것이다. CBT 관점에서 볼 때, 약물 처방을 충실히 따르지 않는 것은 만성 장애의 치료를 어렵게 만드는 흔한 문제다. 규칙적인 약물 복용을 방해하는 장애물들을 찾아내어 체계적으로 다루어 줌으로써 내담자가 약물치료에 충실히 따르도록 도움을 줄 수 있다. 장애물 해결 가이드 5는 모든 정신과적 장애들에 대해 약물치료를 충실하게 따르도록 하기 위한 조언들을 제시하고 있다.

장애물 해결 가이드 5
약물치료를 충실하게 따르지 않는 문제들

☑ 내담자가 약물치료를 충실하게 따르고 있는지 정기적으로 평가하지 않는다. 사람들이 얼

경미한 증상	중간 정도의 증상	심각한 증상
돈을 많이 벌어야 한다는 생각을 하기 시작하지만 돈을 벌기 위해 어떤 행동을 하지는 않는다.	많은 돈을 벌게 해 주거나 나를 유명하게 만들어 줄 투자 대상을 적극적으로 찾고 있다.	큰 거래에 투자하거나 새로운 사업에 투자할 돈을 마련하기 위해 돈을 인출하거나 대출을 받는 등 방법을 찾는다.
머릿속이 여러 생각으로 가득 차 있어 잠드는 것이 어렵지만 직장에 출근하기 위해 충분히 쉬어야 하므로 7시간은 자려고 노력한다.	보통 때보다 1~2시간 지나서 잠자리에 든다. 나는 다른 일들에 빠져 있어 자고 싶지가 않다.	매일 밤 2~4시간밖에 자지 않는다.
평소보다 더 활기차게 느낀다. 일상적인 문제들에 대해 별로 관심이 없다. 파티를 하고 싶다.	밤에 많이 나가고, 집에서 해야 되는 보고서와 계획서를 무시한다. 지나치게 술을 마시지는 않지만 친구들과 나가면 맥주 서너 잔은 마신다.	오락이나 비싼 레스토랑에 가는 등 지나치게 돈을 쓴다. 일시적인 기분으로 주말에 뉴욕행 비행기를 타는 바람에 신용카드의 한도를 초과했다.
평소보다 창의적이라고 느낀다. 아이디어들이 쉽게 생각난다.	마음이 너무 분주하게 움직인다. 나는 다른 사람들에게 주의를 기울이지 않는다. 부주의 때문에 직장에서 실수가 많다.	정말 활기가 넘친다. 너무 많은 다양한 일에 대해 생각을 하고 있어 여기저기 뛰어다닌다.
평소보다 더 예민하다. 게으르다고 생각하는 사람들을 참아 주지 못한다. 평소보다 내 여자친구에 대해 더 흠을 잡는다.	직장에서 많은 논쟁을 벌인다. 여자친구와도 자주 다툰다.	다른 사람들이 나를 참을 수 없어 한다.
나를 잘 아는 사람들(여자친구, 어머니)은 내가 좀 천천히 가야 한다고 말한다. 그들은 내가 예전보다 빠르게 말하며 기운이 넘쳐 보인다고 말한다.	분명 평소보다 더 빠르고 크게 말하고 있다. 다른 사람들은 내가 말하는 것 때문에 거슬려 하는 것 같다.	1분에 10리를 가는 것처럼 빨리 말을 한다. 종종 예의 없게 행동한다. 대화에서 다른 사람들이 말할 때 끼어들어 소리를 지른다.

[그림 10-1] 한 내담자의 증상 요약 워크시트: 경조증과 조증 증상의 예

마나 자주 복용해야 하는 약물을 빠뜨리는지 안다면 아마 깜짝 놀랄 것이다. 양극성 장애나 단극성 우울을 가진 내담자들의 약 50%가 약물치료를 잘 따르지 않는 것으로 드러났다(Akincigil et al., 2007; Keck et al., 1997). 그러므로 처방된 약물을 잘 복용하고 있다고 생각되는 내담자라도 정기적으로 약물치료를 충실하게 잘 따르고 있는지에 관해 물어보는 것은 바람직한 생각이다. 치료자는 협력적인 방식으로 내담자로 하여금 약물 복용에 관해 이야기 하도록 요청하는 질문들을 던진다. 예를 들어, 치료자는 "약물을 복용하는 것은 어떤가요?…… 규칙적으로 약물을 복용하는 데 어떤 문제들이 있나요?…… 매주 약물 복용은 몇 퍼센트 정도 지키고 있다고 생각하시나요?"

☑ 내담자는 약물을 복용하는 것에 대해 부정적인 사고들을 가지고 있다. 치료자는 내담자가 규칙적으로 약물을 복용하지 않는 것이 사고/감정/행동의 연결 고리들 중 하나와 관련이 있을 수 있으며, 이는 치료에서 다룰 수 있는 문제임을 알린다. 그러한 사고들을 기록하고, 기본적인 CBT 기법들을 사용해 그것들을 점검하도록 하기 위해 과제를 활용할 수 있다(예: 인지적 오류 확인하기, 사고 변화 기록 사용하기). 약물치료를 충실하게 따르는 문제와 관련하여 가장 흔한 사고들은 "나는 기분이 괜찮아, 그러니까 더 이상 이 약을 먹을 필요가 없어……. 나는 나 혼자 힘으로 이것을 할 수 있어야 해……. 나는 이 약이 [가장 불쾌한 부작용을 빈 칸에 채움] 이렇기 때문에 싫어."

☑ 약이 도움이 되지 않는다. 약물치료를 잘 따르지 않는 이유들 중 흔히 보고되는 것이 그 약이 도움이 되지 않는다거나 혹은 도움이 되지 않을 것이라고 내담자가 결론을 내린 경우다. 만일 약물치료의 특약 방식이 효과적이지 않다면, 처방을 내린 전문가는 치료 계획 수정을 고려할 필요가 있다. 그러나 어떤 약물들은 효과를 나타내는 데 시간이 걸린다는 사실을 내담자에게 가르쳐 준다면 도움이 될 것이다. 내담자가 마음대로 치료를 중단하기 전에 약물의 효과성에 관해 가지고 있는 염려들을 함께 나누도록 격려할 수 있다. 또한 약물의 잠재적인 이점들에 대해 희망을 갖지 않거나 지나치게 비관적인 견해들은

CBT 기법들을 사용하여 수정될 수 있다.

☑ 내담자는 약물치료를 충실하게 따르지 않는 것에 대해 자신을 비난하며, 약을 복용하는 것과 관련된 문제들을 인정하기 부끄러워한다. 약을 꾸준히 복용하는 일이 어렵다는 사실을 인정하는 것이 대개 도움이 된다. 많은 질병에서 약을 복용하는 것과 관련하여 그러한 문제들이 얼마나 흔한지 이야기를 나눠 볼 필요가 있다. 또한 치료자 자신도 완벽하게 약을 복용하지 못했던 때가 있었음을 보여 주는 개인적인 경험을 적절하게 활용할 수도 있다. 아마도 치료자는 7~10일간 항생제를 복용하기로 되어 있었으나, 마지막 날에 아직 약봉지 몇 개가 남아 있었던 이야기를 나눌 수 있을 것이다. 약을 꾸준히 복용하는 것의 성공여부는 흑백 논리가 아닌 연속선상에서 생각하는 것이 유용하다.

☑ 내담자는 복잡한 약물 복용에 어려움을 겪는다. 처방된 약물의 수가 많을수록, 그리고 약물을 복용해야 하는 횟수가 많을수록, 실수로 다른 약물을 잘못 복용하거나, 그중 몇 개를 빼 먹을 가능성도 커진다. 대부분의 양극성 장애 내담자들은 2, 3, 4개 또는 더 많은 수의 항정신성 약물을 복용한다. 치료자는 내담자와 함께 약물 복용을 간소화할 방법들을 찾아본다. 또한 만일 치료자가 약물을 처방한 것이 아니라면, 내담자가 약물 복용을 바꾸기 위해 의사와 상의할 때 도움이 필요한지 알아본다.

☑ 내담자는 약물을 복용하는 것을 잊어버린다. 내담자가 약물을 복용하는 것을 잊어버리는 것이 문제일 때, 치료자는 내담자와 같이 해결책을 찾기 위해 노력한다. 예를 들어, 하루 한 번 복용하는 약물은 양치(아침이나 취침 시) 또는 아침식사와 같은 규칙적인 사건과 함께 먹도록 할 수 있다. 일별 또는 주별 알약 케이스를 사용할 수도 있다. 또한 대부분의 사람들은 비교적 방해가 되지 않는 프롬프트를 제공하는 여러 유형의 도구를 활용할 수 있다.

여섯 번째 목표는 인지행동적 개입을 통해 증상을 완화시키는 것이다. 우울 증상들을 다루기 위해 사용되는 기법들은 기본적인 CBT의 기법들과 동일하다. 경조증의

증상들을 치료할 때, 치료자는 불면증, 과잉 흥분, 과잉 행동, 빨리 말하는 것 등을 치료하기 위해 행동 전략들을 사용하는 데 초점을 둔다. 예를 들어, 불면증을 위한 CBT 기법들(예: 수면 환경에서 주의를 산만하게 하는 것 줄이기, 건강한 수면 패턴에 대해 교육하기, 침투적 사고 또는 질주하는 것과 같은 빠른 사고의 비율을 줄이기 위한 생각 중단하기 혹은 주의 전환하기)은 정상적인 수면 패턴을 회복하는 데 효과적인 것으로 나타났다(Siebern & Manber, 2011; Tylor & Pruiksma, 2014). 또한 자극을 유발하는 활동을 줄이거나 말하는 속도를 모니터하고 통제하기 위한 행동 목표들을 세울 수도 있다.

경조증 내담자들이 자신의 왜곡된 사고를 찾아 수정하는 것을 돕기 위해 인지적 재구조화 기법들을 사용할 수 있다(Newman et al., 2002). 이러한 유형의 치료 개입들로 ① 인지적 오류 찾기(예: 자신의 능력이나 힘을 과장되게 생각하기, 위험 가능성 무시하기, 하나의 긍정적인 특징을 과잉 일반화시켜 자신에 대해 과장되게 생각하기), ② 사고 기록하기 기법을 사용하여 확대해서 생각하거나 짜증을 일으키는 인지 깨닫기, 그리고 ③ 지나치게 긍정적인 신념이나 예상을 고수하는 것의 이점과 손실 적어 보기 등이 있다.

양극성 장애를 위한 CBT의 일곱 번째 목표는 생활 방식 바꾸기, 질환에 대한 수치심 극복하기, 좀 더 효과적으로 스트레스 생활 문제들 다루기를 포함하여 내담자가 장기적으로 질환을 잘 관리할 수 있도록 돕는 것이다. CBT는 기분과 활동 점검하기, 단계적으로 문제 해결하기, 의사 결정을 위한 증거 평가하기 등을 지속적으로 사용한다는 점에서 지지적인 치료 모델들과 구별된다.

성격장애

기분장애와 불안장애를 가진 내담자들의 약 30~60%는 DSM-5(American Psychiatric Association, 2013; Grant et al., 2005)의 성격장애 기준 중 하나 이상을

충족시킨다. 비록 모든 연구가 동의하는 것은 아니나, 성격장애들은 대개 부정적인 예후를 가진다. 또한 이들 장애들은 기분장애나 불안장애의 치료에 대한 반응 가능성을 감소시키며, 회복 과정을 더디게 하거나, 재발 확률을 증가시킨다(Thase, 1996). 흥미로운 것은 주요 우울장애에 대한 몇몇 초기 연구들에 따르면, 주요 우울장애와 성격장애가 공존할 경우 CBT에 대한 반응에 불리한 영향을 미치지 않는 것으로 나타났다는 사실이다(Shea et al., 1990; Stuart et al., 1992). 이들 연구들은 매우 심각한 성격장애를 가진 내담자들을 제외시키기는 하였으나, CBT에서 사용된 구조화된 기법들이 성격장애를 가진 내담자에게 특히 적합하다는 것을 보여 준다.

대개 성격장애는 초기 성인기 무렵부터 두드러지게 나타난다. 그러나 성격장애는 정지 상태의 과정에 있는 것은 아니며, 불안(예: 회피의 증가), 우울(예: 의존성의 증가 혹은 경계선 특성의 악화), 혹은 경조증(예: 나르시즘적 혹은 연극적 특성의 증가)에 의해 과장되기도 한다. 만일 내담자가 우울이나 불안에 대한 치료를 받고 있다면, 적어도 기분장애나 불안장애가 일부나마 해결될 때까지는 성격장애들에 대한 평가를 미루는 것이 종종 도움이 된다. 때때로 치료가 시작된 이후에도 성격장애의 강력한 임상적 증거가 뚜렷하지 않은 경우도 있다. 그러한 경우 치료자는 치료 계획을 수정할 필요가 있다.

성격장애를 위한 CBT 모델은 행동, 역기능적인(그리고 대개의 경우 과도한) 대인 관계 전략들을 가이드하는 내담자의 신념이나 스키마와 환경적 영향 간의 상호작용에 초점을 맞춘다(A. T. Beck et al., 2015; J. S. Beck, 2011). 성격장애는 불리한 발달적 경험들의 영향을 받는 것처럼 보인다. 이에 대해 Young과 그의 동료들(2003)은 ① 분리와 거절, ② 손상된 자율성과 수행, ③ 손상된 제한, ④ 타인 지향성, 그리고 ⑤ 지나친 경계와 억제 등 다섯 개의 주제 영역들을 제시하였다.

보통 성격장애의 치료는 기분장애나 불안장애의 치료를 위해 개발된 기법들과 많은 부분 동일한 기법들을 사용하지만, 스키마를 다루는 것과 좀 더 효과적인 대처 전략들을 개발하는 데 더 많은 강조점을 둔다(J. S. Beck, 2011). 성격장애를 위한 CBT가 우울장애와 불안장애를 위한 CBT와 다른 점은 다음과 같다. ① 대개 치료 기간이 더 길다(예: 1년 혹은 그 이상). ② 변화를 위한 작업에서 치료적 관계와 전이 반응에 대해 더 많은 주의를 기울인다. ③ 자기 개념, 타인들과의 관계, 감정 조절, 사회적 기술 등의 만성적 문제들을 변화시키기 위해 CBT 기법들을 반복적으로 실시하는 것이 필요하다.

특정 성격장애에 흔히 나타나는 우세한 핵심 신념들과 보상적 신념들, 그리고 관련 행동 전략들은 〈표 10-3〉에 제시되어 있다. 치료자는 문제 스키마나 핵심 신념을 찾은 다음, 증거 점검하기나 대안적인 설명 고려하기와 같은 CBT 전략들을 실시할 수 있다.

〈표 10-3〉 성격장애: 신념들과 전략들

성격장애	자신에 대한 핵심 신념	타인들에 대한 신념	가정	행동 전략
회피적 (avoidant)	나는 불쾌한 사람이야.	다른 사람들은 나를 거절할 거야.	만일 사람들이 진짜 나를 알게 된다면 나를 거절할 거야. 만일 사람들이 내 겉모습만 본다면 나를 받아들일 거야.	사람들과 가까워지는 것을 피한다.
의존적 (dependent)	나는 무기력해.	다른 사람들이 나를 돌보아 주어야만 해.	만일 내가 내 자신을 의지한다면 실패하고 말 거야. 만일 내가 다른 사람들을 의지한다면 살아갈 수 있을 거야.	다른 사람들을 의지한다.
강박충동적 (obsessive-compulsive)	나의 인생은 통제 불능이 될 수 있어.	다른 사람들은 책임져 주지 않아.	만일 내가 완벽하게 책임을 지지 않는다면 내 인생은 실패로 끝나고 말 거야. 만일 내가 엄격한 규칙과 틀을 만들어 놓으면 모든 일이 괜찮을 거야.	다른 사람들을 엄격하게 통제한다.
편집증적 (paranoid)	나는 상처받기 쉬워.	다른 사람들은 악의를 가지고 있어.	만일 내가 다른 사람들을 믿는다면 그들은 내게 해를 입힐거야. 만일 내가 경계를 한다면 내 자신을 보호할 수 있어.	지나치게 의심을 한다.

반사회적 (antisocial)	나는 상처받기 쉬워.	다른 사람들은 나를 이용해.	만일 내가 먼저 행동하지 않으면 나는 다칠 수 있어. 만일 내가 먼저 다른 사람들을 이용한다면 성공할 수 있어.	다른 사람들을 이용한다.
나르시스적 (narcissistic)	나는 열등해. (이에 대한 명백한 보상 신념은 '나는 우월해.'이다.)	다른 사람들은 우월해. (이에 대한 명백한 보상 신념은 '다른 사람들은 열등해.'이다.)	만일 다른 사람들이 나를 특별하게 여기지 않는다면 그건 그들이 나를 열등하다고 생각한다는 뜻이야.	특별한 대우를 요구한다.
연극성 (histrionic)	나는 아무것도 아니야.	다른 사람들은 나를 중요하게 여기지 않을 거야.	만일 다른 사람들을 즐겁게 해 주지 않는다면 그들은 나를 좋아하지 않을거야. 만일 내가 다른 사람들을 즐겁게 해 준다면 다른 사람들의 주의와 인정을 얻게 될 거야.	다른 사람들을 즐겁게 해 준다.
정신분열성 (schizoid)	나는 사회에 적응할 수 없어.	다른 사람들은 나에게 줄 것이 아무것도 없어.	만일 내가 다른 사람들과 거리를 둔다면 더 잘해 나갈 수 있을 거야. 만일 내가 관계를 맺으려고 시도한다 하더라도 잘되지 않을 거야.	자기 자신과 다른 사람들 간에 거리를 둔다.
정신분열형 (schizotypal)	나는 결함이 많아.	다른 사람들은 위협적이야.	만일 다른 사람들이 나에 대해 부정적으로 느낀다면 그것이 사실임에 틀림이 없어. 만일 내가 다른 사람들을 조심한다면 나는 그들의 진짜 의도를 꿰뚫어 볼 수 있어.	숨겨진 동기가 있다고 가정한다.
경계선적 (borderline)	나는 결함이 많아. 나는 무기력해. 나는 상처받기 쉬워. 나는 운이 나빠.	다른 사람들은 나를 버릴 거야. 다른 사람들은 믿을 수 없어.	만일 내가 내 자신을 의지한다면 살아갈 수 없을 거야. 만일 내가 다른 사람들을 의지한다면 그들은 나를 버릴 거야. 만일 내가 다른 사람들을 의지한다면 살아갈 수는 있겠지만 결국 버림을 받을 거야.	행동의 양극단을 왔다 갔다 한다.

다이어렉티컬 행동치료

Linehan(1993)의 다이어렉티컬 행동치료(Dialectical Behavioral Therapy: DBT)는 성격장애의 치료를 위해 CBT를 변형시킨 것들 중 하나다. DBT는 ① 그 순간의 자신의 행동 수용하기 및 확인하기, ② 치료를 방해하는 행동을 찾아 치료하기, ③ 행동 변화를 위한 기본 수단으로 치료적 관계 사용하기, ④ 다이어렉티컬 과정에 초점 맞추기 등 네 가지 핵심적인 특징을 가진다. 무작위 통제 임상 연구 결과(Bohus et al., 2004; Linehan & Wilks, 2015; Linehan et al., 1991; Robins & Chapman, 2004), DBT는 자해 행동과 준자살(parasuicidal) 행동을 효과적으로 감소시키는 것으로 나타나 임상 현장에서 널리 사용되어왔다. 또한 DBT는 성격장애들 외에도 물질 남용과 섭식장애를 가진 내담자들을 치료하는 데 성공적으로 적용되고 있다(Linehan & Wilks, 2015; Linehan et al., 2002; Palmer et al., 2003).

다이어렉티컬이란 용어는 이 치료 접근의 핵심적인 철학적 기초를 설명해 준다. Linehan(1993)은 서양 철학과 동양 철학에 기초하여 정신 병리에 대한 전체론적인(holistic) 접근을 기술하기 위해 이 용어를 선택하였다. DBD 접근은 역기능적 행동을 단순히 질병의 증세로 보기보다 문제 행동도 어떤 기능을 담당하고 있다는 원리를 따른다. 예를 들어, 여러 조력자 혹은 의료 제공자 간에 의견이 나뉘는 것은 (적어도 단기적으로는) 비판적인 피드백을 받을 가능성을 낮춤으로써 원하는 결과를 얻을 가능성을 높일 수 있다. 사업을 할 때에도 때때로 이와 유사하게 '양자를 겨루게 하여 어부지리를 얻기(playing both ends against the middle)' 전략이 사용된다. 치료에서의 진전은 치료를 통해 내담자로 하여금 자신의 궁극적인 목표들을 인식하고, 이러한 목표들을 달성하기 위해 좀 더 사회적으로 수용될 수 있는 대안적인 방법들을 고려하여 시행할 수 있도록 돕는 것을 포함한다.

또한 DBT는 내담자에게 서로 상반되는 목표들(예: 수용과 변화, 유연성과 안정성, 돌봄과 자율 등) 간의 균형을 이룰 수 있는 방법들에 대해 코치한다. 이러한 목표들을 성취하기 위해 마인드풀니스(mindfulness) 훈련이 사용된다(이 장 앞부분의 '마인드풀니스에 기반한 인지치료' 절 참조). 마인드풀니스의 개념은 내담자에게 강렬한 감정에 의해 압도되지 않고 그 순간의 활동(예: 관찰하기, 기술하기, 참여하기)에 더 잘 초점을 맞추도록 가르치는 것을 나타낸다(Linehan, 1993). 또한 치료자는 내담자가 고통스러운 감정을 다루도록 돕기 위해 이완 훈련, 생각 중단하기, 호흡 훈련과 같은 CBT의 행동 기법들(제7장 '행동기법 II : 불안 감소시키기와 회피 패턴 바꾸기'에서 제시한)을 사용한다. 그 외에 인지적, 행동적 예행연습을 포함한 사회적 기술 훈련 전략들을 사용하여 내담자가 대인 간의 갈등에 대처할 좀 더 효과적인 방법들을 배울 수 있도록 할 수 있다.

물질사용장애

물질사용장애(Substance Use Disorders: SUD)에 대한 CBT의 효용성에 관한 증거들은 1980년대와 1990년대 초기 연구들이 수행된 이래 보고되고 있다(예: Carroll et al., 1994; Woody et al., 1984). 비록 모든 연구가 분명하게 긍정적인 결과를 낸 것은 아니나(예: Crits-Christoph et al., 1999; Project MATCH Research Group, 1998), 많은 증거가 알코올 사용 장애와 기타 SUD를 위한 포괄적인 치료 프로그램의 일부로 CBT의 사용을 지지하였다(Carroll, 2014). [그림 10-2]의 물질남용의 CBT 모델은 감정, 행동 인지의 상호 의존적이고 상호 보완적인 특성을 잘 보여 준다. 비록 SUD의 다양한 유형에 따라 중요한 사회인구학적, 생리학적, 임상적 차이가 있으나, 인지행동모델은 중독 물질을 사용하는 행동과 기저 신념들, 단서에 의한 충동과 욕구, 부정적인 자동적 사고들을 연결하는 공통적인 기본 과정이 있다고 가정한다(A. T. Beck et al., 1993; Thase, 1997).

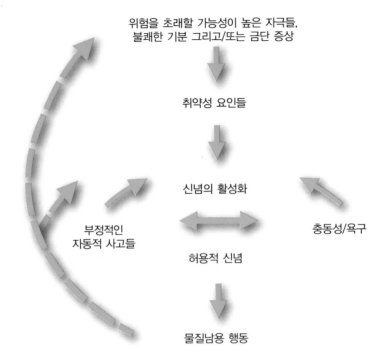

[그림 10-2] 물질남용의 인지행동모델

출처: Adapted from Thase 1997.

물질남용에 대한 CBT를 시작하기에 앞서 선행되어야 할 몇 가지 중요한 과제들이 있다. 첫째, 만일 SUD가 잠재적으로 위험한 금단 증후군의 가능성을 보일 경우, 의학적으로 수퍼비전을 받는 해독 치료 프로그램에 참여하는 것이 필요하다. 둘째, 내담자가 변화에 대해 어느 정도 준비되었는지를 평가하는 것이 필요하다(Prochaska & DiClemente, 1992). 치료에 대한 내담자의 동기는 문제의식이 없는 상태(예: "나는 문제가 없어. 단지 술을 조금 많이 마시고 음주 단속에 걸렸을 뿐이야.")에서부터 문제의식이 생긴 상태, 준비 상태 그리고 마침내 행동에 이르는 연속선상에서 이해하여야 한다. 동기 강화 상담의 기법들(Miller et al., 2004; Strang & McCambridge, 2004)은 특히 내담자로 하여금 문제의식이 전혀 없는 단계와 문제의식이 생긴 상태에서 준비상태와 행동 단계에 이르도록 돕는다. 세 번째 선행 조건은 내담자가 금주에 동의하는 것이다. 구체적으로 내담자는 약이나 알코올을 복용한 상태로 회기에 오지 않는 것에 동의해야 한다. 치료자는 내담자가 이러한 약속을 어길 경우 "오늘은 회기를 진행할 수 없습니다."라고 거리낌 없이 말할 수 있어야 한다.

CBT 모델의 중요한 특징은 내담자로 하여금 알코올을 복용하거나 약물을 사용하고 싶은 충동과 욕구가 종종 약물이나 알코올 남용에 관한 신념들의 활성화와 관계가 있다는 것을 깨닫도록 돕는 것이다. 물질남용에 관련된 생각들은 개인적인 단서들(예: Alcoholics Anonymous에 의해 잘 알려진 '사람, 장소, 사물')에 즉각적으로 반응하여 일어난다. 굳이 구별을 하자면, 충동(urge)은 약물이나 알코올을 사용하는 인지적, 행동적 성향인 반면, 욕구(craving)는 충동에 동반되는 감정적, 생리적 경험이다. 또한 충동과 욕구는 술집을 지나가거나 혹은 TV 광고를 보는 것과 같은 상황적 단서들 외에도, 공상, 기억, 혹은 불쾌한 감정(가장 흔한 것이 분노, 불안, 슬픔, 또는 지루함)에 의해서도 생길 수 있다. SUD의 발병 및 유지와 관련이 있는 신념들의 예시는 〈표 10-4〉에 나타나 있다.

물질남용의 빈도와 강도가 증가함에 따라 나타나는 인지적 변화는 장애의 발달에 영향을 미칠 수 있다. 예를 들어, 중요한 타인들의 사랑, 지지, 인정을 유지하는 일 등을 포함한 목표에 대한 신념들을 평가 절하하는 경향이 나타날 수 있다. 이와 유사하게, 약물과 알코올의 해로운 결과들에 대한 신념들은 축소되는 반면, 술을 마시는 것과 약물을 사용하는 것의 긍정적인 효과에 대한 태도들은 과장되는 경향이 있다. 또한 허용적인(permissive) 신념들(예: "마지막으로 이번 한 번만 술을 마시고 내일 다시 금주 프로그램을 하면 돼." "나는 한번 마시기 시작하면 그만둘 수 없어. 그러니 그냥 취하도록 마시자.")도 나타난다. 이러한 신념들은 흔히 보듯이 한 번의 실패가 어떻게 재발로 이어지는지를 설명해 준다.

그러므로 치료는 동시에 두 가지 방향으로 진행된다. ① 금주에 성공하고 이를 유지하는 것과, ② 물질사용을 초래하는 관련 신념들과 행동들을 찾아 수정하는 것이다(A. T. Beck et al., 1993 참조). 이것이 성공적으로 이루어진 다음 추가적으로 생활 방식이나 직업을 바꾸는 등의 장기적인 치료 목표들을 다룰 수 있다. 물질남용을 위한 성공적인 CBT의 기초는 재발 방지에 있다(Marlatt & Gordon, 1985). 재발 방지 전략에는 충동과 욕구가 일어날 가능성을 최소화하는 행동 전략들과 함께 술을 마시거나 약물 사용에 대한 왜곡된 부정적인 생각들에 맞서는 인지적 재구조화 훈련이 포함된다. 또한 내담자로 하여금 Alcoholics Anonymous와 같은 셀프 헬프 프로그램에 참여하도록 격려하는 것이 바람직하다.

〈표 10-4〉 물질남용에 관한 신념들

나는 욕구를 통제하지 못한다.

술을 마시고 싶은 욕구가 한번 시작되면 그것에 대처할 수 있는 유일한 방법은 술을 마시는 것뿐이다.

나는 이미 돌이킬 수 없는 지경까지 와 버렸다. 나는 결코 술을 끊을 수 없을 것이다.

나는 술을 마시지 않으려는 의지력이 없다.

나는 술에 취하지 않고는 즐거울 수 없다.

내 인생은 이미 망가졌다. 내가 술에 취해 있는 것은 당연하다.

아무도 나에게 강요할 수 없다. 내가 준비가 되면 술을 끊을 것이다.

출처: Reprinted with permission from Thase ME: "cognitive-Behavior Therapy for Substance Abuse", in American Psychiatric Press Review of Psychiatry, Vol.16. Edited by Dickstein LJ, Riba MB, Oldham JM. Washinton, DC, American Psychiatric Press, 1997.

섭식장애

CBT는 섭식장애에 대한 주요 치료 기법들 중 하나로 인정받고 있으며, 많은 보고서와 메타 분석이 신경성 폭식증(bulimia nervosa)과 폭식장애(binge eating disorder)에 대한 CBT의 효과를 입증하는 강력한 증거들을 지지하였다. (Hay et al., 2014; Hofmann et al., 2012; McElroy et al., 2015; Vocks et al., 2010) 그러나 신경성 식욕부진증(anorexia nervosa)에 대한 CBT의 효과는 아직 확실하지 않으며

(Hay et al., 2015), 의학적, 영양학적, 그리고 인지행동치료를 포함한 다차원적 접근이 추천된다(Hay et al., 2014, 2015).

섭식장애를 치료하는 CBT 모델은 날씬한 것에 대한 역기능적 신념과 그에 따른 체형 및 체중에 대한 불만족이 제거 행동(purging)과 하제, 이뇨제, 살 빼는 약 등의 남용과 같은 비정상적인 섭식 행동 및 관련 특징들을 일으키고 유지하도록 한다는 가정에 기초한다. 날씬한 것에 대한 비현실적인 기준을 강화하는 현대의 사회에 기준은 개인의 취약성 요인들(예: 완벽주의, 감정 조절의 어려움, 혹은 우울 성향)과 함께 섭식장애의 발달에 영향을 미친다.

섭식장애를 가진 내담자를 치료하기 전, 치료자는 반기아(semi-starvation)가 건강한 남자의 태도와 행동에 미치는 영향은 조사한 Keys와 그의 동료들(Keys, 1950; Taylor & Keys, 1950)의 고전연구 결과들을 검토해 보는 것이 도움이 된다. 비록 연구 참여자들이 사실상 섭식장애를 일으킬 위험은 없었으나, 칼로리를 크게 제한하고 체중이 뚜렷하게 감소하는 연구 과정에서 이들은 음식에 대해 몰두하였으며, 리비도가 감소하였고, 기분 및 수면장애를 일으켰을 뿐 아니라, 추위에 민감한 특징을 보였다. 칼로리를 제한하는 실험이 끝났을 때, 참여자들은 폭식 행동, 음식물 저장, 신경증적인 배고픔과 포만감의 신호들을 나타냈다. 대부분의 참여자는 빠진 체중보다 더 체중이 늘었으며, 완전히 체중의 안정을 찾는 데 수 주가 소요되었다. 이러한 결과는 개인의 취약성 요인이 무엇이든 간에 음식물을 섭취하지 않는 것과 혼란된 섭식 행동은 섭식장애를 유지하는 데 중요한 역할을 할 수 있음을 가리킨다.

섭식장애에 대한 CBT 접근은 필연적으로 중다양식의 형태를 띠며, 심리교육, 자기 점검, 인지행동적 개입 외에 영양에 관한 상담이 포함하여야 한다. 대개의 경우, 치료자는 경험이 많은 영양사와 협력하여 일한다. 치료의 초기 목표는 체중의 범위와 식사 계획을 함께 세우는 것이다. 이때 목표는 반드시 실현 가능한 것이어야 하며, 일관성 있는 체중 모니터링을 실시해야 한다. 보통 주별 체중 측정을 하는 것으로 충분하다. 식사 계획은 배고픔의 신호를 최소화하기 위해 칼로리를 분배하여 대개 세 번의 규칙적인 식사와 최소 두 번의 간식으로 구성된다. 만일 내담자가 그 계획이 역효과를 가져올 것을 염려한다면, 치료자는 내담자와 이러한 것들을 함께 이야기할 수 있다. 또한 제거 행동이나 하제를 사용하는 것과 같이 체중 감량을 촉진한다고 여겨, 흔히 사용하는 온 전략들이 효과가 없다는 사실에 대해 이야기를 나누는 것은 심리교육의 중요한 부분이다.

먼저 자기 점검은 잠재적인 환경적 신호들과 사건들뿐 아니라 식사 시간과 문제 섭식 행동을 기록한다. 그런 다음 내담자는 세 개의 칼럼으로 된 워크시트를 사용하여 부정적인 사고, 불쾌한 감정, 문제 섭식 행동을 연결할 수 있다. 신호에 대한 반응을 변화시키거나, 필요한 경우 반응을 회피하도록 하기 위해 다양한 전략들이 사용된다. 반응 예방(제7장 '행동 기법 II: 불안 감소시키기와 회피 패턴 바꾸기' 참조)은 내담자들로 하여금 충동(예: 폭식, 제거 행동, 혹은 섭식 제한)과 문제 행동 간의 간격을 연장할 수 있도록 도울 수 있는 중요한 도구다. 이때 또한 인지적 재구조화 훈련을 통해 문제 섭식 행동을 하지 않았을 경우 일어날 결과에 대해 내담자가 가지고 있는 왜곡된 부정적인 생각들을 다룰 수 있다.

조현병

조현병은 양극성 I 장애를 포함한 대부분의 다른 심각한 정신과적 병리 장애들에 비해 기능 손상이 심하며, 12개월 이상 증상이 진단 기준을 충족하지 않은 기간을 가질 확률이 더 낮다. 조현병의 만성적 성향은 약물치료 외에 이 질환에 대한 심리사회적 치료가 등장하는 데 영향을 미쳤다. 새로운 향정신병 약물의 도입에도 불구하고 이러한 심리치료의 필요성은 계속 있어 왔다.

조현병에 대한 CBT는 1990년대 중반까지 확고히 자리를 잡았다(Beck & Rector, 2000; Garety et al., 1994; Kingdon & Turkington, 2004). 이제 일련의 임상 연구들로부터 CBT가 조현병에 대한 치료 결과를 향상시키는 데 유의한 효과가 있다는 명백한 증거들이 나타났다(Bums et al., 2014;, Mehl et al., 2015; Rector Beck, 2001; Sensky et al., 2000; Turkinton et al., 2004; Turner et al., 2014).

비록 모든 연구가 CBT의 효과를 발견한 것은 아니나, 메타 분석들은 CBT가 조현병의 양성 증성들에 대해 상당부분 영향을 미치며(Burns et al., 2014; Mehl et al., 2015; Turner et al., 2014), 음성 증성들에 대해서는 더 뚜렷한 영향을 미친다고 결론 내렸다(Jauhar et al., 2014; Turner et al., 2014; Velthorst et al., 2015). 조현병에 대한 CBT 접근은 『Cognitive-Behavior Therapy for Serve Mental illness: An Illustrated Guide』(Wright et al., 2009)에 상세히 나타나 있다.

양극성 장애의 치료를 위한 CBT와 마찬가지로, 치료는 내담자가 향정신성 약물치료에 대해 안정적이 된 이후 시작해야 한다. 초기 회기들은 짧게 진행된다. 어떤 사례에서는 1~2주일에 20분 회기를 두세 번 진행하는 것이 45분 혹은 50분 회기를 한 번 진행하는 것보다 더 도움이 될 수 있다. 또한 조현병에 대한 최적의 치료 과정이 주요 우울장애나 공황장애에 대한 치료보다 더 오래 걸릴 것으로 예상하는 것이 타당하다.

대개 초기의 치료 목표들은 치료적 관계를 맺는 것 이외에, 장애에 대한 심리교육(조현병의 특징과 치료에 대한 내담자의 신념 끌어내기 등), 내담자의 활동 참여 증가, 내담자의 약물 처방 따르기 등을 포함한다. 치료가 진행됨에 따라, 치료의 초점은 망상을 찾아 수정하는 것과 환각을 줄이거나 환각에 대처하는 것으로 옮겨진다. 망상은 이 책 앞장들에서 설명한 인지적 오류의 극단적인 형태로 볼 수 있다. 내담자는 사실에 대한 불안전한 평가에 근거하여 추론을 내리며, 사실이 아님을 가리키는 증거들을 무시하거나 축소한다. 만일 치료자와 내담자 간에 협력적인 치료 관계를 맺을 수 있다면, 내담자는 증거 점검하기, 대안적인 해결책 찾기와 같은 논리적인 분석 기법들을 통해 도움을 받을 수 있다.

[그림 10-3]에서는 조현병을 가진 27세 남자를 대상으로 한 증거 점검하기 연습의 예시가 제시되어 있다. Ted는 지역 사회 센터에서 자원봉사를 해 왔으며, 이러한 환경에 대해 망상을 가지기 시작하였다. 이러한 망상을 촉발한 요인들

중 하나는 그의 컴퓨터 스크린에 뜨는 일일 메시지였다. 메시지들은 보통 유머러스한 인용문들이 대부분으로 기관에서 모든 컴퓨터에 보낸 것이었으나, Ted는 그것을 망상적인 방식으로 해석하였다. 그는 여기에 마피아나 외국 첩보 기관이 지역 사회 센터를 점령하려는 음모가 있다고 생각하기 시작하였다. 그는 증거 점검하기 기법을 통해 자신의 사고가 왜곡되었음을 알고, 상황을 보는 대안적인 시각을 갖게 되었다. 이 사례에서 Ted는 그의 망상을 '괴롭히는 생각'이라고 명명하고, 이러한 생각을 검증하기 위해 기본적인 CBT 기법들을 적용하였다.

괴롭히는 생각: 마피아 혹은 외국의 첩보 기관이 이 사무실에 침투하여 모든 것을 통제하고 있다.

이러한 생각을 지지하는 증거:	이러한 생각에 반하는 증거:
1. 컴퓨터 메시지가 수상하다.	1. 컴퓨터 메시지는 모든 사람의 컴퓨터에 보내진 것이다. 그것은 단지 유머러스한 말이거나 우스갯소리일 뿐이다.
2. 지난 주 두 명의 종업원이 해고되었다.	2. 해고된 사람들은 항상 직장을 자주 빠지곤 하였다.
3. TV 모니터에 도청기가 장착되어 있는 것 같다.	3. TV를 분해했는데 수상한 점을 찾을 수 없었다. 나는 편집증적인 경향이 좀 있다.
4. 나는 센터에서 가까이 지내는 친구들이 없다. 사람들은 나에게 말을 걸지 않는다.	4. 센터에서 친구가 많지 않은 것은 사실이지만 그것이 센터를 둘러싼 음모가 있다는 뜻은 아니다. 나는 이 일을 하는 것을 좋아하며, 모든 사람이 나를 잘 대해 준다.

대안적 사고: 나는 신체적으로 화학적인 불균형 상태에 있으므로 편집증적 성향이 나타난다는 것을 알고 있다. 하루에 몇 시간 동안 컴퓨터 앞에 앉아 있을 때 더 의심이 생긴다. 이 일은 나에게 중요하므로 나는 두려움을 가라앉히려고 노력한다.

[그림 10-3] 망상에 대한 증거 점검하기: Ted의 예

대개 환각을 치료할 때, 치료자는 내담자에게 거의 모든 사람이 극단적인 상황에서 환각을 경험할 수 있다는 사실을 알리는 것이 도움이 된다(예: 약물 중독 혹은 심각한 수면 부족; Kingdon & Turkington, 2004; wright et al., 2009). 이것은 조현병을 가진 내담자로 하여금 수치심을 덜 느끼도록 하며, 환각을 악화시킬 수 있는 가능한 환경의 영향들을 알게 한다. 나아가 내담자는 환각에 대한 대안적인

설명들("그것은 악마다." "신이 내게 말하고 있다." 혹은 "어떤 여자의 목소리가 나를 괴롭히고 있다."와 같은 생각들을 대체할 설명들)을 탐색하게 된다. 환각을 치료하는 CBT의 일반적인 목표들은 내담자가 ① 환각에 대해 합리적인 설명을 수용하고 (예: 생물학적 취약성 혹은 극단적인 상황으로 인해 환각을 경험함), ② 환각의 영향을 감소시키거나 제한하는 방법들을 찾도록 돕는 것이다.

환청을 약화시키거나 사라지게 만드는 행동들:	환청을 자극하거나 강화시키는 행동들:
1. 진정시키는 음악을 듣는다. 2. 소품들을 만든다. 3. 환청이 우리 집 옷장 안으로 들어가고 그 위에 담요를 덮고 문을 잠그는 상상을 한다. 4. 교회에서 자원봉사를 한다. 5. 잡지나 책을 읽는다. 6. 스스로에게 나는 신체적으로 화학적인 불균형 상태에 있으므로 환청에 주의를 기울일 필요가 없다고 말한다. 7. 치료 센터의 집단 치료에 참여한다.	1. 남자친구나 가족들과 말다툼을 한다. 2. 잠을 제대로 자지 못한다. 3. 약을 복용하는 것을 잊어버린다. 4. 폭력적인 영화나 TV 쇼를 본다.

[그림 10-4] 환청을 약화시키거나 강화시키는 행동들: Barbara의 예

환각을 다루는 가장 유용한 전략들 중 하나는 환청을 잠잠하게 만들거나, 혹은 환청을 덜 거슬리게 또는 덜 지시적으로 만드는 행동들의 목록을 만드는 것이다. 또한 환청을 악화시키는 행동들의 목록을 만드는 것도 내담자에게 도움이 된다. 그런 다음 내담자는 유용한 행동들을 늘리고 환각을 증폭시키는 활동들을 줄이기 위한 행동 계획을 세울 수 있다. 그러한 행동 목록의 예가 [그림 10-4]에 제시되어 있다. 조현병을 가진 38세 여성 Barbara는 환청을 다루는 데 도움이 되는 행동 목록을 작성하였다. 그녀는 주의를 다른 곳으로 돌리기, 자신에게 질병의 특성에 대해 코치하기(예: "나는 신체적으로 화학적인 불균형 상태에 있다. 따라서 환청에 주의를 기울일 필요가 없다."), 스스로 심상 기법 사용하기 등과 같은 많은 유용한 전략을 찾아낼 수 있었다. 또한 그녀는 환청을 악화시키는 것처럼 보

이는 상황과 사건을 다루는 법을 배우기 위해 노력을 기울였다.

음성 증상들은 활동 계획하기, 단계적으로 과제 부여하기, 행동 예행연습, 기술 훈련 및 관련 전략들을 사용하여 접근할 수 있다. 그러나 조현병을 위한 CBT 치료는 종종 내담자의 사회적 고립, 위축, 계획의 결여와 같은 증상들을 변화시키는 데 많은 시간이 필요하므로 "천천히 진행된다"(Kingdon & Turkington, 2004; wright et al., 2009). 조현병 내담자의 음성 증상들은 기저에 있는 신경 병리를 보여 주는 것이다. 그러나 뇌일혈이나 경화증 등 좀 더 심각한 뇌 손상을 경험한 내담자도 체계적인 재활을 통해 보상적인 대처 전략들을 사용하는 많은 법을 배울 수 있다는 사실해야 한다.

요약

난치성 우울장애, 양극성 장애, 성격장애, 그리고 조현병과 같은 다양한 심각한 정신과적 장애들을 위한 CBT 기법들이 개발되었으며, 그 효과가 확인되었다. 또한 CBT 기법들은 신경성 폭식증에 대한 가장 중요한 치료이며, 물질사용의 문제들을 다루는 유용한 도구들을 제공할 수 있다. 우울장애와 불안장애에 대한 많은 기본적인 CBT 기법들은 치료가 좀 더 어려운 질병들에도 사용될 수 있으나, 보다 효과적인 CBT를 적용하기 위해서는 적절한 수정이 필요하다. 나아가, 대안적인 접근들을 제공할 수 있는 관련 치료들(예: WBT, MBCT, 그리고 DBT)의 기본 개념들이 간략하게 제시되었다.

이 장에서는 만성, 중증 정신 질환에 대한 CBT의 사용을 지지하는 경험적 연구들을 소개하였으며, 이러한 질환들을 다루기 위한 전략들을 간략하게 설명하였다. 제11장 '인지행동치료 역량 기르기'에서는 중증 정신과적 장애들에 대한 CBT의 전문성을 쌓을 수 있도록 관련 서적, 워크숍, 임상 수퍼비전 등을 제안하고 있다.

참고문헌

Akincigil A, Bowblis JR, Levin C, et al: Adherence to antidepressant treatment among privately insured patients diagnosed with depression. Med Care 45(4): 363−369, 2007 17496721

American Psychiatric Association: Practice guideline for major depressive disorder in adults. Am J Psychiatry 150(4) (suppl): 1−26, 1993 8465906

American Psychiatric Association: Diagnostic and Statistical Manual of Mental Disorders, 5th Edition. Arlington, VA, American Psychiatric Association, 2013

Basco MR, Rush AJ: Cognitive-Behavioral Therapy for Bipolar Disorder, 2nd Edition. New York, Guilford, 2007

Beck AT, Rector NA: Cognitive therapy of schizophrenia: a new therapy for the new millennium. Am J Psychother 54(3): 291−300, 2000 11008627

Beck AT, Rush AJ, Shaw BF, et al: Cognitive Therapy of Depression. New York, Guilford, 1979

Beck AT, Wright FD, Newman CF, et al: Cognitive Therapy of Substance Abuse. New York, Guilford, 1993

Beck AT, Davis DD, Freeman A: Cognitive Therapy of Personality Disorders, 3rd Edition. New York, Guilford, 2015

Beck JS: Cognitive Behavior Therapy: Basics and Beyond, 2nd Edition. New York, Guilford, 2011

Bohus M, Haaf B, Simms T, et al: Effectiveness of inpatient dialectical behavioral therapy for borderline personality disorder: a controlled trial. Behav Res Ther 42(5): 487−499, 2004 15033496

Burns AMN, Erickson DH, Brenner CA: Cognitive-behavioral therapy for medication-resistant psychosis: a meta-analytic review. Psychiatr Serv 65(7): 874−880, 2014 24686725

Carroll KM: Lost in translation? Moving contingency management and cognitive behavioral therapy into clinical practice. Ann N Y Acad Sci 1327:94−111, 2014 25204847

Carroll KM, Rounsaville BJ, Gordon LT, et al: Psychotherapy and pharmacotherapy for ambulatory cocaine abusers. Arch Gen Psychiatry 51(3): 177−187, 1994 8122955

Crits-Christoph P, Siqueland L, Blaine J, et al: Psychosocial treatments for cocaine dependence: National Institute on Drug Abuse Collaborative Cocaine Treatment Study. Arch Gen Psychiatry 56(6): 493−502, 1999 10359461

DeRubeis RJ, Gelfand LA, Tang TZ, Simons AD: Medications versus cognitive behavior therapy for severely depressed outpatients: mega-analysis of four randomized comparisons. Am J Psychiatry 156(7): 1007−1013, 1999 10401443

Elkin I, Shea MT, Watkins JT, et al: National Institute of Mental Health Treatment of Depression Collaborative Research Program: general effectiveness of treatments. Arch Gen Psychiatry 46(11): 971−982, discussion 983, 1989 2684085

Fava GA: Well-Being Therapy: Treatment Manual and Clinical Applications. New York, Karger, 2016

Fava GA, Ruini C: Development and characteristics of a well-being enhancing psychotherapeutic strategy: well-being therapy. J Behav Ther Exp Psychiatry 34(1): 45−63, 2003 12763392

Fava GA, Grandi S, Zielezny M, et al: Cognitive behavioral treatment of residual symptoms in primary major depressive disorder. Am J Psychiatry 151(9): 1295−1299, 1994 8067483

Fava GA, Savron G, Grandi S, Rafanelli C: Cognitive-behavioral management of drug-resistant major depressive disorder. J Clin Psychiatry 58(6): 278−282, quiz 283−284, 1997 9228899

Fava GA, Rafanelli C, Cazzaro M, et al: Well-being therapy: a novel psychotherapeutic approach for residual symptoms of affective disorders. Psychol Med 28(2): 475−480, 1998a 9572104

Fava GA, Rafanelli C, Grandi S, et al: Prevention of recurrent depression with cognitive behavioral therapy: preliminary findings. Arch Gen Psychiatry 55(9): 816−820, 1998b 9736008

Fava GA, Ruini C, Rafanelli C, Grandi S: Cognitive behavior approach to loss of clinical effect during long-term antidepressant treatment: a pilot study. Am J Psychiatry 159(12): 2094−2095, 2002 12450962

Frankl VE: Man's Search for Meaning. Boston, MA, Karger, 1959

Garety PA, Kuipers L, Fowler D, et al: Cognitive behavioural therapy for drugresistant psychosis. Br J Med Psychol 67 (Pt 3): 259−271, 1994 7803318

Grant BF, Hasin DS, Stinson FS, et al: Co-occurrence of 12-month mood and anxiety disorders and personality disorders in the US: results from the National Epidemiologic Survey on Alcohol and Related Conditions. J Psychiatr Res 39(1): 1−9, 2005 15504418

Gregory VL Jr: Cognitive-behavioral therapy for depression in bipolar disorder: a meta-analysis. J Evid Based Soc Work 7(4): 269−279, 2010 20799127

Hay P, Chinn D, Forbes D, et al; Royal Australian and New Zealand College of Psychiatrists: Royal Australian and New Zealand College of Psychiatrists clinical practice guidelines for the treatment of eating disorders. Aust N Z J Psychiatry 48(11): 977−1008, 2014 25351912

Hay PJ, Claudino AM, Touyz S, Abd Elbaky G: Individual psychological therapy in the outpatient treatment of adults with anorexia nervosa. Cochrane Database Syst Rev 7(7): CD003909, 2015 26212713

Hofmann SG, Asnaani A, Vonk IJ, et al: The efficacy of cognitive behavioral therapy: a review of meta-analyses. Cognit Ther Res 36(5): 427−440, 2012 23459093

Hollon SD, DeRubeis RJ, Fawcett J, et al: Effect of cognitive therapy with antidepressant medications vs antidepressants alone on the rate of recovery in major depressive disorder: a randomized clinical trial. JAMA Psychiatry 71(10): 1157−1164, 2014 25142196

Huijbers MJ, Spinhoven P, Spijker J, et al: Discontinuation of antidepressant medication after mindfulness-based cognitive therapy for recurrent depression: randomised controlled non-inferiority trial. Br J Psychiatry 208(4): 366−373, 2016 26892847

Isasi AG, Echeburúa E, Limiñana JM, González-Pinto A: How effective is a psychological intervention program for patients with refractory bipolar disorder? A randomized controlled trial. J Affect Disord 126(1−2): 80−87, 2010 20444503

Ives-Deliperi VL, Howells F, Stein DJ, et al: The effects of mindfulness-based cognitive therapy in patients with bipolar disorder: a controlled functional MRI investigation. J Affect Disord 150(3): 1152−1157, 2013 23790741

Jauhar S, McKenna PJ, Radua J, et al: Cognitive-behavioural therapy for the symptoms of schizophrenia: systematic review and meta-analysis with examination of potential bias. Br J Psychiatry 204(1): 20−29, 2014 24385461

Jones SH, Smith G, Mulligan LD, et al: Recovery-focused cognitive-behavioural therapy for recent-onset bipolar disorder: randomised controlled pilot trial. Br J Psychiatry 206(1): 58–66, 2015 25213157

Kabat-Zinn J: Full Catastrophe Living: How to Cope With Stress, Pain and Illness Using Mindfulness Meditation. New York, Dell, 1990

Keck PE Jr, McElroy SL, Strakowski SM, et al: Compliance with maintenance treatment in bipolar disorder. Psychopharmacol Bull 33(1): 87–91, 1997 9133756

Keller MB, McCullough JP, Klein DN, et al: A comparison of nefazodone, the cognitive behavioral-analysis system of psychotherapy, and their combination for the treatment of chronic depression. N Engl J Med 342(20): 1462–1470, 2000 10816183

Keys A: The residues of malnutrition and starvation. Science 112(2909): 371–373, 1950 14781769

Kingdon DG, Turkington D: Cognitive Therapy of Schizophrenia. New York, Guilford, 2004

Kocsis JH, Gelenberg AJ, Rothbaum BO, et al; REVAMP Investigators: Cognitive behavioral analysis system of psychotherapy and brief supportive psychotherapy for augmentation of antidepressant nonresponse in chronic depression: the REVAMP Trial. Arch Gen Psychiatry 66(11): 1178–1188, 2009 19884606

Kuyken W, Warren FC, Taylor RS, et al: Efficacy of mindfulness-based cognitive therapy in prevention of depressive relapse: an individual patient data metaanalysis from randomized trials. JAMA Psychiatry 73(6): 565–574, 2016 27119968

Lam DH, Watkins ER, Hayward P, et al: A randomized controlled study of cognitive therapy for relapse prevention for bipolar affective disorder: outcome of the first year. Arch Gen Psychiatry 60(2): 145–152, 2003 12578431

Linehan MM: Cognitive-Behavioral Treatment of Borderline Personality Disorder. New York, Guilford, 1993

Linehan MM, Wilks CR: The course and evolution of dialectical behavior therapy. Am J Psychother 69(2): 97–110, 2015 26160617

Linehan MM, Armstrong HE, Suarez A, et al: Cognitive-behavioral treatment of chronically parasuicidal borderline patients. Arch Gen Psychiatry 48(12): 1060–1064, 1991 1845222

Linehan MM, Dimeff LA, Reynolds SK, et al: Dialectical behavior therapy versus comprehensive validation therapy plus 12-step for the treatment of opioid dependent women meeting criteria for borderline personality disorder. Drug Alcohol Depend 67(1): 13−26, 2002 12062776

Marlatt GA, Gordon JR (eds): Relapse Prevention: Maintenance Strategies in the Treatment of Addictive Behaviors. New York, Guilford, 1985

McCullough JP: Psychotherapy for dysthymia: a naturalistic study of ten patients. J Nerv Ment Dis 179(12): 734−740, 1991 1744631

McCullough JP Jr: Skills Training Manual for Diagnosing and Treating Chronic Depression: Cognitive Behavioral Analysis System of Psychotherapy. New York, Guilford, 2001

McElroy SL, Guerdjikova AI, Mori N, et al: Overview of the treatment of binge eating disorder. CNS Spectr 20(6): 546−556, 2015 26594849

Mehl S, Werner D, Lincoln TM: Does cognitive behavior therapy for psychosis (CBTp) show a sustainable effect on delusions? A meta-analysis. Front Psychol 6:1450, 2015 26500570

Miklowitz DJ, Otto MW, Frank E, et al: Intensive psychosocial intervention enhances functioning in patients with bipolar depression: results from a 9-month randomized controlled trial. Am J Psychiatry 164(9): 1340−1347, 2007a 17728418

Miklowitz DJ, Otto MW, Frank E, et al: Psychosocial treatments for bipolar depression: a 1-year randomized trial from the Systematic Treatment Enhancement Program. Arch Gen Psychiatry 64(4): 419−426, 2007b 17404119

Miller WR, Yahne CE, Moyers TB, et al: A randomized trial of methods to help clinicians learn motivational interviewing. J Consult Clin Psychol 72(6): 1050−1062, 2004 15612851

Newman CF, Leahy RL, Beck AT, et al: Bipolar Disorder: A Cognitive Therapy Approach. Washington, DC, American Psychological Association, 2002

Palmer RL, Birchall H, Damani S, et al: A dialectical behavior therapy program for people with an eating disorder and borderline personality disorder—description and outcome. Int J Eat Disord 33(3): 281−286, 2003 12655624

Parikh SV, Zaretsky A, Beaulieu S, et al: A randomized controlled trial of psychoeducation or cognitive-behavioral therapy in bipolar disorder: a Canadian Network for Mood and Anxiety Treatments (CANMAT) study [CME]. J Clin Psychiatry 73(6): 803–810, 2012 22795205

Prochaska JO, DiClemente CC: The transtheoretical approach, in Handbook of Psychotherapy Integration. Edited by Norcross JC, Goldfried MR. New York, Basic Books, 1992, pp 301–334

Project MATCH Research Group: Matching alcoholism treatments to client heterogeneity: treatment main effects and matching effects on drinking during treatment. J Stud Alcohol 59(6): 631–639, 1998 9811084

Rector NA, Beck AT: Cognitive behavioral therapy for schizophrenia: an empirical review. J Nerv Ment Dis 189(5): 278–287, 2001 11379970

Robins CJ, Chapman AL: Dialectical behavior therapy: current status, recent developments, and future directions. J Pers Disord 18(1): 73–89, 2004 15061345

Rush AJ, Weissenburger JE: Melancholic symptom features and DSM-IV. Am J Psychiatry 151(4): 489–498, 1994 8147445

Rush AJ, Trivedi MH, Wisniewski SR, et al: Acute and longer-term outcomes in depressed outpatients requiring one or several treatment steps: a STAR*D report. Am J Psychiatry 163(11): 1905–1917, 2006 17074942

Scott J, Paykel E, Morriss R, et al: Cognitive-behavioural therapy for severe and recurrent bipolar disorders: randomised controlled trial. Br J Psychiatry 188:313–320, 2006 16582056

Segal ZV, Williams JMG, Teasdale JD: Mindfulness-Based Cognitive Therapy for Depression: A New Approach to Preventing Relapse. New York, Guilford, 2002

Sensky T, Turkington D, Kingdon D, et al: A randomized controlled trial of cognitive-behavioral therapy for persistent symptoms in schizophrenia resistant to medication. Arch Gen Psychiatry 57(2): 165–172, 2000 10665619

Shea MT, Pilkonis PA, Beckham E, et al: Personality disorders and treatment outcome in the NIMH Treatment of Depression Collaborative Research Program. Am J Psychiatry 147(6): 711–718, 1990 2343912

Siebern AT, Manber R: New developments in cognitive behavioral therapy as the first-line treatment of insomnia. Psychol Res Behav Manag 4:21–28, 2011 22114532

Strang J, McCambridge J: Can the practitioner correctly predict outcome in motivational interviewing? J Subst Abuse Treat 27(1): 83–88, 2004 15223098

Stuart S, Simons AD, Thase ME, Pilkonis P: Are personality assessments valid in acute major depression? J Affect Disord 24(4): 281–289, 1992 1578084

Szentagotai A, David D: The efficacy of cognitive-behavioral therapy in bipolar disorder: a quantitative meta-analysis. J Clin Psychiatry 71(1): 66–72, 2010 19852904

Taylor HL, Keys A: Adaptation to caloric restriction. Science 112(2904): 215–218, 1950 15442306

Taylor DJ, Pruiksma KE: Cognitive and behavioural therapy for insomnia (CBT-I) in psychiatric populations: a systematic review. Int Rev Psychiatry 26(2): 205–213, 2014 24892895

Thase ME: The role of Axis II comorbidity in the management of patients with treatment-resistant depression. Psychiatr Clin North Am 19(2): 287–309, 1996 8827191

Thase ME: Cognitive-behavioral therapy for substance abuse, in American Psychiatric Press Review of Psychiatry, Vol 16. Edited by Dickstein LJ, Riba MB, Oldham JM. Washington, DC, American Psychiatric Press, 1997, pp 45–71

Thase ME, Friedman ES: Is psychotherapy an effective treatment for melancholia and other severe depressive states? J Affect Disord 54(1–2): 1–19, 1999 10403142

Thase ME, Howland R: Refractory depression: relevance of psychosocial factors and therapies. Psychiatr Ann 24:232–240, 1994

Thase ME, Simons AD, Cahalane J, et al: Severity of depression and response to cognitive behavior therapy. Am J Psychiatry 148(6): 784–789, 1991 2035722

Thase ME, Greenhouse JB, Frank E, et al: Treatment of major depression with psychotherapy or psychotherapy-pharmacotherapy combinations. Arch Gen Psychiatry 54(11): 1009–1015, 1997 9366657

Thase ME, Friedman ES, Biggs MM, et al: Cognitive therapy versus medication in augmentation and switch strategies as second-step treatments: a STAR*D report. Am J Psychiatry 164(5): 739–752, 2007 17475733

Turkington D, Dudley R, Warman DM, Beck AT: Cognitive-behavioral therapy for schizophrenia: a review. J Psychiatr Pract 10(1): 5–16, 2004 15334983

Turner DT, van der Gaag M, Karyotaki E, Cuijpers P: Psychological interventions for psychosis: a meta-analysis of comparative outcome studies. Am J Psychiatry 171(5):

523–538, 2014 24525715

Velthorst E, Koeter M, van der Gaag M, et al: Adapted cognitive-behavioural therapy required for targeting negative symptoms in schizophrenia: metaanalysis and meta-regression. Psychol Med 45(3): 453–465, 2015 24993642

Vocks S, Tuschen-Caffier B, Pietrowsky R, et al: Meta-analysis of the effectiveness of psychological and pharmacological treatments for binge eating disorder. Int J Eat Disord 43(3): 205–217, 2010 19402028

Watkins ER, Mullan E, Wingrove J, et al: Rumination-focused cognitive-behavioural therapy for residual depression: phase II randomised controlled trial. Br J Psychiatry 199(4): 317–322, 2011 21778171

Weitz ES, Hollon SD, Twisk J, et al: Baseline depression severity as moderator of depression outcomes between cognitive behavioral therapy vs pharmacotherapy: an individual patient data meta-analysis. JAMA Psychiatry 72(11): 1102–1109, 2015 26397232

Wiles N, Thomas L, Abel A, et al: Cognitive behavioural therapy as an adjunct to pharmacotherapy for primary care based patients with treatment resistant depression: results of the CoBalT randomised controlled trial. Lancet 381(9864): 375–384, 2013 23219570

Williams JMG, Teasdale JD, Segal ZV, Kabat-Zinn J: The Mindful Way Through Depression: Freeing Yourself From Chronic Unhappiness. New York, Guilford, 2007

Wong DFK: Cognitive behavioral treatment groups for people with chronic depression in Hong Kong: a randomized wait-list control design. Depress Anxiety 25(2): 142–148, 2008 17340612

Woody GE, McLellan AT, Luborsky L, et al: Severity of psychiatric symptoms as a predictor of benefits from psychotherapy: the Veterans Administration-Penn study. Am J Psychiatry 141(10): 1172–1177, 1984 6486249

Wright JH, Turkington D, Kingdon DG, Basco MR: Cognitive-Behavior Therapy for Severe Mental Illness: An Illustrated Guide. Washington, DC, American Psychiatric Publishing, 2009

Wright JH, Sudak DM, Turkington D, Thase ME: High-Yield Cognitive-Behavior Therapy

for Brief Sessions: An Illustrated Guide. Washington, DC, American Psychiatric Publishing, 2010

Young JE, Klosko JS, Weishaar ME: Schema Therapy: A Practitioner's Guide. New York, Guilford, 2003

제11장 인지행동치료 역량 기르기

만일 당신이 CBT의 기본 코스를 듣고, 이 책을 끝내고, 치료 기술들을 연습하기 위해 훈련 과제들을 사용했다면, 아마도 유능한 CBT 치료자가 되는 데 한 걸음 다가섰을 것이다. 그러나 이 접근을 숙달하기 위해서는 추가적인 훈련과 경험들이 필요할 것이다(Rakovshik & McManus., 2010). CBT에 대한 충분한 역량을 기르기 위해 애써야 하는 세 가지 주요 이유들은 다음과 같다. 첫째, 더 나은 치료 성과들을 얻을 수 있다(Rakovshik & McManus, 2010; Westbrook et al., 2008). 둘째, 치료 지식과 전문성은 내담자에게 매우 중요하다. 뛰어난 경험 기술, 정확한 공감, 그리고 다른 일반적인 치료 속성들과 더불어, 치료자가 CBT의 구체적인 기법들을 시행하는 능력은 내담자에게 매우 중요하다. 셋째, 치료자는 자신의 일에 더 큰 만족을 경험할 수 있다. 이는 치료자가 CBT에 더 능숙해지고, 내담자에게 더 많은 도움을 제공할 수 있게 됨에 따라 경험하게 되는 현상이다. 이 장에서는 치료자의 역량에 대한 지침을 상세히 다루며, CBT를 학습하는 데 있어 진전을 평가하는 방법들을 간략하게 설명하였다. 또한 치료자로서의 발달을 지속할 수 있는 몇 가지 방법들을 제안하고, 치료자의 피로감과 소진을 피할 수 있는 조언들을 제공하였다.

CBT의 핵심 역량

American Association of Directors of Psychiatric Residency Training (AADPRT web site, http://www.aadprt.org)은 심리치료에서의 역량을 달성하는 것의 중요성을 강조하고, CBT를 학습하는 수련생들의 지식, 기술 및 태도를 평가하기 위한 지침을 제공하였다. 정신과 전공의에게 요구되는 능력에 대한 AADPRT 기준(Sudak et al., 2001)은 〈표 11-1〉에 요약되어 있다. 이러한 기준들은 매우 광범위하여 다양한 분야의 CBT 교육자 및 수련생에게 유용하다.

AADPRT에 따른 역량 기준은 CBT 학습의 구체적인 목표들을 제시해 준다는 점에서 중요하다. CBT를 배우는 과정 중 자신이 어디쯤 와 있는지 알기 위해, 다음의 훈련 과제를 실시해 볼 수 있다.

훈련 과제 11-1   CBT 역량에 대한 자기 평가

1. 〈표 11-1〉의 각 항목들을 검토한다.
2. 각 항목에 대해 우수한(E), 만족스러운(S), 혹은 불만족스러운(U) 등의 점수를 매김으로써 CBT에 대한 자신의 지식, 기술, 태도를 평가한다. 자기 평가의 기준은 마스터 치료자 수준이 아닌 전공의 과정이나 대학원 훈련 프로그램 혹은 다른 CBT 집중 교육 프로그램을 끝낸 치료자의 수준을 기준으로 한다.
3. 만일 지식, 기술 혹은 태도에 관한 어떤 항목에 문제가 있다면, 자신의 역량을 업그레이드하기 위한 계획을 세워 본다. 이 책의 내용이나 수업 노트를 다시 검토하거나, 추가적인 수퍼비전을 받거나, 또는 다른 관련 자료들을 공부할 수도 있다.

⟨표 11-1⟩ CBT에서 요구되는 능력에 대한 기준

지식	기술	태도
치료자는 다음의 것들을 이해하고 있다.	치료자는 다음의 것들을 할 수 있다.	치료자는 다음과 같은 태도를 갖고 있다.
___ 1. CBT 모델	___ 1. CBT 모델을 사용하여 내담자를 평가하고 개념화한다.	___ 1. 공감적이고, 정중하며, 판단하지 않고, 협력적이다.
___ 2. 자동적 사고, 인지적 오류, 스키마, 행동적 원리의 개념	___ 2. 협력적인 치료 관계를 맺고 유지한다.	___ 2. 사회문화적, 사회경제적, 교육적 문제들에 대해 민감하다.
___ 3. 흔히 일어나는 장애들에 대한 인지행동적 이해	___ 3. 내담자에게 CBT 모델에 대해 교육한다.	___ 3. 치료 회기를 녹음한 테이프나 녹화한 비디오 테이프를 검토하거나 치료 회기를 직접 관찰하는 일에 개방적이다.
___ 4. CBT를 실시할 수 있는 증상들	___ 4. 내담자에게 스키마에 대해 교육하고 이러한 신념들이 어떻게 만들어졌는지 이해하도록 돕는다.	
___ 5. 회기의 구조화, 협력, 문제 해결의 이론적 근거	___ 5. 문제(agenda) 정하기, 과제 검토하기 및 과제 부여하기, 핵심 문제들 다루기, 피드백 사용하기 등 회기를 구조화한다.	
___ 6. 심리교육의 기본 원리	___ 6. 활동 계획하기와 단계적으로 과제 부여하기를 사용한다.	
___ 7. 행동 기법의 기본 원리	___ 7. 이완 훈련과 단계적인 노출 기법을 사용한다.	
___ 8. 자동적 사고와 스키마 수정하기와 같은 인지 기법들의 기본 원리	___ 8. 사고 기록하기 기법을 사용한다.	
___ 9. 지속적인 CBT 교육의 중요성	___ 9. 재발 방지 기법을 사용 한다.	
	___ 10. 치료에 대한 자신의 생각과 감정을 인정한다.	
	___ 11. CBT 사례 개념화를 작성한다.	
	___ 12. 필요할 때 적절한 자문을 구한다.	

출처: Adapted form Sudak DM, Wright JH, et al: "AADPRT Cognitive Behavioral Therapy Competencies." Farmington, CT, American Association of Directors of Psychiatric Residency Training, 2001.

유능한 CBT 치료자 되기

CBT 훈련 과정은 다양한 학습 경험이 요구된다(Sudak et al., 2003, 2009). 대학원생, 전공의, 혹은 훈련을 받고 있는 치료자들은 보통 ① 기본 교육 과정[Academy of Cognitive Therapy(ACT)는 최소 40시간의 코스 과정을 추천한다.], ② 관련 도서들(이 책과 같은 CBT의 이론 및 기법들에 대한 핵심 도서 최소 1권과 특별 주제들을 다룬 기타 도서들), ③ 사례 개념화 작성, ④ CBT 기술들의 시행을 연습하기 위한 경험적인 역할극, ⑤ 사례 수퍼비전(개별 혹은 집단 또는 둘 다), ⑥ 녹음된 또는 녹화된 회기들에 대한 CBT 전문가의 검토 및 평가, ⑦ CBT 실습(우울장애와 여러 유형의 불안장애를 포함한 다양한 질환들에 대해 10사례 이상의 실습)의 경험들이 요구된다.

CBT에 대해 추가적인 교육이 필요한 치료자들도 다양한 CBT 훈련을 받을 수 있다. 펜실베니아주 필라델피아에 있는 Beck Institute(http://www.beckinstitute.org)의 훈련 프로그램들은 가장 엄격하게 진행되며 우수한 것으로 알려져 있다. on-site 훈련과 extramural 훈련 모두 가능하다. 이들 프로그램에서 치료자는 보통 포괄적인 강의 교육과 함께 개별적인 사례 수퍼비전을 받는다.

CBT 훈련의 대안적인 방법은 관련 기관이 교육 프로그램을 구성하여 제공하는 경우다. 예를 들어, Jesse H. Wright는 대규모 지역사회 정신 건강 센터에서 치료자들을 위한 1년 교과 과정을 개발하였다. 프로그램에 참여한 40여 명의 치료자들은 이전에 적절한 CBT 훈련을 받은 적이 없었다. 프로그램은 Beck Institute에서 extramural 훈련을 받은 네 명의 전문 치료자들과 Jesse가 함께 진행하였다. 이 훈련의 첫 회기는 Beck Institute의 Judith Beck, Ph.D.와 Jesse가 진행한 여덟 시간짜리 워크숍이었다. 이후 Jesse는 주별 강의를 진행하였으며, extramural 훈련을 받은 전문 치료자들은 네 번의 추가적인 집중 워크숍과 주별 수퍼비전을 실시하였다. 1년간의 훈련이 끝날 때까지 extramural 치료자들은 계속하여 사례 수퍼비전을 제공함으로써 교육을 계속할 수 있었다. 이 훈련 프로그램을 시행하는 데 많은 자원이 요구되기는 하나, 많은 치료자를 대상으로 CBT를 교육하는 일은 성공적이었다.

다른 치료자들은 주요 학술 대회의 워크숍에 참석하거나, 치료 대가들의 비디오테이프를 보거나, CBT를 교육하는 캠프(예: Christine Padesky, Ph.D.와 그의 동료들이 주관하는 캠프와 훈련 워크숍들; www.padesky.com)에 참여하거나 개인적으로 CBT 수퍼비전을 받기도 한다. CBT 자격증을 발급하는 기관인 ACT(www.academyofct.org)는 웹사이트에 다양한 교육 기회들과 함께 수퍼비전이나 다른 훈련을 실시할 수 있는 공인된 자격증을 가진 CBT 치료자들의 명단을 제공하고 있다.

진전 평가하기

CBT는 치료자의 능력을 평가하고 건설적인 피드백을 제공하는 오래된 전통을 가지고 있다. CBT를 학습할 때, 진전을 평가하기 위한 구체적인 학습 목표들을 세우는 것뿐 아니라, 개선이 필요한 특정 기술들을 신중하게 평가하고 확인하는 것이 중요하다. 이를 위해 평가 척도, 체크리스트, 테스트 등을 사용할 수 있다(Sudak et al., 2003). 여기에서는 CBT 훈련 과정에서의 진전을 평가하는 데 유용한 네 개의 도구들에 대해 설명할 것이다.

인지치료 척도

CBT의 숙달 정도에 대한 피드백을 제공하기 위해 사용되는 주요 도구로는 1980년 Young과 Beck이 개발한 인지치료 척도(Cognitive Therapy Scale: CTS)이 있다(Vallis et al., 1986). CTS는 CBT의 주요 기능들에 대한 치료자의 수행을 평가하기 위해 사용되는 11개의 항목들(예: 문제 정하기와 구조화하기, 협력하기, 속도 조절하기와 능률적인 시간 사용, 안내에 따른 발견, 핵심 인지 및 행동에 초점 맞추기, CBT 기법들을 적용하는 능력, 과제)로 구성되어 있다. CTS의 각 항목들은 6점까지 점수를 매길 수 있으므로 총점은 최대 66점이 된다. 총점 40점은 대개 만족스러운 CBT 수행 정도를 가리킨다. ACT는 자격증을 받기 위해 지원한 치료자들이 녹화된 회기에 대해 최소 40점 이상의 CTS 평가를 받아야 자격증을 받을 수 있도록 하고 있다. 또한 CTS 40점은 흔히 CBT 접근의 효과에 대한 연구를 수행할 수 있는 CBT 치료자의 자격을 나타내는 수치로 사용된다(Wright et al., 2005).

치료자는 CTS를 통해 CBT를 실시할 때의 자신의 강점과 약점에 대해 알 수 있으므로 자신에게 필요한 훈련이 무엇인지 알 수 있다. 다음의 훈련 과제는 한 회기를 CTS에 따라 평가해 보고, 동료나 수퍼바이저와 함께 평가 결과에 대해 이야기를 나누는 것이다.

훈련 과제 11-2   인지치료 척도 사용하기

1. 비디오테이프나 오디오테이프에 자신이 시행한 CBT 한 회기를 녹화한다. 이 회기는 실제 내담자를 대상으로 진행한 것이 좋으나, 역할극 회기를 사용할 수도 있다.
2. 이 회기에 대해 CTS를 사용하여 스스로 평가를 해 본다. 또한 수퍼바이저나 동료에게 이 회기를 평가하도록 요청한다.
3. 수퍼바이저나 동료와 함께 평가한 것에 대해 이야기를 나눈다.
4. 이 회기에서 자신의 강점들을 찾아본다.
5. 만일 당신 또는 동료나 수퍼바이저가 개선할 부분들을 찾아낸다면, 이를 다르게 시행할 수 있는 아이디어들을 적어 본다.
6. CTS 척도에서 40점 이상을 얻을 때까지 정기적으로 녹화한 회기들에 대해 평가를 해 본다.

인지적 사례 개념화 평가 척도

ACT는 CBT 자격증의 기준을 충족시키기 위해 사례 개념화를 작성하기 위한 구체적인 지침들을 개발하였다. 사례 개념화를 작성하고 치료 계획을 세우는 것에 관한 상세한 사항들은 ACT 웹사이트(http://www.academyofct.org)에서 찾아볼 수 있다. 또한 사례 개념화의 예시도 웹사이트에 제공되어 있다. 많은 CBT 훈련 프로그램은 사례 개념화에 대한 ACT 지침들과 점수 체계를 채택하고 있으며, 하나 이상의 사례 개념화를 작성하도록 하고 있다.

제3장 '평가하기와 사례 개념화하기'에서 제시한 사례 개념화 방식은 ACT 지침에 기초한 것이다. 사례 개념화의 각각의 요소들에 대한 평가는 0~2점 척도(0 = 포함되어 있지 않음, 1 = 포함되어 있으나 적절하지 않음, 2 = 포함되어 있으며 적절함)를 사용한다. 인지적 사례 개념화 평가 척도(Cognitive Formulation Rating Scale)는 ① 사례사(case history; 2문항), ② 사례 개념화(5문항), ③ 치료 계획과 치료 과정(5문항) 등 세 개의 수행 영역에서 점수를 매기게 되어 있다. ACT 통과 기준 점수는 24점 중 20점이다. 이러한 점수 기준은 ACT 웹사이트에 나와 있다.

훈련 과제 11-3   사례 개념화 연습하기

1. ACT 웹사이트(academyofct.org)에서 사례 개념화를 작성하기 위한 지시 사항들을 다운로드한다. 또한 웹사이트에 제공된 사례 개념화의 예시와 점수 체계를 검토한다.

2. 내담자에 대해 관찰한 중요한 사실들과 계획을 포함시키기 위해 사례 개념화 워크시트를 사용한다. 그런 다음 ACT 지침에 따라 사례 개념화를 작성한다.

3. ACT 점수 기준을 사용하여 자신이 작성한 사례 개념화에 대해 평가를 해 본다.

4. 수퍼바이저나 숙련된 CBT 치료자에게 사례 개념화에 대한 점수를 매기도록 요청하고, 사례에 대해 함께 이야기한다.

사례 개념화를 작성하는 것은 CBT를 배우는 데 있어 가장 중요한 훈련 중 하나다. 만일 치료자가 신중하게 사례 개념화를 작성하고 수퍼바이저나 다른 숙련된 CBT 치료자들로부터 피드백을 얻는다면, CBT 접근에 대해 많은 것을 얻을 수 있다. 비록 사례 개념화를 작성하는 데는 많은 노력이 필요하나, 이를 통해 얻는 것은 매우 크다.

인지치료 이해 척도

원래 인지치료 이해 척도(Cognitive Therapy Awareness Scale: CTAS)는 인지치료를 받는 내담자들을 대상으로 CBT 원리에 대한 지식을 평가하기 위해 개발되었다(Wright et al., 2002). 그러나 이후 CTAS는 CBT 훈련 프로그램에서 CBT의 기본적인 개념들과 용어들에 대한 이해를 평가하는 사전, 사후 검사로 사용되었다. CTAS는 CBT 지식을 포괄적으로 다루고 있지는 않으나, 핵심 이론들과 기법들에 대한 학습에서의 진전을 평가하기 위해 사용될 수 있다. 이 척도는 자동적 사고, 인지적 오류, 스키마, 사고 기록하기, 활동 계획하기, 인지적 왜곡 찾기와 같은 주제들에 관한 40개의 O/X 문항들을 포함하고 있다.

CTAS의 각 문항에 대해 정답을 적을 경우 1점을 받게 된다. 따라서 만일 CBT에 관한 사전 지식을 가지고 있지 않다면 대략 20점 정도를 얻게 된다. 이 척도에서 얻을 수 있는 최대 점수는 40점이다. 내담자들을 대상으로 한 CTAS 연구들은 CBT 치료 후 점수가 유의하게 증가하였음을 보고하였다(Wright et al., 2002, 2005). 예를 들어, 컴퓨터를 활용한 CBT 치료를 받은 96명의 우울장애 혹은 불안장애 내담자들의 평균 점수는 사전 24.2점에서 사후 32.5점으로 증가하였다(Wright et al., 2002). 또한 수련생의 CBT 지식을 평가하는 CTAS에 관한 연구들은 유의한 긍정적인 변화들을 나타냈다(Fujisawa et al., 2011; Macrodimitris et al., 2010, 2011; Reilly & McDanel, 2005). CBT 기본 코스를 이수하기 전 정신과 전공의의 평균 점수는 보통 20점대 중반에서 30점대 초반이었으나, 코스 이수, 전공

서적 읽기, 그 외 다른 CBT 교육 경험을 마친 후에는 점수가 크게 증가하였다. CTAS는 Wright와 동료들(2002)의 연구에 나와 있다.

CBT 수퍼비전 체크리스트

CBT 수퍼비전을 받거나 수퍼비전을 하고 있다면, AADPRT가 개발한 CBT 수퍼비전 체크리스트(Cognitive-Behavior Therapy Supervision Checklist; Sudak et al., 2001)를 사용할 수 있다. 이 체크리스트는 ① 각 회기에서 요구되는 능력(예: "협력적–경험적 동맹을 유지한다." "안내에 따른 발견을 사용할 수 있다." "효과적으로 문제를 정하고 회기를 구조화한다.")과 ② 전반적인 치료 과정에서 요구되는 능력(예: "CBT 사례 개념화에 기초하여 치료 목표를 정하고 치료 계획을 세운다." "내담자에게 CBT 모델과 치료 개입에 대해 교육한다." "활동 또는 즐거운 사건 계획하기를 사용할 수 있다.") 등 두 부분으로 나뉘어 있다.

지속적인 CBT 경험과 훈련

CBT 기술을 유지하기 위해서는 정기적으로 CBT 개입들을 연습해야 하며, 대학원 과정 이후의 다양한 교육 기회를 활용하는 것이 중요하다. 또한 치료 역량을 더 넓히기 원한다면, 더 나아가 추가적인 학습의 기회들을 찾아봐야 할 것이다. 정기적으로 CBT 기술을 사용하지 않거나, 지속적인 교육 활동에 참여하지 않는다면 CBT 기술은 점차 무뎌질 수 있다.

이 장 초반부에서는 학회의 워크숍에 참여하거나, 숙련된 CBT 치료자들의 비디오테이프를 보거나, 교육 캠프에 가는 것 등을 통해 기본적인 능력을 쌓을 수 있음을 제안하였다('유능한 CBT 치료자 되기' 참조). 이러한 동일한 경험들은 치료자로 하여금 자신의 CBT 기술을 유지하고 새로운 전문적인 분야를 개척해 나가도록 하는 데 도움이 될 수 있다. 예를 들어, 난치성 우울장애, 조현병, 섭식장애, 외상 후 스트레스 장애, 만성적 통증, 성격장애 및 기타 장애들에 관한 CBT 기법들을 다루는 과정이나 워크숍들은 여러 국내/국제 학회에서 제공되고 있다(예: American Psychiatric Association, American Psychological Association, Association for Behavioral and Cognitive Therapies의 연차 학술대회).

또한 CBT 관련 도서 및 자료들을 통해 CBT 기법들을 적용하는 새로운 방법들을 배울 수 있다. CBT에 관한 기량을 향상시키기 위한 또 다른 방법은 ACT의 자격증 과정에 지원하는 것이다. CTS에 따른 비디오테이프의 평가와 ACT 지침에 기초한 사례 개념화 작성 등을 포함한 이 학회의 자격증 기준들에 관해서는 이 장 앞부분에서 이미 다루었다('인지치료 척도' 섹션과 훈련 과제 11-2 참조). ACT 자격증 과정을 준비하는 것은 CBT 수행 능력을 향상시킬 수 있는 중요한 방법이 될 수 있다. 또한 ACT의 자격 과정을 통과한 회원들은 상호 의사소통할 수 있는 이메일 목록과 CBT의 새로운 발달에 관한 최신 정보들을 얻거나, 뛰어난 치료자들과 연구자들이 이끄는 특별 강연에 참여하는 등 최고의 지속적인 교육 기회들을 접할 수 있게 된다.

CBT 치료자로서의 성장을 위한 마지막 제안은 지속적으로 CBT 수퍼비전 집단이나 세미나에 참여하는 것이다. 이러한 유형의 집단 학습 경험은 CBT 센터, 교육 기관, 그 외 다른 임상 및 연구 환경에서 정기적으로 제공된다. 주별 수퍼비전 집단에서 녹화된 회기들을 검토, 평가하며, 역할극 데모를 진행하거나, 구체적인 CBT의 적용(예: 난치성 우울장애, 성격장애, 만성적 통증) 능력을 키우기 위한 학습 모듈을 제공할 수도 있다. 집단원들의 CBT 경험 수준은 초보자로부터 전문가에 이르기까지 다양할 수 있으나, 모든 참여자는 모임에 자료를 가져와 교육 과정에 적극적으로 참여할 책임을 갖는다. 만일 주변에 그러한 모임이 없다면, 이를 시작하는 것을 생각해 볼 수 있다. 많은 CBT 치료자는 이러한 지속적인 수퍼비전 집단이 학습을 위한 고무적인 포럼의 기회를 제공해 주므로 매우 중요하게 여긴다.

치료자의 피로감 또는 소진

에너지, 집중력, 좋은 결과에 대한 희망, 어려운 내담자와 상대할 때 기운 빠지지 않기, 그리고 많은 다른 치료자 역량은 소진에 의해 약화될 수 있다. 소진은 효과적인 CBT를 시행하는 능력을 손상시키는 문제이다.

소진은 경험의 정도와 상관없이 모든 치료자에게 위험 요소가 될 수 있다. 초보 CBT 치료자로서 자신의 역량에 대해 분명한 확신이 없는 경우, 진전을 보이지 않는 내담자에 대해 좌절감을 느낄 수 있다. 일시적인 소진 감정은 치료자로 하여금 내담자를 포기하거나, 혹은 스스로 치료자가 되는 것을 포기하고 싶어질 수도 있다. 만일 치료자의 역량을 쌓고 자신감을 얻을 때까지 훈련 과정을 견딜 수 있다면, 일시적인 소진의 감정은 소멸될 가능성이 높다. 그러나 심리치료는 정신적으로 많은 주의를 기울여야 하는 일이므로 이러한 유형의 작업의 특성상 주기적으로 피로감을 경험할 수 있다.

심리치료를 수행할 때 소진을 예방하거나 제한하기 위해 할 수 있는 몇 가지 제안들이 있다. 장애물 해결 가이드 6은 이러한 문제를 피하고, CBT 치료자로서 오랫동안 열정적이고 열심히 일할 수 있도록 하기 위한 아이디어들을 제시하고 있다.

장애물 해결 가이드 6
소진 피하기

☑ **치료자는 자신의 기본적인 욕구를 돌보고 있는가?** 열심히 일하는 것에 익숙한 바쁜 치료자는 스스로를 몰아붙여 자신의 개인적인 일상의 욕구를 방치할 수 있다. 이러한 문제가 있음을 가리키는 신호로는 아침에 늦어져서 식사를 할 시간이 없다거나, 과도한 스케줄을 잡거나, 회기 중간에 쉬는 시간을 갖지 못하거나, 점심시간에 내담자를 만나는 일 등이 포함된다. 효과적으로 치료를 진

행하려면, 치료자는 정신적으로 분명하고 집중을 잘해야 하며, 상충되는 신체적 및 정신적 스트레스 요인들로 인해 산만해져서는 안 된다. 만일 내담자에게 최선을 다 하기 원한다면, 치료자는 자신을 돌볼 시간을 내야 한다.

☑ 치료자는 합리적인 업무량의 한도를 초과하고 있는가? 매일 혹은 매주 치료자가 과도한 피로감을 느끼지 않고 치료를 진행할 수 있는 시간의 수는 그 범위가 넓다. 치료자가 너무 지쳐서 효율적이지 않거나, 너무 피곤해서 퇴근 후에는 아무것도 할 수 없을 때, 가족 구성원이나 친구의 문제를 듣는 것에 대해 무관심해질 때, 또는 퇴근 후 긴장을 풀기 위해 약을 먹는 등의 행동을 한다면 자신의 한도를 초과한 것이다. 자신의 한도를 초과하고 있음을 알려 주는 또 다른 지표는 치료자가 자신의 일을 더 이상 즐기지 못하고 있는 것이다. 치료자는 자신의 한도를 발견하고, 이러한 한도 내에서 기능할 수 있도록 일정을 짜야 한다.

☑ 치료자는 일에 대한 헌신과 삶의 다른 부분들 간에 건전한 균형이 잡혀 있는가? 치료자는 다양한 취미나 관심사를 개발하는 것이 바람직하다. 일주일 동안 내담자 이외에 기대할 만한 다른 일들을 만드는 것이 좋다. 치료자 자신에게 의미 있는 다른 것들에 시간을 투자할 필요가 있다.

☑ 치료자는 충분히 휴식을 취하고 있는가? 치료자는 수면 습관을 개선하고, 에너지 수준을 재충전하기 위해 이완시키는 활동들을 찾아본다. 쉼을 갖기 위해 직장에서 벗어나 긴 주말이나 방학을 계획해 보는 것도 좋다. 일하고 있지 않을 때는 다른 종류의 인지적 기술을 사용하는 활동이나 신체 활동들에 참여하는 것이 도움이 된다. 이러한 변화는 뇌의 공감적인 경청 및 문제 해결 영역에 잠깐 동안의 휴식을 제공해 준다. 이 시간 동안에는 일에 관해서 생각하는 것을 피하는 것이 좋다.

☑ 수퍼비전이 필요한가? 만일 치료자가 한 특정 내담자에 대해 유독 피곤함을 느낀다면, 그 사례에 대해 수퍼비전이나 동료들과 이야기해 볼 수 있다. 치료자가 역전이를 경험하고 있다면, 이 문제를 수퍼비전에서 이야기하고 그러한 반응을 다루기 위한 전략을 세워야 한다. 아마도 다루기 어렵거나 지루한 어떤 질

환들이나 증상들을 발견하거나, 또는 치료자가 아직 이들을 치료할 역량을 갖추지 못했을 수도 있다. 예를 들어, 어떤 치료자는 물질 남용 문제나 성격장애를 가진 내담자와 작업하는 것을 좋아하지 않을 수 있다. 이러한 경우에는 이 분야에 전문가인 동료를 찾아 내담자를 그에게 의뢰할 수 있다.

☑ 새로운 것을 배우는 것이 도움이 되는가? 피로감이나 소진은 동일한 일을 반복적으로 하는 것과 연관이 있을 수 있다. CBT에서 특정 장애들을 위한 기법들이 너무 구조화되어 치료자가 그것들을 사용할 때 따분하게 생각될 위험이 있다. 만일 이런 경우라면, 새로운 것을 배우는 것이 도움이 된다. 수업을 듣거나, 책을 읽거나, 혹은 다른 치료자들과 그들의 치료적 접근들에 대해 이야기를 나눌 수 있다. CBT의 개념적인 모델 안에서 창의적인 방식으로 기법들을 적용하는 것은 얼마든지 가능하다. 이러한 예들에는 ① 새로운 기법 시행하기(예: 경계선 성격장애에 대한 다이어렉티컬 행동치료, 우울에 대한 마인드풀니스 기반 인지치료, 정신병에 대한 인지적 재구성; 제10장 '만성, 중증, 혹은 복합 장애 치료하기' 참조), ② CBT를 위해 컴퓨터 프로그램 사용하기(제4장 '구조화하기와 교육하기' 참조), ③ 매직펜 보드나 그리기 재료와 같은 교수 도구들 사용하기, 그리고 ④ 내담자로 하여금 대안적인 아이디어들을 치료 회기에 가지고 오도록 격려하기 위해 셀프 헬프 도서 자료들 제안하기 등이 포함된다.

요약

이 장에서는 CBT에서 요구되는 능력들을 평가하는 유용한 방법들을 설명하고, CBT 관련 지식과 전문성을 쌓기 위한 방법들을 제안하였다. CBT 접근의 역량을 지속적으로 개발하려는 노력은 많은 이점을 갖는다. 치료자가 유능하고 일관성 있게 치료를 시행할 수 있다면 좋은 성과를 거둘 수 있을 것이다. 또한 현재 심리치료가 필요한 거의 모든 정신과적 장애들에 대한 구체적인 CBT 기법들이 나와 있다. 이러한 기법들을 연구함으로써 치료자는 다양한 내담자 집단을 효과적으로 치료할 수 있는 능력을 기르게 된다. 치료자는 CBT의 역량을 기르는 과정 중 소진을 경험할 위험이 있다. 그러나 이러한 문제를 피하고 일에 대한 만족과 즐거움을 얻을 수 있는 많은 방안이 존재한다. 치료자는 지속적인 CBT 교육을 통해 인지행동적 패러다임과 내담자의 삶을 변화시키는 힘에 대해 더욱 깊이 이해하게 될 것이다.

참고문헌

Fujisawa D, Nakagawa A, Kikuchi T, et al: Reliability and validity of the Japanese version of the Cognitive Therapy Awareness Scale: a scale to measure competencies in cognitive therapy. Psychiatry Clin Neurosci 65(1): 64–69, 2011 21265937

Macrodimitris SD, Hamilton KE, Backs-Dermott BJ, et al: CBT basics: a group approach to teaching fundamental cognitive-behavioral skills. J Cogn Psychother 24(2): 132–146, 2010

Macrodimitris S, Wershler J, Hatfield M, et al: Group cognitive-behavioral therapy for patients with epilepsy and comorbid depression and anxiety. Epilepsy Behav 20(1): 83–88, 2011 21131237

Rakovshik SG, McManus F: Establishing evidence-based training in cognitive behavioral therapy: a review of current empirical findings and theoretical guidance. Clin Psychol Rev 30(5): 496–516, 2010 20488599

Reilly CE, McDanel H: Cognitive therapy: a training model for advanced practice nurses. J Psychosoc Nurs Ment Health Serv 43(5): 27–31, 2005 15960032

Strunk DR, Brotman MA, DeRubeis RJ, Hollon SD: Therapist competence in cognitive therapy for depression: predicting subsequent symptom change. J Consult Clin Psychol 78(3): 429–437, 2010 20515218

Sudak DM: Training and cognitive behavioral therapy in psychiatry residence: an overview for educators. Behav Modif 33(1): 124–137, 2009 18723836

Sudak DM, Wright JH, Bienenfeld D, et al: AADPRT Cognitive Behavioral Therapy Competencies. Farmington, CT, American Association of Directors of Psychiatric

Residency Training, 2001

Sudak DM, Beck JS, Wright J: Cognitive behavioral therapy: a blueprint for attaining and assessing psychiatry resident competency. Acad Psychiatry 27(3): 154−159, 2003 12969838

Vallis TM, Shaw BF, Dobson KS: The Cognitive Therapy Scale: psychometric properties. J Consult Clin Psychol 54(3): 381−385, 1986 3722567

Westbrook D, Sedgwick-Taylor A, Bennett-Levy J, et al: A pilot evaluation of a brief CBT training course: impact on trainees'satisfaction, clinical kkills and patient outcomes. Behav Cogn Psychother 36:569−579, 2008

Wright JH, Wright AS, Salmon P, et al: Development and initial testing of a multimedia program for computer-assisted cognitive therapy. Am J Psychother 56(1): 76−86, 2002 11977785

Wright JH, Wright AS, Albano AM, et al: Computer-assisted cognitive therapy for depression: maintaining efficacy while reducing therapist time. Am J Psychiatry 162(6): 1158−1164, 2005 15930065

Young J, Beck AT: Cognitive Therapy Scale Rating Manual. Philadelphia, PA, Center for Cognitive Therapy, 1980

.

찾아보기

내용

저자 소개

Jesse H. Wright
미국 루이스빌 대학교 의과대학 교수, 정신과 과장

Gregory K. Brown
미국 페렐만 대학교 의과대학 교수

Michael E. Thase
미국 피츠버그 대학교 메디컬센터 교수, 정신과 과장

Monica R. Basco
미국 텍사스 사우스웨스턴 대학교 정신과 교수

역자 소개

김정민 Kim JeongMin

미국 UC 버클리 아동발달 · 심리 전공 석사, 박사

미국 Beck 인지치료 연구소 임상 수련

Academy of Cognitive Therapy(ACT) Certified Affiliate

한국인지행동치료상담학회 인지행동상담전문가, 인지행동놀이상담전문가

한국인지행동치료학회 인지행동치료전문가

한국상담학회 수련감독전문상담사

한국아동학회 아동상담지도감독전문가, 아동상담교육전문가

명지대학교 아동학과 교수

인지행동치료 (2판)
Learning Cognitive - Behavior Therapy (2nd edition)

2019년 8월 30일 1판 1쇄 발행
2024년 3월 25일 1판 6쇄 발행

지은이 • Jesse H. Wright · Gregory K. Brown · Michael E. Thase
　　　　Monica R. Basco
옮긴이 • 김 정 민
펴낸이 • 김 진 환
펴낸곳 • (주)**학지사**
　　　　04031 서울특별시 마포구 양화로 15길 20 마인드월드빌딩 5층
대표전화 • 02) 330-5114　　팩스 • 02) 324-2345
등록번호 • 제313-2006-000265호
홈페이지 • http://www.hakjisa.co.kr
인스타그램 • https://www.instagram.com/hakjisabook/

ISBN 978-89-997-1872-4 93180

정가 **18,000원**

역자와의 협약으로 인지는 생략합니다.
파본은 구입처에서 교환하여 드립니다.

출판미디어기업 학지사

간호보건의학출판 **학지사메디컬** www.hakjisamd.co.kr
심리검사연구소 **인싸이트** www.inpsyt.co.kr
학술논문서비스 **뉴논문** www.newnonmun.com
원격교육연수원 **카운피아** www.counpia.com
대학교재전자책플랫폼 **캠퍼스북** www.campusbook.co.kr